HERMES

在古希腊神话中，赫耳墨斯是宙斯和迈亚的儿子，奥林波斯神们的信使，道路与边界之神，睡眠与梦想之神，亡灵的引导者，演说者、商人、小偷、旅者和牧人的保护神……

西方传统　经典与解释 **HERMES**
Classici et Commentarii

施特劳斯集
The Collected Works
of Leo Strauss

刘小枫◎主编

论法拉比与迈蒙尼德

—— 施特劳斯讲演与论文集：卷三

Essays & Lectures on Al-Faraby and Maimonides by Leo Strauss

[美]列奥·施特劳斯 Leo Strauss ｜ 著

刘小枫 ｜ 编

张缨 等 ｜ 译

華夏出版社

"施特劳斯集"出版说明

　　1899 年 9 月 20 日,施特劳斯出生在德国 Hessen 地区 Kirchhain 镇上的一个犹太家庭。人文中学毕业后,施特劳斯先后在马堡大学等四所大学注册学习哲学、数学、自然科学,1921 年在汉堡大学以雅可比的认识论研究获得哲学博士学位。1924 年,一直关切犹太政治复国运动的青年施特劳斯发表论文《柯亨对斯宾诺莎的圣经学的分析》,开始了自己独辟蹊径的政治哲学探索。三十年代初,施特劳斯离开德国,先去巴黎,后赴英伦研究霍布斯,1938 年移居美国,任纽约社会研究新学院讲师,十一年后受聘于芝加哥大学政治系,直到退休。任教期间,施特劳斯先后获得芝加哥大学"杰出贡献教授"、德国汉堡大学荣誉教授、联邦德国政府"大十字勋章"等荣誉。

　　施特劳斯在美国学界重镇芝加哥大学执教近二十年,教书育人默默无闻,尽管时有著述问世,挑战思想史和古典学主流学界的治学路向,身前却从未在学界赢得显赫声名。去世之后,施特劳斯才逐渐成为影响北美学界最重要的流亡哲人:他所倡导的回归古典政治哲学的学问方向,深刻影响了西方文教和学界的未来走向。

　　上个世纪七十年代以来,施特劳斯身后才逐渐扩大的学术影响一再引发学界激烈的政治争议。自由主义知识分子觉得,施特劳斯对自由民主理想心怀敌意,是政治不正确的保守主义师主;后现代主义者宣称,施特劳斯唯古典是从,没有提供应对现代技术文明危机的具体理论方略。为施特劳斯辩护的学人则认为,施特劳斯从来不与某种现实的政治理想或方案为敌,也从不提供解答现实政治难题的哲学论说;那些以自己的思想定位和政治立场来衡量和评价施特劳斯的哲学名流,不外乎是以自己的灵魂高度俯视施特劳斯立足于古典智慧的灵魂深处。

　　施特劳斯关心的问题更具常识品质,而且很陈旧:西方文明危机的根本原因何在？施特劳斯不仅对百年来西方学界的这个老问题作出了超逾所有前人的深刻回答，而且提出了切实可行的应对方略：重新学习古典政治哲学作品。施特劳斯的学问以复兴苏格拉底问题为基本取向，这迫使所有智识人面对自身的生存德性问题：在具体的政治共同体中，难免成为"主义"信徒的智识人如何为人。

如果中国文明因西方文明危机的影响也已经深陷危机处境，那么施特劳斯的学问方向给中国学人的启发首先在于：自由主义也好，保守主义、新左派主义或后现代主义也好，是否真的能让我们应对中国文明所面临的深刻历史危机。

"施特劳斯集"致力于涵括施特劳斯的所有已刊著述（包括后人整理出版的施特劳斯生前未刊文稿和讲稿；已由国内其他出版社出版的《霍布斯的政治哲学：基础与起源》《关于马基雅维里的思考》《城邦与人》《古今自由主义》除外），并选译有学术水准的相关研究文献。我们相信，按施特劳斯的学问方向培育自己，我们肯定不会轻易成为任何"主义"的教诲师，倒是难免走上艰难地思考中国文明传统的思想历程。

古典文明研究工作坊
西方典籍编译部甲组
2008 年

目　录

编者说明

在施特劳斯完成博士论文之后发表的一系列著述中，伊斯兰哲人法拉比，以及尤其是犹太哲人迈蒙尼德就开始频频出场，并占有重要的地位——在《斯宾诺莎的宗教批判》《哲学与律法》以及《迫害与写作艺术》等标志性著作中更是如此。在施特劳斯的三部自编文集（《什么是政治哲学》《论古今自由主义》《柏拉图式的政治哲学》）中，也都可以看到这两位哲人的身影。

眼前这部文集收入了施特劳斯关于法拉比的所有论文以及未收入其自编文集（除了一篇例外）的所有关于迈蒙尼德的论文、讲演稿和书评，共十三篇，其中的一篇演讲稿和一篇残稿为最新整理刊布的未刊稿，按发表或写作时间先后为序。不难看出，法拉比的柏拉图理解，对于施特劳斯的柏拉图式政治哲学的形成具有决定性意义。重新发现并发皇中古阿拉伯－犹太哲人对柏拉图哲学的理解，因此成为施特劳斯对西方思想史的重大贡献，不仅对于我们重新理解西方思想史意义重大，对我们理解中国古代思想也具有难以预料的启发。

《柯亨与迈蒙尼德》《简评迈蒙尼德和阿尔法拉比的政治学》《神意学说在迈蒙尼德作品中的位置》以及评阿布拉瓦的两篇中译原刊于笔者所编《犹太哲人与启蒙：施特劳斯讲演与论文集卷一》（北京：华夏出版社，2009），后在2019年本编重印时被删除，现与本编合刊。张缨博士除翻译本卷中的重头文本外，还补译了施特劳斯在自存样刊页边写下的眉批和英译者注释，并为全书统稿，其一丝不苟的作风令人感佩，特此谨致谢忱。

刘小枫
古典文明研究工作坊
2023 年 7 月

柯亨与迈蒙尼德

（1931）

李秋零　译

[**中译编者按**]本文是施特劳斯早期非常重要的一篇学术报告的手稿,对于我们理解施特劳斯思想的形成乃至施特劳斯一生的哲学意图有重要意义。自中国思想与西学接榫以来,从康德哲学出发(批判性地抑或旁衍发皇地)重新解释儒家思想传统,一度成为最受关注的儒学"新解"。本文所审查、思考的犹太学与康德哲学的关系问题,无疑会对我们思考儒学与西学的关系提供重大启发。

原稿分为报告手稿和笔记手稿,经 Heinrich Meier 整理、编辑,收在他编的《施特劳斯文集》(*Leo Strauss Gesammete Schriften*: *Pnilosophie und Gesetz – Frühe Schriften*,1997)卷二中(文中[ ]内的数字为原文页码)。Martin D. Yaffe 和 Ian Alexander Moore 的英译收入《施特劳斯论迈蒙尼德全集》(*Leo Stranss on Maimonides*:*The complete Writings*),格林(Kenneth Hart Green)编,University of Chicago Press,2013,页 173 – 222。原文为学术报告,多有口语痕迹,为了文意晓畅,补足的文句用方括号[……](大多为中译所补,少数为德文版编者所补),文中的楷体为原文斜体。除个别译注外,注释均为德文版编者所加,凡〈……〉中的内容,为施特劳斯划掉的文字。

[**德文本编者按**]1931 年 5 月 4 日,施特劳斯在柏林的犹太学学院礼堂作了题为"柯亨与迈蒙尼德"的报告,因报告原文太长,施特劳斯不得不大大压缩文本,用新写的引言取代了原稿第一部分。这个新的引言另写在未装订但编了序号的几页纸上,附在两

本手稿笔记的第一本上。施特劳斯划掉了手稿的开篇（注 14 和 18），但显然还有意在第一部分中划掉更多文字（参见注 59）。更早的文本中也许紧接新的引言的一段话，是在注 46 提到的。既然我们仅能猜测最终的编订（同样放进手稿中的几张纸可能丢失了），所以，紧接引言复现了两本手稿笔记的全部文本。

引言

"柯亨与迈蒙尼德"这个题目需要作进一步规定，因为"与"这个词过于不确定。它唤起这样的假象，好似我们要做自主的旁观者（souveräne Zuschauer）或者干脆当审判者，让两个杰出人物从我们身边走过。如果我们有这样一种比较史学的旨趣，那么，我们本应当首先提到迈蒙尼德这个更早的人物。然而，由于我们首先提到柯亨这个较迟的人物，我们便是要让人明白，我们是想从柯亨出发走向迈蒙尼德——柯亨应当为我们打开走向迈蒙尼德的通道。

信赖柯亨的引导不意味着我们打算盲目跟随他。盲目跟随会导致这样的情形：如果我们一时在柯亨的个别主张上搞错（我们肯定会在柯亨的个别［394］主张上搞错），我们就会全盘抛弃柯亨的引导。于是，我们就会由此失去重要的洞识。毋宁说，重要的是跟随柯亨的正确途径，同时不让自己因他的失误而离开这种正确途径。因此，我们必须对柯亨有所批判（Kritik）。所以，大体而言，［我］谈柯亨会多于谈迈蒙尼德，尽管对我们来说，这首先并且最终取决于理解迈蒙尼德。以上更多地是首先提到柯亨的理由。对标题的辩护就说这么多。现在进入正题！

柯亨在其《迈蒙尼德伦理学的特征》（*Charakteristik der Ethik Maimunis*）一文中与迈蒙尼德牵连最多，该文 1908 年发表在文集《迈蒙尼德》（*Mose ben Maimon*）中。这篇文章的题目唤起这样的假象，似乎其中只会处理到迈蒙尼德学说的一个部分，亦即伦理学。不过一旦人们想起对于柯亨来说伦理学意味着什么，这种假象就消失了。按照柯亨的明确说明(Erklärung),作为关于人的学说,伦理学处于迈蒙尼德的纯粹意志伦理学的开端,是哲学的中心。伦理学需要逻辑学来为自己作准备,还需要美学来补充自己——也就是说,伦理学并非整个哲学,但伦理学是中心性的(zentrale)哲学学科。因此,在柯亨那里,"迈蒙尼德伦理学的特征"就意味着:"迈蒙尼德哲学之中心的特征"(Charakteristik des Zentrums der Philosophie)、"迈蒙尼德哲学的中心特征"(Zentrale Charakteristik der Philosophie)。实际上,柯亨的文章探讨的是迈蒙尼德的整个哲学,①包括他的逻辑学和形而上学,亦即从哲学的伦理意义的视角来探讨迈蒙尼德的整个哲学,但哲学的伦理意义也就是哲学的属人意义,哲学的本来意义(eigentlichen Sinn)。由于对柯亨来说哲学的中心就处在伦理学中,因此他不经意地就看到了迈蒙尼德学说的属人意义(den menschlichen Sinn)②:"迈蒙尼德思想的重心……在伦理学。"(页98)"在迈蒙尼德那里,……尽管辩证法有一切符合学术的根柢(Gründlichkeit),他所关注却是概念的实际的、活生生的意义。但这种实际性(diese Aktualität)就在伦理学中……"(页91)"迈蒙尼德形而上学在他的伦理学中(有)其交织的中心点。"(页73)柯亨甚至被实际–伦理的旨趣引导,或者尖锐地说,被政治的旨趣引导,为我们打开了通道,通往迈蒙尼德哲学的实际–伦理的、政治的意义。我们打算把这个命题置于我们考察的开端。我们希望能够搞懂和证明它。

　　柯亨应当引导③我们去理解迈蒙尼德。我们理解迈蒙尼德为什么需要指导? 因为对我们来说,迈蒙尼德不是一下子[395]可通达的(zugänlich)。对我们来说,迈蒙尼德之所以不可通达,乃因为我们生活在一个完全不同的世界,如柯亨所喜欢说的,生活在"现代文化"的世界。我们想避免这种表述,因为,如此表述使一件极易受攻击且已经备受攻击的事情显得太不易受攻击且过于不言而喻了。现代文化的根源在启蒙时代,在17和18世纪;我们今天在自己周围所看到的,只不过

---

① 〈完全是哲学〉
② 〈伦理学在思考中的中心地位〉
③ 作为选择而没有最终确定地注有:"指导"。

是在 17 世纪已施行的意志(den vollstreckten Willen)罢了。这种已施行的意志无非表现为面临自己的实现(*vor* seiner Verwirklichung)的意志,但是,人们若想理解这种已施行的意志,却无需先去追索那种已然表露出来的东西,而是要去追索原初所意欲的东西。如果现代文化的根源在于启蒙,那么,当我们说我们已被启蒙时,我们对自己的描述颇为恰切。一旦我们不得不与费希特(Fichte)一起嘲笑尼古莱(Nicolai),我们便已被启蒙;甚至伏尔泰已经让我们感到腻烦时,我们也如此;伏尔泰让我们感到腻烦,因为我们已经对他烂熟,因为我们即便不能脱口而出他的著作中的话,也对他熟透了——恰恰在这时,我们已被启蒙。

不过,对于我们理解迈蒙尼德来说,如果真正的障碍是我们已被启蒙,那么,柯亨岂不是最糟糕的导引?他不也已被启蒙?甚至他自己岂不就是个启蒙者?然而,恰恰因为柯亨是这样,[他才是我们的导引],因为,对于柯亨来说,尽管启蒙规定着他,他对此却并非一无所知(我们往往就处于这种境地);由于柯亨自觉地、透彻地把捉启蒙,④对他来说,启蒙就并非不言而喻的,他置身于[启蒙的]原初方式之中,而我们则置身于[启蒙的]派生方式之中。惟有从一种原初的东西出发,原初的⑤理解才可能,进而原初地理解迈蒙尼德⑥也才可能。

柯亨原初地理解启蒙。在其思想的原初性中,柯亨努力要稳固自己思想的源头。在实施这种稳固时,柯亨发现,迈蒙尼德是"理性主义的经典作家"(《理性宗教》)。在启蒙的视域里,柯亨⑦向我们展示,迈蒙尼德是个启蒙者。

"理性主义"(Rationalismus)这个表述产生于[哲学]与神学传统的争论。理性主义者原初是这样一些人:他们相信理性指导生活是行得通的(die Zugänglichkeit),并由此相信人可以自由地、批判地面对圣经,

---

④ 作为选择而没有最终确定地注有:"成为自己的事情。"
⑤ 该词由施特劳斯附在行间。
⑥ 〈这种〉
⑦ 〈柯亨发现〉

相信理性可以解释（interpretieren）圣经。⑧柯亨所指的理性主义就是这种具体含义，他［396］在别的地方称迈蒙尼德为"犹太教的理性主义者"（Rationalisten des Judentums）。因此我们说，作为已被启蒙的犹太人，柯亨向我们展示出，他把迈蒙尼德理解为一个已被启蒙的犹太人。⑨

⑩如果我们反思"已被启蒙的犹太教"这一表述，那么得以见到的是：在这里，"启蒙"被理解为某种附加给犹太教的东西，虽然这种东西是从犹太教的必然性出发得以把捉的，是从犹太教的旨趣出发所求助的（页87），但恰恰就其自身而言、从其自身来讲（*in sich selbst*, *von sich aus*），这种东西不是犹太教的。然而，启蒙具有什么样的属人方式和来历呢？其起源就在希腊哲学之中。

不过，这种规定很容易引起误解。它使人不由得想到所谓的希腊启蒙，即智术师派（Sophistik）。

---

⑧　该句子由施特劳斯附在行间。

⑨　施特劳斯在这里用尖括号注明："然后继续：——在柏拉图〈视域〉精神中被照亮的犹太教。"在手稿中随后是两段完全被划掉的话：〈什么是"已被启蒙的犹太教"？什么是"启蒙"？〉〈"已被启蒙的犹太教"是一个规划：这规划意味着，以哲学的方式去理解和照亮犹太教的诉求。这规划意味的东西还不止于此。人们不可以这样来理解，似乎按柯亨的见解，虽然犹太教需要哲学，但哲学却不需要犹太教。毋宁说，柯亨在一点上完全与迈蒙尼德一致，即，从犹太教中就连哲学也可以学得。他们两人关心的都是犹太教与哲学的融合（Vereinbarung），是两者的相互渗透。为了阐明这种相互渗透意味着什么，我们试图对什么是"启蒙"作一种暂时的说明。［这段话施特劳斯附在页边］

让我们回忆一下启蒙的经典时代，即17和18世纪。启蒙是论战性的。我们试图从启蒙所反对的东西出发来规定它。人们当时称这种东西为"迷信"。柯亨不再谈论迷信，而是谈论神话，而且他把这理解为人类原初赖以生活、思考、理解自己的方式。但是，过去人们把这些主题当做迷信来反对，如今则试图在"神话"的标题下来理解这些主题。柯亨思想的标志恰恰在于，他并不满足于理解神话，而是更关心与神话作斗争——他的全部遗稿也贯穿着与神话的斗争。因此，我们暂时说：启蒙就是科学反对神话的斗争。〉

⑩　〈我们迄今为止满足于对"启蒙"的一种完全暂时的理解。〉

在其最后的表述之一（《柏拉图和先知们的社会观念》）中,柯亨把犹太教为弥补和完成自己所需要的力量规定为柏拉图式的哲学(Plato-nische Philosophie)。换言之,如果柯亨之所论是已被启蒙的犹太教,那么,他以此指的是一种在柏拉图的视域中来理解的犹太教。如果他发现迈蒙尼德是已被启蒙的犹太人,那么这就是说:他发现,迈蒙尼德是在柏拉图的视域中理解自己的犹太教的犹太人。

为了正确地理解柯亨的主张,人们必须想到,对于柯亨来说,柏拉图⑪绝不是所有哲学的始祖,而仅仅是真正的(wahren)哲学的始祖。但是,在所有时代里,除了真正的哲学之外,还有一种加了引号的哲学,柯亨称之为"折衷论"(Eklektizismus)。在柯亨看来,这种头足倒置的哲学的始祖就是亚里士多德。柏拉图和亚里士多德代表着一种永恒的对立,不仅是正确的哲学思想与错误的哲学思想的永恒对立,而且这种对立所处的位置在于:哲学思想忠于还是背叛人们最为关切的事情(wichtigsten Anliegen des Menschen)。这种表述并不夸张,有柯亨的文本可以作证:"亚里士多德是由对观念的敌视(Feindschaft gegen die Idee)、对好的观念的敌视引导的。"*在[柯亨的]文本中,"对观念的敌视"加了着重号。

柯亨发现,迈蒙尼德是在柏拉图的视域中理解自己的犹太教的——这无异于说:不是在亚里士多德的视域中。而且,柯亨的主张也这样说:"迈蒙尼德与柏拉图的一致比与亚里士多德的一致更深。"(页105)

这一主张可以有一种简单的和并不悖谬的意义。对于迈蒙尼德来说,最重要的问题之一,也许[惟一]最重要的问题⑫是问:世界是恒在的还是被创造的? 与[397]亚里士多德关于世界恒在(Welt-Ewigkeit)的学说相反,迈蒙尼德主张[世界是]被创造的。在这种关联中迈蒙尼德发现,犹太教虽然不能与亚里士多德关于世界恒在的学说相容,却很

---

⑪　〈始祖〉

*　[校按] die Idee 通常译作"理式""理念""相",这里译作"观念",为的是与柯亨的哲学语境保持一致(详后)。

⑫　〈对迈蒙尼德来说〉

能与柏拉图关于世界由德穆革(durch Demiurgen)塑造的学说[相容]。柯亨并未想到这种柏拉图主义。就像他理解柏拉图主义一样,柯亨关于迈蒙尼德属于柏拉图学派的主张乍一看——而且不仅是乍一看——也是悖谬的。

为了认识和解决这种悖谬,我们必须首先搞清楚,柯亨究竟怎样理解柏拉图与亚里士多德的对立。

[手稿笔记本中正文的起始]

⑬〈柯亨对迈蒙尼德的态度,我们通常用"柯亨崇敬迈蒙尼德"这个句子来表示。这看起来是不言而喻的事,什么也没有说,因为哪个犹太人不崇敬迈蒙尼德!⑭他被当作以色列的永恒教师,就像柯亨称他那样。但实际上,柯亨对迈蒙尼德的崇敬非但不是不言而喻的,甚至是悖谬的。这种悖谬及其解决,我们将置于我们的考察的中心。(既然一篇报告的篇幅不允许对我们的主题有一场彻彻底底的探讨,我们就必须仅限于探讨中心的东西,但对于什么是中心的东西,却要根据立场的不同而作出不同的判断。如果我们追问内在的困难、追问柯亨与迈蒙尼德的关系的悖谬性,我们就获得了一种不受主观任性所牵制的立场。)

柯亨对迈蒙尼德的崇敬当然不是绝对悖谬的。有一个很宽广和很重要的领域,在这里面,柯亨的崇敬无论如何不会让人惊诧。我们必须至少提及这个领域。但即便在这个领域里,柯亨的崇敬也并非不言而喻。*

柯亨对迈蒙尼德的崇敬并非不言而喻。这种崇敬意味着对一种绝对并非不言而喻的可能性的明确选择权。选择迈蒙尼德就意味着选择

---

⑬　手稿笔记中的正文以四个段落开始,后完全被划掉。页边上施特劳斯首先注出,继而在提及新撰写的导言的题目之后又划掉:〈《迈蒙尼德伦理学的特征》,1908〉。

⑭　边注:"崇敬"。

*　这段话由施特劳斯附在页边上。

[398]一种哲学地加以理解的犹太教,选择用哲学照亮犹太教(die philosophische Erleuchtung des Judentums),选择一种已被启蒙的犹太教。⑮
这种表述不可以理解为:似乎按柯亨和迈蒙尼德的见解,虽然犹太教需要哲学,但并非哲学也需要犹太教。毋宁说,两个人在一点上是一致的,即哲学应该从犹太教的学说中学习。他们都关心哲学与犹太教的一致(Vereinbarung),关心它们的相互渗透——"已被启蒙的犹太教"所指的就是这一点。但是,这种[寻求]一致的意志却并非不言而喻,如果人们注意到下面这一点就明白了:有过并且还有一些哲人(最著名的就是斯宾诺莎)认为,倘若让哲学与启示有某种联系就只会损害哲学;也有过并且也许还有一些犹太人(最著名的就是在迈蒙尼德的时代宣布反对他的哲学著作的犹太人)认为,犹太教会毁于哲学思想。

已被启蒙的犹太教并非不言而喻,就像启蒙并非不言而喻。因为,做人和做犹太人而不做已被启蒙的人和做已被启蒙的犹太人,还有别的一些可能性。对此的证明是,启蒙反对一种属人的可能性。在启蒙的经典时代,即在17和18世纪,人们把启蒙要反对的东西称为"迷信"。如果这的确并且绝对是迷信,那么,启蒙事实上就会是一件不言而喻的事情了。而我们在这里不再如此不加考虑地追随启蒙;我们不再说迷信,而是说神话(Mythos),并且把它理解为人类原初据以生活、思想、观察、理解自己的方式;对于我们来说,如果我们不以神话的方式,而是以科学的方式来思想的话,绝对是个问题。因此,谁若以科学的名义反对神话,所做的就是某种绝非不言而喻的事情,他做的是某种贴标签的事情。就这种贴标签绝非不言而喻而言,柯亨与迈蒙尼德是一致的——不仅是在斗争中一致,在如何斗争的方式上也一致。〉⑯

我们也许会说:圣经产生自一种神话的视域。圣经给我们提出的问题是如下问题:圣经所关注的东西、圣经[399]真正想要的东西

---

⑮　页边注有:在我们接近真正的位置之前,探索前沿地带。

⑯　通过划掉而明确删除的开篇之结尾。

是否受这个视域制约。已被启蒙的犹太教的可能性取决于,圣经真正说来想要的东西并不受神话的视域制约。[17] 人们最初可能这样理解——而且恰恰常常这样理解——即这一视域[18]并没有被认真对待,而是被当做可以忽略不计的量,以至于人们可以随意地用科学视域来取代神话的视域。倘若如此[19],那么,人们就只能说用科学替代神话,只能说启蒙,不能说已被启蒙的犹太教,科学、哲学和犹太教的相互渗透也就无从谈起。但是,如果已被启蒙的犹太教不仅仅是把启蒙运用于犹太教,如果这种犹太教就自己本身而言应当是犹太教的,那么,用科学来替代神话就必须是犹太教意义上的[替代];而在这种情况下,就必须以犹太教的名义来反对神话。对神话视域的否定必须以圣经真正想要的东西的名义并受此委托来进行。因此,不可以说,用科学替代神话并不触及犹太教;而应当说,用科学替代神话是一种犹太教的必然性,犹太人对科学有一种义务。迈蒙尼德把认识上帝的要求视为这种义务,把认识上帝理解为科学的认识。柯亨不可能如此直接地在圣经中发现这种义务;对于他来说,惟有根据科学的伦理功能才能产生对科学的义务。但是,结果却又完全的一致:*已被启蒙的犹太教意味着以犹太教的名义并受其委托把哲学出身的启蒙吸纳进*[20]*犹太教*。

> 而且,就像这些犹太人依然是其信仰的使徒一样,这是对宗教的照顾,这种照顾把宗教驱入知识的怀抱。宗教情况不妙,犹太人全都抱怨宗教在自己的时代的堕落,他们召来哲学以遏制这种堕落。蒙昧主义者的怀疑和怀疑论者的嘲讽促使这些犹太人热切地意识到,必须得到救助,而且惟有哲学才能救助。(页 86 – 87)

---

⑰ 〈因此它取决于,在纯然的视域和真正的东西之间作出区分。〉

⑱ 〈可以说〉。

⑲ 〈但这一表述太弱,因为如果只是这样,〉倘若如此,

⑳ 〈到〉

以圣经教诲㉑的名义实施的科学＊反对神话的斗争，㉒导致圣经摆脱神话因素；把圣经的真正教诲从神话视域引渡到科学视域，[400]导致圣经和干脆整个犹太教传统摆脱神话。在迈蒙尼德那里，这种摆脱是以寓意（Allegorese）的形式进行的：如果一段经文与科学的洞识相违，那么就假设，这段经文与科学的洞识相违的字面含义即外在含义，乃是基于一种与科学洞识相一致的内在含义。这一外在含义是对真正所指的一种形象描述（eine bildliche Darstellung）。这种理解预设，圣经教师自己是拥有科学的，但出自某种理由和为了某种目的，他们用形象的形式来表述科学。因此，圣经教师们，尤其先知们，必须也是哲人——当然不仅仅是哲人，因为他们除了有哲学洞识之外，也有力量去形象性地、明白易懂地、有效地展示这种洞识。㉓ 寓意的解经（die allegorische Auslegung）想要像作者自己理解自己那样理解作者。由此就说明了近代对寓意解经所持有的那种抵抗。像作者理解自己那样理解㉔作者——这恰恰是史家的抱负；而对于历史意识来说，寓意解经则表现为强暴文本。于是，如果迈蒙尼德想从圣经中读出某种亚里士多德的宇宙论的话，我们就不再可能追随，而且，这并非仅仅在于我们不再相信这种宇宙论而是相信另一种宇宙论——如果有人在圣经中又找到当今自然科学的主张，在我们看来简直莫名其妙。这里的理由乃是斯宾诺莎（根本不用提路德）特别透彻地说出的那个原则性洞识，即圣经根本不关注科学，"摩西当然不曾想用科学教人顺从"（《犹太教著作集》，卷三，页298－299）。出于对圣经深奥的非科学性的洞识，斯宾诺莎得出的结论是：科学和哲学为一方，圣经为另一方，彼此根本不相干，属于完全不同的世界；科学是少数智者（Weisen）的事情，圣经面向的是大众

㉑ 〈将〉

＊ 该词由施特劳斯附在行间。

㉒ 〈犹太教〉

㉓ 这句话被标在页边，并配以删除符号。

㉔ 页边上作为正文中未被划掉的片段的替代，注有：由此就可以理解人们今天普遍地对寓意解经持有的那种抵抗了。理解一个［作者］……

（die Menge）。圣经受到指责,乃是因为圣经教师自己理解自己的方式与科学的洞识相矛盾。

柯亨含蓄地吸取了近代对寓意解经的一般批评,尤其吸取了斯宾诺莎对迈蒙尼德的寓意解经的批评。他承认㉕不是寓意解经,［401］而是历史–考据的解经（die historisch-kritische Auslegung）才是像作者自己理解自己那样理解作者。但根据这种承认,㉖并在由此划定的界限内,柯亨拥护寓意解经的原则。*

㉗寓意解经和对寓意解经的批评在有一点上是一致的,即解释的惟一任务是查明作者自己是如何理解自己的。与此相反,柯亨则是从康德的洞识出发,即有可能比作者自己理解自己更好地理解作者。这种"比作者自己理解自己更好地理解作者"（einen Autorbesser

――――――――――

㉕　〈寓意解经并不理解作者〉

㉖　〈他返回到寓意解经,只要根据这种承认是可能的。他的〉

＊　这整段话由施特劳斯附在页边。

㉗　新起一段替代了用多条垂直线以及斜线删除的两段话:〈在这一点上,寓意解经本身和对寓意解经的批评是一致的,即解经所做的无非是查明作者如何自己理解自己。与此相反,柯亨从康德的洞识出发,即有可能比一个作者自己理解自己更好地理解他。〈（而且,对于柯亨来说,这不仅仅是一种可能性,或者纯然是一种科学上有价值的准则,〈而是一种有根据的义务,根据就在〈善良意志〉对传统的义务中、在忠诚的义务中〉而是消灭应当被消灭的东西最彻底的方式。《理性宗教》,204 节和 44 节,2、3）〉。这种"比作者自己理解自己更好地理解他",柯亨称之为观念化的解经。借助这个概念,柯亨完成了一种对寓意解经的救护,即对迈蒙尼德的方法的救护。我想尝试用一个核心的例子来指明观念化解释的特征。

对于每个诚实的人来说,在神迹故事上服从圣经都极为困难。我指的并不是我们根据可靠的知识能够说神迹不可能,或者这些那些神迹不可能;而只是出于种种理由――要分析这些理由就跑得太远了――对神迹有一种独特的不情愿、独特的不舒服。人们只需读读赫尔希（S. R. Hirsch）在《〈出埃及记〉释义》中怎样表白自己,就足以确信这一点。至于柯亨,毫无疑问,他不仅一点不关心神迹,也不相信神迹。我们想尝试指出,柯亨的属灵性（Geiste Cohens）如何不得不对神迹问题表态。〉

verstehen，als er sich selbst verstand），柯亨称之为观念化的解经（*ideali-sierende Auslegung*）。因此，观念化的解经有别于寓意解经，㉘虽然这是由于解经者（Ausleger）自己与作者的距离，以及自己比作者优越（*Überlegenheit*）。我们绝对不想抹煞观念化的解经与寓意解经的区别，但同样重要的是，也必须强调深刻的共同性：与寓意解经一样，即便观念化的解经也承认一种双重的含义（*zwiefachen Sinn*）——字面的、没有约束力的、非真正的含义和内在的、有制约力的、真正的含义。对圣经的观念化解经履行的是与迈蒙尼德的寓意解经同样的功能：以骨子里认同（in inneren Einverständis）圣经的真正含义的方式，让圣经摆脱神话。观念化的解经以更具反思的形式重复着寓意解经。这样，柯亨就完成了对寓意解经的救护（*Rettung*）：他承认对寓意解经的批评，说寓意解经不是对文本的一种朴素理解而是对文本的新解（*Umdeu-tung*），就此而言，寓意解经侵犯了文本；但是，这种新解不是一种强暴，而是"转换"（Verwandlung），即把过去的、神话的东西转换成后来的东西。"问题是，这样的转换并非灭除（Vernichtung）的最好方式。"（《理性宗教》，X 19）。谁若了解柯亨，就知道这个问题仅仅是一种修辞。

> 针对一切成规，必定闪现出这样的洞识，即宗教认识中的进步靠的是处理和重新解释原始材料（Quellen），这些原始材料本身在其各自的具体层次上依然故在，只是经过重新排列或者被重新强调而已。（《理性宗教》，I 5）

由此来看，㉙迈蒙尼德的寓意解经并不意味着让圣经与亚里士多德哲学表面上相像（eine äusserliche Angleichung）——部分来讲的确也是一

㉘ ［没有指示符号而作为笺注处在同一页手稿另一处地方的这一表述，明显是应当替代下文中没有删掉的如下片段：］由于与作者的距离的意识。

㉙ 作为选择在页边注有：从这种洞识出发表明，如此理解，尤其迈蒙尼德的寓意解经并不〈首先〉那么表现为圣经对与它相异的亚里士多德哲学的一种外在适应，而毋宁说表现为一种延续。

种相像,但决定性的是,迈蒙尼德的寓意解经是在推进(Forsetzung)先知们、编纂者们、翻译者们的努力。对于柯亨来说,这方面具有特别意义[402]的是,他能够揭示迈蒙尼德对献祭立法的历史解释(historische Interpretation der Opfergesetzgebung)与先知批判及对献祭的新解之间的联系。

寓意解经和更具反思形式的观念化解经提供了如下可能性:无须与古人决裂而批判古人。批判是启蒙的要素,在其最著名的代表身上,启蒙自称是讨论和批判的精神(esprit de discussion et de critique)。批判意味着对既定的东西的批判;不在既定的东西那里安顿下来,不一开始就给予世界以权利,* 而是追问:究竟为什么是这样的? 因此,所谓批判,是询问诫命的目的(Frage nach dem Zweck der Gebote)。回答这个问题,便得以让诫命摆脱自己的神话原籍。由此就必须清楚地考虑到,圣经诫命的一部分具有神话原籍。但是,在预设承认律法、不割断历史关联的情况下,现在如果在一种已被启蒙的视域中询问律法的目的,那么,就会以启蒙的方式来论证律法——询问和论证都围绕着一个非神话的中心。"为了律法所要求的根据,甚至只要律法要求这样的根据,就把律法移交给理性的法庭。"(页80)但是,这个中心是圣经的真正教诲;而圣经的神话视域却被圣经的非神话中心取消了。如果迈蒙尼德教导说,献祭立法的目的是戒除由偶像献祭规定的偶像崇拜,那么,献祭本身就成为非本真的东西(Uneigentlichen):从现在起,重要的不是献祭,而仅仅是纯粹的上帝崇敬,是对惟一的上帝的崇敬。这样,就其起源而言的神话的东西就获得了一种非神话的意义。——通过追问律法的目的,结果就是作出"根据托拉的内容所作的价值区分"。柯亨把这看做"他(迈蒙尼德)毕生工作的驱动思想"。柯亨则完全接受了这一思想。

启蒙对既定的东西提出的问题是:究竟为什么是这样的? 这无异于问:如其所是的样子是好的吗(ist es denn so, wie es ist, *gut*)? 已被启

---

* 此楷体标出的句子由施特劳斯附在行间。

蒙的批判本质上是实践的、伦理的,目标在于变得更好(*Verbesserung*)。启蒙盯住这个好,想要变得更好,并最终把变得更好称为:人道(*humanität*)。分析启蒙的这个目标㉚和理性亦即启蒙的工具,可能并非我们的任务。我们满足于一个[403]描述性的和众所周知的例子:我们时代的启蒙后继者们把废除死刑视为他们最重要的奋斗目标之一。中立的旁观者必定发现,敌视死刑的人在论证上优于拥护死刑的人:在理性的照耀下,报应、罪 * 的原则并不像左派所援引的原则那样可以透彻地得到阐明。报应的旨趣显得是一个看不透、隐晦、情绪性的原则,各种等级的心理学都试图摧毁这一原则(报复欲……)。如果我们追随理性,我们就是人道的、心好的;如果我们的机构按照理性来建设,这些机构就是人道的,不论我们心中有些东西怎样反对它——这就是对启蒙的信仰(Glaube der Aufklärung),也许直到今天也依然无可反驳。这样我们就理解了,如果柯亨能够用如下说法来复述迈蒙尼德的思想,这对柯亨意味着什么:"由于悔改的那一瞬间,所有对报应的狂热都失去了等候的薪酬,所以悔改智胜了撒旦及其所有的处方。"(页125)柯亨相信,他要在迈蒙尼德身上证实的所有人道思想,都能够在迈蒙尼德的国家法等内容中找到,这一点我略而不谈。迈蒙尼德对苦修的批判让柯亨多么高兴呵。我们大家都熟知启蒙的通俗概念,这个概念以某种方式充满了我们所有人的心,因此它足以大致提供[启蒙]领域的影响范围,正是基于这个[启蒙]领域,柯亨才能够为我们展示对迈蒙尼德的理解。㉛

㉜㉝柯亨献身于追随迈蒙尼德,因为他关心已被启蒙的犹太教,因

㉚ 页边注有:概念,作为正文中未划掉的词的替代。

* 该词由施特劳斯附在行间。

㉛ 在页边注出,替代在正文中未被删除的句子:在这里,柯亨与迈蒙尼德之间有一种深刻的、非悖谬的一致。

㉜ 以下两段在手稿中事后用尖括号标出。

㉝ 在页边注出,替代在正文中未被删除的段落:由于柯亨关心的是一种已被启蒙的犹太教,他列身于迈蒙尼德的后继者。

为迈蒙尼德就是已被启蒙的犹太教的经典代表,是"理性主义的经典作家"(《理性宗教》)。迈蒙尼德用自己时代的手段、自己时代的哲学并因而凭借亚里士多德哲学试图做的事情,与柯亨在 19 世纪和 20 世纪用自己时代的手段、自己时代的哲学并因而凭借康德哲学试图做的事情,是同一件事情。但柯亨对迈蒙尼德的崇敬的悖谬性恰恰就在这里。㉞ 因为,对于柯亨来说,亚里士多德哲学与康德哲学体现着一种永恒的对立(*einen ewigen Gegensatz*),它与在先的哲学和在后的哲学、不怎么完善的哲学和较完善的哲学的对立都有所不同,因为这种永恒对立㉟不仅是错误的哲学思想与正确的哲学思想的永恒对立,而且这种对立所处的位置在于:哲学思想背叛还是忠诚于人们最为[404]关切的事情。这种表述并不夸张,有柯亨的文本可以作证:"亚里士多德是由对观念的敌视、对好的观念的敌视引导的。"(页82;"对观念的敌视"在文本中加了着重号)㊱

请正确地理解我! 毫无疑问,迈蒙尼德是犹太人和已被启蒙的犹太人,由于这一事实,便有一种深刻且全面的共同性,以至于由此就可以理解柯亨这个充满热情的犹太人而且是充满热情的已被启蒙的犹太人对迈蒙尼德的崇敬了——不论哲学见解有多少差异。但是,即便以㊲如此谨慎的表述,我们也不能㊳避开悖谬。因为,惟有当对于柯亨来说,哲学所探讨的不过是纯然的意见(*blosse Meinungen*)时,惟有当对于柯亨来说,哲学学说不是那么地很重要、不是简直绝对地(*unbedingt*)重要时,才会允许"不论哲学见解有多少差异"这一表述。但是,毫无

㉞　在页边作为选择注出:但是〈因为的确如此〉,如果是这种情况,那么,〈迈蒙尼德的榜样性质真正说来〉对于柯亨来说,就不可能承认迈蒙尼德是自己的榜样和自己的老师。

㉟　〈这种针对〉

㊱　在页边注出:但是,如果康德哲学和亚里士多德哲学以这种方式相关,那么,这就是在这样的情况下:亚里士多德的一个学生能够被柯亨认为老师就不可能。

㊲　〈in〉

㊳　〈保留 Pa〉

疑问,这有悖于柯亨充满激情的信念:哲学真理很重要、绝对地重要。这样一来,这里所探讨的就不是一种纯然的差异,毋宁说,只要迈蒙尼德追随亚里士多德而柯亨追随康德,这里所探讨的就是正确的哲学思想与头足倒置的哲学思想的对立。如果迈蒙尼德真的是亚里士多德派(Aristoteliker),因而是头足倒置地作哲学思考的,那么,柯亨对迈蒙尼德的崇敬就要经受困难的考验;事实上,这种崇敬甚至将变得不可能,因为,柯亨作为哲人的激情,并不亚于他作为犹太人的激情。[一方面]康德与亚里士多德的对立不会有动摇,[另一方面]必须无条件地坚持对伟大老师迈蒙尼德的崇敬,这样一来,就唯有通过证明迈蒙尼德在根本上不是亚里士多德派,才能消除困难。㊴ 柯亨实际上走的就是这条道路。㊵

在沿着这条道路追随柯亨之前,我们必须:1. 确立㊶迈蒙尼德在根本上不是亚里士多德派这一否定命题的肯定意义;2. 然后解释那种永恒的对立是什么意思。

只要亚里士多德式的哲学思想和康德式的哲学思想表现为一个完全的选言判断,以至于每个人都明确地或者不明确地要么亚里士多德式地作哲学思考,要么康德式地作哲学思考,那么,柯亨的命题看来就是在说:迈蒙尼德在根本上是康德学派。从柯亨出发来看,这根本不是像最初听来那么荒唐,但是,既然我们在讨论一个[405]本身就已经足够悖谬的对象,我们就想尽可能地避免进一步的悖谬。而且,我们也能够做到这一点。因为,在柯亨看来,*绝不是说,康德是以正确方式进

㊴ 边注:〈或者换句话说〉但这就是说——既然在柯亨看来,柏拉图(苏格拉底)是正确的哲学思想这一传统的始祖,——并且证明了迈蒙尼德是柏拉图派。

理论的优先性——实践理性的优先性(理论的批判作为非真正的思考)

㊵ 置于尖括号中的正文的结尾。

㊶ 〈澄清〉

* 此句由施特劳斯附在行间。

行哲学思考的第一人。正确地进行哲学思考的古人榜样㊷在柯亨看来就是柏拉图。柯亨的中心命题甚至这样说："迈蒙尼德与柏拉图的一致比与亚里士多德的一致更深刻。"（页105）因此，我们必须说：柯亨引导我们把迈蒙尼德理解为一个柏拉图派，* 因此我们要问：柏拉图和亚里士多德的对立㊸意味着什么。

柏拉图与启蒙**

在这里，如今产生出重大的困难。困难实在太大，以至于我们无法以提出这些问题的形式来回答这些问题。毋宁说，我们将只能以一种本质上受限制的形式来回答这些问题。但我们相信，通过这种限制，我们真正的问题非但未受到压缩，反而恰恰这样才得到其应有的重视。

如果人们试图根据柯亨的阐述来回答柏拉图和亚里士多德的对立是什么意思这个问题，那么，重大困难就迎面而来，即柯亨并不是在其原初的、古代的视域中讨论这种对立的，而是虽非经常，但毕竟原则上超越了这一视域。㊹

就像柯亨从康德出发理解柏拉图一样，他也从黑格尔出发理解亚里士多德。之所以特别说到他对亚里士多德的理解，乃因为这种理解由于以黑格尔为取向（die Orientierung an Hegel）而经常被引入歧途。

㊷　古代的〈古典学人〉→古人榜样

*　此句由施特劳斯附在行间。

㊸　〈对于柯亨来说〉

**　边注：柏拉图与启蒙。［德文编者按：很可能施特劳斯在撰写完引言之后，有意在这里继续他的报告］。

㊹　手稿最初继之以如下后来划掉的大纲：

〈我们指出

1. 柯亨跨越了这个视域以及如何跨越的，

2. 这种跨越如何为自己辩解，

3. 我们为什么不能一起这样做。〉

对于柯亨来说,黑格尔是一个与基础科学、数学的自然科学没有任何内在联系的哲人,在这种意义上,黑格尔是形而上学家、"绝对者的教义学家",并且是政治上反动的哲人。与此相反,康德是数学的自然科学的奠基者,牛[406]顿事业的完成者,并且是法国革命之父卢梭的事业的完成者。⑤ 如果人们想⑯正确地理解柯亨的话,就一刻也不能不注意这种对立的政治方面,因为柯亨自己没有一刻不注意它。强调⑰这一点,实际上⑱并不意味着贬低柯亨哲学。不言而喻,在这里不可以想到政党政治的可鄙,而是必须想到席勒称为"人类的重大对象"的东西,这样的对象就是政治对象。政治是一个场地,哲学的、道德的、内在的对立在其上得到决定性的表达,⑲在这里,就这些对立而言牵一发而动全身[直译:关涉着整体],在这里,这些对立的根根底底昭然若揭。昭然若揭的不是什么外在的东西、事后的东西,而是内在的东西、哲学自身的东西不可抑制地非要(drängt)表达、非要作为、非要实现不可。这恰恰就是柯亨伦理学的一个基本思想。⑳ 当柯亨在《伦理学》中(页168)用行动(Handlung)的观点替代信念(Gesinnung)的观点时,他指的就是这一点。"纯粹的意欲在纯粹的行动中实施、完成。"(页169)只有这样才能够理解,柯亨何以能够有时在自己的《伦理学》中说:

> 如果今天针对康德精神最内在的生命内核敢于冒出一种仇视的、恶意的抵抗,那么,这种抵抗恰恰是随着这个时代邪恶的逆向运动蔓生的,并且以这种关联为标识和判准。*

---

⑤　〈尤其是这种对立的政治方面允许他〉

⑯　〈允许〉

⑰　〈说出〉

⑱　〈das〉

⑲　边注:〈页91,第2段〉

⑳　边注:〈《伦理学》,页20,第4–5段〉

*　从"当柯亨在《伦理学》中"至此的这段文字由施特劳斯附在页边。

我们认为,与对亚里士多德的这种解释在细节上论战是多余的。⑤
谁对亚里士多德根本一无所知,那应当提醒他:他耳熟能详的中道原
则乃是以节制为名(unter dem Namen des *Masses*)的希腊思想。把中
道原则视为颂扬中庸(das Prinzip des Mittleren als Lob der Mittelmässig
keit)完全是误解,柯亨并非懂得这一误解的第一人,然而,留给柯亨做
的是,使得对在中庸中出现的市侩习气(Philistertum)所作的政治判
断——青年德意志把这种判断挂在嘴上——有益于对亚里士多德的
解释。

在这种情况下,柯亨对《尼各马可伦理学》107u – 108o 所作的整体
判断(《犹太教著作集》,卷三,页 263 – 264)就不使我们奇怪了。

[幸福是亚里士多德伦理学的目标。可以认为,如果没有幸
福,亚里士多德的伦理学根本就不会得到巨大的承认。整本书惟
一思辨的东西就包含在幸福中,若不然,这本书对人类学家、
[407]心理学家、道德学者和政治家来说就会非常有趣和有价值。
但是,这本啰啰嗦嗦的书根本没有系统的价值,即便对亚里士多德
的体系来说也没有。惟有幸福才是把伦理学与他的形而上学的灵
魂结合起来的嘘气。]([译按]这个方括号为德文版编者所加)

柯亨对一部不朽著作的判断就是这样;这部著作在每一页都散发着亚
里士多德的精神,严格分析和平静描述的精神,至于这部著作的意义,
如果人们说,《善与恶的彼岸》被冠以"什么是高贵?"这一标题的最后
一章,是对亚里士多德分析μεγαλοψυχία[大器胸怀]那四页([校按]参
见《尼各马可伦理学》卷四第 3 章)的改写,就知道一个大概了。亚里
士多德曾教导说,伦理的对象只能"粗线条地和大纲式地"阐述,当柯
亨以如下方式解释这一事实时,漫画化就上升为妖魔化(Verteufelung)
了:"这是对观念的敌视、对好的观念的敌视,这里引导着他的正是这

---

⑤ 这一段后面的话和以下六段标上了两个大删节号,涉及整整两页手稿。

种敌视。"(页82)因为,一个人对好的观念充满敌意、仇视好的观念,与妖魔又有什么不同?

为了公正(Gerechtigkeit),也为了公正对待柯亨,就不可免除对柯亨提出这种批评。因为,如果人们把他搞成根本就不是他的另一个人,以便在他的名下崇敬一个鬼怪,将是对他严重的不公正——对每个人都如此。如果我们真的崇敬柯亨,我们的崇敬就经得起一种公正的和必要的批评。

如果这涉及的是一个中等作家,这种批评就够了。但是,就一个像柯亨这样的人而言,[我们]必须问自己:这样一种显得是在嘲弄所有真理、公正和所有宽容的举措究竟怎么可能?因为,即便是失误,在柯亨那里,也必定出自一种渊薮(Tiefe),在一个中等作家那里则不可能找到这样的渊薮。如罗森茨威格在《犹太教著作集》的导言中所说:"在表层之下是静静的渊薮……"⑤²

我们就柯亨对亚里士多德的态度提出了异议,这种态度显得在嘲弄所有公正、所有宽容。我们将不能回避一个问题,即这种观点,亦即宽容的观点,[408]是否最终的观点。且让柯亨自己来教导我们吧!在其遗著(《出自犹太教源泉的理性宗教》)中的某处,柯亨探讨了宽容问题,在那里,他把圣经尤其是先知们对待偶像崇拜的态度付诸语言。在这里,柯亨重新获得了一块地基,从此出发,在他看来,宽容是一种怪异的、扰乱人心的观点。我宁愿让人回忆起这段原话,也不愿让我觉得这话——柯亨其人和其学说的意义也如此——迄今尚未得到恰如其分的评价。

《理性宗教》,页60,11–61,第3段:

> [不可能有别的上帝。在上帝惟一的存在之外,不可能有别的存在。因此,也只能有惟一的一种上帝崇拜,只能有惟一的一种对上帝的爱。对于多神论,一神论不会承认任何宽容。绝对必须

---

⑤² 边注:"在渊薮之上是表层,在表层之下是渊薮;在人的统一性中它们结合起来。"(《犹太教著作集》,卷一,页 XIII – XIV)

根除偶像崇拜。这种决定是真正的一神论、对上帝的爱的一神论、爱的上帝崇拜的一神论的前提条件。

如果不在其不可免除的必要性中来把握根除偶像崇拜,人们就还没有切实理解把理论与实践统一起来的真正一神论,哪怕人们相信,从这种对虚假的诸神(Götter)的神圣热情(heiligen Eifer)中可以认识到不宽容、狂热和人类之恨的一种痕迹。带着这样的嫌疑,人们暴露出的只是,自己的心灵还没有完全充满惟一的上帝以及其惟一存在的必然性,确切地说,心中还没有完全充满一种双重的必然性,这就是,作为人,对这个惟一上帝的态度是既要认识(Erkenntnis),也要认信(Bekenntnis)。反过来看,谁吸取了认识和意志这种双重性中的统一性,对他来说,就不存在任何别的出路:惟一的上帝崇拜不可避免地要求根除错误的诸神崇拜。这样,就没有任何怜惜,没有对人的体谅(Rücksicht auf Menschen)。对上帝的爱把寂静主义(Quietsmus)连根拔除。必须在人们中间(unter den Menschen)建立起并保障真正的上帝崇拜。因此,必须从地球上根除对虚假诸神的崇拜。在上帝之灵(Gottesfeist)的历史上没有出路。没有更高的精神机关(geistige Instanz)能够使人摆脱这种基本义务。一神论和多神论绝对是矛盾,同样,上帝崇拜和诸神崇拜也绝对是矛盾。

在这一沉思中,我们排除任何别的机关作为一种更高机关,[409]只是力图从其单方面的原则出发来理解*精神的世界史*(Weltgeschichte des Geistes)。在精神历史的这个理论问题上,我们不能让这样一种*宽容*发表意见:它把理解和认可一切观点视为义务;只有就世界历史的伦理问题来说,并在实践上运用于人们和各民族且从人类教育的观点出发,这种宽容才能生效。但只要**先知**们要创造性地塑造精神的历史,对他们来说,宽容就必定是一个怪异的观点、一个扰乱人心的(störende)观点。因此,我们根本不需要回顾原初时代及其道德的蛮荒就能理解先知们与偶像崇拜的敌对性对立:一神论与多神论之间的原则矛盾充分地解释了一种历史义务,即一神论对多神论持否定态度的义务。

当然,人们在这方面必须作出牺牲,甚至自己的民族作出的牺牲不亚于各民族作出的牺牲。尽管如此,人们作为这样的人在其人性上不会被认错:"不可憎恶以东人,因为他是你的弟兄。"(《申命记》23:7)不可避免地要求消灭偶像崇拜的,惟有历史原则(das geschichtliche Prinzip),只要它能得胜。〕(方括号为德文版编者所加)

关于自己我们确实不能说:我们的心绝对被惟一的上帝或者被好的观念所充满。对此我们应当说些什么呢?如果我们尽管如此还冒昧地批评柯亨,坚持我们对柯亨的批评,虽然我们现在知道,他对亚里士多德的批评的情绪出自什么样的圣经渊薮,那么,我们没有别的辩护理由,只能说,柯亨恰好不仅仅是认信的犹太人、圣经神学家,也是哲人。人们不会顺从一个哲人;人们必须检查他的主张。就连哲学也确实不是绝对宽容的;无论如何,在"把理解和认可一切观点视为义务"的意义上,哲学并不宽容。在哲学的意义上,不赞成、抵制错误的观点绝对是义务。当然,人们也必须公正对待错误的、该抵制的观点。但柯亨就对亚里士多德不公正。

没人能够不受惩罚地逃避历史公正的义务。连柯亨也不能。我们不妨想一想,[410]在自己的《纯粹认识的逻辑》(Logik der reinen Erkenntnis)中,柯亨如何把当时出现的现象学当做经院哲学来拒斥——顺便说,还有他是如何充满敬意。对拒斥的这种论证表明,柯亨预感到,现象学与经院哲学的导师亚里士多德有深刻联系。此间,现象学成了一种决定一切的力量——谁对现象学的学术概念不熟悉呢?不妨想想看,罗森茨威格的新思想概念就是这种哲学的世界概念,倘若如此,那么,现象学便意味着重建亚里士多德主义的一个决定性步骤。亚里士多德主义曾被柯亨称为克服了的过去,如今却重新兴起,使柯亨的毕生事业就他所赋予的形式而言严重地成了问题。而且事情还不止于此,也就是说,亚里士多德主义,甚至未被观念化、未被现代化的希腊哲学不仅仅是一种威胁,[亚里士多德主义的重新兴起]就已经具有最现实的关切;事情更在于,对于柯亨来说,如他的最后表述之一(《柏拉图和先知们的社会观念》）所证明的，绝对有约束力的现代前提条件可能有朝一日让我们觉得陈腐和败坏——如果未被观念化、未被现代化的希腊哲学给我们指出一条走出现代无序的道路，我们也许会感到高兴。㊿

因此，在规定柏拉图和亚里士多德的对立时，我们以未被观念化的对立为依据，并且不考虑柯亨对希腊视域的逾越。

那么，柏拉图和亚里士多德的对立本身是什么意思？在柯亨看来，这里涉及的是一种对立。柯亨否认一个命题，即"亚里士多德必定在所有模仿者之前就理解了自己的老师"（页70），并由此主张，在学园待了20年的亚里士多德根本上并没有理解自己的老师柏拉图。就连这个命题也是悖谬的。与此相反，最近的研究指明了柏拉图和亚里士多德之间的深刻联系；在这一研究的边界上，我们面临如下命题：亚里士多德完成了柏拉图的事业。我们无权对这场争执表态，但争执中所表现出来的困难迫使我们更改我们的问题——顺便说，是在柯亨的意义上所允许的更改。柯亨说：

> 也许可以说，亚里士多德如果已经能够把握好的观念的话，也会已经把握观念本身。但是，对此他缺少的不仅是柏拉图式的容纳能力，而是尤其缺少[411]苏格拉底式的容纳能力（die Sokratische Kapazität）。（页70）

因此，亚里士多德哲学的独特本质已经且首先，并且格外出现在与苏格拉底的对立中。所以，我们且搁置柏拉图在苏格拉底和亚里士多德之间的地位这一问题，并且问：

苏格拉底与亚里士多德的对立意味着什么？——在这里，我们把苏格拉底理解为柏拉图对话中的苏格拉底。㊾

不存在任何苏格拉底的学说。苏格拉底甚至不能教人；他只能提

㊿　被标出要删除的文字到此结束。

㊾　此句由施特劳斯附在行间。

问,通过他的问题帮助别人达到洞识——首先达到这样的洞识,即他们事实上并不知道自己自以为知道的东西。不是苏格拉底本人知道别人不知道的东西。毋宁说,他的智慧——著名的苏格拉底智慧——恰恰在于,他知道自己一无所知。

甚至这种对无知的知也不是学说——苏格拉底也不是怀疑论者。一种学说,至少一种哲学学说,是对一个问题的一种回答。但是,苏格拉底没有回答任何东西。他所给出的表面上的回答(对无知的知),只是问题的最尖锐的表述。苏格拉底式的哲学思想就叫做提问。

但是,不真正关心回答的人,就不是真的在提问;谁像苏格拉底这样使提问成为其生活事业(die Sache seines Lebens),他就绝对关心回答。但是,苏格拉底待在问题中,原因何在?兴许是因为他不可能知道某种东西、任何东西?但是,苏格拉底真的一无所知?他毕竟知道某种东西;他甚至知道很多东西。例如他知道,雅典最伟大的儿子塞米斯托克勒(Themistokles)和伯利克勒斯(Perikles)事实上并不像全世界都相信的那样救了雅典;他知道,像阿尔喀比亚德那样的生活不是什么配得上人的生活。我们中间谁会敢于声称自己知道如此多的东西呢?在这种情况下,苏格拉底怎么能说自己一无所知呢?他怎么能够尽管自己有知还待在问题中呢?对此可以回答说:他想要待在问题中。确切地说,因为关键在于提问;因为,一种不是提问的生活不是一种配得上人的生活。但为什么关键在于提问?或者换个问法:究竟问什么?究竟什么是可问的?可问的东西有许多种。但是,如果苏格拉底的提问是一种关键所在的提问,那就不可能是一种随意的提问。不是问冥府中、地下、天上的事物,而仅仅是针对值得问的东西提问,它是生活的必需,关涉人们应当以什么方式生活的问题,关涉[412]正确生活的问题。对正确生活的寻问(das Fragen nach dem rechten Leben),亦即每个个人关于自己的生活、关于自己是否正确生活过而寻求辩解和作出辩解,亦即自己为自己的生活负责。苏格拉底的问题迫使人负责,谁理解他的问题,也就理解了:一种不是在负责中发生、不是在不断的审视中发生的生活,对人来说就是不值得的生活。因此,苏格拉底就正确生活的问题给出了回答:追问正确的生活——惟有这才是正确的生活。

> 对于人来说最大的好就是:每天都谈论德性和你们听我谈论的其
> 他主题,就像我自己和其他人审视它们那样;而一种未经审视的生
> 活对人来说则不值得过。(《申辩》,38a)

追问那种本身真正来说就是好的东西(Fragen nach dem Guten, was es selbst denn eigentlich ist),追问好的观念——惟有这才是苏格拉底式的哲学思想。

提问和审视是孤独的思想者自己问自己、自己审视自己。它是一种自己针对自己(Sich-gegenseitig)的提问和自己针对自己的审视,是原初意义上的自己负责:人们总是只能自己对一个具体的人(Person)负责。苏格拉底总是只与他人进行哲学思考。他关于正确生活的提问是一种共同提问。他每次都与他人共同提问,不是因为他想说服别人——只有好为师者(ein Lehrender)才想这样——而是因为他追求理解和一致(Einklang)。苏格拉底之所以追求理解和一致,乃是因为,只有从理解和一致出发、从公民的同心同德出发,国家(Staat)才能真正是国家。真正的国家乃是真正的共同生活;人的生活就其本质而言是共同生活。因此,正确的生活[意味着]:正确的共同生活,真正的国家。因此,惟有从国家出发,单个人的所有德性才可能和可理解。这样,苏格拉底所寻求的知,乃是一种由理解生发出来的关于好的同意(ein aus Verständigung erwachsendes Einverständnis über das Gute),这种好作为人的好,乃是共同的好。苏格拉底对正确生活的提问乃是,为了正确的共同生活、为了真正的国家之故而寻问正确的共同生活。苏格拉底的提问本质上是政治的。

"政治的"这个词必然是歧义的(zweideutig)。当我们谈到柯亨的政治热情,谈到他对哲学–历史的政治把握,并且不得不请求读者不要因此而想到政党政治的可鄙时,我们就已经遇到了这种歧义性。这种歧义性是根本性的,以至于不能[413]通过例如区分精神的政治和利益的政治将这种歧义性从世界中清除掉。只需要读一读柏拉图的《普罗塔戈拉》就可以认识到,这位智术师的政治技艺怎样是"精神的政治"(geistige Politik);甚至就内容而言,这种政治技艺也与现今作为"精神的政治"推荐给我们的东西若合符节。歧义性根本没法避免。

它的根据在于,人的生活乃是共同生活,并且因此而是政治的生活。所以,一切属人的所作所为和思想本身本己地是政治的。但是,这种情形并非总是明摆着的。当我们说有些人是治国者(Politikern)时,我们指的是他们以明摆着的方式在操办着共同生活,与共同生活打交道。明摆着在与共同生活打交道,那就要么会不负责任要么会负责任,这就是歧义性。⑤ 不负责任意味着不寻问好,也就是说人们凭意见知道什么是好。倘若我知道什么是好,我就可以拿它教人,公开教;因此,我也可以写作。但倘若我不能拥有任何关于好的知识,我就不能教人,不能公开教,不能写作。由于苏格拉底知道自己一无所知,所有的理解都只会是同意而已,所以他并不面向大众,而是仅仅面向单个的人;苏格拉底与他人的谈话是对话。所以,他只是说而不写。因为,写下的文字必然被误解,成文的东西不能保护自己不受误解,文字所说的仅仅总是同一种东西——而归根结底,重要的在于总是以不同方式说那惟一的真东西(das Eine Wahre immer anders zu sagen)(《斐德若》c. 60)。⑤

如此概略陈述的苏格拉底 - 柏拉图式哲学思想的基本思想——多少有些修正地——贯穿在柯亨的哲学思想中:

1. 只有一种寻问:寻问正确的生活。柯亨说(页 63 - 64):不可以且不会有"任何对于人类精神来说……高于其道德性和比它更迫切的东西"。

> 苏格拉底……像一个拿撒勒人一样谈论自然:树木不能教导我,但城邦中的人们却可以教导我。……伦理学作为关于人的学说,成为哲学的中心。(《伦理学》,页 1)

2. 关于好的寻问必定待在寻问中(muss Frage bleiben):

> 道德的东西是[414]……一个问题,它必定总是一再变得年轻,出

---

⑤　边注:参见《高尔吉亚》。
⑤　括号里的内容由施特劳斯附在行间。

现在常新的问题中,任何新的解决都只会产生新问题。(页70)

3. 问题和问题的对象自身本己地是政治的。柯亨以如下方式解释柏拉图的克力同(den Platonischen Kriton),并在此意义上吸取它:⑰"不存在不考虑国家并且不由国家观引导就能获得的自我意识。"(《伦理学》,页250)

但是,如果这就叫做苏格拉底式的或者柏拉图式的哲学思想,那么,岂不每个能思想的人就都是苏格拉底派或者柏拉图派了吗?关于好的问题是最高和最迫切的问题,难道不是不言而喻的吗?毋宁说我们要问,在什么条件下苏格拉底的问题会不是最高和最迫切的。——在两个条件下:

1. 如果正确的生活不是成问题的,如果我们知道什么是好;

2. 如果人及其生活根本就不是如此重要。

亚里士多德哲学思想的特征便是满足这两个条件。

关于1,"道德的东西对于他来说不是一个问题……"(页70)。参见亚里士多德关于伦理学的意图的命题:*οὐ γὰρ ἵν' εἰδῶμεν τί ἐστιν ἡ ἀρετή, ἀλλ' ἵν' ἀγαθοὶ γενώμεθα*[根本不是为了我们知道什么是美德,而是为了我们成为好人](〔译按〕《尼各马可伦理学》卷二,1103b26)。⑱

关于2,"他的形而上学是针对宇宙的……"(页72)。

如果有谁认为,政治和明智是最美妙的东西(*σπουδαιοτάτην*),那实在荒唐,除非在这个宇宙中人才是最好的东西(*τὸ ἄριστον*)。(《尼各马可伦理学》,1141a,20以下;〔译按〕原文为希腊文,未附德译)

由此,亚里士多德重新修改了苏格拉底以寻问建立起来的希腊人的基本可能性:在纯粹的观察和认知中、在理论(*θεωρία*[静观])中生活。如果苏格拉底式的哲学思想就是寻问人类生活的好、寻问真正的

---

⑰ 该句由施特劳斯附在行间。

⑱ 页边注有:"体面"。*λέγομεν γάρ*[我们甚至挑剔]。

国家,那么,亚里士多德的哲学思想就是观察存在者并理解存在。如果苏格拉底的哲学思想本身是政治的,那么,对于亚里士多德来说,政治则退居第二位。——⑤⑨

　　⑥⑩这种对立跟神话与启蒙的对立有什么相干? 我们是从后一种对立出发来引导柯亨对迈蒙尼德的理解这一问题的。就已被启蒙这个语词的最高含义而言,亚里士多德岂不也是,且恰恰是已被启蒙了吗? 只需想一想他的[415]论梦和释梦的著作。但是,这个"启蒙"的概念还不够。启蒙针对神话的斗争,如柯亨所理解和运用的那样,是在如此深度中完成的:这场斗争同时针对纯粹的理论。

　　　　神话的人只对世界从何而来的问题感兴趣,而由于宗教,这个问题退后了,被去往何处的新问题排挤掉。与因果性相对,目的来到前台。可以成为能够吞掉其他一切问题的那个知识的问题,不是起因、不是始基,毋宁说,尤其在人类世界的目的中,关于自然的目的的问题成了人类认识的首要问题。(《犹太教著作集》,卷一,页94)

---

⑤⑨　页边注有:如果到这个地方还未用〈半个小时〉20分钟,则插入:

　　由此就可以标明启蒙概念中的一种歧义性,柯亨在页83第2段让人注意这种歧义性:引用["迈蒙尼德在自己的立场上能够不作任何限制地接受亚里士多德的公式吗? 如果情形如此,那么,在探索律法的根据时,迈蒙尼德所表现出的全部理性主义就会只具有一种历史旨趣和人类学旨趣的含义,迈蒙尼德当然也曾经表达过这种旨趣,但他的重点并不在此。在这种情况下,迈蒙尼德的理性主义就不能具有一种基本倾向,这种倾向使其神学在伦理学中达到顶峰,正如他的教义学也每一步都以伦理学为目标。毋宁说,这样一来,这种伦理学就会在于一种主要借自萨比教徒(Sabier)的历史的启蒙。这种差异始终并且在每个方面都构成了上帝对于迈蒙尼德神学的意义,并且像人们必须预设的那样,因此也构成了上帝对于迈蒙尼德伦理学的意义"。]

　　然后:启蒙反对迷信、反对神话的论战。对立:神话——科学(相应地:已被启蒙的犹太教——圣经的神话视域的概念)。

⑥⑩　以下四段话在页边总起来用一个删节号标出。

> 对于自然认识的精神来说,所有的兴趣都集中于当下现在(Gegenwart);一切存在都包括在当下现在的此在中;当下现在把过去吸纳入自身。这样,在这一思想方向的排他影响下,就连人也整个儿生活在当下现在中;当下现在表现和确定着人的现实性。神话思想无论如何还把这种现实性追溯到一种先在那里,在那里,先在为个体的人设想出一种未来,因为,这种未来不过只是当下现在的一种延续或者过去的一种重复,而不是一种新样式的此在。(《犹太教著作集》,卷一,页 141 - 142)

因此,如果人们关于亚里士多德能够说,"……对于他来说,所有的未来都只是过去及其不可超越的智慧的一种再生"(页 70),那么,亚里士多德的思想方式也就是神话式的(*mythisch*)。[61]

也就是说,这并不仅仅是一种哲学内部的对立,而是一种规定着哲学自身的构成(Konstitution)的对立。——[62]

人的真正的完善性在于观察和认知(im Betrachten und Verstehen)。[63] 在观察和认知中,根据观察和认知的对象的级别,有一种价值的差异[64]:最高的认识是对最高存在者的认识。犹太人和希腊人一样,他们的最高存在者就是神。θεωρεῖν[静观]的观念成了认识上帝的观念。最高的科学是神学。由此就可以理解,中世纪的犹太人和非犹太人如何能够掌握亚里士多德哲学:对于人来说是关键所在的东西,在圣经中被称为对上帝的认识。

然而,由于圣经要求认识的上帝不同于迈蒙尼德所认识到的亚里

---

[61] 此句由施特劳斯附在行间。

[62] 用一个大删节号标出的文字结束。

[63] [校按] Verstehen 的通常译法是"理解",在海德格尔的用法中,中译通常为"领会",这里译作"认知",以便切合这里说到的哲学的基本认识活动,并与 Versändnis[知性]保持一致。

[64] 文本最初如下所示,但紧接着被作出相应修改:如果人的真正的完善性在于观察和认知,那么据此,在观察和认知中就有一种价值的差异。

士多德的目的的神,[416]所以,迈蒙尼德在根本上绝不会是亚里士多德派。"亚里士多德的神要崇敬,但这神确实不是以色列的上帝。"(页81)"这种差异始终且在各个方面恰恰构成了上帝对于这种神学的意义……"(页83-84)

> 全然从亚里士多德那里引导出他([译按]迈蒙尼德)在伦理学和神学中的理智主义,并非实质性的(unsachlich),而是外在的。这样一来,人们兴许就得把他的上帝认做亚里士多德的神。然而,既然上帝,即先知们的上帝,……在迈蒙尼德那里成为认识的对象,而这个上帝不再是亚里士多德的神,那么,对上帝的认识的概念也就得是一个与亚里士多德那里对神的形而上学认识的概念不同的概念。(页91)

这首先意味着:如果圣经的上帝成为理论的对象,那么,理论就必然被修正。⑥ 在讨论爱上帝和敬畏上帝的诫命时,迈蒙尼德问及通往爱上帝和敬畏上帝的道路。这条道路就是对世界的认识。自然学(Physik[校按]又作"物理学")在这里被理解为通往爱上帝和敬畏上帝的道路(《律法的基础》[Jesode hathorah] II 1-2)。毫无疑问,亚里士多德的观念就这样获得了一种从亚里士多德自己那里绝不能获得的含义。不过,人们不可过高看待这样的修正。这些修正需要的不过是细微差别(Nuancen)而已。但柯亨所主张的却不止于此,他主张,通过圣经的上帝概念,通过把认识上帝理解为认识圣经的上帝,理论将被连根拔除。

柯亨对迈蒙尼德的属性论的解释

如果作为理论的对上帝的认识是人的最高可能性,上帝的本质就必定是可认识的;对上帝的本质作出陈述——肯定性陈述,就必定可

---

⑥ 〈我想用柯亨值得注意地不用的例子来直观地展示这一点。〉

能;归给上帝一些确定的属性(Attribute),就必定可能。但是,迈蒙尼德否认肯定性属性(positiver Attribute)的可能性,因为它们使上帝的单一性(Einheit)和惟一性(Einzigkeit)成问题。单一性[意味着]:它包含着本质和自性(Eigenschaft)(偶性[Akzidens])的区分。惟一性[意味着]:它使创造者和被创造者可以比较(例如,如果[417]表述二者的"实存"[Existenz]的话)。"但在这种情况下,对上帝的认识若没有对上帝的属性的认识,这种认识有什么内容呢?"(页88)"迈蒙尼德如何能够否认对属性的认识,同时另一方面又使对上帝的认识成为他的神学和伦理学的原理呢?"(页88)这首先意味着:对上帝的认识惟有沿着否定的道路才可能。被否定的是缺陷,是缺乏(Privationen)。纯朴的肯定属性的含义只不过是对一种缺乏的否定罢了。(这样,"永恒的上帝"就意味着他不是产生出来的;"生命"就意味着他不是死的物体;"有权能的"就意味着他不软弱;"有意欲的"就意味着他不懒散……)。这话显得所说不多——只是"防止一种轻率"(页101)。但是,迈蒙尼德说得更多,例如他以如下方式来解释"有权能的 = 不软弱":上帝的存在足以产生在他之外的其他事物。这里面就有:对缺乏的否定绝不仅仅又建立起肯定,而是超越了肯定;[66]这种否定用一种超越的(ein transitives)属性取代了肯定的属性,后者只是内在性的(immanent),只表示作为一个绝对者的上帝的本质;这种否定只是在上帝与世界的关系中言说上帝。抛弃肯定属性意味着,抛弃把对上帝的认识作为对一个绝对者的认识;在这种意义上,这种否定暗含着抛弃形而上学。

对肯定属性的认识不可能。但现在,它们

> 不能在任何意义上被拒斥,因为启示本身提出了这样一些属性。……但是,启示所建立的这些属性是什么种类的? 它们是……仅仅把他(上帝)规定为一个道德的存在者(ein sittliches Wesen)、规定为一个具有道德性的存在者的那些属性——用圣经的话来讲,就是

---

66 边注:"上帝不懒散"="上帝是能动性的起源"。

仁慈的和怜悯的,是在爱和忠实方面伟大的。(页89)

这也就是说,[上帝]是道德性(Sittlichkeit)的榜样,且直截了当地是道德性的观念。迈蒙尼德把这类属性称为行动的属性;对于上帝来说,这些属性被描述为人类行动的榜样。

因此,迈蒙尼德说:1. 肯定的属性实际上是对缺乏的否定;2. 肯定的属性是行动的属性。而且他在《迷途指津》的一个地方说:就先知们的书中的属性而言,人们必须注意,"这是些行动的属性,或者表示对其缺乏的否定"。这样一来,迈蒙尼德就完成了对缺乏的否定[418]与行动的属性的等同。对缺乏的否定——但这就意味着:关于上帝的陈述,惟有作为在上帝与世界的关系中关于上帝的陈述,才可能。但如果行动的陈述与对缺乏的否定是同一种东西,而"行动的属性"与人类行动的榜样的意思一样,那么结果就是:关于上帝的陈述,惟有作为在上帝与人类世界的关系中关于作为人的道德榜样的上帝的陈述,才可能;上帝存在于与作为一个道德存在者的人的关系中。

对迈蒙尼德的这种解释(Interpretation)与柯亨自己的神学完全一致。柯亨在解释弥迦(Micha)的话("世人哪,他[上帝]已指示你何为好")时说(《理性宗教》⑩):

这样,上帝和人就在好的问题上进入了一种必然的共同性(Gemeinschaft)。上帝要宣布这一点,要向人宣布:他究竟还能说点别的东西吗? 有另外一种存在者,他要对之说某种东西吗?

柯亨意识到这种一致的可疑性。他说道:

我们在这里达到一个点,在这个点上,我跟随的是我自己的系统逻辑学的基本思想。由此说出的是,讨论的不偏不倚、历史阐明的客观性受到了一种严格的考验。然而,读者可以像作者最初那样安慰自己说,哲学的整个历史都受到一种危险的拖累,这危险在于,思辨有自己独立的旨趣,从而,哲学的整个历史不可避免地受偏爱个别问题(einzelnen Problems)这种危险的拖累,或者像人们也许可以说的那样,应当受其拖累。对此只有一个办法,那就是原原本本地(gründlich)研究文字上的源头(literarische Quellen),仔仔细细地区分假设与事实。(页100)

柯亨显得是在亲自叮咛我们,不要盲目地信赖他的主张,而是要谨慎地检验它们。

1. 把行动的属性和对缺乏的否定等同起来。
2. 把对缺乏的否定解释为本源判断(Ursprungs-Urteil)(关联)。
3. 行动的属性把上帝仅仅规定为道德性的榜样。[67]

---

[67]　遗著中同样放在第8个盒子第5格中的两页纸上,施特劳斯用铅笔记下了关于柯亨解释迈蒙尼德的属性说的笔记,对这些笔记作了一些修改和调整后,他用于手稿中的正文。不考虑全部试写和中间改动,这些笔记的内容如下:

柯亨的思想进程／证明总的来说可以复述如下:既然迈蒙尼德不是把上帝理解为亚里士多德的神,而是理解为以色列的上帝、"先知们的上帝","所以,对上帝的认识的概念也必须是一个与亚里士多德那里对神的形而上学认识的概念不同的概念"(页91)。事情的确如此,按照柯亨的主张,这是由迈蒙尼德关于上帝属性的学说证明的。根据这一学说,在圣经中出现的上帝属性不是真实的,亦即不可理解为对属神本质的规定,而是理解为对缺陷的否定、对缺乏的否定,或者理解为标志,(不是上帝的本质的标志,而是)上帝的行动的标志。柯亨对这一学说的解释自然而然地分为三个部分:a. 把对缺乏的否定解释为"本源的判断";b. 把行动的属性解释为道德行动的属性;c. 把对缺乏的否定与行动的属性等同起来。

a. 迈蒙尼德把在圣经中出现的肯定属性解释为对缺乏的否定,看起来所说的并不多:如果"上帝是永恒的"这一命题意味着"上帝不是产生的",或者"上帝是有权能的"这一命题意味着"上帝不是软弱的",那么,看来非常有内容的意义就被转化为纯然是防止"轻率"了(页101)。但是,迈蒙尼德显然说得更多,例如,他以如下方式来解释"有权能的 = 不软弱的":上帝的存在足以产生在他之外的其他事物。这里面就有:〈对缺乏的否定绝不仅仅提出〉由于肯定的属性被理解为对一种缺乏的否定,仅仅是"内在的"、仅仅表现为作为一个绝对者的上帝的本质的肯定属性,就被一种"超越的"属性所取代／解释了,对于1,如果人们比较《迷途指津》卷一59章的那段话与卷一58章的类似一段话,就可以明确地得出,行动的属性[419]和对缺乏的否定被区分为两种方式,在其中关于上帝能够说出某种东西。

对于2,绝不是所有对缺乏的否定都使得关联在其中完成。例如,"上帝有生命"意味着,"上帝不是没有生命的","不是无知的","不是死的"(《迷途指津》卷一58章)。"上帝实存着"意味着,"他的不存在是不可思议的","他的不实存是不可能的"。

对于3,柯亨说:启示所建立的这些〈行动的〉属性仅仅把上帝规定为一个道德性的存在者。柯亨借此安慰自己——他不仅借此安慰自己,还热情地接受它,这恰恰是他的意图。与此相反,对迈蒙尼德来说,恰恰在这里有一个问题。已经有一事实为证,即迈蒙尼德所指的完全不同于柯亨。也就是说,在指出由启示所赋予上帝的性质仅仅涉及他的作用或者行动之后,迈蒙尼德发现自己不得不说明,为什么圣经满足

关于上帝的陈述,惟有作为在上帝与世界的关系中关于上帝的陈述,才可能和有意义。因此,抛弃肯定属性就意味着,抛弃对作为一个绝对者的上帝的认识,就意味着抛弃形而上学。——但是,在迈蒙尼德那里,什么会取代形而上学呢? 换句话说:什么是上帝与世界的那种"关系"的确切含义呢?

b. 在迈蒙尼德关于"行动的属性"的学说中,柯亨找到了对这个问题的回答。肯定的属性"不能在那种意义上被拒斥,因为启示本身提出了这样一些属性。……但是,启示所建立的这些属性是什么种类的? 它们是……仅仅把他(上帝)规定为一个道德存在者、规定为一个具有道德性的存在者的那些属性:按照圣经的话是仁慈的和怜悯的,是在爱和忠诚方面伟大的"。因此,"行动的属性"把上帝规定为道德性的榜样,规定为道德性的理念(页89)。

1. 对一种缺乏的否定 = 设定一种关系

2. 对一种缺乏的否定 = 设定上帝与作为一种道德存在者的人之间的关系。

关于上帝所说出的完善性只是非真正的:[《迷途指津》]卷一26章;卷一53章,到此为止。

惟一肯定的属性是行动的属性:卷一52章,到此为止。

惟一在圣经中出现的属性是行动的属性,或者对完善性的指示:卷一53章;卷一59章,到此为止。

于、局限于提到上帝的道德性的自性(sittliche Eigenschaften)——尽管摩西毕竟认识上帝的所有自性＝行动。迈蒙尼德的回答是：之所以如此，乃是因为上帝的道德行动使得人的实存和引导成为可能；因此，上帝的道德行动是人的每个领导者(jeden Leiter)的榜样；因此，要治理一个民族的摩西寻问上帝的道德行动，而它们"对于领导一个国家来说必不可少"。换言之，圣经在相关段落仅仅谈到道德性的行动，这有一个特别的根据；不言而喻，也有一些上帝的行动并不在这种意义上是"行动的属性"。上帝的有一些属性涉及他对外在于人的世界、对宇宙的作用。上帝对摩西说，"我要显我一切的恩慈，在你面前经过"，在迈蒙尼德看来，这也就是说：上帝给予他关于一切存在着的事物的一种纯正的知识(《迷途指津》卷一 54 章；但请参见卷三 54 章)。

柯亨相信，他在迈蒙尼德那里能够再找到自己的主张，亦即上帝的存在是在与作为一种道德存在者的人的关系中的存在。这主张换句话说就是：人、人的道德性乃是世界的目的。恰恰在这一点上，柯亨发现了柏拉图与亚里士多德之间的对立。柏拉图教导说，道德性连同如下观念(Idee)是世界的目的，即好的观念在等级和力量上超越了观念的真实存在。与此相反，亚里士多德则教导说，

> 自然根据自己的原则完成自己的好，[420]并按照这些原则在存在者的相对目的中完成自己的好。整个自然就是为这个目的而存在的；道德性构成了这一目的，这个问题和这个答案则处在亚里士多德的精神之外。(页 72)

迈蒙尼德在这方面的教导不同于亚里士多德吗？毫无疑问他教导了这一点。在讨论宇宙、自然的目的的问题时，与柯亨完全一样，迈蒙尼德首先在上引段落阐述了亚里士多德的观点，并且指出，根据这种观点，人们不能追问宇宙的目的。但迈蒙尼德接着说，有一些人[认为]，按照我们的观点，亦即按照相信创世的人们的观点，可以追问宇宙的终极目的；人们据此相信，世界的目的就是注定敬拜上帝的人类。迈蒙尼德指责这样的观点：除了上帝的自由意志或者智慧之外，世界的实存没有别

的目的。而且,迈蒙尼德完全在亚里士多德的意义上指出,与宇宙相比（与天球和分离理智相比）,人是多么渺小(《迷途指津》卷三 13 章)。

如果人不是世界的目的,如果世界上有比人更伟大的东西,那么,重要的就不可能是人。这样,政治学(die Politik)就不可能是最高、最重要的科学;这样,最高的东西就是观察存在者和认知存在。

通过区分思辨德性与伦理德性,亚里士多德表达了纯粹的观察和认知对于一切道德行动的这种优先性。迈蒙尼德完全接受了这种区分。他教导说,道德完善(Vollkommenheit)在级别上低于理智完善:⑱它仅仅处在人们的当下关系中,而理智完善则属于人、属于自为(für sich)的单个人;道德完善在根本上只对他人有用,对一个人自己没用,而理智完善只属于一个人,绝对地属于一个人(《迷途指津》卷三 54 章 =《尼各马可伦理学》卷十,7 章)。智者(Weisen)与大众的区分是根本性的:秘传(Esoterik)(柯亨,页 102 注:"在迈蒙尼德那里走得更远;但不可以把这如此告诉大众。")。

[421]道德作为道德,是社会性的(sozial)——但在这种情况下,迈蒙尼德的实存 - 观念(das Existenz-Ideal)就明显地是超道德的。人的最高可能性——在这一点上,迈蒙尼德的表述毫不含混——并非在于道德行动,而在于纯粹的认知(im reinen Verstehen)。

对上帝的认识如果成为对以色列的上帝的认识,就将把纯粹认知的优先性连根拔除——柯亨的命题就是这样说的。我们看到,这个命题经不起检验。这样一来,柯亨的第一个也是真正的命题,即迈蒙尼德与柏拉图的一致比与亚里士多德的一致更深,就完蛋了吗？如果不再摸索细节,那就必须想到柯亨的首要洞识:"亚里士多德的神要崇敬,但这神不是以色列的上帝。"对于迈蒙尼德来说,柯亨如此表达的这一基本事实根本不可能是无效果的,从而依然是迈蒙尼德的理解。柯亨的基本洞识如此自明,以至于实际上依然不可动摇。但是,柯亨作出的结论太简短了。我们必须面对一件事实,即迈蒙尼德接受了亚里士多

---

⑱　边注:惟有在知性中,完全的自主才可能。

德的生活理想,亦即 $\vartheta\epsilon\omega\varrho\epsilon\tilde{\iota}\nu$[静观]。我们必须从这一事实开始。

在分析哲人的生存(philosophischen Existenz)时(《尼各马可伦理学》,卷十,7 章),亚里士多德说:公正的人、勇敢的人、审慎的人等等,为了作为公正的人等等而行动,总需要他人,他与这些他人一起并且与他们相关,公正地等等而行动,因此他不是绝对地自足的,而智者则能够独自地生活在沉思中,确切地说,他越有智慧,就越如此。

> 当然,如果智者有合作者,那也许更好些。尽管如此——且即使在他这里有相互促进的可能性——他也在最高程度上是自足的。

虽然认知(das Verstehen)本己地是非社会的,但毕竟偶尔能够经历由共同 – 认知而来的促进。

我们比较一下亚里士多德的这种表述与迈蒙尼德的表述。迈蒙尼德说:在人这里有认知上的优势和劣势;有人只是自为地自己认知(für sich selbst),有人——除此之外——则能够帮助他人认知(《迷途指津》卷二 37 章,页 289 及下页)。这里面就有:虽然认知本己地是非社会的,毕竟偶尔能够由此认知生发出一种对他人的促进。

对二人⑥⑨来说共同的是:认知本身是自足的、完满的。不过,认知偶尔与他人打交道,而且是这样的:由于认知以某种方式与[422]他人打交道,它便敞开了⑦⑩优和劣的可能性。

在扼要重述亚里士多德对哲人生活的分析时,迈蒙尼德不谈认知通过合作者所经历的促进,但——当然在别的地方——却谈由认知生发出对他人的促进,也许这并非偶然。也许,在这种促进中表现出柯亨所预感到的迈蒙尼德和亚里士多德之间的差异。

纯粹的认知高于道德行动——作为迈蒙尼德的学说,这一点必须无条件地坚持。但这样一来,哲人就是人的最高可能性吗?按照迈蒙尼德的学说,先知高于哲人。因此,如果在迈蒙尼德这里有一种对亚里

---

⑥⑨　〈两种表述〉

⑦⑩　〈在自身包含着〉

士多德观念的限制、质疑、根除,那么,必定表现在他的预言学(Prophetologie)中。

按照迈蒙尼德的这一学说,先知与哲人是什么关系?先知优于哲人。首先,先知拥有哲人绝对达不到的哲学洞识。他具有预感能力,这种能力使他有可能如此发现未来的事件,⑦仿佛它们鲜活地发生在他面前似的。这意味着:先知作为认知者优于哲人。因此,认知的优先性由此不仅没有被限制,甚至得到强调(《迷途指津》卷二38章)。

但是,先知有别于哲人还进一步因为,他能够形象地阐述哲学洞识:在先知式的认识(prophetisches Erkennen)活动中,不仅像在哲人那里一样有认知在起作用,而且从认知出发还得以把握和引导想象力。这种形象阐述的能力,使先知能够面向没有能力达到哲学洞识的大众并领导他们。这不是形象阐述的惟一目的,但无论如何是一个重要的目的。从这个目的出发就得出:先知有别于哲人,乃因为他有能力领导大众。

关于哲人与先知的关系,迈蒙尼德进一步说道:在哲人那里,得到实现的只有认知,而在先知那里,[得到实现的]首先是认知,然后是想象力(《迷途指津》卷二37章)。因此,先知多于哲人。为了积极地规定这种"多于",我们要问,究竟哪类人仅仅通过想象力就足以标明实现自己。这类人[423]五光十色:政治家、立法者、占卜者、巫术师。因此,先知学(die Prophetie)是哲学为一方、政治、占卜术和巫术为另一方的统一。

在这里还完全不清楚,重音究竟落在何处:是政治、占卜术和巫术(Magie)同等重要,同等地足以标明这类人,还是三者中某一方扮演着一个特殊角色。我们首先问:预言学最完善、最高的阶段究竟是什么?摩西的预言。它之所以有别于所有其他先知的预言,乃因为只有它才以唤醒我们达到律法为结果。例如,在很高程度上受圣灵启示的亚伯拉罕,所做的却无非是讲授、教导人们,他并没有唤醒人们去采取合乎

---

⑦ 〈事物〉

律法的行动。同样,摩西之后的先知们所作的无非是敦促人们去履行由摩西所立的律法。因此,先知学的巅峰是立法(《迷途指津》卷二 39章,页 301)。

但是,摩西之所以比其他先知突出,也是由于他的认识能力和他的神迹。因此,即便现在也没弄清楚,究竟什么最能标明先知们的特征:政治,巫术,还是占卜术。因此我们问:真正说来到底最终什么是关键所在? 什么是预言学的最终目的? 真正说来人到底为什么需要预言?

迈蒙尼德给出——当然不是明确作为回答而给出——的回答是:与其他生物⑫不同,人按其天性(Natur)需要社会化;另一方面,个体的差异甚至对立之大,恰恰莫过于人的[差异和对立]方式。因此,既然社会化无论在哪儿都不如在人这里如此地必要、如此地困难,人们就需要一个领导者,他使得一种基于章程的一致取代了自然的对立性,以此方式来规范个体们的行动。有两种方式的领导:立法和统治(Regierung)。立法者为行动确立规范,君王强制人们遵守规范。因此,统治的领导总是已经以一种立法为前提条件(《迷途指津》卷二 40 章)。至于立法,可能要么以人的肉体完善为目的,要么以其灵魂完善为目的。或者毋宁说——既然实现较高的完善以实现较低的完善为必要的前提条件——立法可以局限于确立肉体完[424]善,也可以努力使肉体完善为灵魂完善服务。以灵魂完善为目标的律法是一种属神的律法,而宣布者就是先知。人的灵魂完善是其真正的完善(《迷途指津》卷三 27 章),因此,我们可以说:先知是一种着眼于人的真正完善的律法的宣布者;或者,既然律法旨在使共同生活成为可能,先知就是一个旨在建立人的真正完善的团契的建立者。

我们在前面看到,先知被规定为集哲人、政治家、预言家和行神迹者于一身。但是,只要建立一个着眼于人的真正完善的团契是预言学的目的,我们就可以总结说:先知必须集哲人、政治家、预言家和行神迹者于一身,以便能够做一个完善的团契、理想的国家(idealen Staates[译

---

⑫ 〈存在者〉

按]亦可译作"观念的国家")的建立者。

我们的证明有一个漏洞。我们达到我们的回答所走的道路越过了如下问题:按照迈蒙尼德的看法,究竟什么是预言学的目的。我们说过,迈蒙尼德虽然给出了一个回答,但不是明确地作为回答给出的。因此,还必须指出,在迈蒙尼德的意义上,这个回答是回答。

迈蒙尼德面临着一种经过改进的预言学理论。他明确地与这种理论相关,并且明确地接受它——虽然有一个保留,但这保留在我们的关联中毫无意义。因此,我们原则上有权召来迈蒙尼德的伊斯兰教先驱,⑦如果迈蒙尼德本人对我们不中用的话。

为此,我们在自己的案例中还有一种特殊权利。一位老解释者——法拉克热(Schemtob Falqera)⑦——在其注疏迈蒙尼德的相应段落时,指出了一段出自阿维森纳(Avicenna)的话,它明显是上述出自迈蒙尼德那一章的样品。因此就保证了,甚至迈蒙尼德预言学的这一部分也可追溯到伊斯兰教的源泉。我们可以接近的这个源泉本身是阿维森纳的形而上学,在它的两个版本(Nadjât 和 Schifâ)中,关于这一点所教导的完全一致。因此,我们追溯到阿维森纳。

在其论文《论科学的各个分支》⑦中,阿维森纳教导我们如下:存在着预言学,而且人类在其生存中依赖于一种靠一个先知所立的[425]律法,[预言学]由政治学这门科学来传授。正是这门科学进一步还教人,哪些品格是所有宗教律法共有的,哪些品格依民族和时代而不同,如何区分属神的预言和骗人的预言。因此,如果预言学的必要性应当由政治学来传授,预言的目的就无疑是政治的。在预言学中,我们除哲学之外必须区分三个要素,亦即政治学、巫术和占卜术,其中政治学拥有优先地位。

与自己的规划相适应,阿维森纳在自己的政治学中(在他的形而

---

⑦ 〈阿拉伯先驱〉

⑦ [校按] Schemtob Falqera:1225—1290,中世纪犹太哲人、诗人,其名字在施特劳斯其他文章中均拼写为 Falaquera。

⑦ 〈划分〉

上学的结尾）讨论预言学。在这一关联中,我们遇到了值得注意的命题:"在立法时,立法者的首要目的就是把城邦划分为三个部分:领导者、手工业者和守卫者。"这就是说,立法者按照柏拉图在《王制》中规定的划分来划分城邦。但是,在阿维森纳看来,立法者必然是先知。因此,我们必须说:阿维森纳按照柏拉图给予国家的指导来理解先知的作为。

这一考察一再得到证实。在一篇特别讨论预言学的论文中,阿维森纳为了对预言学的秘传品格(esoterischen Charakter)作出辩护而联系到柏拉图的表述。这些表述当然是假借柏拉图之名(pseudoplatonisch),考虑到别的方面,情形如此就绝非无关紧要。同样并非无关紧要的是,阿维森纳在自己关于预言的学说中把自己理解为柏拉图的学生。

在已经提及的论文《论科学的各个分支》中,阿维森纳明确地说,柏拉图和亚里士多德关于国家的著作都探讨了预言的政治品格。这些著作在此都显得是预言学(Prophetologie)的基本著作,一如《尼各马可伦理学》显得是伦理学的基本著作。但是,亚里士多德的《政治学》看来从未被译为阿拉伯文。⑯ 阿威罗伊(Averroes)发现,如他自己所说,自己因此而放弃了注疏亚里士多德的《政治学》,而去注疏柏拉图的《王制》。此外,在这一注疏中,我们还注意到了一种趋向:凭柏拉图的光启去注疏预言,亦即穆罕默德的律法。[426]因此,柏拉图的《王制》实际上比亚里士多德的《政治学》的影响要大得多。难道这是偶然的吗?

我们试图把柏拉图和亚里士多德的对立澄清为关于好的问题和关于在纯粹的观察和认知中生活的问题的对立。寻问好乃是寻问好之为好的东西本身,是寻问好的观念。为了能够正确地寻问,一种准备是必要的。寻问需要绕一段弯路,在这段弯路上必须问,例如,什么是灵魂,灵魂的各部分是什么,什么是科学,什么是存在者,什么是那惟一的

---

⑯　司坦施奈德(Steinschneider),希伯来文译本,页219:"亚里士多德的《政治学》从未被译成阿拉伯文。"

(das Eine),等等。因此,也必须问后来亚里士多德将问的一切,只是亚里士多德不再面对关于好的问题。但这也就是说:柏拉图对观察和认知——就亚里士多德赋予它们的意义和任务而言——完全已经⑦在行。因此,与亚里士多德完全一样,柏拉图清楚地指出,人的幸福在于纯粹的观察和认知。柏拉图说,哲人们生活在信仰中,即他们还在有生之年就被安置在福乐岛上了(《王制》519C)。与对于亚里士多德来说完全一样,对于柏拉图来说,认知同样是人的最高可能性。决定性的区别在于他们对待这种可能性的方式。亚里士多德让这种可能性放任自流(völlig frei);或毋宁说:他让可能性保持其自然的自由(natürliche Freiheit)。与此相反,柏拉图不允许哲人们做"现在允许他们做的事情",亦即不允许把在哲思中生活当作在哲思中、在对真理的直观中打坐(Verharren)。柏拉图"强迫"哲人们"为其他人操劳,看护他们"(《王制》,519d – 520a)。这是为了国家实际上是国家,是真正的国家(520c)。在直观关于美、正义和好的真理时,哲人上升到纯粹之中,在纯粹中生活,并想要在纯粹中生活,然而,由于立法者的强硬命令,哲人被绑回到(zurückgebunden)国家身上,立法者的命令考虑到的是整体的秩序,而非各个部分的幸福。哲人置身于国家之下,置身于法律之下。哲学自己必须对国家、对法律负责——哲学并非绝对独立自主的。

柏拉图所要求的是哲学置身(das Stehen)于律法之下,这是在启示 – 宗教的时代实现的:无论认识时怎样自由,这个时代的哲人们每时每刻都意识到自己对维持合法秩序的责任、对律法的责任;他们在法律的法庭面前为自己从事哲思这一事实申辩;[427]他们从法律得出自己从事哲思的权限,以此作为哲思守法的义务(gesetzliche Verpflichtung);哲人们把自己的自由理解为,合符理性地解释启示文献(die Offenbarungsurkunde vernunftgemäss zu interpretieren),以此作为解释承担的义务;他们把自己的哲学的秘传品格理解为保守秘密的义务(Pflicht zur Geheimhaltung),即理解为对传播的禁令。这些哲人的柏拉图主义

---

⑦　作为选择项,在行间注有:原则上。

(Platonismus)是由他们的处境给定的:他们实际上置身于律法之下。

由于实际上置身于律法之下,⑱这些哲人不再像柏拉图那样,需要寻找律法、寻找国家——一位先知已经将共同生活的有约束力的秩序给予他们。因此,他们由律法授权,免除了亚里士多德式的自由中的认知(frei für das Verstehen in Aristotelischer Freiheit)。从而,他们能够亚里士多德式地进行哲思(aristotelisieren)。柯亨讲明了这一点:迈蒙尼德"小瞧了在亚里士多德那里贬低伦理学所包含的危险。当然,从自己的立场出发,迈蒙尼德也可以更轻易地忽略这种危险,因为,他甚至发现,伦理学的价值就隐藏在他的宗教之中"(页87)。

由于律法对这些哲人来说是给定的,他们的哲思的首要的和第一的论题就不是律法——他们不需要寻问律法。从而,在他们的著作中,形而上学问题获得的空间就比寻问人类共同生活的正确秩序问题的空间实在要⑲大得多。⑳但是,他们必须为人类共同生活辩解,并且理解它。这种认知就是在柏拉图的视域中完成的。

让我们回忆一下从迈蒙尼德那里为我们得出的先知定义:先知就是一个旨在人的真正完善的团契的建立者。我们冒昧地说:先知就是理想国家的建立者。如果我们回头看阿维森纳,我们就可以说得更多,也就是说,先知就是柏拉图式国家的建立者。他完成了柏拉图所要求、所预言的东西。但这就是说:启示、律法要在柏拉图的光启下来理解。

柏拉图看到,真正的国家的实现端赖于,哲人成为君王和君王成为哲人——政治权力与哲学必须合流。借助哲人 – 政治家(Philosophen-Politiker)这种提法,我们就显得置身于一个划定了的框架,迈蒙尼德的预言学和伊斯兰教哲人就在其中运动。当然,必须作出一种富有特征的[428]改变,直到可以给出这样的提法:先知乃是集哲人、政治家、预言家和行神迹者于一身。这种改变在希腊化时代就已完成,在这里,我

---

⑱　本段的新开篇在页边标出,但旧的字句并没有相应地改写:他们不再像柏拉图那样需要寻找法律、国家:

⑲　〈无限〉

⑳　页边注:阿尔法拉比,《蒂迈欧》(莱茵哈特[Reinhardt])。

们遇到了远古时代的睿智立法者(den weisen Gesetzgebern)的提法,他集统治者、哲人和预言家于一身。我们在西塞罗那里(《论诸神的本性》I 40,89)读到:"在执掌最高权力的古人那里,总的来说是同一些人主持预言。怎样认知,便怎样颁布预言,他们像帝王那样做领导,最后见证人就是我们的国家……"至于这种改变意味着什么,至于吸纳占卜术如何与回溯到过去,亦即与律法的既定性联系起来,以及这种进一步的搭建如何被置入柏拉图本人那里,在这里我们只能略述一二。

我满足于以一个粗略的纲要来指出,我如何设想为柯亨的如下命题平反:迈蒙尼德与柏拉图的一致比与亚里士多德的一致更深刻。我只是指出,柯亨本人曾让人们注意我们在此所强调的这种联系,当然,他只是通过蒙克(Munk)的《犹太哲学和阿拉伯哲学合集》(*Mélanges de philosophie juive et arabe*)中的简短注释才得知这种联系的。他说道:"阿威罗伊翻译了柏拉图的《王制》。迈蒙尼德是否读过它呢?"(页132)"翻译"也许是一个笔误;在蒙克那里的写法是——同时也正确的写法是:阿威罗伊注疏了柏拉图的《王制》。《王制》在 9 世纪就已翻译成了[阿拉伯语];毫无疑问,迈蒙尼德要么直接地、要么间接地——通过阿维森纳或者阿尔法拉比——知道它。

我的总结是:柯亨的命题,即"亚里士多德的神要崇敬,但这神不是以色列的上帝",并不引人走得更远,如果人们把以色列的上帝解释为道德性(Sittlichkeit)的上帝的话。人们得不说道德性而说:律法。律法,亦即νόμος的思想,乃是把犹太人和希腊人联合起来的思想;它是具体的有约束力的生活秩序的思想,由于基督教传统和自然法传统,我们才看不到这种思想,至少我们的哲学思想就是在这两种传统的轨道上运动的。由于基督教传统[乃是因为],这一传统始于使徒保罗激进的律法批判;由于自然法传统[乃是因为],这一传统确立了一种抽象的规范体系,这个体系必须由实定法来充填,并变成可用的。柯亨本人把我们带到重新获得人类的这个基本概念的道路上,因为他用行动的观点替代了信念(Gesinnung)的观点,[429]因为他原则上使其伦理学取向于法学,还因为他教导说,不存在一种"不考虑国家并且不被关于国家的思想引导就能够获得"的自我意识,又因为他充满政治热情,是一个政治哲人。

　　柯亨的柏拉图主义使他把迈蒙尼德理解为一个柏拉图派(Platonikers)。他用道德性的思想替代了律法的思想,由此便决定了他的这一理解有所局限。柯亨对柏拉图提出了原则性的批判,其含义就在于此,这种批判指责柏拉图,[说]"他虽然让自我(das Ich)以国家为取向,但同时也使得自我在国家中消融掉了"(《伦理学》,页552)。这样一来,柯亨就把现代的个体思想与柏拉图对立起来。这种现代的个体思想的结果便是,使得柯亨确定了自己的政治立场,站在"人类的伟大左翼"(der Menschheit grosser *Linken*)热情地涉身政治,步入进步政治(Politik des Fortschritts);这种思想决定了他对柏拉图的理解有所局限,且因而也对迈蒙尼德的理解有所局限。与其说我们将能够完全理解柏拉图,且因而也完全理解迈蒙尼德,倒不如说,我们获得了一个视域,这个视域超然于(jenseits)进步与保守主义、左派与右派、启蒙运动与浪漫派的对立——或者无论人们怎样称谓这种对立;与其这样说,倒不如说,我们摆脱了所有对进步或者退步的考虑,重新理解关于永恒的好、永恒的秩序的思想。

　　全文终。

简评迈蒙尼德和法拉比的政治科学 *

（1936）

程志敏　译　庄奇　校

[中译编者按] 以下题解为此文英译者 Robert Bartlett 所撰。Bartlett 英译 "Some Remarks on the Political Science of Maimonides and Farabi"，刊于 *Interpretation*（1990 Fall）卷18，第1期，该英译对原文的注释作了部分调整（脚注改为随文注）、缩减或合并，本次修订据迈尔（Heinrich Meier）编《施特劳斯文集》卷二（*Leo Strauss：Gesammelte Schriften*，Band 2：Philosophie und Gesetz-Frühe Schriften，J. B. Metzler，2008/2013，页125－158）的原文恢复注释原貌，同时增补该卷提供的作者本人的相关眉批（页159－165）。

[题解] 最近译成英语面世的施特劳斯著作《哲学与律法》（*Philosophie und Gesetz：Essays toward the Understanding of Maimonides and His Predecessors*，Fred Baumann 英译，New York：Jewish Publication Society，1987）有助于强调迈蒙尼德（Moses Maimonides）对施特劳斯思想的重要性。因为迈蒙尼德对施特劳斯把握"神学-政治问题"、把握信仰与理性对最佳生活方式的互不相容的主张，肯定帮助最大。由于迈蒙尼德的理性主义拒绝利用嘲讽或迷惑来绕开启示给它提出的难题，因此对施特劳斯而言，[迈蒙尼德的理性主义]是"真正自然的模式，是必须小心捍卫以反对每一种赝品

---

* [眉批]参 Wolfson 在其《斐洛》（*Philo*）卷 II，页428－429 对本文的含蓄批评。[中译按]眉批里提及的《斐洛》一书指 Harry A. Wolfson，*Philo：Foundations of Religious Philosophy in Judaism，Christianity，and Islam*，2 卷本，Harvard University Press，1947 初版。

的标准,以及让现代理性主义相形见绌的试金石"(页3)。

本文初次发表时,名为"Quelques Remarques sur la Science Politique de Maïmonide et de Farabi",刊于 *Revue des Etudes Juives*(卷 100[1936],页 1 – 37),由于该文既深入探究了先前开垦过的领域,又开启了新的局面,故可视为《哲学与律法》的必要补充。例如,眼下这篇文章最先搞清楚了一般而言法拉比的思想,特别是法拉比的政治科学对理解迈蒙尼德的重要性(另参 Shlomo Pines 为《迷途指津》所写的〈引言〉,Introductory Essay, in *Guide of the Perplexed*, Chicago: University of Chicago Press, 1963,页 lxxxix,注 56)。

此外,本文还进而认为古典的尤其是柏拉图式的法的概念,起到了迈蒙尼德律法科学(science of the Torah)的根基之作用。正是在试图理解启示律法——理解其合理的目的和自然的条件中,迈蒙尼德转向了柏拉图对法所提出的哲学解释,[因为]柏拉图曾充分预见过并没有出现在他眼前的那种神的立法(divine legislation)的可能性和意义。摩西律法意味着要在这个世界建立起正义的民族,并且不改变人性——"世人之心"(the heart of the sons of man),因此,摩西律法必须视为最高政治秩序的一种规定,从而也必须视为一种政治现实。[由于]起源上具有神性且事实上完善,律法应许在行动上去实现的恰恰是柏拉图和亚里士多德在言辞中要实现的"最佳政制",或者缔造"与人们会祈求的相一致的"政治共同体:哲人 – 王就是犹太教和伊斯兰教的先知 – 立法者的柏拉图式对应者。

迈蒙尼德的例子也许最能向我们提供一种手段,以接近理性与启示之间要不然颇为棘手的冲突,这一冲突若非得到满意解决,会让理性生活的可能性和价值悬疑难决。

为了便于阅读,也为了收入该文面世以来相关出版物,许多注释都作了扩充。没有删去任何东西,补充的东西放在了括号内([中译按]如无特别说明,注释里方括号中的文字为英译者所添加)。

译者感谢布鲁艾尔教授(Christopher Bruell)和弗拉德金博士(Hillel Fradkin)的帮助,也感谢加拿大社会科学与人文研究委员会(Social Science and Humanities Research Council of Canada)的支持。所有括号中的注释补充都由译者负责。弗拉德金博士和莫茨金教授(Aryeh Motzkin)友好地提供了希伯来文和犹太 - 阿拉伯文注释的翻译和转写。

巴特雷特(Robert Bartlett)

在迈蒙尼德以及他的穆斯林先师和犹太门徒的哲学里,有一种政治科学(science politique)。这种科学的首要教诲可概述成如下诸论点:人们为了生活,就需要向导,结果也就需要法;为了生活得好,他们就需要获得幸福,需要神法(loi divine)——它不仅像人法(loi humaine)把他们引向和平与道德的完善,而且还进一步地引向对最高真理的理解,并由此引向最高的完善;神法是通过一位身为"先知"的人(为中介)而赐给人们的,亦即通过一位身上结合了哲人的所有重要品质以及立法者和王的所有重要品质的人;先知的活动本身就是立法。①

乍一看,这种政治科学没多大重要性。例如,迈蒙尼德似乎不过用了《迷途指津》的四五个章节致力于[讨论]它。但鉴于在中世纪思想中宗教占据的地位,亦即启示宗教,或更确切地说启示律法即托拉(Tora)和沙里亚(Charî'a)*占据的地位,那么就必然推断出政治科学这门唯一把这种法当作法来处理的哲学学科至关重要。中世纪哲人只有在他们的政治学说中,才讨论他们思想的基础,讨论这个最深刻的预设(présupposition),即他们对启示的信仰——凭此预设,他们一方面将自

---

① 参《阿威罗伊的哲学与神学》(*Philosophie und Theologie von Averroes*),M. J. Muller 编,Munich,1859,页 98,15 - 18["正如对他来说显而易见的是,医生的工作是治疗,且造就治疗的东西源自一个是医生的人,对他来说同样显而易见的是,先知(愿他安息)的工作是按来自上帝的启示确立宗教律法,从事前述工作的人即是一位先知。"]及页 102,2 - 3[若是先知的工作——由于这种工作他们才是先知——无非是将来自上帝(愿他得享尊崇)的启示确立为宗教律法]。

* [中译按]托拉,或译"摩西律法""摩西五经"(内容与基督教旧约前五卷相同)。沙里亚,又译"伊斯兰教法""伊斯兰神法"。

己区别于古代思想家,另一方面又区别于现代思想家。

迈蒙尼德以及*falâsifa*[〈伊斯兰亚里士多德派〉哲人]的政治学(la politique)的中世纪特性,并不与这样的事实相悖谬,即它不过是一种古代观念的修正,无论这种修正的程度有多大。因为,犹太思想一方面与穆斯林思想,另一方面与古代思想之间有着深刻的一致性——并非圣经和古兰经,而也许是新约,以及肯定是宗教改革运动(Reformation)和近代哲学,才造成了与古代思想的决裂。希腊人和犹太人一致认可的主导理念,恰恰就是一种神法的理念,这种神法既是单行的法,又是一种总体的法,同时为宗教法、民法和道德法。托拉或沙里亚的犹太哲学和穆斯林哲学的基础确实是一种神法的希腊哲学——在阿维森纳(Avicenne)看来,柏拉图的《法义》(*Lois*)就是关于预言和沙里亚的经典著作。② 先知在这种中世纪政治学中所占有的地位,与哲人－王在柏拉图的政治学中所占有的地位相同:通过实现柏拉图列举的哲人－王的根本条件,先知建立起完善的城邦(the perfect city),也就是理想的柏拉图式的城邦。

笔者在前文所勾勒并于近著([中译按]指出版于 1935 年的《哲学

---

② 参施特劳斯《哲学与律法》(*Philosophie und Gesetz*),页 113 和页 64－65([中译按]见《哲学与律法》,黄瑞成译,华夏出版社,页 109－110 和页 56－58)。在拉比 Chechet-ha-Nasi 的信中(有 A. Marx 译文,*Jewish Quarterly Review*, N. S.,卷 XXV [1935],页 406 以降),人们可以看到关于柏拉图《法义》的如下批注,该批注绝非基于对《法义》的直接知识,而是基于一种其历史尚未得到阐明的传统。拉比 Chechet 说:

　　我也曾经在柏拉图所写的理智者的律法的书[《法义》]中看到过,他也禁止我们神圣的托拉所禁止的那些东西。比如说,勿杀人(thou shalt not murder)、勿邪淫、勿偷盗、勿对邻人作伪证、勿贪心,以及其他各种这位才俊教导我们要禁绝的东西。对于肯定性的诫命,他[即柏拉图]也命令说要行正义、做正确的事。而且这理智者的德性教导我们去做的许多事情,就是那些写在我们真实而神圣的托拉中的事情。([中译按]原文为希伯来语,参照英译译出。)

与律法》)中更细致研究过的那些事实,尚未受到应有的关注。③我们只需注意,蒙克(S. Munk)在他校勘并翻译的《迷途指津》的目录中,既没有提到"城邦""政治学""统治""政制""立法者""家政学"(économique[又译"经济学"]),甚至也没有提到"伦理"或"道德",也就是那些在《指津》中相当频繁地碰到甚至具有相当重要性的词汇。④对蒙克及其追随者来说,迈蒙尼德和 *falâsifa* 的学说,是一种被新柏拉图主义观念玷污或纠正过的亚里士多德主义。此说不错,但有些肤浅。一旦这样说了,也就不得不解释亚里士多德主义的要素与那些源自新柏拉图主义的要素之间的关系,并且不得不提出这样的问题:为什么迈蒙尼德和 *falâsifa* 的亚里士多德主义承认受到新柏拉图主义如此重大的影响(反之亦然)? 说这种混合物是穆斯林和犹太哲学出现以前的东西,还不足以答复刚才这个问题——至少在有人事先(迄今为止却无人做到)证明说 *falâsifa* 是一群野蛮的强取豪夺的征服者,而非正上下求索的哲人(des philosophes qui *cherchaient*)之前,尚不足以为答。但他们在求索什么? 我们且以一个看似独立于任何选择的现象为例,尤其是,它如同阿威罗伊(Averroes)的评注活动那样与神学 – 政治的预设(des données théologico-politiques)相差甚远。现在,如果拿阿威罗伊的评注与亚里士多德本人的著作相比较,立即就会看到,评注者对亚里

---

③ 见前注([中译按]指涉及《哲学与律法》一书的注释)。亦参 E. Rosenthal,《迈蒙尼德的国家观和社会观》(Maimonides' Conception of State and Society),刊《迈蒙尼德》(*Moses Maimonides*, London, 1935),I. Epstein 编,页189 – 206。

④ 我们进一步注意到,蒙克(Munk)倾向于比如说通过把 *madani* 译成"社会的"(social)(尤见卷三 31 章,页 68b,蒙克把 al-i'mal al-siyasiyyah al-madaniyyah 译成"社会责任的实践"),来夷平《迷途指津》(*Le Guide des Egarés*, 3 卷本,Paris, 1856 – 66)相关段落的政治特性。我们还可以说,把 *medinah* 译作"国家"(state)而不是译作"城邦"(city),更是错上加错。在哲学文献中,甚至常常不应该把希伯来语 *medinah* 译成"行省"或"地区",而应该译成"城邦"。

士多德的两部专论未作评注：一部是《政治学》，⑤另一部是讨论梦以及占梦的论著。⑥这种选择绝非出于偶然：阿威罗伊没能评注亚里士多德的这些专论，因为接受它们会使得对沙里亚的哲学阐释变得不可能。因为这种阐释——毋宁说是正当辩护——是基于一个假定，即先知的预知能力与"真梦"有关，先知正是《王制》和《法义》意义上的理想城邦的建立者。这种解释要在异端或怀疑论者的反对面前为沙里亚辩护，或毋宁说是为什叶派在伊玛目（l'imâm［首领］）方面的希望指出一个合理的、真正哲学性的向导。⑦正因如此，法拉比才在穆斯林哲学的初期

————

⑤　阿威罗伊亲口说他不知道它［即《政治学》］。据 Moriz Steinschneider，《希伯来语的翻译》(*Die Hebraischen Uebersetzungen*,［*des Mittelaters und die Juden als Dolmetscher*］, Berlin, 1983；重印版 Graz: Akademischen Druck-u. Verlaganstalt,1956)页219,《政治学》从未被译成阿拉伯语。然而，法拉比也许通过懂希腊语的朋友知道了此书。阿威罗伊说："此外，从阿尔法拉比的记载来看，很显然，那些城市中找得到它（即亚里士多德的《政治学》）。"(*Aristotelis Opera*, Venetiis 1550,卷 III,页79a,栏1,I. 36－38)另参《阿威罗伊的柏拉图〈王制〉释义》(*Averrois Paraphrase in Plat. Rempubl*,前揭，页175b,栏1,I. 38－39)。

⑥　阿威罗伊认为他是在评注这篇［《论梦及论梦卜》］专论，但很容易看出，他的释义并非基于亚里士多德的专论。法拉比声称的对亚里士多德专论主题寥寥数语的概述，也必须按相同的方式来判断(见法拉克热［Falaquera］,《智慧的开端》［*Reshit hokhma*］,David 编订,Berlin,1902,页87,I. 38－39)。在另一种情况下，仍需表明，《智慧的开端》第三部乃是法拉比关于柏拉图和亚里士多德哲学论著的翻译。另参 A. Nagy,《铿迪的哲学论著》(*Die philosophischen Abhandlungen des Kindi*,Munster,1897,页 XXII－XXIII)中铿迪对《论梦与异象》(*De Somno et Visione*)的评述。总体上而言伊斯兰学者们在［亚里士多德的］《自然诸短篇》(*Parva Naturalia*)方面知识不足，参 Max Meyerhof,《从亚历山大里亚到巴格达》(*Von Alexandrien nach Bagdad*,Berlin: Abhandlungen der Preussischen Akadamie der Wissenschaften,1930),页27。

⑦　在这一点上，以及在法拉比所生活和思考的思想环境等其他方面，我从我的朋友 Paul Kraus 那里得到了无价的信息。参他即将发表的著作《伊斯兰异教史的贡献》(*Beitrage zur islamischen Ketzergeschichte*,*Revista degli Studi Orientalia*,1934,XIV,页94－129 和335－379)。

选择了柏拉图的政治学。也许他是受了哲学信念的驱使,这种哲学信念与柏拉图赴叙拉古(Syracuse)时所拥有的信念没有多大的不同。这还是下述事件的原因:在刚才所说的那个时代的末期,阿威罗伊开始评注柏拉图的《王制》而不是亚里士多德的《政治学》,并开始阐释"真梦"。比起亚里士多德的专论(le traité),这种阐释与柏拉图的这类文字更一致——事实就是如此。*

只有从法拉比的柏拉图化的政治学(la politique platonisante)起始——而且绝不从各种现代观念,或严格说来经院学所提供的各种类比(analogies)起始,不管那些东西有多瞩目——才有望达到对中世纪的穆斯林哲学和犹太哲学的真正理解。就我们所知,很难相信居然没有人曾受益于迈蒙尼德本人所给的见证。⑧迈蒙尼德对提邦(Samuel Ibn-Tibbon)**说:"除了智慧的阿布·纳撒尔·阿尔法拉比撰写的书以外,你不必在其他逻辑学著作上瞎忙活,因为他撰写的书总体上说都好比是最精纯的面粉,尤以《存在物诸法则》(Les principes des êtres)为然。"他紧接着还补充说,阿维森纳的著作尽管很有价值,也无法与阿尔法拉比的书比肩。这个见证本身充分而确切地获得了一种决定性的

---

* [眉批]参法拉比对《斐德若》244 所作的评述(《智慧的开端》[Reshit hokmah]75,12)。[中译按]《智慧的开端》为中世纪犹太思想家法拉克热(Shem-Tov ben Joseph ibn Falaquere,也拼写为 Palquera,公元 1225—约 1290)的作品,按施特劳斯同时代学者 Israel Efros 的考察,该作品的第二部分乃是法拉比的《各科举隅》的希伯来语翻译,见 Israel Efros, "Palquera's *Reshit Hokmah* and Alfarabi's *Iḥṣaal'ulum*," *The Jewish Quarterly Review*, New Series, Vol. 25, No. 3 (1935),页 227。施特劳斯本人在 1945 年初版的《法拉比的柏拉图》一文的注释中提到了这一点。需要留意的是,眉批里对《智慧的开端》这个标题的希伯来语转写与后面正文里的法语式转写不同。

⑧ (参当今 Rosenthal,前揭。)[中译按]括号为原注所有,"前揭"指原注 3 所引文献。

** [中译按] Samuel Ibn Tibbon 为迈蒙尼德的学生,他也是《迷途指津》的第一位希伯来语译者。这里引用的同一封书信,在不同的文献里有稍许不同的译法,另参《中世纪政治哲学史》,前揭,页 31。

重要意义,人们只要回想一下迈蒙尼德尤其赞赏的那部法拉比著作的原作标题就叫"政治制度"(Les gouvernements politiques);想一想这部书既包含形而上学(神学)又包含政治学;想一想书中的政治学如何直接建立在柏拉图的政治学之上——法拉比曾评注过柏拉图的《法义》;想一想法拉比的形而上学如何离不开柏拉图化的政治学,即真正的形而上学是"完善城邦人民的意见"(opinions des gens de la cite parfaite)⑨之汇集。在一个并不比智术师和苏格拉底时代大量缺少"启蒙"的世纪里,在人类生活的真正基础——政治生活——一方面已经被千禧年动乱(convulsions chiliastiques)所动摇,另一方面又被那种对宗教的批判所动摇(其批判的激进程度让人联想到 17 和 18 世纪的自由思想家们)的时代,⑩法拉比从柏拉图的政治学中重新发现了既远离自然主义又远离超自然主义的中庸之道(le juste milieu)——自然主义仅仅旨在认可"自然"人的野蛮和毁灭的本能,也就是主人和征服者的本能,而超自然主义则意图成为奴隶道德的基础——这一中庸之道既不是一种妥协,也不是一种综合(synthèse),从而也并不建立在这两种相反的立场上,反而同时抑制这两者,并通过一个更优先、更深刻的问题,通过提出一个更根本的问题,通过真正批判性的哲学工作把这两者连根拔起。

对于任何希望理解(而不仅仅是确认)falâsifa 和迈蒙尼德的新柏拉图主义的人,法拉比的柏拉图化的政治学是一个分水岭——在上面的分析中,falâsifa 和迈蒙尼德的新柏拉图主义,如同普罗提诺(Plotinus)本人的新柏拉图主义一样,是对真正的柏拉图主义的修正,也就是对那种原始意图旨在求索完善城邦的哲学的修正。只有再次从对法拉比的柏拉图化政治学的迫切需要起始,才能够并必定会理解对亚里士多德的自然学(la physique d'Aristote)的接受:柏拉图主义没有给予(或表面上没有给予)足够的保证以对抗正在消亡的古代迷信;如果没有

---

⑨　这[即《完善城邦人民的意见之书》]是法拉比另一部主要著作的名称。

⑩　参 Kraus 在罗马的《东方学》(Orientalia)上以"拉齐"(Raziana)为题开始发表的关于拉齐(Razi)的研究。

亚里士多德自然学的帮助——这种自然学保存了苏格拉底和柏拉图的求索的基础、保存了常识世界——受到混杂思辨(spéculations hybrides)威胁的柏拉图式的政治学也就不可能得到新生。

指导法拉比进行复原工作的那些动机,在追随他的思想家身上不太显眼:他们仅仅保存了法拉比思想的结果。在这些情况下,人们无法指望不先重构法拉比的哲学而能对犹太哲学⑪和穆斯林哲学的任何现象作出让人满意的分析。但只有阿拉伯学家(les arabisants)、希伯来学家(les hébraïsants)和哲学史家通力合作,这种重构才可能成功。诸位只能指望我在下文中,通过指明法拉比的柏拉图化政治学对迈蒙尼德所产生的影响,来开始这项工作。

一

迈蒙尼德在可以称为他的诸科学的百科全书中处理政治科学,这可在他的逻辑概论的最后一章找到,该书名为《逻辑技艺论》(*Millot ha-higgayon*)*,写于他的早年。⑫迈蒙尼德如是说道:哲学分为两部分,思辨哲学和实践哲学,后者又叫人的哲学,或又叫政治智慧。政治

---

⑪　这是因为,甚至在基督教背景中形成的[犹太教]教义也仅仅为反对迈蒙尼德而建构。也因此,如果没有对《指津》的预先阐释,那些教义就无法得到阐释,而《迷途指津》则预设了对法拉比学说的重构。

＊　[中译按]此书名一般译作 *Treatise on Logic*,我们根据的是施特劳斯自己的译法(*Treatise on the Art of Logic*),见氏著,《柏拉图式政治哲学研究》(*Studies on the Platonic Political Philosophy*, Chicago:The University of Chicago Press,1983),页208－209。

⑫　《逻辑技艺论》最后部分的阿拉伯语原文似已佚失;见 Steinschneider,《希伯来语著作译文》(*Hebräische Übersetzungen*),页434。[英译按]现在已经重新找到了阿拉伯文本。见 Israel Efros,《迈蒙尼德论逻辑的阿拉伯文本》("Maimonides' Arabic Treatise on Logic"),刊于《美国犹太研究学会通讯》(*Proceedings of the American Academy for Jewish Research*,1966,XXXIV)。

智慧又分为四个部分：(1)人的自我的政制(régime de l'homme par soi-même)，(2)家务的政制(régime de la maison)，(3)城邦的政制(régime de la cité)，(4)大民族或诸民族的政制(régime de la nation grande ou des nations)。* 第一种政制培育各种道德的和理智的德性(les vertus)，两者不相上下，对此，"哲人们已写了很多书来谈民德(les mœurs)"。政治科学的其他三个部分构成了与第一部分相对立的单元：其中一个(伦理学)与人的自我的政制相关，而其他的则处理各种律例(Hukim，prescriptions)，即人统驭其他人所依靠的政制。第二部分(家政学)有助于恰当有序地安排家庭事务。第三部分(城邦的政制)让人认识并获得幸福。正是这一部分教导人们在真正的幸福与邪恶，以及想象的幸福与邪恶之间做出区分；正是这一部分建立起正义的规则，借此人类社会得以井然有序；完善民族(nations parfaites)的智慧者们正是凭借这一部分建立起诸法(Nemusim，des lois)；凭借这些法，受制于先贤们的民族得到统治；"哲人们写了很多书——其阿拉伯语版本都可以找到——谈论所有这些事务……，但在这些时代，我们根本就不需要所有那些东西，也就是律例(Hukim)、典章(Datot)、诸法(Nemusim)，以及那些关于人⑬在神的事务(choses divines)上的政制"。

　　尽管文本中困难重重，但有一点没有疑问：迈蒙尼德明确地声明，"在这些时代，我们根本不需要所有那些东西"，即不需要严格意义上的政治学，甚至是家政学。最后几个字相当清楚地指出了不需要它们的理由：政治学包含了有关"神的事务"的规则。而我们——我们犹太人——我们在所有政治事务方面，尤其在与政治事务相关的神的事务方面，有托拉以完善的方式统驭我们；正是托拉让严格意义上的政治学

---

　　* ［中译按］régime 一词英译作 governance。施特劳斯在其中后期的英语著作中通常在"政制"的意义上使用 régime 的对应英语词 regime，故中译统一作"政制"，这里，régime 在涉及"个人"和"家务"时可理解为"统治的形式"。

　　⑬ 据剑桥大学图书馆所藏手稿 Mm. 6. 24(页29a)，这里的文本作 ha-'anashim ha-hem［那些人］，而非此书印刷版中的 ha-'anashim［人们］。

和家政学变得多余。⑭

为了更好地理解这个重要的声明,必须注意到,迈蒙尼德关于伦理学(他只是说哲人们对此写过很多书)、逻辑学或思辨哲学却没有作过类似的评论。*他没有把哲人在所有这些科学方面写的书判断为无用或多余,他也多次推荐过这些书所作的研究,这些都是众所周知的,无需证据。只要留意刚才关于政治学的判断是在基于"哲人们的书"所写的逻辑学概要中找到的,就足矣。因而,以下就是迈蒙尼德声明的完整意义:在所有哲学的学科中,只有严格意义上的政治学和家政学因托拉而变得多余。

在这一点上,《迷途指津》中的教诲与《逻辑技艺论》中的教诲几乎没有差异。迈蒙尼德在那部书中说,托拉对思辨事务仅仅给出了一些概要性的暗示,然而,对于政治事务,托拉则"已经尽一切努力将其(关于城邦的政制)在所有细节上精确呈现"。⑮因而,在思辨科学上,人们

---

⑭ 甚而,我们能够参考到的评注者们(Cremona、Comtino 以及 Mendelssohn 编本中的一个无名评注者)正是这样理解刚才这段话的。在 Abraham Ibn Daoud 的《崇高的信仰》(*Emunah Ramah*,页 98 和 101)和一个未知的穆斯林作者所写的科学百科全书的残篇中(由 R. Gottheil 出版,J. Q. R.,N. S.,XXIII,1932,178),可以找到一些有趣的对应文字来证实我们的阐释。我们并不反对可以在"巴比伦囚房期间"(pendant la captivité [中译按] 指公元前 6 世纪耶路撒冷陷落,大批犹大国的以色列人被俘至巴比伦这段日子)的意义上来理解"在这些时代"。如果这样来理解,那么最后这个短语就暗示,当犹大国还存在的时候就需要政治科学,而且弥赛亚降临之后,也还将需要政治科学。根据这种阐释,政治科学在实践上的重要性就大于那种根据我们的偏爱作出的阐释,后者更符合迈蒙尼德的整体学说。

* [眉批]参后文页 11 – 12,及《论迈蒙尼德文集》(*Essays on Maimonides*),页 129 注。

⑮ 《指津》卷三 27 章。另参卷三 54 章(页 132a,即 Shlomo Pines 英译本的页 632 – 633)和卷一 33 章(页 37a[页 19])。[中译按]文中所引《迷途指津》章节后的两种页码,前为蒙克编译本页码,后方括号中为 Pines 英译本页码,下同。

[眉批]见[《迷途指津》]卷一"引言"。

需要"哲人们的书",但他们的政治学著作则没有也行,因为政治学和家政学方面的所有必要信息⑯都可在托拉中找到。⑰正因为如此,迈蒙尼德在谈到必须先于形而上学研究的那些研究时,没有提到政治学,甚至也没有提到伦理学,尽管据他所言,"政治统治方面的完善"是那种想被领进形而上学[研究]的人要达成的重要条件。⑱这些研究的第一个阶段就是托拉的研究:⑲它取代了政治学的研究(也许还取代了伦理学的研究),因为托拉已让政治学成为多余。

不管这是不是迈蒙尼德对政治科学的定论,我们必须从他在《逻辑技艺论》里对这种效用性可疑的科学专门说的寥寥数语中,提取在这件事情上的所有信息。迈蒙尼德把哲学划分成思辨哲学和实践哲学,又把后者称为政治哲学或人的哲学,并把它划分成伦理学、家政学和严格意义上的政治学,所有这一切,人所公认对他的思想影响至深的亚里士多德传统都解释得很好。但这里有一些震惊当今读者的事实:(1)迈蒙尼德谈论伦理学时,并没有提到幸福,他只在谈论所谓严格的政治学时,才提到[幸福];(2)他开始时把实践哲学或政治哲学划分成四个部分,但到后来他却只在三个部分中做区分,城邦的政制和大民族或诸民族的政制之间的区分一开始如此清楚,后来似乎就无足轻重了——那么,为什么要这样做?(3)没有任何事先的正当辩护,迈蒙尼德就把处理"神的事务"归入严格意义上的政治学。

(1)如果不求助于迈蒙尼德思想的直接来源,即法拉比的政治著作,就不可能解决这些困难。法拉比有时也把实践哲学或政治(*madaniyya*)

---

⑯　另参《迷途指津》卷三 28 章(页 61b[页 513])和卷三 51 章(页 127a[页 625])。关于家政和城邦之间的关系,参《迷途指津》卷三 41 章(页 90b[页 561 – 562])。

⑰　另参《迷途指津》卷一"引言"中对拉比们(Rabbis)的主导兴趣的评述(页 11a[页 19])。

[眉批]见[《迷途指津》]卷一 71 章(94a)。

⑱　《迷途指津》卷一 34 章(页 41a[页 78])。

⑲　《迷途指津》卷三 54 章(页 132b[页 633])。

哲学划分为伦理学（*kholqiyya*）和统治的（*siyâsiyya*）哲学，⑳但这种划分与他的主导理念并不相应。伦理学关注的是善举与恶行之间以及德性与邪恶之间的区别，由于作此区别关系到人的终极目的——幸福，所以德性只有在作为获得幸福的手段时才是善的；㉑其结果就是，* 对幸福的求索、真正的幸福与想象的幸福之间的区分，必须先于德性与邪恶之间的区分，先于善举与恶行的区分。㉒ 但有的幸福只在政治共同体之中

---

⑳　［就法拉比对哲学的划分来说：］见《幸福之路指引书》（*K. al-tanbîh ‘alâ sabîl al-sa‘âda*，海德拉巴［Hyderabad］，伊历 1345 年），页 20 – 21。在［Friederich］Dieterici 编订的《法拉比的哲学著作》（*Philosophische Abhandlungen*，页 51、19 – 21）中就能看到，实践哲学分成了伦理学、家政学和政治学。

㉑　［法拉比的］《模范城邦》（*Abhandlung der Musterstaat*），Dieterici 编（Leiden：Brill，1895），页 46，18 – 19。［中译编按］施特劳斯这里提到的是 Friedrich Dieterici 根据伦敦和牛津两份抄件所编订的法拉比著作阿拉伯语原文，原题为 *Alfârâbî’s Abhandlung der Musterstaat*，aus Londoner und Oxforder Handschriften。编者五年后在同一出版社出版了此书的德语译本：*Der Musterstaat von Alfarabi*，*aus dem arabischen übertragen* von Dr. Friedrich Dieterici（Leiden：Brill，1900）。施特劳斯此文所提示参照的均为前者。

*　［眉批］对此的一种阐释，参尤西比乌《福音的准备》（*Praep. Evang.* XV 5 以降）所提及的 Attikos 对亚里士多德《伦理学》的批评。

㉒　法拉比，《各科举隅》（*’Iḥṣâal ‘ulûm*），开罗，1931，页 64：

> 政治科学考察那些依赖于意志和习惯的行为类型和生活方式……这些行为和生活方式就从政治科学而来，这些行为也体现着政治科学的目的。政治科学还在这些行为所体现的目的与所遵行的生活方式之间做出区分；政治科学还解释说，有一种目的就是真正的幸福……政治科学在行为与生活方式之间做出区分，并解释说，人们据以获得幸福的那些东西就是值得赞美的善和德性……要在人身上实现这种善和德性，其条件就是要以一种等级森严的方式在城邦和民族中规定完善的行为和完善的生活方式，并使这些行为和生活方式得到共同实践。

参《模范城邦》的相关段落（页 46，7 – 21），以及《获得幸福》（*k. taḥṣîl al-sa‘âda*）（海德拉巴，伊历 1345 年）页 15 – 16。

并通过政治共同体而获得。㉓故此,法拉比在他论政治统治的论著中只
谈到了幸福,而在解释了政治共同体的必要性及其一般结构之后,出于更
多理由,他还谈到了德性。也是出于同样的原因,他在那里教导说,幸福
的人是那些被理想共同体的理想领袖(le chef idéal)所统治的人:㉔理想
共同体的领袖建立起行为秩序,人们能够凭靠这种行为秩序获得幸福。
既然幸福依赖于政治共同体,那么伦理学与政治学之间的区分就不再
必要,甚至不再可能,法拉比在他的科学百科全书㉕中甚至没有*提到
伦理学。㉖而且,也许更重要的是,法拉比在历数完善共同体中每一个
成员所必须有的意见时,却从有关真主(God)和世界的意见,直接跳到
了有关完善共同体和幸福的意见,在整个过程中对德性却只字未提。㉗

[英译按]' *Ihsa*[《各科举隅》]已由 Fauzi M. Najjar 节译,载于 Ralph Lerner
和 Muhsin Mahdi 编《中世纪政治哲学文选》(*Medieval Political Philosophy*),页
24–30,此节译选自《各科举隅》第 5 章"论政治学、教法学和辩证神学"的一
节。该章新的英文全译见阿尔法拉比,《政治著作集》(*Political Writings*),
C. Butterworth 译,页 76–84。《获得幸福》刊于阿尔法拉比,《柏拉图和亚里士
多德的哲学》(*The Philosophy of Plato and Aristotle*),Muhsin Mahdi 译,Ithaca:
Cornell University Press,1969,页 13–50。

㉓《获得幸福》,页 14;《模范城邦》,页 53–54。另参前注([中译按]即
原注 22)。

㉔《政治制度》(*k. al-siyâsât al-madaniyya*,海德拉巴,伊历 1346 年),页
42 和 50。[英译按]该书新近已由 Fauzi M. Najjar 编校出版,即《阿尔法拉比的
政治制度》(*Al-Farabi's Political Regime*,Beyrouth:Imprimerie Catholique,1964);
Najjar 的节译也刊于 Lerner 和 Mahdi 所编《中世纪政治哲学文选》,页 32–57。

㉕即《各科举隅》。这篇短小的专论与其说是一部严格的百科全书,不
如说是一篇对各种科学的批评,一篇基于各种科学的价值对它们作出区分的
注解,此书的重要性曾由 Ibn al-Qifti 指出。

* [眉批]——尽管有这个事实。(aber die *Sache*)

㉖另见《获得幸福》,页 14 和 16。

㉗[关于诸德性,见]《模范城邦》,页 69。在其对应文本(《政治制度》,
页 55)里,导致幸福的各种行动在历数种种意见后的结尾被提及。

归根结底，㉘法拉比思想中没有一种先于政治学的或可与政治学相分

㉘ ［关于伦理与政治不可分，］这是指，若有人基于法拉比的主要著作对他〈的思想〉作出阐释。这里，指出这一点就足够了：即便是这些标题——比如说，《获得幸福》与《幸福之路指引》——也相当清楚地指明，前者是最重要的。这个判断在对两部著作本身的分析中得到证实：前者是一本关于柏拉图和亚里士多德哲学的书的引言，后者是一本语法书的引言；Ibn al-Qifti 仅将前者视为法拉比最重要的著作之一。伦理学与政治学之间的区分只能在后者中发现。

［眉批］政治学—家政学—伦理学：安萨里《哲学家的目的》（Ghazzali，Maqāsid）II（= Metaphysica I，praepositio 1）。

政治学—家政学—伦理学：唯圣经派〈学者〉尼西·本·诺亚（Karäer Nissi ben Noah）（参 Wolfson，"Classification"，*Hebrew Union College Jubilee Volume*，274，注 33f）。［中译按］Wolfson 文章完整标题为"The Classification of Sciences in Mediaeval Jewish Philosophy"。

伦理学—政治学—家政学：《法拉比的哲学著作》，页 51。

阿布拉瓦内（Abravanel）也把伦理学理解为政治科学，在此程度上他把《伦理学》作者亚里士多德，以及道德家（die Moralisten）比如塞涅卡（Seneca）都称为政治学者。（例如，〈阿布拉瓦内对〉《撒上》18.1、《撒下》22.20、《王上》14.21 的注疏）。

另参笔者对 RLbG（［中译按］RLbG 指 Rabbi Lewy ben Gerson〈拉比格桑之子列维，1288—1344〉，其拉丁名为 Gersonides 格桑尼德〉）的摘录。

参波爱修斯（Boethius）：学习的次序从实践哲学开始，然后上升到理论哲学（神学，自然学，形而上学）（这是柏拉图式的：柏拉图的实践哲学是显白的预备，而亚里士多德的实践哲学不是显白的。）

［〈德文版《施特劳斯文集》编者按〉以下内容在一张夹入的纸页上：］

亚里士多德《尼各马可伦理学》，VI 9，1142a 9 – 10（伦理学 /φρόνησις〈明智〉#—家政学—政治学）（对比 Wolfson）。比较托马斯·阿奎那该段：政治学事实上（sachliche）优先于家政学，而后者优先于伦理学，因为整体比部分更重要，因此城邦比家庭更重要，家庭比个人更重要。

《优台谟伦理学》I 8，1218b 13（政治学—家政学—φρόνησις〈明智〉）。

φρόνησις〈明智〉与ἠϑική〈伦理学〉的等同——出自 Heliodor，《〈尼各马可伦理学〉释义》（Paraphr. Eth. Nic.）（123，7 以降，Heylbut 编）。

离的伦理学。* 无论如何,迈蒙尼德跟随法拉比,把对幸福的讨论归于

David Armenius[亚美尼亚人大卫],《哲学绪论》(*Prolegomena philosophiae*),c. 23 – 24(页 74,11 以降. Busse 编):

> 我们知道亚里士多德学派以一种方式划分实践术,而柏拉图学派以另一种方式划分:亚里士多德学派划分成三类——伦理学、家政学、政治学……而柏拉图学派认为其划分是错的,因为所有的属(genos)从不一分为三,而是一分为二……否则,不可分的种(eidē [或:理型])无法具有相同的目的……但它们具有相同的目的:伦理学、家政学和政治学具有相同的目的,我说的是风俗(ēthos [或:品格])的有序。而且,同一种[理型]的数量从不改变,伦理学、家政学和政治学同属一个种[理型]。

柏拉图学派把"实践术"划分"为二,分为立法术(nomothetikos)与司法术(dikastikos)"。

Elia,《哲学绪论》(*Prolegomena philosophiae*),c. 12(页 31,27 行以降,Busse 编):亚里士多德(!)把实践术分为三部分:伦理学—家政学—政治学,等等(参上 David)。

Elia,《〈范畴篇〉引论》(*In Categorias Prooemium*),(页 116,15 以降,Busse 编):伦理学—家政学—政治学。##

Aspasius,《尼哥马可伦理学》释义(In Eth. Nic.),c. I 1(页 6,26 以降,Heylbut 编)。政治学—家政学—伦理学—从整体进行到部分。##

关于两种划分的起源比较亚里士多德《政治学》I 1,1253a 19 – 20 和 25 – 26 与 I 2,1253 b1 以降,1260 b13 以降。

[中译编按]施特劳斯在此活页提及的三种文献均出自 Commentaria in Aristotelem Graeca[亚里士多德著作希腊文注疏]丛书(柏林,1882 – 1909),分别是:(1)*Davidis Prolegomena et in Porphyrii Isagogen Commentarium*,Adolf Busse 编,Berlin:Reimer,1904;(2)*Eliae in Porphyrii Isagogen et Aristotelis Categorias Commentaria*,Adolf Busse 编,Berlin:1900;(3)*Aspasii in Ethica Nicomachea quae supersunt commentatia*,G. Heylbut 编,Berlin,1889。出自亚美尼亚人大卫的引文原文为希腊文,中译参考了相关英译:*Elias and David: Introductions to Philosophy, with Olympiodorus: Introduction to Logic*, trans. Sebastian Gertz(Bloomsbury Academic,2018),pp. 158 – 159.

* [眉批]参《法拉比的哲学著作》(*Philosophische Abhandlungen*),Dieterici 编校,页 17 – 18。

严格意义上的政治学。与法拉比相应的学说比较，迈蒙尼德实践科学的次序——根据这一次序，对幸福的讨论与严格意义上的政治学相联系，而对德性的讨论则与伦理学相联系——本身呈现为在法拉比的观念与亚里士多德的观念之间的妥协。㉙迈蒙尼德似乎一边接受法拉比的观点，一边却意图为伦理学保留一种 *medicina mentis*［精神药物］的独立地位。㉚也因此，哲人们在伦理学方面的书对迈蒙尼德颇有价值。但至于幸福，他也判断说，幸福仅仅是严格意义上的政治学的对象。(2) 据法拉比所言，有三等完整的共同体（communautés complètes）：小的共同体，即城邦；中等的共同体，即民族；大的共同体，即诸民族的联合（la reunion de beaucoup de nations）（或"诸民族"［les nations］）。㉛这些完整的（*kâmila*）共同体在规模大小上的差异，并不意味着其内在结构上也有差异：城邦可以像民族㉜或诸民族一样完善（*fâdila*），即由一个理想的领袖引导而走向幸福。㉝但至少，他总是对城邦有一种理论上的偏好：法拉比把他最完整的政治学专论命名为《完善的城邦》(la cité par-

---

㉙　与迈蒙尼德相似，比较在 Gottheil 发表的一部科学百科全书的残篇中所找到的调和法拉比的观点与亚里士多德的观点的尝试（见前注 14）。而且，有一个未知的作者，把法拉比论完善城邦的专论引为政治学的经典著作之一，据这位作者说，实践科学的次序应该如下：(1) 政治学；(2) 伦理学；(3) 家政学。

㉚　参《八章集》(*Shemoneh Perakim*)，第 III 章。［英译按］见《八章集》(*Eight Chapters*)，刊《迈蒙尼德的伦理学著作》(*Ethical Writings of Maimonides*)，Raymond L. Weiss 和 Charles Butterworth 编译，New York：Dover，1983，页 65–67。

　　［眉批］参 Baron《迈蒙尼德的历史观》(*RMbM' historical outlook*)。

㉛　《模范城邦》，页 53,17–19;《政治制度》，页 39。另参《获得幸福》开头和页 21–23。

㉜　我们回想一下，迈蒙尼德本人所谈的"完善的诸民族"(nations parfaites)。

㉝　《模范城邦》，页 54,5–10;《政治制度》，页 50。

faite），而非《完善的民族》，*这绝非偶然。㉞人们可以说"完善的城邦"是古代[思想]的核心，借自柏拉图的《王制》，法拉比也试图捍卫[这一核心]并保持其完好，然而他也许受迫于他的时代的神学－政治预设而放大柏拉图的框架，并承认大于城邦的政治联合体，即民族或诸民族。于是同样地，迈蒙尼德在追随法拉比时，也在城邦的政制与大民族或诸民族的政制之间**做出区分，㉟而他后来为了讨论更可取的城邦政制，就忽略了这一区别。（3）如果是政治科学让人认识了幸福，而且

---

　*　[眉批]施特劳斯，"阿布拉瓦内"，〈页〉110，西塞罗《论义务》I 53 以降，III 69；《论法律》III 3；《论诸神的本性》III 93。

　[中译编按]此处"阿布拉瓦内"指施特劳斯的文章"阿布拉瓦内的哲学倾向与政治教诲"，发表于《阿布拉瓦内：六篇讲稿》（*Isaac Abravanel: Six Lectures*，J. B. Trend 及 H. Loewe 编，Cambridge of the University Press，1937），页 95 – 129；中译收入本卷。施特劳斯在正文提到的《完善的城邦》即 Friedrich Dieterici 译作 *Der Musterstaat*[《模范国家》]的法拉比著作，在后文施特劳斯解释了何以他认为此书标题应为"完善城邦"而非"模范国家"。

　㉞　亦参《模范城邦》，页 69，17 – 19；这一段文字可能就是迈蒙尼德相应段落的直接来源。

　**　[眉批]《知识书》（*Sepher ha-madda*）[The Book of the Knowledge]，p. m. [本人藏书] 3 b 23。

　㉟　据[Jacob] Klatzkin 的《古今希伯来语哲学文库》*Thesaurus philosophicus*[*linguae hebraicae et veteris et recentioris*，Berlin，1928 – 1933]（辞条 *hanghagah*[统驭/统治]），*hanhagat ha-medinah*[城邦的统治]对应于内部政治，而 *hanhagat ha-' ummot*[诸民族的统治]对应于外部政治或"世界政治"（Weltpolitik）。这种误解的根源，似乎就出自门德尔松（[Moses] Mendelssohn）注疏《逻辑技艺论》（*Millot*）时对上述语词的解释。门德尔松乃是 Christian Wolff 以及其他现代自然权利论者的门徒，他把 *hanhagat ha-medinah* 译作 Polizei[治安]——由于对法拉比政治学认识不够，他犯的另一个错误，就是把 *medinah mequbbetzet* 译成"共和制"（Republik），而不是译成"民主制"（Demokratie）（参前引书，辞条 medinah）。

　[眉批] Steinschneider《阿尔法拉比》，66。

如果今生没有什么真正的幸福，只有来生才有，㊱换言之，如果没有对独离于物质之外的存在物的认识、㊲没有对上帝和天使的认识就没有真正的至福（béatitude）的话，那么政治科学就必然关注"神的事务"。正是由于这一原因，法拉比最重要的政治著作《完善的城邦》（La cite parfaite）㊳以及《政治制度》（Les gouvernements politiques）同时也是形而上学专论。尽管如此，在法拉比的政治学与"神的事务"之间还有另一重关联。法拉比教导说，完善的城邦的"元首"（chef premier）必须是"先知"和"伊玛目"（imâm）。㊴"元首""伊玛目"和"立法者"（législateur）是等同的措辞；㊵"元首"本身就是宗教的创立者。㊶其结果就是，不可能把政治事务和神的事务分割开来。法拉比把宗教科学、教法学（fiqh）和护教学（l'apologétique［kalâm］）置于政治学之下，从而得出了上述这个结论。㊷

于是，当迈蒙尼德在《逻辑技艺论》中谈到政治学时，心中所想的正是法拉比的学说。然而法拉比的政治学，就其本身而言，是柏拉图政治学的修正：根据法拉比，"元首"不仅是伊玛目、先知、立法者和君王，还是并且首先是哲人；㊸这位哲人必须凭自然具有那些据柏拉图所言构成了理想城邦统治者之特征的所有品质，以任其支配；他就是柏拉图

㊱　《各科举隅》，页 64。

㊲　《获得幸福》，页 2 和 16；《幸福之路指引》，页 22。

㊳　这本书在大英博物馆和［牛津大学］波德莱安图书馆（Bodleian Library）均被归为"政治著作"。

㊴　《模范城邦》，页 58,18 - 59,11；另参同上书，页 69,15："元首以及启示如何发生"。

㊵　《获得幸福》，页 43。

㊶　参《模范城邦》，页 70,10 及上下文。

㊷　这是法拉比科学百科全书（《各科举隅》）最后一章的标题："论政治科学、关于教法的科学（le science du fiqh）和关于护教学的科学（le science du kalâm）"。

㊸　《模范城邦》，页 58,18 - 59,5；《获得幸福》，页 42 - 43。

笔下的王－哲人(le roi-philosophe)。㊹结果,迈蒙尼德对政治科学所下的判断便与柏拉图式的政治学一致,或至少与柏拉图化的政治学一致。而这一判断意味着:"哲学的政治学"(la politique philosophique)——作为对哲人所统治的理想城邦的求索,或对理想之法的求索——现在就多余了,因为先知的能力超过了那些最伟大的哲人,而先知(作为媒介)所给予的托拉以一种相比于哲人所想象的政制而言确定并完善得无以复加的方式,把人们领向幸福。

但是,在尚未认识理想之法的时候求索这种法是一回事,而理解所给定的理想之法,又完全是另外一回事。很有可能政治科学虽然对前者是多余的,但对后者是不可或缺的。在任何对文本的后续考察之前,有两件事是确定的。首先,迈蒙尼德判断说,托拉让政治学,也仅有政治学且尤其是柏拉图化的政治学变得多余,这个判断暗示了,托拉首先且最初是一个政治事实,是一种政治秩序,是一种法。托拉是理想之法、完善的 *nomos*[礼法],所有其他法或多或少都是对它的摹仿。㊺其次,迈蒙尼德作为一个哲人,必须向自己提出问题,即他得知晓托拉的*存在理由*(*raison d'etre*)是什么,知晓它的合理目的与自然条件是什么。因而,迈蒙尼德需要一种哲学学科,其主题将是作为神法本身的托拉,而由于托拉是一种法,并从而是一个政治事实,因此这门学科必须是政治科学。又由于迈蒙尼德所认识并判断为值得给予一定关注的政治学是一种柏拉图化的政治学,所以归根到底,正是《王制》和《法义》中的学说,将决定迈蒙尼德理解托拉的方式。

㊹ 《模范城邦》,页59,11以降;《获得幸福》,页44－45。这一段几乎原封不动地出现在《洁净兄弟会书简》(*Rasâ'illḫwânal-Ṣafâ*, Cairo, 1928),Ⅳ,页182－183。[中译按]"洁净兄弟会"(The Brethren of Purity;*Iḫwânal-Ṣafâ*)是中世纪伊斯兰学人的神秘组织,此《书简》乃是一部百科全书。

㊺ 这是法拉克热(Falqera)在他的《探究者之书》(*Sefer ha-mebaqqech*, Traklin编,页90)中所说的。另参迈蒙尼德,《回应》(*Responsa*),Freimann编(耶路撒冷,1934),页337。

二

在阐释《迷途指津》的任何段落以前，人们必须记住，这部著作是一本隐微的书（un livre ésotérique）。迈蒙尼德已把自己的思想藏起来，因此他的书必须带着特别的注意力去研读。书中的微妙暗示也许比其中明确展开的学说更加重要。*

在《迷途指津》所讨论的重大主题中，神法（la loi divine）占据末位。迈蒙尼德直到讨论完纯粹思辨主题，以及讨论完神意（providence）问题和恶的问题后，才着手于[神法]这个主题。纯粹思辨主题的结论以对 ma 'asé merkaba[神车论]的阐释为清晰的标志，该阐释在一定程度上总结了所有形而上学，⁴⁶而神意问题和恶的问题作为最接近实践问题的条件，标志着从思辨领域向实践领域的过渡。因此，《迷途指津》处理神法的部分（如果人们去除掉最后几章，即卷三 51－54 章的话。这几章与其说包含着对一个新主题的讨论，不如说是该著作总体上的结论），是该著作唯一关乎实践的部分：该著作没有插入一篇有关道德的专论（un traité de morale）。也许可以说，从这一点不可能得出任何结论说，《迷途指津》既非一个"哲学的体系"，甚至也不是"神学大全式的"（somme théologique），它不过就是"迷途者的指南"（guide des égarés），也就是说，它并不包含迈蒙尼德的诸多意见的完整阐述。但正是因为迈蒙尼德的哲学著作是一份"迷途者的指南"，因为在诸多哲学问题中它仅仅处理对进行哲思的犹太人（le juif philosophant）具有决定性重要意义的那些问题，所以，它没有关于道德的专论，而是在相应位置包含一篇对神法的分析，这个事实就值得注意——对迈蒙尼德而言，区别于

---

* ［眉批］《致也门人书》（*Igereth Teman*）！

⑯ 参《迷途指津》卷三 7 章开头处。亦比较《迷途指津》卷二 30 章对 ma 'asé berechit[开端论]的类比阐释（analogous interpretation），它标志着自然学论述的结论。

神法的道德并非至关重要。㊼

对神法的讨论(《指津》卷三25－50章)仅仅包含〈两个要点〉:首先,神法在其为神法的范围内必须合理(raisonnable)且具有明显效用(utilité)的证明;其次,对给定的神法即摩西律法的合理目的之求索。而根本性的问题,即为什么(神)法是必要的,神法又如何区别于人法(loi humaine),则几乎没有着手。个中缘由便在于,《迷途指津》的前一个部分,也就是关于预言的理论(《迷途指津》卷二32章及以下),已经充分处理过这些问题了。〈律〉法的理论基础从而不能在除预言学说外的任何地方找到。“人们知道,对预言的信仰先于对〈律〉法的信仰。因为没有先知,就没有法”,舍此无他。㊽

如果人们不先认识迈蒙尼德预言学(Prophétologie)的哲学地位,就很难理解这种学说的确切意义。迈蒙尼德处理预言先于他通过阐释*ma ʻasée merkaba*[神车论]而正式结束形而上学的讨论,借此他似乎暗示,预言学与形而上学相联系。而这个结论似乎也能为如下事实所证实,即阿维森纳把预言理论明确地归于形而上学。然而,阿维森纳并不把预言学算作形而上学整体的一个部分,在他看来,预言学说同有关阴间生活的学说一样,无非是形而上学的“分支”。㊾阿维森纳还进一步清楚地宣称,解释预言与〈教〉法之必要性的是政治学,解释真先知与假先知的区别的也同样是政治学。㊿但要想理解迈蒙尼德,法拉比的观点比阿维森纳的观点重要得多。法拉比只在谈到对“元首”的信仰之后,才提到对启示的信仰。(51)我们还可加上一句,阿威罗伊本人就把预言看

㊼ 至于法拉比对道德的相似态度,参见上文,页10－11。[中译编按]见本书页58－60。

㊽ 《指津》卷三45章,页98b[页576]。

㊾ 见其《各学科的划分》(Division of the Sciences)的拉丁语译文,见《阿维森纳论灵魂等著作汇编》(*Avicennae compendium de anima etc.*),Andrea Alpago自阿拉伯语译为拉丁语(威尼斯,1546),页143b－144b。

㊿ 前引书,页138b－139a;另参施特劳斯,《哲学与律法》(*Philosophie und Gesetz*),页110－114。

(51) 《模范城邦》,页69,15。

作一件本质上政治性的事实：先知的行为本身就是立法。[52]因而，关于预言本质上的政治特性，以及相应地关于预言学与政治科学的联系，大多数重要的 *falâsifa* 之间存在完美一致（un accord parfait）。在此，迈蒙尼德没有丝毫理由同 *falâsifa* 划清界限，他赞同 *falâsifa* 在预言问题上的主要论点。对此有直接的证据：在《重述托拉》（*Michné Tora*）开头处对哲学原理的概述中，迈蒙尼德直到正式结束对形而上学（ma 'asé merkabh［神车论］）和自然学（ma' asé berechit［开端论］）的概述后，才谈到了预言和〈律〉法。[53]他以此表达了这样的意见：预言不是思辨哲学的主题，而是实践哲学或政治哲学的主题。的确，在《迷途指津》中，这个意见本身并没有在写作中揭示出来；该著作在形而上学正式结束以前就处理了预言学。但人们将会看到，这种惯常秩序的调换正是必要的秩序，这一点很容易被特别是《迷途指津》〈所展现的〉预言学的目的解释——预言学的目的在于为圣经的哲学式诠解（l'exégèse philos-ophique de l'Écriture）建立基础。[54] 迈蒙尼德通过讨论关于预言理论

52　参前文（［英译按］指此节第 1 段）。

53　在《论托拉的根基》（*H. Yesode ha-Torah*）VII – X 章中，就有对预言和律法的讨论；另参有关形而上学和自然学部分的结论，上引书，II 章 11 节和 IV 章 10 – 13 节。

54　正是出于这个原因，迈蒙尼德要给预言学的最后一章赋予最大的重要性（《迷途指津》卷二 48 章开头）——要理解《指津》的写作，人们必须注意他在《密释纳义疏》的"《论议事会》10 章疏"（"*Sanhédrin* X"）中所提出的那些信条（dogmes）的次序，这种次序尽管有所修正，也可以在《关于悔改的律例》（*H. Techouba*）III 章 6 – 8 节中找到。根据该次序，那些关于上帝的存在、一体性和无形体性的信条以及唯有上帝具有永恒性的信条排在首位；紧接着的是关于一般意义上的预言以及特殊意义上的摩西预言和托拉的信条；这之后才是关于神意和终末论（l'eschatologie）的信条。这种次序的根源，似乎是穆泰齐赖派（mo' tazilite）关于 *uṣûl*［根，根基］的学说，该学说决定了 Saadia Gaon 的《信念与意见之书》（*Emounot ve-deot*）的写作（另参 S. Pines 发表在《东方学文献》［*Orientalistische Literaturzeitung*］1935年栏 623 上的有趣评论）。上述次序还可以在《迷途指津》中找到，即第一类信条在卷一 1 章至卷二 31 章以极大篇幅得到处理，同样，第二类〈信条〉

的不同意见,通过建立反对流俗意见的原理——即预言与某些自然条件相联结,尤其与通过研究获得的理智之完善(la perfection … de l'intellect)相联结(《迷途指津》卷二32-34章)——来进入预言理论。随后,他解释说,摩西的预言与其他先知的预言之间有一个本质的区别,而接下来那章所展开的整个预言学说,并没有瞄准摩西的预言(〈卷二〉35章)。直到做了这些预备性的澄清工作后,迈蒙尼德才定义了预言,他说"预言的本质,是一种从上帝而来的流溢(une émanation de Dieu),以能动理智(l'intellect agent)为媒介,首先溢满人的理性能力(la faculté rationnelle),然后溢满人的想象能力(la faculté imaginative)"(〈卷二〉36章)。要更好地理解这个太过"经院式"(scolastique)的定义,人们必须提出下述问题:这种流溢会产生什么,如果它不是同时溢满两种官能,而只是溢满其中一种官能?迈蒙尼德如是回答:"如果这种理智的流溢(55)只溢满理性能力,而没有溢满想象能力,……这就(形成了)知者(knower)、思辨者的阶层……如果流溢只溢满想象能力,因此而形成的阶层就是城邦的统治者、立法者、占卜者、占兆官(augurs)和那些有真梦的人,类似的,还有那些虽然不是知者却靠非凡的技巧和秘术实施奇迹的人"

在卷二32-48章得到处理,第三类〈信条〉在卷三8-24章得到处理。迈蒙尼德出于不同原因背离了这个次序,其中一个原因,就是他在一定程度上采纳了法拉比在《完善城邦居民意见书》(*opinions des gens de la cité parfaite*)中的下列顺序:(1)第一因及其所有属性(《迷途指津》卷一1-70章);(2)天使和天体(les corps célestes)(卷二3-9章);(3)自然物体(les corps physiques)以及统驭这些物体的正义和智慧(卷二10-12章);(4)人的灵魂以及能动理智激发灵魂的方式、元首和启示(卷二32-40章)。这个次序在《论托拉的根基》(*H. Yesodé ha-Torah*)中遵守得更严格。

(55) 必须注意,迈蒙尼德把"神的流溢"和"理智的流溢"用作同义词。这就承认了预言是一种自然现象。参《迷途指津》卷二48章开头一段,迈蒙尼德本人也指出了这一段的独特重要性。

（卷二 37 章）。⑤由流溢而来并同时溢满两种能力的预言，必然在自身中结合了假如流溢只溢满其中一种能力所产生的效果，因此，作为结果，先知就是哲人和治邦者（homme politique［直译］政治人）（统治者或立法者），同时又是占卜者（devin）和施法术者（magicien）。至于先知的法术能力——阿维森纳很重视的主题——迈蒙尼德对此几乎毫无兴趣。在他看来，先知的特征是哲人、治邦者和占卜者的能力的结合（同时也是相当程度的加强）：先知就是"哲人 – 治邦者 – 占卜者"。

这就是迈蒙尼德的意见，这一点进而为以下事实所证明：他为处理预言的本质和条件的两个章回增添了第三章（〈卷二〉38 章），其中他解释说，先知必然具有以下三种能力，即勇敢的能力、占卜的能力以及对思辨真理直接的知识，而无需拥有关于诸多前提的知识。而这最后一种能力，尽管是哲学知识本质上的增加，却依旧是一种思辨的能力，

---

⑤　对于这一段，蒙克（在《迷途指津》［*Le Guide des Egarés*〕〈法译注本〉卷 II，页 373）做出了如下评论：

> 作者把立法者置于占卜者之旁，并把他们算作那种想象力高于理智的人，似乎颇为奇怪。但人们后来（第 40 章，页 310 – 311）看到，作者的意思，并不是要在这里谈论纯粹政治性的立法，如他自己所言，纯粹政治性的立法是那种反思性的工作；他心里想的仅仅是古代的立法者，那些人认为自己受到了神的启示，自称是先知，把自己的律法说成是在占卜中倾听得来的……

这种说法不对。在蒙克提到的那一段，也就是在《指津》卷二 40 章中，迈蒙尼德明确地说，一种纯粹政治性的〈律〉法，即除了安排社会关系的秩序并防止不义和暴力而外别无目的的〈律〉法，必定就是一个除了想象力的完善就别无其他完善的人的作品。另一方面，在谈到立法之为一种反思工作时，迈蒙尼德心里不仅想的是纯粹政治性的〈律〉法，而且并尤其想的是哲人所设计的法，其目标就在于人们理智上的完善。我们还可以加上一句，迈蒙尼德是在一种十分宽泛的意义上使用"想象力"一词的：他把纯粹政治性的〈律〉法归为"想象力"的产物，其实就是追随了法拉比的意见，根据这种意见，这些〈律〉法是一种"感官的习性"（aptitude sensuelle）的作品（见下文）。［英译按］此处"下文"指本文第二节第 9 和 10 自然段。

因而，我们不得不明示，作为先知典型特征的勇气的能力，代表或指明了他的政治功能。如果迈蒙尼德不相信这样的先知总是暴露在最严重的危险面前，他就不会把非凡的勇气说成预言的一项本质条件。不过，倘若先知领受他的灵感（inspirations）——不管是思辨一级的灵感（关于上帝和天使）抑或实践一级的灵感（关于未来的事情），都只是为了先知自身的完善，那他并不会作为先知暴露在危险面前。因而，以下就是先知的本质：他接受灵感，他"上升"正是为了"下降"，为了引导和指导人们；⑤由于这种社会功能的结果必然使不义者不悦，因此先知处于永恒的危险之中。⑤尽管这种危险已是无法避免——哪怕先知仅限于去指导人们——可当先知作为义人的向导反对僭主或大众的不义时，他的处境更是岌岌可危。故此，迈蒙尼德所引述的先知的勇气的第一个例子，是摩西这个"孤独的人，他表现出勇气，带着他的杖，在一个伟大的王面前，'拯救一个民族于强加给它的奴役之中'"。⑤ "哲人－治邦者－占卜

---

⑤ 《迷途指津》卷一15章。

⑤ 迈蒙尼德马上就从对先知的社会功能（卷二37章最后部分）的阐述转到对先知勇气的阐述（卷二38章开头）。

⑤ 《迷途指津》卷二38章，页82b[页376]。亦参卷二45章（页93a－94a[页395－97]）。迈蒙尼德用以指称先知的"勇气"的阿拉伯语（*iqdâm*），让人想起《完善城邦》（*Cité parfaite*）中的那一段（页60,9－11），法拉比在那一段中历数了"元首"的条件，也谈到了这种能力。顺便指出，他所历数的条件再现了柏拉图在《王制》中历数的哲人－王的条件。此外，法拉比在一个对应段落中（《获得幸福》，页44）还明确地引用了柏拉图。阿威罗伊在阐释柏拉图对护卫者勇气的讨论时，也谈到了先知的勇气：ideoque neque Prophetis，neque magistratibus formid，aut metus conveniens[因此，不应该把先知和元首刻画为恐惧敬畏者]。见《阿威罗伊的柏拉图〈王制〉释义》（*Averrois Paraphrasis in Platonis Rempublica.* ，Tr. I），《亚里士多德集》（*Opera Aristotelis*），威尼斯，1550，卷III，页176b，I栏，1.64－65（[中译按]中译见《阿威罗伊论〈王制〉》，刘舒译，华夏2008版）。

〈注59附加部分〉比起柏拉图或亚里士多德来，*falâsifa* 赋予勇气以更大的价值（尤其参见《法义》630E－631C，必须从这一段开始，才好理解那种决定

者"的合三为一,让人马上想起法拉比的政治学,根据这种政治学,完善

《尼各马可伦理学》写作的倾向)。伊斯兰教的两个特征——普遍宗教(univer-sal religion)固有的传教倾向;普遍宗教固有的为了反对"迷信的"威胁而进行的争论,它也使普遍宗教流行起来——可以解释"勇气"与日俱增的威望。由于 falâsifa 是穆斯林,他们承认圣战的诫命,圣战被他们理解为一种文明化的战争,或更确切地说,他们被这种理念引导,即文明之能实现,唯有通过文明化的战争。这种理念在柏拉图的思想中找不到。阿威罗伊在对《王制》的释义中以如下口吻谈到了这一点(前引,页 175a,栏 2,1,36–175b,栏 1,1.50[另参《阿威罗伊论柏拉图的〈王制〉》,Ralph Lerner 译,页 10–13]):

> 我们说([眉批]《王制》459c),勇气这一德性,就是柏拉图在引入对实现这些德性的讨论时所开始谈到的。我们说过,要理解公民是如何以一种最完善的方式获得并保持德性,[就要求]我们考虑,具有该德性的行为在城邦中最初的意图是什么。我们也要说,要在政治性的人的灵魂中大体实现这些德性,计有两种方式。一种是通过修辞术的和诗术的论证在他们的灵魂中建立起这些意见。……只有对那些从小习惯类似事物的公民,第一种教育方式才最有可能。在两种教育方式中,这一种才是自然的。然而,第二种[教育]方式应用的对象,则是敌人、对手以及那种不是因为渴求而唤起了这种德性的人。这是一种……靠大棒来实施的惩戒方式。很显然,这种方式……不会用在高尚城邦的成员身上。……至于其他那些不好的民族,对那些举止不够人性的民族,为什么除了这种方式,也就是通过战争强制他们接受德性,就再也没有教育他们的方式了呢? 正是以这种方式,各种事务被那些教法安排,如同人法一样开展的神法从属其中,因为它有两种方式可以将人引向真主(崇高属于他):一种是通过言辞,一种是通过战争。既然这种战争术除非凭借道德德性就不能完成,借此它就在适宜的时间和尺度上靠近适宜的东西,即勇气的德性。……据阿尔法拉比(Alpharabius)说,这就是亚里士多德关于有德性的城邦的战争的主张。但从柏拉图这部著作中的相关说法来看,柏拉图并不认为[灵魂的]这个部分[即勇气]是为了这个目的[即战争],而认为它的产生是由于必然,其原因……唯当假设只有一个等级的人倾向于人类各方面的完善,并尤其倾向于理论方面的完善,这种意见才会是正确的。([中译按]原文为拉丁文,中译参考了 Ralph Lerner 相关英译)——比较法拉比,《获得幸福》,页 31–32。

城邦的"元首"必须是一位哲人和占卜者("先知")。迈蒙尼德是否也把完善城邦的建立视为启示的存在理由，还有待考察。过去人们认为，据迈蒙尼德而言，启示的主要目的是宣布最重要的真理，尤其是人类理性所不能通达的那些真理。但倘若这就是迈蒙尼德意见的精确意义，那他为什么又说，神法仅限于以一种概要和谜题的方式来教导这些真理，然而在政治事务上，它却"已经尽了一切努力把城邦的统治在其所

阿威罗伊在阐释《王制》中柏拉图要求哲人要有勇气的那一段时(486B)说："第八个[条件]是他要有勇气。因为没有勇气的人，就没有能力去藐视非证明式的论证，他(即哲人)就是在这种论证中长大的，尤其如果他是在这些城邦中长大的。"(前揭，页182b，栏1，1.40–45[另参《阿威罗伊论柏拉图的〈王制〉》，Ralph Lerner译，页73])通过与阿威罗伊所阐释的柏拉图的那段话相比较，人们看到这些语句暗示着对柏拉图观点的某种批评。——

[眉批]参Chatsworth图书馆的《伦理学》摘要(见我的《霍布斯》页42、46):亚里士多德的德性学说起始于勇气，考虑到因勇气而变得最为困难的对象，故以此次序提出……　[中译编按]这里《霍布斯》指《霍布斯的政治哲学:基础和起源》(*The Political Philosophy of Hobbes: Its Basis and Its Genesis*)，英文版(University of Chicago Press, 1963)，页42、46;申彤中译本(译林出版社，2012)页52、56–57。

参托马斯·阿奎那《注〈尼各马可伦理学〉》第585和759和《神学大全》II 2, 123问，12条。托马斯《注〈政治学〉》107a, 412b(勇气低于正义、审慎)。

——〈以下接续注59附加部分眉批前内容〉他〈阿威罗伊〉在释义《王制》第十卷时，以一种明确的方式作此批评:

第十卷所包含的东西，对于这种科学来说，并非必需。……随后，他接着就提到了一种修辞的或辩证的论证，他以此解释了灵魂不灭。随后有一个故事。……我们不止一次表明，这些故事并无价值。……正是这一点把我们带到了如此这般的非真理(untruth)。它不是人要变得有德性所必需的东西。……因为我们在这里看到了很多人，他们在遵守自己的礼法和风俗时，尽管不知道这些故事，也并不比那些知道这些故事的人更差。(页191b，栏2，1.11–39[另参《阿威罗伊论柏拉图的〈王制〉》，Ralph Lerner译，页148–149])

至于*falâsifa*和柏拉图之间另一个原则性的区别，见页26，注80。

有细节上精确呈现"呢?⑥而且更有甚者,为什么这些真理构成了〈律〉法的一个部分——当然是其最高贵的部分,但仍然只是一个部分? 不仅宣布和宣传这些最重要的真理,而且最重要的在于,一个完善的民族(une nation parfaite)的建立,乃是"先祖们(patriarches)和摩西终其一生努力的目的"。⑥根据迈蒙尼德,建立一个完善的民族,以及因此而宣布一份完善的〈律〉法,且这种〈律〉法必须起到完善民族宪法(constitution)的作用——这些就是预言的存在理由。* 其证据在于这一事实——该事实甚至似乎使我们所有的论证都显得十分可疑:摩西的预言与其他先知预言之间有区别。的确,如果迈蒙尼德的预言学只以后者为其对象,就像他表面上意图的,那么人们有什么理由假定,无论如何都能在摩西的预言中精确地找到"普通"预言的政治特性呢? 任何《迷途指津》卷二35－38章的专心读者都不能够回避这个问题,而迈蒙尼德在下一章(39章)对此作了回应。他说:"谈完了预言的本质,弄清了它的真实状态,并明示了我们的导师摩西的预言区别于其他(先知)的预言,我们要说,唯有这种(摩西的先知式)感知,才会带来召唤我们走向〈律〉法的必然结果。"本章的其余部分,可以概括地说成,由摩西之前的先知所准备的,且由摩西之后的先知所保护或巩固的神的立法,亦即最完善的〈律〉法,由摩西(以之为媒介)⑥所成就。摩西,这位众先知的首领,从而比其他先知并非更少,反而更多是一个治邦者:他一个人就已是完善政治共同体的建立者。正因为如此,迈蒙尼德如此清晰、如此三番五次地肯定,摩西的预言比其他先知的预言,甚至比先祖

---

⑥　《迷途指津》卷三27－28章。另参卷一33章,页37a[页71];《论托拉的根基》(H. Yesodé ha-Torah) IV. 13;亦参法拉克热(Falqera),《次第书》(Sefer ha-ma' alôt [= The Book of Degrees]),Ludwig Venetianer 编,Berlin,1894,页48,7－9。

⑥　《迷途指津》卷三51章,页127a[页624]。

*　[眉批]参《重述托拉·关于偶像崇拜的律例》(H. abodah sarah) I 3。

⑥　亦参《论托拉的根基》IX章,2节。

们的预言更为优越。＊ 这种肯定并非在重复某些陈词滥调,它提示了一种特定的倾向。在《重述托拉》中,处理摩西的预言与其他先知预言之差异的这个段落, 就是基于《拉 比 埃 利 艾 泽 的 经 解》(*Michnat R. Elieser*)中相似的一个段落。⑥而在迈蒙尼德的这份〈思想〉资源里,紧接着那一段之前的段落肯定了先祖们的预言比摩西和其他先知的预言更优越。迈蒙尼德并没有从这一段中借用什么东西。相反,他的预言学暗示了对主导《拉比埃利艾泽的经解》(*Mishnat R. Eliezer*)的观点的那种原则的批评:迈蒙尼德明确地肯定摩西的预言比先祖的预言更优越。⑥至于摩西预言较之先祖预言的优越性的充足理由,迈蒙尼德仅仅通过暗示表达他自己的想法,但他却毫无保留地明示了这种优越性的"结果",或毋宁是其最终的原因:只有摩西的预言是立法性的(législatrice)。

这就意味着,只有摩西才是柏拉图意义上的哲人 – 立法者或法拉比意义上的"元首"。⑥但迈蒙尼德并没有明确地说出这一点,⑥他仅限于指出一些迹象,这些迹象对一个"会理解的人",对一个专注的和受

＊ ［眉批］亦见〈《迷途指津》〉卷一 63 章。

⑥ 另参 M. M. Guttmann 的评论,《塔木德历史与学术月刊》(*Monatsschrift für Geschichte und Wissenschaft des Judentums*, 1935),页 150 – 151。

⑥ 尤其参见迈蒙尼德的思想资源(*Michnat R. Eliezer*, Enelow 编,［纽约 1933］,页 112,20 – 23)与迈蒙尼德本人(《迷途指津》卷二 35 章,页 77a［页 367］)对《出埃及记》6 章 3 节的相反解释。

［眉批］参《卡札尔人书》(*Cusari*) II 2。

⑥ 在《迷途指津》卷一 72 章(页 103a［页 191］)中,"元首"(*al-ra'is al-awwal*)这种表达使用了比喻的(figuratively)方式,在《指津》卷二 40 章(页 86b ［页 383］)中出现了两次"教法的首领"(*ra'is al-shari'a*)。

⑥ 然而,关于法拉比的"伊玛目"定义(《获得幸福》,页 43),可参迈蒙尼德就摩西所说的如下言辞:"……因为他们会摹仿摩西的一言一行,还希望由此而获得今生来世的幸福"。《八章集》(*Shemoneh Perakim*), Wolff 编(Leiden: Brill,1903),页 15(见 Raymond L. Weiss 和 Charles Butterworth 编《迈蒙尼德伦理学著作》中的《八章集》,New York:Dover,1983,页 74)。

［眉批］参《指津》卷三 24 章(52a)。

过适当指导的读者而言,就已足矣。并且我们绝不要忘记,迈蒙尼德不会充分考虑去指导任何不懂法拉比,尤其不懂法拉比关于政治统治的专论的人,来理解《迷途指津》。迈蒙尼德在谈到摩西预言亦即立法性的预言时,有理由有所保留,不仅出于护教的理由,并且首先也出于哲学的理由:他既不希望,也不能够,亦无任何需要,来掀起遮盖托拉这一完善民族之根基的起源的面纱。托拉究竟是一个奇迹还是一件自然事实? 托拉是否来自天上——而它一旦被给予了,就"不是在天上",而是"离你甚近,就在你口中,就在你心里,使你可以遵行"(《申命记》30:12,14)? 人类理性所能通达的,不是托拉的神秘起源——对其神秘起源的求索要么导致神智学(la théosophie),要么导致"伊壁鸠鲁主义"(l'"épicuréisme")——而是它的目的,对其目的的领会保证了对托拉的顺从。* 迈蒙尼德以此观念为指导,在解释了摩西的预言即立法性的预言有别于所有其他先知的预言之后,在接下来的一章(第 40 章)中着手关于〈律〉法的目的和理由这个根本的问题。

为什么〈律〉法(la loi)——一般而言的法以及特别而言的神法——是必要的? 人自然地是一种政治存在物(un être politique),只有当他与其他人联合起来时才能生存。[67]但与此同时,人相比于任何其他动物更缺少自然的能力过政治生活,人类物种的个体间差异,比其他物种的个体间差异大得多,人于是看不清由人[组成]的共同体何以可能。法拉比回应了这个问题,他表明,恰恰是由于人与人自然的不平等,政治生活才得以可能:不平等仅仅是一种严格来说有等级的秩序(ordre échelonné)的反面。[68]迈蒙尼德则沿着一条稍有不同的路径。从人类个体间的异乎寻常的多样性(variation extraordinaire)中,迈蒙尼德得出的结果是:彼此之间如此不平等、如此不相同的人,只有当他们有一个引导者,要么通过补其不足、要么通过损其有余来校正邪恶的两

---

* [眉批]《重述托拉·关于君王的律例》(H. melachim[中译按]以下简称"君王律例")XII 2。

[67] 《迷途指津》卷一 72 章,页 103a[页 191]。

[68] 《政治制度》,页 45 – 48。

端时，才能共同生活。这位引导者规定全体都必须践行，并根据相同的规则永恒地践行下去的行动和民德（mœurs）；与邪恶两端的自然的多样性（variété naturelle）相反，他建立起一种合理折中的习俗式和谐（l'harmonie conventionnelle du milieu raisonnable）；他建立起一份"平等"的〈律〉法，平等地消除'过'与'不及'。⑥因而，立法者的任务就是以一部绝不变化的单一而恒同的〈律〉法，把极端削适为正义而恒同的中庸之道，以此在癖性相反的人之间建立和谐。* 关于相反的癖性，迈蒙尼德引用刚硬和柔软的对立为例："一个人刚硬起来，甚至会在盛怒之下杀死自己的孺子，而有的人灵魂柔弱，不忍于蝼蚁的暴亡。"⑦尽管这只是一个例子，但由于是迈蒙尼德举出的唯一一例子，因此值得一定的重视。一方面是刚硬或凶猛，另一方面是软弱或柔软，恰恰是两者间的对立在柏拉图的政治学中具有决定性的重要意义：真正立法者的目的，是从自然勇敢者和自然温和者的对立癖性中做出一件"织物"，而癖性如果不受规训，就会退化为凶猛或刚硬和软弱或懦弱；城邦于是就需要一个监管者，从这两种不和谐的癖性中锻造出一块和谐的合金。⑦这个目的可能要么在一个由哲人所统治的城邦中达成，要么在一个由合理的法所统治的城邦中达成。在后一种情况下，法必须始终如一，与此相反的是

---

⑥　《迷途指津》卷二 40 章页 85a – b［页 381 – 382］和卷二 39 章，页 84b［页 380］。［中译按］此句中单引号由中译者为顺通文意而酌加。

* 　［眉批］阿维森纳《医典》（Kanon）I 1（引自 Albo, Iqq.〈阿尔博，《根荄之书》〉, I 25）。

⑦　《迷途指津》卷二 40 章，页 85b［页 382］。

⑦　《王制》375C 和 410D – 412A；《治邦者》306 以降；《法义》［卷六］773。另参伽达默尔（H-G. Gadamer）：《柏拉图与诗人》（Plato und die Dichter, Frankfurt am Main, 1934），页 18 – 19。［英译按］参〈伽达默尔〉《柏拉图的辩证伦理学与柏拉图哲学的其他研究》（Platos dialektische Ethik und andere Studien zur platonischen Philosophie, Hamburg: Felix Meiner, 1968）。

［眉批］参《阿威罗伊的柏拉图〈王制〉释义》［前揭］页 176 a，栏 1, l. 56 – 58。（关于《王制》375C）

不受约束的快乐,这些快乐绝不相同,也绝不关系到相同的事情。⑫

　　一种法要真正地"平等",就绝对不能纯粹属人。人法的意思是指一种仅仅旨在身体安康的法,或者换句话说,这种法"除了把城邦及其事务安排得井井有条,使之远离不义和对抗之外别无其他目的",如此,"人们就会获得某种想象的幸福,这种幸福对应于各个立法者的观点"。这类法的作者仅仅拥有"想象力"的完满⑬,他不是也不可能是一个哲人(更不用说先知了),他是"无知的":他不知道永远相同且唯一真正的幸福,他寻求且也让别人寻求某一种想象的幸福的不同形式。法拉比也谈到过"无知的"统治者,这些人不需要哲学,可以仅仅以"试验能力"(faculté expérimentale)为手段、以"感官的习性"⑭为手段来达到他们的目的,而他们的目的——"无知城邦"的目的——是一种想象的幸福:要么是保全身体所必需的东西,要么是财富、快乐、荣誉、胜利抑或自由。⑮真正的幸福在于灵魂的安康,即在于〈获得〉关于所有存在物,尤其是最完善的存在物——上帝和天使——的尽可能完善的知识。根据法拉比,这就是完善城邦的目的,而根据迈蒙尼德,这是神法的目的。但既然人们只有在获得了"城邦统治得井井有条所得来的身体安康"之后,才能获得真正的幸福,那么"神法的目标就在于两件事情,即灵魂的安康和身体的安康"。⑯迈蒙尼德把那种旨在理智之完善的〈律〉法,描述为一种"神法",乍一看颇让人惊讶:难道这样一类〈律〉法不可能是哲人的作品吗? 柏拉图式的立法者建立他的法,其所关乎的目的难道不就是知识吗? 然而,让我们回想一下,柏拉图以"神"这个词开始了他关于法的对话——开始了这部对话,而不是其他对话作品——并且根据柏拉图,真正的法不仅旨在"人的"善,即身体上的善,

---

　　⑫　《法义》660B – C。

　　⑬　《迷途指津》卷二 40 章,页 86b[页 384];卷三 27 章,页 59b[页 510]。

　　⑭　[原文]*Qowwa qarihiyya hissiyya*[感官的习性]。我们在此采用了 Palencia 版,这个版本有 Gerard of Cremona 的拉丁译本为佐证。

　　⑮　另参《模范城邦》页 61、19 – 62、20 和《各科举隅》页 64 – 65、68 – 69。

　　⑯　《迷途指津》卷二 40 章,页 86b[页 384]和卷三 27 章。

而且并首先旨在"神的"善——以知识为其首。⑦因而,在将神法的目的乃知识的完善这一事实看作神法的典型特征上,迈蒙尼德同柏拉图完全一致。

先知－立法者的身上结合了哲人和治邦者所有的核心品质(les qualités essentielles),同时又以神迹般的方式超越他们,而由先知－立法者所给出的完善的律法,⑧只能由那些也拥有哲人和治邦者的品质来任其支配的人——尽管以一种远不够完善的方式——去理解和传达:"托拉的秘密"只应当向一个完善的人吐露——他"在政治统治和思辨科学方面是完善的,(而且他还拥有)与此相应的一种自然的洞察力、理智和雄辩能力,以便把各种主题表述得可以被初步理解"。拉比－哲人(le rabbin-philosophe)所满足的这些"条件",⑦让人想起法拉比所列举的被"元首"所满足的"条件",⑧这些条件就其本身而言源自

---

⑦　《法义》631B－D。另参 624A 和 630D－E。

⑦　[原文]*Al-charî'a alkâmila*,[另参]《迷途指津》卷三 46 章,页 104a[页 586]。

⑦　《模范城邦》,页 60,14、18 和页 59,5;《获得幸福》,页 44。

⑧　《迷途指津》卷一 34 章,页 41a[页 78]:

　　想一想,他们如何通过一部书的文本,规定了个人的完善的条件,规定了个人在不同政治制度和思辨科学中的完善性,进而规定了个体要拥有自然的洞察力和理解力(natural perspicacity and understanding),以及一刹那间就能绝佳地在交流中表达自己的天赋。如果所有这些东西都集于某人一身,那么,托拉的种种奥秘(the mysteries of the Torah)就可以传授给他了。([中译按]《迷途指津》原文为犹太－阿拉伯语[Judeo-Arabic],楷体部分原文为希伯来语,英译参照 Shlomo Pines 译本)

另参《指津》卷一 33 章,页 37b[页 72]:

　　……他天生就富有理解力、理智和聪慧,即便仅仅是在一刹那间给他轻微的暗示,他也能悟出一个概念。

柏拉图对哲人－王所要求的那些条件。拉比－哲人必须至少满足王－哲人的某些条件，因为他是立法者（先知）－哲人作品的权威解释者，该立法者就其本身而言实现了哲人柏拉图只能预设的事情：神的立法lalégislation divine。拉比－哲人作为立法者－哲人的代理，必须引导那些没有能力理解立法者隐微教诲的人；如果那些人拒绝服从他的引导，就让自己变得不可原谅了。⑧ 至于拉比－哲人必须认识的"政治统治"，

—————————

法拉比在提及"元首"所要满足的各种条件时，尤其提到下列条件：

> 他应该天生就擅长于理解。……他应该拥有自然的洞察力；他看到一件事情最微弱的迹象，就应该领会到那个迹象的所指。他应该有善于细腻地自我表达的天赋。（《模范城邦》，页59，16 – 21）

[英译按]见《阿尔法拉比论完善城邦》（*Al-Farabi on the Perfect Sate*），Richard Walzer 译，Oxford，1985，页247。

〈注80 附加部分〉亦参阿威罗伊，《柏拉图〈王制〉释义》（页182b，栏1，I. 50 – 54）。柏拉图并没有提及哲人－王要能雄辩这个条件。——［眉批］《获得幸福》（页44 – 45）同样没有〈该条件〉，该处法拉比明显地引用了柏拉图。西塞罗《论共和国》VI 1.1。——〈接续眉批前内容〉比起柏拉图来说，*falâsifa* 赋予修辞术以更大的重要性。根据 *falâsifa*，先知同时就是哲人和雄辩家（尤见阿威罗伊，《哲学与宗教的谐和要论》［*Faṣlul-maqâl*］各处以及上述注80［中译按］= 原注80）。结果，人们在 *falâsifa* 论修辞学的论著和《论题篇》中，就会找到某些有趣的对启示律法的评论（比如，可参法拉比《各科举隅》，页26；阿威罗伊：《亚里士多德〈修辞学〉释义》［*Paraphrase de la Rhétorique d'Aristote*］，Paris Ms. ，Cod. hébreu 1008，页92b 以降）。——［英译按］参《阿威罗伊对亚里士多德〈论题篇〉〈修辞学〉和〈诗学〉的三篇短评》（*Averroes' Three Short Commentaries on Aristotle's "Topics" "Rhetoric" and "Poetics"*，Charles E. Butterworth 编译，Albany：SUNY Press，1977）。——〈接续英译者按前内容〉此外，可回想一下诗学与政治科学的原初关系。

⑧ 《迷途指津》卷一36 章，页44a［页85］。另参《模范城邦》页70，1 – 3和70，23。

毫无疑问的是,这些政治统治就是成文托拉和口传托拉中所包含的司法规范——于是,迈蒙尼德正是从柏拉图式的哲人－王观念出发,才达到了对 *halakha*(sacred Law[神圣律法])研究的哲学上的正当辩护(la justification philosophique)。

法拉比在他专论柏拉图和亚里士多德哲学的书中概述柏拉图的《王制》时写道：

> 只要人生活在与这种(即,堕落的)民族的人们的关联中,他的生命就将不是人的生命,但如果他通过力求获得完善而把自己与他们分开、与他们的生活方式保持距离,那么他的生活将变得悲惨,他将永远不会获得他所愿望的东西,因为两件事中必有其一发生在他身上:要么他会被杀,要么是被剥夺完善。故此,他需要另外一个民族,不同于他的时代所存在的民族;故此,他(柏拉图)要求索这另外的民族。柏拉图从讨论正义以及何为真正的正义开始。他讨论了在城邦中所践行的习俗式正义,并且在讨论了这些以后,他承认这是真正的非正义和极端的恶,并且,只要有城邦存在,这些弊病就会持存下去。正因为如此,他不得不组织另一个城邦,在那里可以发现真正的正义和各种真实的善,在那里不会缺乏任何获得幸福所必需的东西,在那里哲人们将会是其首要的部分……⑧

不过,神的立法让对完善城邦的求索变得多余,而且,由于神法并未赐给一座城邦而是赐给了一个民族,因此完善城邦的理念首先不得不予以废弃,并成为一个象征(un symbole)。⑧人们发现这座完善城邦、这上帝之城(la cité de Dieu),乃是《迷途指津》卷三 51 章中一个寓言故事(une parabole)的主题。蒙克(Munk)在他为这一章所加的注释中评注道：

> 于我很显然的是,在这里如同在最后几章的其他许多段落中一样,

---

⑧　法拉克热(Falqera),《智慧的开端》(*Rechit hokhma*),David 编,页 76。
⑧　不过,参《以赛亚书》1 章 21－26 节对"忠信的城"的预言。

> 迈蒙尼德把理想国家(l'Etat idéal)的公民当作一种典范,对此的描述法拉比已在他的专论《存在物诸法则》(*Principes des êtres*[中译按]即《政治制度》)中给过我们,……还有伊本·巴贾(Ibn-Bâdja)在他的《孤独者的统驭》(*Régime du solitaire*)中所表述的那种哲人。……我们刚才所指出的这两部著作,其中的许多特征都借自柏拉图的《王制》和亚里士多德的《伦理学》。[84]

法拉比在蒙克所指出的那部专论中说道:

> 本性残忍的人不是城邦的居民,他们也绝不能以城邦居住的(政治的)方式聚集在一起;* 相反,他们部分像驯兽、部分像野兽……在地球上有人居住的极地,要么在极北,要么在极南(都有一些这样的人)。这些人必须被当作禽兽(bêtes)来对待。应该放过他们中那些更有人性的、对城邦更有用的人,并像利用禽兽一样利用他们。其中那些毫无用处甚或有害的人,应该像其他有害的动物那样被对待。人们必须以同样的方式继续——如果有时某个兽性的人出生在城邦居民中。[85]

迈蒙尼德再次采用了这种描述:他也谈到那些生活"在城外"的人就像"生活在遥远北方的最遥远的突厥人,和生活在遥远南方的黑人,以及我们的环境中与他们相似的那些人;这些人被视为非理性的动物;我不把他们放在人类的等级中,因为他们在存在物中所处的等级低于人,而高于猿猴……"。[86]但是迈蒙尼德仅仅是在隐喻的意义上把这些人描述为生活"在城外"的非政治的人(hommes non-politiques):这些野蛮人全无甚至无能于所有的智性文化,他们之所以生活"在城外",是因为他们对"城邦"的主宰者,即上帝,没有一丁点了解。

---

[84] 见蒙克译,《迷途指津》(*Le Guide des Egarés*),卷Ⅲ,页438注4。

* [眉批]参《指津》卷二36章(262,20-27)。

[85] 〈法拉比〉《政治制度》,页57-58。

[86] 《迷途指津》卷三51章,页123b[页618]。

然而,对完善城邦的求索——即由神的立法所解决的柏拉图的难题——不能被犹太人遗忘。就犹太民族由完善的〈律〉法所组建而言,倘使它服从那种〈律〉法,它就是完善的民族,但犹太民族并不服从这〈律〉法。因而,先知们自己在耶路撒冷冒了与苏格拉底在雅典所冒的相同的风险。他们用他们的行动或他们的言语表明,热爱完善和正义的人必须离开专门由恶人居住的城邦,去寻求一个好人居住的城邦,而且如果他不知道有这样一个城邦,或者如果他受到阻挠而不能建立这样一个城邦,那么他必然宁可在旷野和山洞中流浪,也不愿意和坏人打交道。正如迈蒙尼德本人基于犹太传统的教诲以及凭靠《耶利米书》9章1节的一行诗所解释的,如此行动对犹太人是义务性的。[87]法拉克热在翻译法拉比概述《王制》的段落时,* 心里想着的正是这同一个段落,

---

⑧⑦ 见"关于品性的律例"(*H. deot*),Ⅵ章,1节;《八章集》(*Chmoné peraqim*),Wolff 编,Leyde:Brill,1903,卷Ⅳ,页10–11引用了同一首诗。另参法拉比《政治制度》,页50。[中译按]《耶利米书》9章1节:"惟愿(我)能在旷野,在旅人的营地!远离我的民,离开他们——因他们全都是行奸淫者,一帮无赖。"

* [眉批][德文编者按:此眉批未特指某处]

世界的开端——没有终结。

一个永恒的沙里亚——但无限重复弥赛亚时代。因为弥赛亚时代走向终结,而人类继续生存。

由此,这个难题可以解决了,即迈蒙尼德以一种不寻常的方式坚持献祭法,却贬低它们仅仅在与偶像崇拜(萨比主义[Sabeanism])作斗争时才必需:异教(paganism)已经消失;在弥赛亚时代,对上帝的真正知识将具有普遍性,从而对献祭法的需要是零,并且上帝不做也不命令任何多余的事。解决办法:萨比主义在弥赛亚时代的终结时的回归。但是——《指津》卷二29章(Weiss 187)。参柯亨,MbM 130。异教是永恒的危险:解毒剂必须一直备着。解毒剂不仅有其特定功效(对抗萨比主义),也有一般功效(对抗类似的异教)。异教与一种正常的政治生活之间的关联——在〈犹太人的〉流散(exile)中无需那种解毒剂(参《王制》(s. v. Theages)〈496b–c〉[论及忒阿格斯时]如何论流放[exile]的好处)。

《指津》卷一36章(56,21):在未来עבוד[偶像崇拜]的可能性。

该段描绘了苏格拉底和所有那些身居不义之邦*而又寻求完善的人的命运。⑧

但犹太人必须寻求的不仅仅是住着好人的城邦。随着其政治自由的丧失，犹太民族也同等地丧失了最大程度实践律法的手段。** 完善民族的成员离散在异教徒、偶像崇拜者和"无知的"诸民族中，柏拉图的问题面目一新了。答案就由人们对弥赛亚的盼望提供。弥赛亚是王，这意味着弥赛亚的等级低于立法者－先知的等级：后者宣布了神法，而王强迫人们服从那个〈律〉法。⑧因此，王－弥赛亚将只字不改摩西的律法，反而献身于研究托拉，专心于成文托拉和口传托拉的诫命，并强迫以色列（Israel）跟随它，如此，王－弥赛亚就会重建对以色列民作因虏（la captivité）期间无法践行的所有规定的执行。⑨因而，弥赛亚时代将会被置于这个其自然进程（le cours naturel）不会改变的世界。⑨弥赛亚政制（régime messianique）的目标，并不是身体的安康或者尘世的幸福。与此相反，弥赛亚不

---

* ［眉批］Sarachek，《弥赛亚学说》（*The doctrine of the Messiah*），1932。参〈迈蒙尼德，〉《〈重述托拉 III·时节书〉关于〈以斯帖记〉经卷的律例》（H. Megilla）II 18 和《〈重述托拉 III·时节书〉关于斋戒的律例》（H. Ta'anit）V 19，以及《〈重述托拉 X·洁净书〉关于红色小母牛的律例》（H. Para adummah）III 结尾。

⑧ 《智慧的开端》，页77。参前文。［英译按］这里"前文"指第二节第12自然段。

** ［眉批］是否弥赛亚时代的有限持续并非必要，因为不可能存在持久的（*permanent*）神迹（参〈迈蒙尼德，〉《复活论》）？ Hyamson 92 a14 以降（弥赛亚是一位接近摩西的先知——这隐含［*implies*］奇迹——不，它隐含神迹的终止，预言的拒弃［*Versagung*］）。［中译按］此眉批原文为英语。这里以 Hyamson 为名的文献指 Moses Hyamson 校勘并英译的迈蒙尼德《重述托拉·知识书》（*Mishneh Torah*，*The Book of Knowledge*，Jerusalem/New York：Feldheim Publishers），页 92a14 以降内容出自其中《关于悔改的律例》9 章 9 节。

⑧ 参《君王律例》，XI，4 与《迷途指津》卷二 40 章，页 85b［页 382］。

⑨ 《君王律例》，XI，1 和 4。

⑨ 另参"关于悔改的律例"（*H. teshouvah*［中译按］以下简称"悔改律例"），IX，2 与《君王律例》，XII，1。

仅是王，他还比所罗门（Salomon）更有智慧，其实他是几乎等同于摩西的先知；㉒弥赛亚集王和智慧者（sage）* 的品质于一身，他将为千秋万代建立起和平，从而人们能够得到安宁和闲暇去专心致志于智慧和〈律〉法，而不受疾病、战争和饥馑的困扰。㉓因而，"对上帝的知识（la connaissance de Dieu）要充满遍地"［《以赛亚书》11：9］，** 而智者与俗众（les savants et le vulgaire）的差异没有被废除；㉔更好的是，直到这时，哲人们的特权才将被充分地承认。弥赛亚区别于所有其他先知，因为他不行奇事（signes），***

　　㉒　"悔改律例"，IX，2。

　　*　［眉批］先知 *［德文编者按〕〈此眉批〉指向 sage［智慧者］

　　*　参［《指津》］II 36 结尾，I 30 结尾，I 61（101，23－26）。［中译按］眉批中的 * 为原文所有。

　　㉓　"悔改律例"，IX，1－2 和《君王律例》，XII，3－4。

　　**　［眉批］参 Baron，《迈蒙尼德的历史观》，107。

　　参 "悔改律例" IX 9。

　　㉔　参《迷途指津》卷二 32 章（页 74a［页 363］）对《约珥书》2 章 28 节的阐释。

　　［眉批］关于对此处文本的弥赛亚主义式阐释，参卷二 29 章（63b－64a［344]）。

以色列与外邦人之间的差异作何解呢？或者说：一个普遍的政治共同体的可能性〈存在吗〉？（对照法拉比《政治制度》39f 与《模范城邦》的相应之处）。参《君王律例》XII 5。参 Roth 129。参 Albo II 20（121，15－122，4）。

　　［中译编按］施特劳斯这里提到的后两种文献分别是（1）Leon Roth, *The Guide for the Perplexed: Moses Maimonides*（London: Hutchinson, 1948）.（2）Albo 著作《根荄之书》的希英对照本：Joseph Albo, *Sefer Ha-'Ikkarim, Book of Principles*, critically edited with a translation and notes by Isaak Husik（Philadelphia: The Jewish Publication Society, 1929）。

　　***　［眉批］这一点上他与摩西相同！参弥赛亚时代对其他先知书的废除（《关于斋戒的律例》［H. Ta'anit］V 19）。→ 弥赛亚时代较之西奈启示时代的优越性——或许在 Thehiyat ha-mettim［死者的复活］23 u. －24 o. 和 31 中有所暗指。

　　参《摩西之门》（*Porta Mosis*）某处论弥赛亚时代的有限的持续（参 Roth〈前揭〉114）。

　　Albo〈阿尔博，《根荄之书》〉III 20（184，11－12）和 IV 8（62，1－8）。Sanhedrin X（《犹太议事会卷 X 疏》）（弥赛亚）。

也不要求他这样做。⑳难道弥赛亚所实现的永久和平,不过就是知识——即对上帝的知识——的必然后果?⑳弥赛亚作为王-哲人,将为千秋万代建立起"完善的城邦",城邦的居民会根据各自的能力,专心致志于追求关于上帝的知识,由此,他将会终结今日困扰诸城邦的种种恶。⑰

三

完善的法——神法,与人法大相径庭,〈原因〉在于它不仅旨在身体的安康,而且首先旨在灵魂的安康。而灵魂的安康在于人首先具有关于健全的意见(opinions saines),尤其是关于上帝和天使的健全意见。神法因此指出了这些最重要的意见,引导人们走向灵魂的安康,但又仅仅是以一种并不超出俗众理解的方式。正因为如此,先知们有必要具有想象能力(la faculté imaginative)的至高完善以由其支配:⑱想象(l'imagination)让真理的隐喻式的、显白的再现(la representa-

---

⑳ 对勘《君王律例》,XI,3 与《论托拉的根基》,X,1-2。

⑳ 《迷途指津》卷三 11 章。

⑰ 在本文中,我们不讨论迈蒙尼德对摩西律法的阐明与政治哲学之间的关系这个重要问题。我们在此仅仅指出这样的事实:迈蒙尼德为了解释圣经的诫命,两次引用了《尼各马可伦理学》中的段落(《迷途指津》卷三 43 章,页 96a[页 571-572]和卷三 49 章开头处)。

⑱ 因为预言本质上与立法相联系,而且"立法的德性是人再现那些思辨概念的技艺,俗众凭想象能力难以领会那些思辨概念;立法的德性也是产生有益于获得幸福的政治活动的能力;立法的德性也是关于思辨事务与实践事务的含混论述(le discours amphibologique),对此俗众(仅仅)能含混地理解"。这就是法拉克热在《智慧的开端》(Rechit hokhma,David 编,页 30,1,25-27)中所说的一段话,而《智慧的开端》也许是基于尚未归到法拉比名下的一部作品。[英译按]确如施特劳斯所推测,《智慧的开端》基于法拉比的著作,见法拉比,《文字之书:亚里士多德〈形而上学〉评注》(Book of Letters [Kitab al-Huruf]: Commentary on Aristotle's Metaphysics),阿拉伯文版,Mushin Mahdi 编,Beyrouth:Darel-Mashreq,1969,第 144 段,页 152,行 9-13。

tion métaphorique, exotérique）得以可能，而其恰切的、隐微的意义（le sens proper, ésotérique）必须向俗众隐藏。因为人们既不能也不该讨论这些首要事物，除非以一种谜题的方式——这不仅是"属法之民"（gens de la loi）说的，也是哲人们说的。迈蒙尼德只是提到了其中一个隐微哲人的名字：柏拉图。⑨

诸首要事物（principes）是无形体的且理智性的事物，要把关于诸首要事物的某种知识传达给俗众，它们就必须被再现为有形体的和可感的事物。〈诸首要事物〉并非可由任何有形体的事物〈来再现〉，而是由那些占据可感领域的一个位置——〈此位置〉类似于理智性领域相关的首要事物所占据的位置——的事物来再现。因而，上帝和祂的属性，将以最高贵的可感事物来再现。⑩正是出于这一理由，先知们用比如说听觉和视觉，亦即用最高贵的感觉，来再现神的感知，而且先知们哪怕在隐喻中，也没有把我们的感觉中最低等的触觉归于上帝。⑪但先知言语的外在意义，有时却不仅仅是一种指示隐微真理的手段，在不少情况下，外在意义本身也具有价值：先知有可能宣讲某些通过其隐微意义来传达一种思辨真理的言语，同时其言语的外在意义却指出了"对许多事情都有用的智慧，尤其是对人类社会状况的改善有用的智慧"。⑫因而，在值得被利用以再现首要事物的有形体的事物中，有一类本身尤其可作此用途〈的事物〉，即政治事务（les choses politiques）。⑬政治的等级制，是宇宙等级制充分且忠实的对应物。故此，上帝和君王

---

⑨ 《迷途指津》卷一 17 章。另参拙著《哲学与律法》曾引用的阿维森纳的相似说法，页 114 注释 2。[中译按]见《哲学与律法》中译本，页 111，注 2。

⑩ 法拉比，《模范城邦》（*Musterstaat*），页 50, 9 – 15。

⑪ 《迷途指津》卷一 47 章。

⑫ 《迷途指津》卷一"引言"，页 7a[页 12]。这方面的一个显著例子可见《迷途指津》卷二 31 章（参《洁净兄弟会书简》，IV，页 190）。

⑬ 法拉比，《获得幸福》，页 41。

之间的对比颇为平常。[104]不消说,千万不能从字面上理解这些对比,因它们包含着一种隐微的意义,同时其显白的意义对政治生活又有一种巨大的效用。神法赋予神性事物的再现——对政治生活有用——以如此大的价值,以至于它引人不仅相信最重要的思辨真理,也相信某些"对政治状况的良好秩序有必要"的事物;正是以这种方式,它引发人去信仰神的愤怒和悲悯。[105]这方面最辉煌的例子,当数向摩西启示的上帝的"十三 *middot*[特征/属性]"。它们并不表示上帝的属性,而是表示最完善的行动方式,最完善的治邦者——也就是"身为先知的城邦统治者"——必须把这种方式当做楷模;它们是"对[最完善]城邦的统治"的本质条件。[106]然而,《迷途指津》中所包括的教义式政治学(la dogmatique politique)的统一性和范围,只是由构成该作品首要部分之一的神意理论得到了强调。

据迈蒙尼德,神法关于神意(providence)的学说被概述于如下论点中,即上帝根据人的功过来行赏罚,以至于发生在一个人身上的所有〈遭遇〉都与此人行为的道德价值完美相符。这个学说与"哲人们"的学说——即与亚里士多德的学说——截然相反,亚里士多德否认神的全知,故而否认特殊神意(la providence particulière)。然而,"一直都有些哲人相信我们所相信的东西,即上帝知道一切事物,没有事物以任何方式向祂隐瞒;这些哲人是某些亚里士多德之前的伟人,(阿芙洛狄西亚[Aphrodisias]的)亚历山大在他的专论(*De Providentia*[《论神意》])中也提到了这些人,但亚历山大拒绝这些人的学说"。[107]会令人感兴趣的是,迈蒙尼德所说的这些其关于神意的学说与圣经的学说相符且在亚里士多德之前的哲人究竟是谁。由于亚历山大的专论《论神意》已

---

[104] 《迷途指津》卷一46章,页52b[页102–103];对勘卷一9章与卷三51章开头处。

[眉批]I 2开头处,I 23。

[105] 《迷途指津》卷三28章。

[106] 《迷途指津》卷一54章。

[107] 《迷途指津》卷三16章,页31a[页463]。

佚,因此人们只能从迈蒙尼德那里看到对这部作品的简洁概述。以下就是亚历山大的论点:对人类事务缺乏良好秩序的观察,以及对义人遭厄运而不义的人却享好运的观察,导致哲人们首先并最要紧地去否认神的全知和神意。⑩于是哲人们就开始提出下述选言命题(disjunctions):要么上帝对个别人的状况一无所知,要么祂知道那些状况。如果上帝知道那些状况,那就必须承认下列三种情况之一:要么上帝统驭它们,并在其中建立起最完善的秩序;要么上帝无能为力(impuissant);要么尽管上帝知道那些状况,也有能力引入秩序,而祂却疏忽了这样去做——要么出于鄙夷和轻蔑,要么因为妒忌。在这三种情况中,有两种就上帝而言是不可能的,即上帝无能为力或祂疏忽了祂所知道的事物。那么就只剩下第一种情况了,即上帝以最完善的方式规定着个人的状况。不过,我们发现这样的状况完全经不起推敲(tout-à-fait déréglées),结果便是,关于上帝知道个别事物的预设是错误的,而第一个选言命题的对立面,即上帝对个别事物一无所知,就是真的。⑩这种反对特殊神意的论证当然不是亚历山大的发明。* 人们在西塞罗(Cicéron)那里学园派(l'Académicien)反对廊下派(le Stoïcien)的相关论证中就曾发现它的踪迹。⑩但更为有趣者,克吕西波(Chrysippe)和廊下派自己却提出了与迈蒙尼德所引文字相似的选言命题,其意图(与学园派和亚历山大的意图相反)在于证明存在关于人的事务的神意。⑪因而,迈蒙尼德所概述的这个推理,似乎首先是用来肯定神意的。甚至还必须说,该推理正是为了这个目的而发明的。柏拉图在《法义》卷十中,对那种虽承认

---

⑩　参《迷途指津》卷三16章,页31a[页463],在那里,这种推理显然要归在亚历山大《论神意》(Alexandre, *De providentia*)的名下。

⑩　《迷途指津》卷三16章,页30a-b[页461-462]。

*　[眉批]参Lactanz,《论上帝的愤怒》(*De ira Dei*),13章(把理性归于伊壁鸠鲁!)。

Sextus Empiricus,《皮浪主义纲要》(*Pyrrhonism*),III 8以降。

⑩　〈西塞罗〉《论诸神的本性》(*De Natura Deorum*),III, 39. 92。

⑪　对勘西塞罗《论预知》(*De Divinatione*),I, 38. 82 - 39. 84与《论诸神的本性》,II, 30. 77。

诸神存在,却认为诸神"轻蔑且忽略人的事务"的人,发表了一通"劝诫"。柏拉图一开始就指出,不义者的好运是把人们导向不虔敬的信仰的原因。[112]然后他证明,神关心(人的)小事不亚于关心(宇宙)大事,并且他从下列前提入手:(1)神知道所有事情;(2)神能够既关心大事,也关心小事;(3)神德性完善,他〈神〉希望如此去关心[大小事情]。[113]正是神的认识、能力和意志之间的这种区别,被用以证明特殊神意,这种特殊神意基于亚历山大所提出的选言命题之上,只不过亚历山大着眼于拒斥这种信仰,而此前的克吕西波则着眼于证实这种信仰。人们甚至在柏拉图那里发现这些选言命题的某些暗示。[114]此外,亚历山大通过与柏拉图同样方式的陈述开始他的推理,他说让人否认特殊神意的理由是不义者享有好运,而迈蒙尼德在他自己对神意的解释中也重复了〈这个说法〉。[115]由于亚历山大曾明确地说过,亚里士多德之前的哲人相信神的全知,因此我们毫不犹豫得出结论说,迈蒙尼德即便不通过其他文献,至少也通过亚历山大的专论《论神意》知道了《法义》中的神意学说。如果亚历山大没引用柏拉图的文本,人们也会不得不说,迈蒙尼德在不知道的情况下,重建了〈柏拉图的〉这个文本;把否定特殊神意描述为"糟糕且荒谬的意见"的人,[116]当然不是亚历山大。但迈蒙尼德不仅了解《法义》关于神意的学说,他甚至赞同这种学说,据他所言,某些"亚里士多德之前的伟人"关于神意的学说与神法的学说相符。既然柏拉图几乎用与圣经相同的措辞来说上帝报复性的正义(la justice vindicative de Dieu),那人们还可能作别的判断吗?[117]说柏拉图与先知之间的一致似是而非(spécieuse)将会遭到反对,这是鉴于柏拉图肯定特

---

[112]　柏拉图,《法义》899D 以降。

[113]　柏拉图,《法义》902E 和 901D – E。

[114]　柏拉图,《法义》901B – C 和 902A。

[115]　《迷途指津》,卷三 19 章开头。

[116]　《迷途指津》卷三 16 章。对勘《法义》903A。

[117]　对勘《法义》905A – B 与《阿摩司书》9:1 – 3。

[眉批] 参色诺芬(Xenophon)《远征记》(Anabasis)II 5,7。

殊神意的教条(le dogme)只是由于它的政治效用:一个由法而非由哲人统治的城邦不可能是完善的,除非上帝根据人们的行为来行赏罚这一信仰在那里得以建立。[118]我们对此并无异议。但正是在这种意义上,迈蒙尼德接受了圣经的教义(la doctrine biblique):尽管在讨论创世和预言时,他将自己的意见等同于〈律〉法的意见,但在讨论神意时,他却清楚地区分了自己的意见与〈律〉法的意见。[119]于是,迈蒙尼德此处再次和柏拉图相一致了。[120]

至此,人们不免要提出些对理解迈蒙尼德至关重要的问题,即《迷途指津》的神学和柏拉图关于"一"的学说之间有何关系,以及《迷途指

---

[118] 柏拉图,《法义》663D – E。

[眉批]《王制》382 D 和 389 B(阿威罗伊,前揭,176 b,栏 2,l. 13 – 21)。

[119] 尤其参见《迷途指津》卷三 17 章,页 34b[页 469],及卷三 23 章,页 49b[页 494]。

[120] 另外,还有关于这一点的直接证据,在反对亚里士多德学说的立场上提出他的神意学说后,迈蒙尼德宣布:

哲人也同样在这种意义上说话([英译按]即神意会根据人的完善程度,来照看个别人)。在为亚里士多德的《尼各马可伦理学》所写评注的导论中,阿布·纳撒尔〈法拉比〉以这些措辞表达自己:那些有能力让自己的灵魂从一种德性转变到另一种德性的人,就是柏拉图所说的神意最照看的人。(《迷途指津》卷三 18 章,页 38b – 39a[页 476])

迈蒙尼德本可以在亚里士多德那里找到相似的文本——他无疑是知道这一点的;但他为什么不引用亚里士多德,反而引用了柏拉图和法拉比?

[眉批]真正的神意论是哲学性的、是自然的(natürlich)。

参本人关于迈蒙尼德神意论的德语文章页 95 的眉批。[中译按]指《神意学说在迈蒙尼德作品中的位置》原注 4 中的眉批 2,在那里,施特劳斯指出"神意学说立足于月下世界 →神意学说是纯粹'自然的'"。

[眉批]另有相似的情况在〈《迷途指津》〉卷一 71 章,该处他引用忒米修斯(Themistius)(而非亚里士多德)——见〈Moses〉Narboni 对该处文本的评注——为什么?参 RLbG⟨ = Rabbi Levi ben Gershon = Gersonides⟩如何论忒米修斯的质料理智(nous hylikos)学说(不同于迈蒙尼德所跟随的亚历山大)。

津》的宇宙论(即对创世的讨论)和《蒂迈欧》的学说之间有何关系。对这些关系的分析须留待后继的研究。*

---

* ［眉批 1］参我的《霍布斯》146 n。［中译编按］指《霍布斯的政治哲学：基础和起源》(*The Political Philosophy of Hobbes: Its Basis and Its Genesis*)，英文版(University of Chicago Press, 1963)，页 146，注 8，申彤中译本(译林出版社，2012)页 176，注 72。

参 Ptolemaeus v. Lucca，《论君主政制》(*De reg.*)开头. IV 6："战斗……是最高的行为，因为它是勇气的行为，若其本身以可嘉许的方式完成，那就配得一顶桂冠。"但是，前揭［《论君主政制》]IV 10 结尾："我们似乎不宜教导战斗……"

西塞罗《论义务》I 15，46 和 16，51；II 5，18。

［眉批 2］注：弥赛亚——

比较〈迈蒙尼德〉《致也门人书》90，18 以降，Halkin〈编订本〉：弥赛亚会施神迹——与《君王律例》XI – XII 和"悔改律例"：没有神迹——但弥赛亚是一位先知：而如此的预言并非一个神迹——神迹包含对预言的拒绝。

那么，如果在弥赛亚时代没有任何神迹(因为复活并非必然联系到弥赛亚时代，参《迈蒙尼德》《复活论》)，至少会有战争的可能性。参《君王律例》XI 4 和 XII 2 – 5 和《复活论》21，11 – 23，12 Finkel〈编订本〉。另参弥赛亚时代的有限持续与人类等级制之没有废除以及犹太人与外邦人之间的差异之没有废除〈之间的张力〉(→政治的统治)。至于未来的神迹(和属人的[？]弥赛亚式的神迹)，见"八章集"卷 VIII(30，15 – 17 Wolff〈编订本〉)。［德文版《施特劳斯文集：卷二》编者按］此眉批以便笺形式插入原作中，故置于文末。

法拉比的一篇佚文 *

（1936）

张羽军　张缨　译

在《犹太评论季刊》(*JQR*)上一卷的一篇文章中,埃弗罗斯(I. Efros)试图显示,"法拉克热(Falqera)的《智慧的开端》(*Reshithokmah*)三大部分中的第二部分**——题为 החלק השני במספר החכמות[智慧书里的第二部分]——是对法拉比的重要著作《各科举隅》(*Encyclopedia*)(阿拉伯原

---

* ［译按］本文原题"Einevermißte Schrift Farâbîs",最初发表于 *Monatss-chrift für Geschichte und Wissenschaft des Judentums*, Jahrg. 80 (N. F. 44), H. 2 (1936), 96 – 106. 再版于迈尔(Heinrich Meier)编,《施特劳斯文集》(*Leo Strauss GesammelteSchriften*)卷 2:《〈哲学与律法〉及早期著作》(*Pilosophie und Gesetz-FrüheSchriften*),第 2 版(J. B. Metzler, 2013),页 166 – 176;施特劳斯为此文作的眉批刊于同卷《施特劳斯文集》,页 177。

本译文中的希伯来语由村冈重光(Takamitzu Muraoka)教授帮忙翻译,拉丁文由徐卫翔教授帮忙译出,阿拉伯文由董修元老师帮忙译出,译者特向三位学者致以谢忱。

** ［译按］Falqera(约 1225—1290)全名 Shem-Tov ben Joseph ibn Falqera,中世纪犹太解经家、哲人和诗人,著有迈蒙尼德《迷途指津》的注疏《指津之指津》(*Moreh ha-Moreh*),为迈蒙尼德辩护。其姓名在当今学界更通常的拉丁拼写是 Falaquera(偶作 Palaquera),故酌译为"法拉克热"。JQR 是 Jewish Quarter-ly Review 的简称,施特劳斯这里所指的文章为 Israel Efros, "Palquera's 'Reshit Hokmah' and Alfarabi's 'Ihṣa al 'Ulum'"［法拉克热的《智慧的开端》与阿尔法拉比的《各科举隅》],后文中的 N. S. 系指该刊的"新系列"(New Series)。在后文中,施特劳斯用 Reschith chochmah II 指称此书第二部分,中译简称"《智慧的开端》卷 II"。这里的"智慧书"为直译,即指《智慧的开端》一书。

文题为Iḥṣâ al-'ulûm)的逐字翻译"(*JQR*, N. S. , Vol. 25, p. 227)。上述论断需要一个重要的限定,埃弗罗斯显然疏忽了事先作出这一限定,原因只是他手头没有《各科举隅》的各种版本。

《智慧的开端》卷 II 共分九章(准确地说,"共分九部分"),《各科举隅》分为一个导论加五章。[两者]对应如下:

《智慧的开端》卷 II 第一章	《各科举隅》导论
第三章	第一章
第五章	第二章
第六章	第三章
第七、八章	第四章
第九章	第五章

如上述列表所表明的及对文本的考察所证实的,《智慧的开端》卷 II 的第二章和第四章并未借用法拉比的《各科举隅》。而此卷所有其他章节也有相当部分同样如此。下列文本都没有借用法拉比《各科举隅》:

第一章:书籍的第五和第六个"用处"(David 编,21,2 - 19);*

第三章:对שם[名词]、פעל[动词]和מדבק[小品词](24,8 - 27,20)的说明;法拉克热本人在涉及这个插入时说(24,18 - 19):וצריך שנתבאר זה אע"פ שאין זה מכוונת זה הספר[有必要澄清这一点,尽管这并非本书的意图];

第五章:最后部分(39,25 - 41,10)。法拉克热本人在提到这个插入时说:'וכבר הארכתי וגו[我已经详述过这个问题……](41,8);

第六章:对分析和综合的说明(43,14 - 28);

---

* [译按]施特劳斯在此引用的是 Moritz David 编订的法拉克热《智慧的开端》希伯来文版(柏林,1902),括号中逗号前的数字指此版页码,逗号后的数字指该页行码。

第七章:最后部分(51,24 – 53,9)。法拉克热本人在提到这个插入时说:מקצת הפילוסופים בזכרם מספר החכמות ואני כדי שיהיה הספר זכרתים [ואלו הענפים לא זכרום 这些部分是有些哲人提及科学时未曾提到的,但为了完整,我还是提到了它们](53,8 – 9);

第八章:最后部分(54,19 – 55,30)。插入部分以这些词 'ויש מי שחלק זו החכמה וגו [有位学者对这门科学作了分类……]开始;

第九章:论政治科学那一段的最后部分(58,19 – 59,5)。

《智慧的开端》卷 II 第七、八、九章中未取自法拉比《各科举隅》的部分,是对伊本·西拿(Ibn Sînas[译按]即阿维森纳)《各种理性科学的分类》(*Encyclopädie*[Iqsâm al-'ulûm])相应部分(或多或少逐字)的翻译。我仅指出伊本·西拿此文的 Alpagus 的拉丁译文(《阿维森纳灵魂简论》[*Avicennae Compendium de anima etc.*],由阿尔帕古斯(Alpagus)自阿拉伯语译成拉丁语,威尼斯,1546)的如下地方:

《智慧的开端》卷 II	阿维森那(阿尔帕古斯编)
第七章(51,24 – 53,9)	页 141 – 142
第八章(54,19 – 55,30)	页 143 – 144
第九章(58,19 – 59,5)	页 140b ①

要查明[《智慧的开端》卷 II]第三章未借用法拉比《各科举隅》的部分的源头,就必须考虑到,第三章这一段(24,8 – 27,20)和迈蒙尼德《逻辑技艺论》(*Millothhahiggajon*)第十三章的更大一部分处理了相同的主题,迈蒙尼德笔下的这一部分恰巧引用了法拉比的一句话——《逻辑技艺论》第五章最后一段(39,25 – 41,10)借用了法拉比有关柏拉图和亚里士多德的倾向(die Tendenzen)的文章(见后文注[10a])。

法拉克热最重要的补充是[卷 II]第四章,此章论述了各种科学的

---

① 关于后面一栏,对比施特劳斯《哲学与律法》(*Philosophie und Gesetz*)(柏林,1935),页 111。

起源。* 现如今无法证明第四章是对法拉比某篇文章的某个段落或多或少的逐字翻译。但毫无疑问,第四章成熟的思想发源于法拉比。例如,可以比较第四章结尾(30,28 以降)与《各科举隅》的结尾部分(或与《智慧的开端》[页]59 对比),也可以比较紧随其前([译按]指第四章结尾之前)的地方(30,25 – 28)[1a]与法拉比的《获得幸福》(*k. taḥṣîl al-saʿâda*)页 39 – 42(或与《智慧的开端》70,17 – 19 对比)。这一章各处都出现了指明科学的政治作用的说法,即科学在某民族(*Nation*)甚或诸民族中兴起,这个说法尤其让人想到法拉比。同样的考虑也证明(暂时也是假设性的),对处理各民族语言起源的第二章的分配与法拉比有关。

法拉克热此书(*Buch*)的确是一部犹太书,而这本书的原型却并非一部同等程度的伊斯兰书。因而《智慧的开端》卷 II(54,4 – 5 及54,15 – 17)中的圣经引文与法拉比对古兰经(*Qurʾân*)或其他伊斯兰教文献的引述不相符。同样的差异也许在一个事实中表明得最清楚,即法拉比列举了各种科学分门别类的"用处",但法拉克热又增加了下述

---

* [眉批]参法拉比《各科举隅》(*De ortuscientiarum*),Baeumker 编,《新经院哲学评论》(*Revue néoscolastique de philosophie*),vol. 41(1938),页 84 以降。参 Farmer,《阿尔法拉比关于音乐的著作(阿拉伯语 – 拉丁语对照版)》(Al-Farabiś Arabic-Latin writings on music),1934。

1a　此外,这个地方是理解迈蒙尼德预言学(*Prophetologie*)的最佳钥匙。法拉克热在这个地方说,立法技艺是这种技艺,即凭借想象力来描述思辨的概念这类难以理解的东西([眉批]参亚里士多德《形而上学》1074a 阿阿芙洛狄西亚的亚历山大[Alex. Aphr]和阿威罗伊[Averroës]对该处的义疏),以及带来有助于获得幸福的政治行为的能力,再以及对这些思辨事物与实践事物的模棱两可的言辞(amphibolische Rede)([眉批]很可能اقناع[说服,使确信]的译文[参《智慧的开端》70,19]= 说服[Überredung][德文编者按——关于:模棱两可的言辞]。)这里以及其他地方[的要点]在于:(迈蒙尼德像伊斯兰哲人们那样声称,)先知们对想象力的完善性的依赖只能从[先知]预言的政治的、立法的功能去理解。

[译按]上述第一条眉批中提及的"亚历山大"指生活于公元 3 世纪初的古希腊逍遥派哲人 Alexander of Aphrodisias,他是著名的亚里士多德作品的注疏家。

两种"用处"，并明确指出它们比前面几种（借自法拉比的）"用处"更重
要：一、各种科学的希伯来式分类很有必要，借此能够补救民族流亡
（Galuth）期间所招致的"我们智者的智慧"的丧失；②二、"此书说得很
明白，我们是否有资格从我们的托拉出发来学习这些（马上会提及的）科
学，抑或这些科学是否违背了我们的托拉所提到的任何事情……③这是
本书写作的首要意图……"（21,2－19）。法拉克热的决定性的旨趣显
明了哲学学说与律法学说之间的一致，但法拉比关于各种科学的分类
尤其表明，这种旨趣绝非法拉比的特征——根据法拉比，各种宗教科学
（fiqh und kalâm［教法学和思辨神学/教义学]）不过是政治科学的分
支。在这方面，人们应当注意到，法拉克热大大缩减了法拉比对思辨神
学（Kalâm）的阐述（对比页 59－60）。

　　从某些方面看有趣的是，这个事实——《智慧的开端》第二部分
（［译按］即该书卷 II）保留了法拉比《各科举隅》很大的一部分和伊
本·西拿《各种理性科学的分类》（*Ibn Sînas Encyclopädie*）相当重要的
部分——没有特殊的重要性，因为，［后两者的］原文都曾被编订过，而
且有拉丁译本，较之法拉克热的希伯来译文，这些拉丁译本更完整，因
而更有用。④《智慧的开端》第三部分（［译按］即该书卷 III）有所不同，

---

②　关于这一点，比较迈蒙尼德，《迷途指津》（*Moreh nebuchim*）卷 I,71 章
开头。

③　这里对问题的排列是：一，进行哲思在律法上的许可；二，哲学与律法
的对立和一致。请比较本人就伊本·鲁世德（Ibn Ruschd［即阿威罗伊]）的
《要论》（Faṣl al-maqâl［译按］此书全名为《决定教法与智慧间关系的要论》）所
作的论述，《哲学与律法》，页 71。

④　［伊历]1350 年（［译按］公元 1931.5.18—1933.5.8），O. Amin 在开罗
曾编校过《各科举隅》，1932 年，A. G. Palencia 在马德里也编校过《各科举隅》
（比较 P. Kraus 对这个版本的书评：Islam XXII,页 82－85）。A. G. Palencia 的
编校本中附印了克雷莫纳的杰拉德（Gerard von Cremona）的拉丁译本。——
［伊历]1298 年（［译按］公元 1880.12.4—1881.11.24），《各种理性科学的分
类》（Iqsâm al-'ulûm）在伊斯坦布尔汇入《七封书信集》（Tis'rasâ'il）。在前面
引述的 Alpagus 的拉丁译本中即有此书的拉丁译文。

这个部分含有法拉比关于柏拉图和亚里士多德的倾向的书的译文,它必须替代[法拉比此书的]原文,因为原文的相当一部分至少目前仍告佚失。施坦施耐德(Steinschneider)已经猜测,《智慧的开端》卷 III 的第二和第三部分取自法拉比的上述著作。⑤ [伊历]1345 年([译按]公元 1926.7.12 – 1927.7.2 期间)的海德拉巴(Haiderabad)版已经使法拉比的《获得幸福》重见天日,由此可以证明,《智慧的开端》整个第三部分,乃是在翻译法拉比关于柏拉图和亚里士多德的倾向的书(尽管是相当缩减的)。*

《智慧的开端》卷 III 第一部分是对法拉比《获得幸福》的(不完全)翻译。我首先引述[两者的]开头部分,然后列出两部著作相互对应之处的一览表为证。

法拉比:

关于实现幸福的书。属人事物——必须在各民族和各城邦的居民中实现的,并借之以相同的手段实现在起初([译按]即此世)生活中的尘世幸福和在那种([译按]即来世)生活的最高幸福者——(分为)四种:思辨德性(die spekulativen Tugenden)、审虑德性(die kogitativen Tugenden)、道德德性和实践技艺。思辨德性是那样一些科学,其最终意图只是使存在物及其所包含的事物变得可以……理解(νοητά)。

法拉克热写道:

这里阐明的第一部分对获得幸福至关重要。我要说,哲人们

---

⑤ [M. Steinschneider]《阿尔法拉比》(Alfarabi),圣彼得堡,1869,页 176 – 178。

* [译按]这里提到的"法拉比关于柏拉图和亚里士多德的倾向的著作"有三个部分,第一部分作为引论题为"获得幸福",第二和第三部分分别论述柏拉图和亚里士多德的哲学,详见后文。

曾指出,属人事物——即各民族的人及各城邦的居民借此有望在此世的起初生活([译按]即此世生活)中获得幸福并在他们的终极生活([译按]即来世生活)中获得终极幸福者——有四种:它们是沉思能力([施按]和审慎能力)、实践([施按]读作:塑造的)能力以及实践技艺。各种沉思能力是那样一些科学,它们的终极目标是单凭此获得对人而言可理解的真理。*

法拉克热	法拉比	法拉克热	法拉比
62,2 – 4	(法拉克热的增补)	67,1[⑦] – 68,26	26,16 – 29,15
62,4 – 5	2,6 – 7	68,27 – 32	31,3 – 10
62,5 – 9	(法拉克热的增补)	69,1 – 12	31,17 – 32,17
62,9 – 28	2,7 – 3,19	69,13 – 15	(法拉克热的增补)
62,28 – 29[⑥]	4,2	69,16 – 26	36,12 – 37,5
62,31 – 63,10	4,16 – 5,10	69,26 – 27	37,16
63,10 – 14	(法拉克热的增补)	69,27 – 28	38,5 – 6
63,15 – 31	5,11 – 6,19	69,28 – 70,8	38,9 – 39,8
63,32 – 64,1	8,10 – 13	70,8 – 10	(法拉克热的增补)
64,1 – 12	10,7 – 11,3	70,10 – 14	39,8 – 12
64,12 – 20	11,6 – 18	70,14 – 23	42,5 – 16
64,20 – 65,23	12,14 – 14,19	70,23 – 29	42,19 – 43,8
65,23 – 66,8	15,3 – 16,5	70,29 – 71,10	44,13 – 45,11
66,8 – 9	16,15	71,11 – 13	(法拉克热的增补)
66,10 – 30	20,8 – 22,8	71,14 – 72,4	45,12 – 47,5

---

* [译按]此段引文原文为希伯来语。

⑥ 法拉克热用这些话为这里的省略作正当辩护:[וכבר זכרתי בחלק השני וגו' 我已在第二部分提到(它)了……](62,29 – 30)。

⑦ 法拉克热用这些话为这里的省略作正当辩护:בשלצוית היצריים בחלק הראשון 我们已经在第一部分讨论过塑造能力](66,31 – 67,1)。

[法拉比的]《获得幸福》以这样的话结束:⑧

这样来描述的哲学([施按]即上文的描述),源自柏拉图和亚里士多德这样的希腊人并传给我们。这两位[哲人]都给予我们有关哲学的描述,当哲学遭到损害或摧毁时,这两位谁会不随即成为我们通往哲学的道路以及复兴哲学的道路。我们接下来开始描述柏拉图哲学及其各个层级(die Rangstufen):我们从柏拉图哲学的第一部分开始,让其哲学的层级一个接一个地相续,直到我们整个儿穷尽为止。我们也要以同样方式处理亚里士多德所给予我们的哲学,确切说以描述他的哲学的第一部分开始。由此清楚表明,他们两位凭其所给予的[哲学]追求的倾向,是一种且是同一种倾向,而且,他们两位所致力给予的哲学是一种且是同一种哲学。

《获得幸福》因此是一篇致力于描述柏拉图和亚里士多德哲学的著作的引论。《智慧的开端》卷 III 的第一部分同样如此,《智慧的开端》卷 III 的第二部分论述柏拉图的哲学,第三部分论述亚里士多德的哲学。从《获得幸福》的结尾来看,尤其是从伊本·阿尔－基弗提(Ibn al-Qifti)对法拉比《论柏拉图和亚里士多德哲学的倾向》的转述(Lippert 编,页 278)来看,[《论柏拉图和亚里士多德哲学的倾向》]这本书和《智慧的开端》卷 III 在形式上都分为三部分。引论中研究了"各种科学的秘密和成果",讨论了从[一种]科学到[另一种]科学的"逐级上升",

以此为基础,他([施按]法拉比)从柏拉图的哲学开始,其方式是

_____

⑧ 对比《智慧的开端》卷 III,第 1 章末尾([译按]此段引文原文为希伯来语):

这里描述的哲学来自希腊人,来自柏拉图和亚里士多德,他们中的每一位都提出了哲学,一旦哲学[遭遇]迷途,他们中的每一位也给出了通达哲学和复兴([施按]原文ולחדשה读作ולחדושה)哲学的方法。依我看,在这里特别提到他们的著作很恰当,尽管前文对所有这些已经有所提及。

传达此倾向,即他(柏拉图)以其哲学所追随的倾向和他([施按]柏拉图)就之所著述的倾向;以此为基础,他([译按]法拉比)让亚里士多德哲学追随柏拉图。

上述描述完全符合《智慧的开端》卷 III。在《获得幸福》这个版本的结尾,[作者]还告知了下一部分的标题,即"柏拉图的哲学,其各部分及从头至尾其各部分的层级"。⑨ 显然,《智慧的开端》卷 III 第二部分的标题בפילוסופית אפלטון וסדר חלקיה מראש ועד סוף[柏拉图的哲学及从头至尾其各部分的层级],是该标题的翻译。

尤其对于法拉比在上述著作中描述的亚里士多德哲学,伊本·阿尔-基弗提在报告中以如下方式重构:法拉比

在它([施按]亚里士多德的哲学)之前,先做了一个重要的导论,他在其中表明,他([施按]亚里士多德)如何逐级上升到他的哲学。以此为基础,他([译按]法拉比)开始根据其逻辑学和自然学(physischen)著作——一本书接着一本书地——描述他的([施按]亚里士多德的)种种倾向,直到他([施按]法拉比)在现存手稿中的论述到达神学([施按]形而上学)的开端以及它的([施按]即有关形而上学的必要性的)基于自然学的证据。

《智慧的开端》卷 III 第三部分的结构与此完全相同:首先是叙述亚里士多德哲学之路的一个导论(78,6-80,9),然后是对逻辑学(80,10-81,13)和自然学(Physik)(81,14-91,1)的描述,最后是基于自然学的形而上学必要性的证据和形而上学的开端(91,1 到结尾)——形而上学本身在《智慧的开端》卷 III 仍然缺失。这一缺失并非如伊本·阿尔-基弗提

---

⑨　出版人在结尾补充道:"这就是我们在这本书中找到的所有东西。"

斯似乎认为的那样归于手稿的残缺，*而是与法拉比的计划相符：当他用语词刻画他对柏拉图哲学的描述时，"我们从柏拉图哲学的第一部分开始，让其哲学的层级一个接一个地相续，直到我们将其全部穷尽"，而关于他对亚里士多德的哲学的描述，法拉比只是说，"我们从描述他的哲学的第一部分开始"。法拉比无意于完整地描述亚里士多德的哲学。⑩由此可见，《智慧的开端》卷 III 的第三部分是对法拉比有关柏拉图和亚里士多德的倾向的书的一个（总体上）完整的翻译。就这个结论本身而言，法拉克热仅在一点上偏离了伊本・阿尔－基弗提所见证的法拉比著作的结构，即法拉克热没有列举亚里士多德的每一部逻辑学著作。但是，这种经伊本・阿尔－基弗提的转述充分证明的[法拉比的写作]模式，恰恰也明显地通过法拉克热在其列举中省略的笔法得到了正当辩护：[10a]

---

　　*　[眉批]参照[哈列维（Judah Halevi）]《哈扎尔人书》（Cuzari）V 1，托马斯・阿奎那对《尼各马可伦理学》1211 的义疏（Thomas ad EN）；埃弗罗斯（Efros）所著"关于希亚之子亚伯拉罕（Ab. b. Hiyya）的哲学术语的更多[示例]"，辞条（Terminology s. v.）:חכמה[智慧]。

　　参照《迷途指津》"导言"：政治学 〉形而上学 〉自然学。

　　[译按]此条眉批所指的埃弗罗斯（Israel Efros）文章应为 More about Abraham B. Hiyyas Philosophical Terminology，发表于 The Jewish Quarterly Review，New Series，卷 20，第 2 期，1929，页 113–138。

　　⑩　亦比较《获得幸福》12–14 中从自然学指向形而上学之后在描述上的类似中断。——至少应该顺便指出，《智慧的开端》卷 III 第 3 章对亚里士多德的描述的结尾与《获得幸福》中的相应段落（对应《智慧的开端》卷 III 第 1 章，页 64–65）在字面上部分一致。

　　10a　例如，在《智慧的开端》39, 25–41, 10，法拉克热因此在编译法拉比的《各科举隅》时，采用了[法拉比]关于柏拉图和亚里士多德的倾向的书的相关段落。《智慧的开端》39, 25–41, 10 借自关于倾向的书，[这一点]亦体现于，该段落具有与[法拉比]关于[两位哲人之]倾向的书如出一辙的叙事风格来书写的特征：留意这里（[译按]《智慧的开端》39, 25–41, 10）像那里（[译按]法拉比关于两位哲人之倾向的著作的相关部分）一样，总是反复出现 ואחר כך עיין[进一步参见（后文）]（或חקר[参见前文]或类似[表达]）。[译按]正文中下段引文原文为希伯来语。

我已经在第二部分提及亚里士多德关于这个（[施按]即逻辑学）所写的八本书,在此我们将简要地论及它（[译按]指逻辑学）。(80,11－12)。

伊本·鲁世德的《〈形而上学〉长篇义疏》(*großem Metaphysik-Kommentar*)引用了法拉比关于"两种哲学"的著作,* 这些内容和法拉克热所翻译的[法拉比]作品相同。伊本·鲁世德从这部作品中引用的法拉比的评议,在《智慧的开端》卷 III 里得到了证实。

伊本·鲁世德[写道]:

那些意见当中,有一种说,是某种动因(agens)创造了形式,并把它赋予质料……。另外有人则说,那种动因可有两种方式被发现,或者是从质料中被抽取,或者不是。而其中并非被抽取出来的那种[动因]是比如制造火的火,产生人的人。真正的被抽取出来的[动因]是那种,即产生动物和植物的那种……出现在他的《两种哲学》中的说法是:不过,他对于把这种动因置于那些由父系和母系而产生的动物身上有所迟疑。⑪

法拉克热[写道]:

诸多有生命的事物(将生命)赋予它们遭遇的种种质料,自然使它们准备好接受一个灵魂,正如人的产生来自他之前的另一个人,人从人而来,各种动物亦是如此,有些……动物并非[出自]动物,有些植物并非[出自]一株植物,还有矿物质,其生成并非来自与它们相似的物种。因此有必要探究这一点。不仅如此,[还有必要

---

*　[眉批](即显白哲学和隐微哲学!)（[德文编者按]关于:"两种哲学"）
⑪　[伊本·鲁世德]《形而上学》卷 XII 注疏（ad Metaph. XII）(注 18,页143,第 2 栏,1.27－39)。——此外,这个地方对于区分法拉比的学说与伊本·西拿的学说也很重要。[译按]正文中此段引文原文为拉丁语。

探究]何者赋予人一般特性,人与动物相似之处何在,何者赋予每一物种形式……因此,有必要探究何者将形式赋予那个物种,究竟是由天体或能动理智赋予诸物种形式,抑或由能动理智赋予其形式而由天体赋予其实体的运动。(90,22 – 31)

通过这种[伊本·鲁世德对法拉比的引述与法拉克热之间的]一致,能够完全证明,《智慧的开端》卷 III 就是在翻译法拉比关于柏拉图和亚里士多德的倾向的这部作品。

如果人们首先确认仅仅在法拉克热译文的现存部分中所运用的一种规范,那么,某种程度上就可以重构法拉比的这部作品。⑫ 通过观察法拉克热在编译《获得幸福》和《各科举隅》时的倾向和技艺,人们就能找到这种规范。法拉克热一般而言紧贴字面来翻译。当然,他也经常省略原文中的重要部分;有时,他能让人看出译文对原文的偏离。一般而言,不必(或者说也不可能)与原文相比较,就能容易地看出法拉克热所做的增补。⑬ 当人们考虑到一个事实就尤其如此,即法拉克热的大多数增补源自他富有特征地有别于法拉比的倾向——显明哲学学说与律法学说的一致。这种倾向从上面法拉克热编译《各科举隅》的一个例子中可得到证明。这种倾向也表现在他对《获得幸福》的编译中。⑭ 仅仅看似相悖的事实是,《获得幸福》中(43,9 – 17)有一个对"伊玛目"(Imâm)的解释,法拉克热没有译出,因为,通过这个解释,法拉比追随的绝对不是信仰的意图,而是哲学的意图,即在伊斯兰教处境

------

⑫ 应该顺便注意,《智慧的开端》卷 III 第 1 章对于《获得幸福》文本的复原可能会有用。

⑬ 72,21 – 25:ומצאנו וגו'[我们已经发现……];75,22 – 26:ויראה וגו'[在我看来……];77,3 – 11:ראינו וגו' ונשוב למה שהיינו בו[我们已经观察到……,我们将回到前面处理的这个问题]。最后那个例子有特别意义,因为法拉克热的这个评注能够确保,先前关于柏拉图《王制》(Politeia[译按]或译《理想国》)的论述出自其文献来源([译按]即法拉比的著作)。

⑭ 尤请对照[法拉克热的]增补 69,13 – 15 及 71,11 – 13。

[眉批] 65,32:האלוה יתה[上帝说]——对比《获得幸福》第 15 段 2 Z. 1 – 2。

中从事并推进柏拉图的哲人－王学说——"哲人、元首、王、立法者和伊玛目的含义是一个且是同一个"。*

　　也就是说，由于法拉比有关柏拉图和亚里士多德的倾向的书能得到重构，由于他的《各科举隅》、他的《模范城邦》(*Musterstaart*)和他关于政治制度(politischen Leitungen)的书已得到编订，因此，他的核心著述得以保存并可获得。对他的学说的阐释从而也就成为可能。不过，这种阐释之所以必要，因为它是迈蒙尼德关于"第二导师"([译按]指法拉比)的评议的一个充分证据。迈蒙尼德给他的《迷途指津》(*Moreh nebuchim*)的[希伯来文]译者写道："你不要花时间在任何其他逻辑学的书上，除了智慧的阿布·纳赛尔·阿尔－法拉比所撰写的这本。因为，他所撰写的一切，总的来说——尤其是他的《存在物诸法则》(*Die Prinzipien der Dinge*)一书⑮——都是精纯的面粉。"而且迈蒙尼德紧接着补充说，伊本·西拿的书的所有优点都无法与法拉比的著作相提并论。是时候从对真正重大关系的权威性解释中，得出理解中世纪伊斯兰哲学和犹太哲学的结论了：站在这个哲学－历史纪元开端的并不是某个"先驱"，而是[法拉比]这位杰出的精神[人物](der überragende Geist)——这位精神[人物]为后世的发展奠定了基础，也划定了限度，并承担起了复兴作为哲学本身的柏拉图－亚里士多德哲学的使命。

----

　　*　[眉批]参拉齐(Razi)有关苏格拉底作为其 Imām[引领者]的论述(Kraus 发表于《东方学刊》[Orientalia] 1935)。[译按]此条眉批原文为英语。

　　⑮　这本书原题"各种政治制度"(Die politischen Leitungen)。它分两部分，第一部分论述宇宙的等级制(Hierarchie)，第二部分论述城邦的等级制。这本书与《模范城邦论》以同样的方式建构而成，大英博物馆和[牛津大学]波德雷安(Bodleian)图书馆将此书手稿直接归为"政治书籍"。

神意学说在迈蒙尼德作品中的位置 *

（1937）

张缨 译

[题解]在这篇论迈蒙尼德的早期作品中,施特劳斯小心翼翼重新汇集了《迷途指津》中散见各处的某些"章回标题"。由此,施特劳斯得以揭示迈蒙尼德"坚定果敢的理性主义"（decisive rationalism）（注 20）,还以令人瞩目的方式表明,对迈蒙尼德而言,（特殊）神意问题是一个政治哲学论题,与"一种真正的哲学传统"（a genuine philosophic tradition）相一致。四十年间,施特劳斯发表了十一篇论述迈蒙尼德的文章,其中这篇文章的地位举足轻重,它阐明了对施特劳斯而言（正如他在其他地方所说的那样）,为何迈蒙尼德是"真正意义上的自然的典范,是必须针对各种歪曲加以捍卫的旗帜,也是现代理性主义的绊脚石"（《哲学与律法》,第一段）。——S. M. [Svetozar Minkov]

[中译编者按] 中译主要依据 Gabriel Bartlett 和 Svetozar Minkov 的英译"The Place of the Doctrine of Providence According to Maimonides"（刊 *The Review of Metaphysics*,57/3,2004:537 – 49）,并参考 Keneth Hart Green 编德文版《施特劳斯论迈蒙尼德》（*Leo Strauss on Maimonides*,*The Complete Writings*,University of Chicago,2013,页 314 –28）所刊译文（此版由编者 Green 对 Bartlett 和 Minkov 译文略

---

* ［眉批］参拙文 Cusari,注 14。
　［中译按］这里 Cusari 应指施特劳斯的文章"The Law of Reason in the *Kuzari*",该文收于施特劳斯文集《迫害与写作艺术》,相关注释见刘锋译本（华夏出版社,2012）,页 93,注 3（刘译该文标题为"《哈扎尔人书》中的理性之法"）。

加修订），因为这两个文本各有详尽的注释。英译据迈尔（Heinrich Meier）编德文版《施特劳斯文集》卷二：《哲学与律法及早期文稿》（Stuttgart：J. B. Metzler，1997，页 179 – 190），两种英译均未提供迈尔版整理的施特劳斯在其本人所藏样刊上所作的眉批。译文方括号中的数字指本文初版（Der Ort der Vorsehungslehre mach der Ansicht Maimunis，*Monatsschrift für Geschichte und Wissenschaft des Judentums* 81，no. 1［January-February 1937］：93 – 105）的页码。本文注释有五种：1. 施特劳斯原注；2. 施特劳斯眉批；3. 英译者注（B-M 指 G. Bartlett 和 S. Minkov；G 指 K. H. Green）；4. 中译按；5. 德文版编者（Heinrich Meier）注——除施特劳斯原注按数字顺序排列外，后几种注释均特别标明。施特劳斯原注中的希伯来文，在英译本中全部转写为拉丁化写法，为了便于中文排版，希伯来文从英译本的写法。感谢徐卫翔教授帮忙迻译文中的拉丁文段落。

[93]在《迷途指津》中，迈蒙尼德并未在一个真正的神学语境中处理有关神的全知及神意的学说（die Lehre von der göttlichen Allwissenheit und der göttlichen Vorsehung）。他首次论及这一主题是在《指津》的第三部分，此前他已完成对至少下列这些主题的论题式处理（thematische Behandlung）：（1）上帝的名称和属性（卷一 1 – 70 章），*（2）关于上帝的存在、单一性和无形体性（Existenz，Einheit，und Unkörperlichkeit Gottes）的证明（卷一 71 章至卷二 1 章），（3）诸分离理智（der separaten In-

---

* ［眉批]《迷途指津》32,7 – 8！
　　［中译按］施特劳斯在眉批中使用的《迷途指津》版本应为 Solomon Munk 及 Issachar Joel 编订的犹太 - 阿拉伯文（Judaeo-Arabic，指用希伯来字母所写的阿拉伯文）版《迷途指津》（*Dalalat al-ha'irin*，Jerusalem：J. Junovitch，犹太历 5691 = 1930/31），所引数字前指该书页码，后指行数。《迷途指津》中译见傅有德等译，山东大学出版社，2002。

telligenzen)及世界的秩序(卷二 2 – 12 章),(4)世界的创造(卷二 13① –
31 章),(5)预言(Prophetie)(卷二 32 – 48 章)。紧跟在对预言的讨论
之后是对《以西结书》1 章及 10 章的"神车论"(ma'aseh merkabah)*的
论题式阐释(thematische Interpretation)(卷三 1 – 7 章)。这一阐释结束
于这样一个评注:先前所有[章回]"直到这一章",即卷一 1 章至卷三 7
章,对于理解神车论都是必不可少的,[94]而"此章以后",即从卷三第
8 章开始到全书结束,将不再——既不再以详尽的方式,也不再以暗示
的方式——谈及"这一主题",即神车论。与此相应,迈蒙尼德立即转
向了"其他主题"。②既然对迈蒙尼德来说,神车论等同于形而上学(作
为哲学科目的神学)③,那么,这个位于《指津》卷三 7 章文末的收尾评
注就意味着,所有先前的探讨(卷一 1 章至卷三 7 章)具有形而上学的

---

① 见[《迷途指津》]卷二 11 章末。

[中译按]正文及脚注中,方括号内的文字(非数字)除非注明为"B – M
注"或"G 注",其他均由中译者为顺通文意或补充说明而酌加。凡脚注中直接
给出卷数及章节号的著作,即指迈蒙尼德的《迷途指津》,以下不再——注明。

* [B – M 注]这一希伯来措辞意为 the Account of the Chariot[神车论]。
另一个在迈蒙尼德的《迷途指津》中特别重要的措辞是 *ma' aseh bereshit*,其意
为 the Account of the Beginning[开端论],或译"起源论""创造论"。

[中译按]*bereshit* 是《创世记》或整部经的第一个词,意为"(在)起初"。我
们根据施特劳斯自己的拼音转译(transliterating)这些希伯来措辞,值得指出的是
(读者可能已发现),在其晚期论《指津》的英文作品《如何着手研读〈迷途指津〉》"
(How To Begin To Study *The Guide of the Perplexed*)[中译见本书]中,施特劳斯直接
使用这些希伯来措辞的英译,未再保留希伯来文的罗马拼音形式。

② 卷三 7 章末;比较卷一 70 章末。

③ "开端论等同于自然科学,而神车论等同于神的科学",卷一,"导言"
(Munk, *Le Guide des Égarés*, 3 vols. , Paris, 1856 – 66, 3b[Pines, 页 6])。这一等
同所服从的局限(见卷二末),只有在对《指津》的结构及其秘密教诲的考察框
架中才能得到恰切的处理。我们只能说,这些局限可能在导言式的考虑中被
忽略了,因为迈蒙尼德自己在《知识书》(*Sefer ha-Madda'* [*The Book of the
Knowledge*])中将"神车论"无条件地等同于形而上学。我暂且指出,在脚注 35
[=原注 35]中将有关于《指津》的隐秘的布局。

特征,而随后的探讨则不再属于形而上学。《指津》的非形而上学主要部分包含诸多主题:(1)神意(die göttliche Vorsehung)(和同属最接近于神意问题的那些问题,即那些涉及恶的起源与种类的问题以及那些涉及神的全知的问题)(卷三 8 – 24 章);(2)一般而言托拉(Thorah)的目的,以及特殊而言托拉的谋篇(Anordnung)(卷三 25 – 50 章)。无论在有关《指津》的布局(Disposition)中是否还有其他情形,可以确定的是,迈蒙尼德恰恰在这个布局中将神的全知问题和神意问题排除在有关形而上学的主题领域之外。④

––––––––––––––

[B – M 注]本译文中所有出于《指津》的直接引文均据皮纳斯(Shlomo Pines)的《指津》译本(*The Guide of the Perplexed*, Chicago:The University of Chicago Press,1963)。在施特劳斯给出蒙克译本的页码处,我们同时在方括号中补充了皮纳斯译本的页码。在原作中,施特劳斯的《指津》引文出自犹太 – 阿拉伯原文。

　　[中译按]除眉批外,下文出现《指津》引文时,直接给出两种译本的页码:前为蒙克译本页码,其后方括号中的数字为皮纳斯译本页码,不再以汉语一一标识。

　　④　卷三 23 章(50b[496])中的评注为此提供了进一步的证据([眉批1]):在证明《约伯记》中真正的神意学说时,得到考虑的只是月下的事物(the sublunar things[亦即地上事物或曰有生灭会变化的自然事物])([眉批2])——除此无它,因而,这一证明——亦即惟一可能的证明——并不具有形而上学的特征([眉批3])。另注意卷三 8 章的开头几句话。

　　[眉批1]比较利维坦[der Leviathan]与神车[die Merkabah]! 比较页 330,17 行 – 页 331,4 行。

　　[眉批2] 参 Wolfson,《美国犹太研究学术院学报》(Proceedings Jewish Acad.),1941,页 130 第二段起至页 131,及页 138。

　　亚里士多德关于月下层面(die sublunarische Dimension)有道理的地方:[见《指津》]卷二,19,22,24 诸章。

　　参看 RÉJ 1936,页 35,注 2([德文编者按]指简评《迈蒙尼德和法拉比的政治学》即"Quelques remarques sur la science politique de Maimonide et de Fârâbî",注 120。[中译按]见本书《简评》一文原注 120)。也请注意月下世界与עולם[世界]之间的关联! 托拉只提到了עולם[世界]和自然的不死性。《复活论》(Resurrection),32,9 以降。

　　* 为明确起见,这个论断还需要四点额外补充。(1)我们暂时赋予其形而上学特征的《指津》的第一个主要部分(卷一1章至卷三7章)处理的不仅是作为自然神学(der theologia naturalis)的形而上学主题,而且还是——在迈蒙尼德的意义上,或至少[95]在他的显白教诲的意义上——人们必须归诸启示神学(theologia revelata)的那些主题(尤其是关于创世的学说)。由此,《指津》对诸形而上学主题和诸非形而上学主题的划分,就必定不是按照自然神学与启示神学之间的区分来进行的。⑤因此,将神意学说排除在形而上学领域之外,也就并不等同于将这一学说归诸启示神学。(2)在《指津》的第一个主要部分,自然学(physics)找到了其合适的位置。对自然学的探讨通过对开端论(ma'aseh bereshith)(创世说[Schöpfungsberichts])的论题式阐释以一种相似的方式结束,⑥就如之后

　　参《〈迷途指津〉的文学特征》("Literary Character of the Guide")。

　　尤其是:哲学只能通达自然——致 Hisdai 的信(本人藏书)页6;

　　哲学只能通达月下世界——《指津》卷II,22章。

　　神意学说立足于月下世界 → 神意学说是纯粹"自然"的(参《复活论》[Resurrection])。参《简评》(REJ),1936,页35,注2。

　　[眉批3]参亚里士多德《形而上学》,E1,1026 a 23－32。

　　[中译按]"眉批2"所引 Wolfson 文献指 Harry A. Wolfson 的《哈列维与迈蒙尼德论设计、机运及必然性》("Hallevi and Maimonides on Design,Chance and Necessity"),该文所刊学报的全称为 Proceedings of the American Academy for Jewish Research。"眉批2"提及的《复活论》是迈蒙尼德的作品,根据此文原注17旁的眉批,施特劳斯所用的是 Joshua Finkel 的阿拉伯文－希伯来文对照编订本,所引数字前指节(段落)数,后指该节行码,下同。

　　* [中译按]在原文及 B－M 英译版中,下面一段的内容以不同于其余部分的方式标示(原文用小字,B－M 英译用方括号标出),但根据其他学者(迈尔、格林等)的意见,此段应被视为全文的有机部分,未必具有增补性质,中译酌从后者。

　　⑤　比较卷三21章末和卷二16章以降。

　　⑥　在卷二30章;比较卷二29章(65b[346])及脚注3。

　　[G注]参蒙克(Munk)在其译本(页228)中对该章的注解:"这是暗指《箴言》25章2节(将事隐藏是上帝的荣誉,将事察明则是王的荣耀,古代拉比将之用于指《创世记》第1章的奥秘。见《大创世记》(Bereshit Rabba),第9节开头部分。"

对形而上学的全面探讨通过对神车论(ma'aseh merkabah)的论题式阐释结束。因而,第二部分,即《指津》的非形而上学主要部分的诸主题之不属于自然学,就如它们不属于形而上学。自然学、形而上学加上数学构成了理论哲学的整体。⑦既然《指津》的诸多非形而上学主要部分的主题明显地不具有数学的特征,因而,通过在自然学和形而上学正式结束之后首次处理这些主题,迈蒙尼德表达了一个观点,即这些非形而上学主题应当完全排除在理论哲学的领域之外。(3)迈蒙尼德在《指津》涉及理论的主要部分已经处理过神意(最重要的处理在卷二10章中)。⑧在这一语境中出现的探讨,无可否认,涉及的仅仅是普遍神意(die allgemeine Vorsehung),也就是说,涉及的是对世界整体的理智的和精巧的统驭(die verständige und kunstvolle Leitung)。因而,迈蒙尼德从理论哲学中抽掉的只是特殊神意(besondere Vorsehung)问题。⑨相应地,迈蒙尼德已经

---

⑦　迈蒙尼德《逻辑技艺论》(*Millot ha-Higgayon*[*Treatise on the Art of Logic*])第14章。

⑧　当然,我在此对屡次偶然提及的神意未予考虑。

⑨　迈蒙尼德将他在《指津》第一主要部分论及的神意称为 *tadbîr*(*hanhaga*)([英译按]governance[统驭]),而将在《指津》第二主要部分论及的神意称为 '*inâya*(*hashgacha*)([B – M注]supervision[照看]);尤其比较:(一方)卷二10章开头对相应论题的报告与(另一方)卷三16章末尾和17章开头。即便迈蒙尼德根本没有学究式地遵守这一术语上的区分——在大多数情况下他将这两个词作为同义词使用——仍然值得注意的是,在第一个主要部分的相关章节(卷一72章至卷二4 – 11章)中,他偏向使用 *tadbîr*[统驭],而在第二个主要部分的相关章节(卷三16 – 24章),他则偏向使用 '*inâya*[照看/神意]。还应参考卷一35章(42a[80]),在那儿他说,"祂统驭世界的特征,祂之于不同于他的存在者的神意究竟'如何'"([S. Pines的英译]the character of His governance of the world, the 'how' of His providence with respect to what is other than He)。这一区分的由来可能需要一场探究。或许蒙克提供了一个指示(Munk, *Le Guide des Égarés*, 卷III, 页111注2),应当对勘古特曼(Julius Guttmann)的《克瑞斯卡与伊斯兰亚里士多德派论意志自由问题》("Das Problem der Willensfreiheit bei Hasdai Crescas und den islamischen Aristotelikern",收录于《犹太研究:

在理论的主要部分中处理了[96]神的知识(göttlichen Wissen),这是要指出,将知识归属于上帝,与上帝的绝对单一性(die absolute Einheit)并不矛盾;只有也正是神的全知这个问题——该问题仅在特殊神意问题的基础上才是可以理解的和必要的——属于非理论的主要部分。(4)哲学作为一个整体可分为两方——如果人们不考虑仅仅是一种工具的逻辑——一方为理论哲学,另一方为实践哲学或人的哲学或曰政治哲学。⑩这就是说,将神的全知和神的(特殊)神意的学说排除在理论哲学之外,意味着将这一学说归诸实践哲学或政治哲学。看上去有违这个主张的是,在显然有意预备处理神意问题而做出解释的语境中,迈蒙尼德曾偶然评论说,对"诸伦理主题"(ethische Gegenstände)的处理并不属于《指津》的任务领域(Aufgabenbereich)。⑪因为,恰恰以这样的方式,迈蒙尼德似乎特别地排除了《指津》的第二个主要部分(卷三8章至全书结尾)属于实践哲学。要反对这一异议,必须注意到,伦理学在迈蒙尼德的观点中仅仅是实践哲学或政治哲学的一个部分,且在任何意义上都并非其核心的部分——对幸福的本质的理解以及如何导向幸福的问题,并非伦理学的要务,而是真正意义上的政治学(统驭城邦的学说)⑫的要务。

———————————

纪念 George A. Kohut》[*Jewish Studies in Memory of George A. Kohut*, New York:The Alexander Kohut Memorial Foundation,1935],页 346–349)一文。上述区分部分地在结果上——尽管完全不在意图上——与 *inâya naw 'iyya*[一般神意]和'*inâya shakhsiyya*[特殊神意]之间的区分相符,这一区分出现于卷三 17 章(36b[472]和 37a[473])以及 18 章(39a[476])。

　　[眉批][《指津》]卷 II,10 章(页 189,行 17 以降)。

　　⑩　《逻辑技艺论》(*Millot ha-Higgayon*),第 14 章。

　　⑪　《指津》卷三 8 章末。

　　[B–M 注]施特劳斯在此语境中引述《指津》用的是 ethischer Gegenstände[伦理的主题],我们直接从德文译作"诸伦理议题"(ethical topics),皮纳斯将之译作"诸道德……事务"(moral...matters)(页 436)。

　　⑫　《逻辑技艺论》(*Millot ha-Higgayon*)第 14 章。相关阐释请比较拙文《简评法拉比和迈蒙尼德的政治学》(*RÉJ*[*Revue des Etudes Juives*,"Quelques remarques sur la science politique de Maïmonide et de Farabi"]),1936,页 7–12 及页 15。

由是出发的结果是,迈蒙尼德完全可以否认《指津》的第二主要部分属于伦理学,却完全不需要由此否认这个主要部分属于实践哲学或政治哲学。

迈蒙尼德因而在《指津》的谋篇中从理论哲学的领域中排除了特殊神意的问题(以及本质上从属于它的神的全知问题),尤其是,迈蒙尼德以这样的方式显示出,这一排除意味着特殊神意的问题在任何意义上都不归诸启示神学而是归诸政治学。上述问题所暗示的特征对哲学史家可能显得陌生。确实,在西方,至少哲学史发轫所自的拉丁传统盛行的观点[97]恰恰是,特殊神意的问题是一个自然神学的主题,因而是理论哲学的主题。⑬ 为了理解迈蒙尼德起初的奇怪观点,人们必

―――――――――

[B–M 注]Emory 学院的巴特勒(Robert Bartlett)教授已将施特劳斯的这篇文章从法文译作英文,并以"Some Remarks on the Political Science of Maimonides and Farabi"为题发表在《解释》学刊(*Interpretation:A Journal of Political Philosophy*)第 18 卷,第 1 期(1990 秋)。原文中的 7–12 页对应于巴特勒教授译文的 7–10 页;原文中的第 15 页对应于巴特勒译文的 11–12 页。

[中译按]施特劳斯《简评迈蒙尼德和法拉比的政治科学》一文中译见本书程志敏、庄奇译文。原文中的 7–12 页见本书页 54–63,原文第 15 页见本书页 66–67。

⑬ 因此,对这一观点同样出现在伊斯兰–犹太哲学中,不应再有什么争议。([眉批 1])我提出作为参考的是阿维森纳(Avicenna)的《形而上学长篇注疏》(*Great Metaphysics*)和《形而上学纲要》(*Compendium of Metaphysics*),阿威罗伊(Averroes)的《形而上学纲要》(*Compendium of Metaphysics*)([眉批 2]),格桑尼德(Gersonides)的《圣主之战》(*Milchamot ha-Shem* [*The Wars of the Lord*]),以及克瑞斯卡(Crescas)的《圣主之光》(*Or ha-Shem* [*The Light of the Lord*])。阿尔博(Albo)追随的是以萨阿迪亚(Saadia)和迈蒙尼德为代表的更为古老的传统,即便这一传统的主导思想开始对他变得费解(见《根荄之书》[*Ikkarim*, = *Book of Roots*]卷三开头)。

[G 注]《根荄之书》第三章开头(Husik 译本,卷三,页 1):

第二个要则处理的是托拉的启示。由于取决于这一要则的派生的教义(如我们在第一卷所言)是上帝的知识、预言,以及传言者(the messenger)的真实性,亦由于上帝有关低等世界的存在物的知识必然先于所有其他教义——因为,倘若上帝不知道低等世界的存在物,则预言和传言都不

须辨别其中的两个环节。这个观点的特征是:(1)神意学说在很后面的位置,即在有关上帝的单一性的学说、创世学说和预言学说之后才得到处理;(2)这种延后的处理暗示它将神意学说归诸政治学(Politik)。

在中世纪犹太哲学的开端萨阿迪亚(Saadia)那里,人们遭遇到这样一种对神意问题的后起处理。在萨阿迪亚的《信念与意见之书》(*Emunot ve-Deot*[英译:*Book of Beliefs and Opinions*])中,神意问题首次出现于第五论(5 Traktat)并加以讨论,即在关于创世、上帝的单一性、律法、预言以及意志自由[等问题]的诸多先前的专论之后得到处理。萨阿迪亚以迈蒙尼德的《指津》所缺乏的尖锐——至少乍看之下所缺

可能出自衪——因此,首先谈论上帝的知识是恰当的。但由于上帝关于低等存在物的知识必定与取决于选择自由的偶性的本性(the nature of the contingent)相容,故我们认为,将对上帝的知识的处理推延到第四卷是合适的,届时,我们将讨论自由的问题。因此,[在本卷中]我们将首先谈论托拉的启示这一要则,随后我们将解释取决于它的那些教义:预言和传言者的真实性。

[眉批1] 斯宾诺莎,《神学政治论》,卷1至3:预言

卷4至5:神法

卷6:神意

参看沃尔夫(*Wolff*),《自然神学》(Theol. natur.),I §302(全知[omni scientia]),§922以降(神意),§1081以降(报复的正义[justitia vindicativa])。相应的阐释注意门德尔松《晨时》,页264以降(比较《[门德尔松全集]纪念版》(Jub[ilee] A),卷二,页56及下页,页313及下页)。——苏阿雷斯(*Suarez*)的《形而上学论辩集》(*Metaphys. disputationes*),论辩30处理在自然神学范围内的全知以及神意——尽管后者只是扼要处理。——托马斯·阿奎那在《神学大全》中已在关于上帝本质的教诲的语境里处理了全知、神意(卷一,问题14、21和22),在《反异教大全》中,阿奎那则在关于神性本质(göttliche Wesen)的教诲内来处理全知(卷一50),而处理神意则是在关于人的最终目的的教诲之后,但又是在关于神法的教诲之前。

[眉批2] Joseph ibn Zaddik,《微观世界》(*Olam Katan*)。

乏的尖锐——在神意学说之前先讨论律法学说（第三篇专论：论诫命
与禁令），并揭示了对神意学说作延后处理的原初理由（这一理由对迈
蒙尼德同样重要）：神意意味着〈体现于〉奖赏和惩罚中的正义，且神意
恰恰预设了一种律法（Gesetz），履行该律法将得到奖赏，触犯该律法则
将受到惩罚。⑭ 既然律法学说预设了预言学说，而预言学说又依次预
设了天使（诸分离理智）学说，且天使学说本身最终又预设了上帝学
说，⑮因而就出现了一种必然性——对此迈蒙尼德也已在《指津》中给
予特别的考虑：[98]将神意学说的首次提出放在对前四种学说中的每
一种加以处理之后。在上述著作的结构中，萨阿迪亚以他的方式追随
了穆太齐勒派思辨神学（*Muʿtazilite kalâm*）。*然而，伊斯兰 - 犹太思
辨神学传统（die islamisch-jüdische *Kalâm*-Tradition）预先规定的不只
是对神意学说的延后处理，同时也规定了将全部的讨论内容划分为
两部分（上帝的单一性学说与上帝的正义学说）的正式区分；与此相
对应，神意学说——就如之前的律法学说和预言学说那样——属于

---

⑭　比较《指津》卷三 17 章（34b - 35a［468 - 9］）和《密释纳义疏·论议
事会第 10 章疏》（the *Commentary on the Mishnah*［*Sanhedrin* X］）中的"信仰条
款"第 11 条（the 11th Article of Faith）。［G 注］迈蒙尼德《密释纳义疏·论议
事会》，Rosner 译本，页 156 - 57：

　　第 11 条信仰要则是，高高在上的惟一者（the exalted One）奖赏遵循托
拉诫命的人，并惩罚违犯其禁令者。最大的酬赏是来世，最大的惩罚是灭
绝。对这类事情，我们已说得足够多。圣经里暗示这个要则的经文是：
"倘或你肯赦免他们的罪，——倘不然，求你把我从你所写的册上抹去。"
圣主对摩西说："无论谁得罪我（我就从我的册上抹去他）。"（《出埃及记》
32：32 - 33）这证明上帝既知道顺服他的人，也知道违背他的人，祂奖赏
［前］一个并惩罚另一个。

⑮　《指津》卷三 45 章（98b - 99a［576］）。

*　［眉批］亦参 Frankl 的"唯圣经派信徒"（Karaiten）辞条，载 Ersch 和
Gruber［编《百科全书》]。

第二部分。⑯由此，源自这一传统的谋篇就总是在某种限度内为迈蒙尼德所承认，⑰哪怕是在他的哲学解释中〈，也为他所承认〉。这就是说，对迈蒙尼德而言，这种谋篇具有一个可靠的根基，在此根基上——或更确切地说，在这个显白的前景(der exoterische Vordergrund)中——他能够建造所需的东西，同时隐蔽其隐微的背景(einen esoterischen Hintergrund)。因为，将神意学说归诸关于上帝的正义的教义(die Doktrin von der Gerechtigkeit Gottes)是一回事，而将该学说归诸政治科学则是另一回事。换言之，将神意学说当作一个政治学

---

⑯　见古特曼(Jacob Guttmann)，《萨阿迪亚的宗教哲学》("Die Religionsphilosophie des Saadia," *Göttingen* 1882,131)，以及皮纳斯(S. Pines) *OLZ*(《东方学文献》[*Orientalistische Literaturzeitung*])，1935，栏 623。

[中译按] 皮纳斯此文是为 Ventura 所著《萨阿迪亚的哲学》(Moise Ventura,*La Philosophie de Saadia Gaon*，Paris 1934) 写的书评，发表在 *OLZ* 38 卷 10 辑，1935 年，栏 622–624。

⑰　倘若(将皮纳斯的提示彻底化[眉批])比较[萨阿迪亚的]《信念与意见之书》(*Emunot ve-Deot* [*Book of Beliefs and Opinions*])的结构与迈蒙尼德的相应的谋篇，人们就能认识到迈蒙尼德在多大程度上受惠于这一传统——[参考迈蒙尼德下述作品]:(1)《密释纳义疏》(*Mischnah – Kommentar*)中"信仰条款"的序列，(2)在《关于悔改的律例》(*H. th'schubah*)三章 6–8 节中的平行对应(这同样与《论议事会第 10 章疏》[*Sanhedrin* X]相一致)，(3)《知识书》的结构以及整部《重述托拉》(*Mishneh Torah*)的结构，(4)《指津》的结构。就我们的语境而言必须强调的是，在所有四部作品的谋篇中，迈蒙尼德都在承认一般意义上的预言和特殊意义上的摩西预言之后才引出对神意的承认。这一比较首先教导我们，有关律法的"信仰条款"(第 8、9 条)可在《指津》卷二 39–40 章，而非卷三 25–50 章——后者是我先前在《简评迈蒙尼德和法拉比的政治科学》(*RÉJ*,1936,15 [Bartlett〈英译〉,12][G 注]第 2 节第 3 段)一文中所错误假设的——找到其对应，因此《指津》中有关律法的学说(卷二 39–40 章)同样先于有关神意的学说(卷三 8–24 章)。尤其比较《指津》卷二 39 章(84b [380])中为提示托拉的持久性而引述的《申命记》29 章 28 节和 30 章 12 节与[迈蒙尼德《重述托拉》中]《论托拉的根基》9 章 1 节(*Jesode ha-thorah* IX 1)。

[眉批] 参《复活论》[*Resurrection*],Finkel 编订本,4,5–10。

论题的概念并不能追溯到伊斯兰－犹太思辨神学传统,而是要追溯到一种真正的哲学传统。

[99]当先前的预言和律法学说被归诸政治学时,神意学说于是也变成政治学的一个论题。这一最后的划归最初出现在 *falâsifa*,即所谓伊斯兰亚里士多德派(islamischen Aristotelikern)那里:他们将先知、先知式立法者理解为柏拉图意义上的哲人王,(要么在《王制》[*Politeia*]的意义上,要么在《法义》[*Nomoi*]的意义上[将之])理解为一个理想的、柏拉图式的城邦⑱的奠基者。因此,将神意学说同样且与此同时也移交给政治学⑲,不仅是来自对一种传统谋篇("神意在律法和预言之后")的坚守,也是直接地来自对神意学说本身的转化(或重塑)(Umbildung,bzw. Rückbildung),这种转化或重塑的发生必然地伴随着向哲学的转向(Wendung zur Philosophie)。迈蒙尼德在《指津》中明白无误

---

⑱ 伊本·鲁世德(Ibn Ruschd)在其《王制》义疏中指出了这一点:Quae omnia, ut a Platone de... optima Republica, deque optimo... viro dicta sunt, videre est in antiqua illa Arabum Reipublicae administratione, quae haud dubie optimam Platonis Rempublicam imitari putabat[你们可以通过早期阿拉伯人进行统治的事例……理解柏拉图关于……德性统治……与有德性的个人所说的话,因为他们曾经摹仿德性统治]。*Opera Aristotelis*, Venice, 1550, III, 页 188a, 第 2 栏, 1. 33–50。([B–M 注]见 *Averroes on Plato's "Repubic,"* trans. Ralph LernerIthaca:Cornell University Press, 1974, 页 121。[中译按]中译见《阿威罗伊论〈王制〉》, 刘舒译, 华夏出版社, 2008, 页 116–117。)——迈蒙尼德预言学(prophetologie)的柏拉图式政治起源通常遭到误解。倘若人们按照基督教经院学接受预言学的方式——托马斯·阿奎那彻底将预言教诲和神法教诲分割开来,他在论道德的一般部分处理神法(《神学大全》[*Summa Theologica*], 卷 II 1, 问题 91 以降), 反之, 却在特殊的部分, 即在探讨 *virtutes, quae specialiter ad aliquos homines pertinent*[尤其运用于特定的人的各种德性]的部分处理预言(《神学大全》, 卷 II 2, 问题 171 开头[in princ])——去考虑, 那么就会被引向这种误解的源头。

⑲ 该移交并未在晚期被所有伊斯兰亚里士多德派(*falâsifa*)执行, 这一点可在脚注 13 中清楚看到。

地在"我们律法的"神意学说与他自己所遵循的正确的神意学说⑳之间

---

⑳　比较《指津》卷三 23 章（49b［493］）和 17 章（34b 及 35b［468 及 470］）。要评断这一区分的涵义及重要性，人们必须考虑到：（1）迈蒙尼德没有在《指津》中出现的另外两处意见——关于创世和预言的意见——的历数中进行这一区分，以及（2）他以隐蔽的方式执行那一区分。为了只是"暗示"他的观点，迈蒙尼德两次历数了有关神意的不同意见（共有五条）：［首先］在卷三 17 章，即神意教诲正式开启的那章，［其次］在卷三 23 章对《约伯记》的阐释，即有关神意学说正式结束之处。这些不同意见在卷三 17 章［分别属于］：伊壁鸠鲁、亚里士多德、艾什阿里亚派（der Aschariten）、穆泰齐勒派（der Mu'tazili-ten）以及"我们的律法"；这些不同意见在卷三 23 章［则分别属于］：亚里士多德、"我们的律法"、穆泰齐勒派、艾什阿里亚派，以及正确的意见（《约伯记》中以利户［Elihu］的意见，或在最终的启示之后约伯自己的意见）。

这两处历数因两个看似微不足道、实则决定性的环节而不同：（1）在第一个、初次且临时的历数中，传统－犹太意见以及正确的意见（迈蒙尼德自己的意见）看上去从属于"我们的律法"的意见，而在第二个、结论性且权威的历数中，"我们的律法"的意见明显区别于正确的意见（亦请留意第一个历数在讨论传统－犹太意见后突然的停顿：卷三 17 章，35a－b［469－70］），（2）伊壁鸠鲁的意见在第一次历数中被明确提及，但不久后（卷三 17 章，34a 及 35b［468 及 470］），它就悄悄地被当作不值一提的谈论，而在历数有关创世和预言的诸多意见时，伊壁鸠鲁的意见明确地被当作不值一提的谈论（卷二 13 章，29a［284］及卷二 32 章；72b［360］）。

伊壁鸠鲁的意见在有关神意的诸多意见的第二次历数中彻底不再被提及——在第一次历数中，它之所以被提及，仅仅是为了两次历数之间的外在对应性（它们各处理五种意见）能掩盖它们之间的内在分歧。迈蒙尼德自己在以利户这位正确观点的代表人物的［讲辞］过程中发现，用看似微不足道的方式重复俗众的（起初的）观点但在真正决定性之处背道而驰（Abweichung）的原则很管用（卷三 23 章，50a［494］）；这个关于以利户的表达方式的评注传达了一个迈蒙尼德自己的表达方式的真实迹象。——以一种相应的方式来解释的话，事实是，迈蒙尼德起初以毫不含糊的方式主张（卷三 17 章，35b［470］）（［眉批 1］），正确的观点并非首要地立足于理智的洞见而是立足于经文，而最后（卷三 23 章，48b［492］）约伯对正确意见的皈依被追溯到这一事实：起初主导约伯的仅仅是按照传统的即俗众的关于上帝的知识，最后他却到达了真正的（即哲学式的）关于上帝的知识（［眉批 2］）——迈蒙尼德让他的读者沿着约作出区分,从而贯彻了[对神意学说的]这一转化。这一[100]区分,不言而喻,并没有表达他对律法的背叛——相反,他还在律法中发现了他自己的神意学说㉑——他只是表达了一个观点,即在律法的前景中可以找到的且[101]刻画律法本身的[神意]学说仅仅具有显白的特征。律法教导说,一切降临到人的好事(坏事)是对他们的好的(坏的)行动(*Handlungen*)㉒的奖赏(惩罚)。迈蒙尼德自己的[神意]学说从而与律法的隐微学说(der esoterischen Lehre des Gesetzes)相符,他声称"神意追随理智(*Verstand*)"。㉓这两种学说之间的决定性差异在于:显白的学说主张道德德性与外在幸福(äußerem Glück)之间的对应(*Zugeordnetheit*),另一方面,隐微的学说则断言真正的幸福与对上帝的认识之间的同一(*Identität*)。与此相应,隐微的神意学说既符合对幸福本质的理解,又符合真正的幸福与仅仅是假定的幸福之间根本的且逻辑上必然的区别。㉔于是,关于幸福的学说本质上属于政治科学(politische Wissenschaft),正如迈蒙尼德㉕跟随法拉比而主张的。㉖另一方面,涉及显

伯的心路再走一遍。迈蒙尼德自己那坚定果敢的理性主义因而仅仅在最后才现身——顺便可以指出,这一点正是迈蒙尼德区别于现代理性主义之处——而事实上,迈蒙尼德的观点并未在他表达自己的教诲(Lehre)之处(在卷三 17 章)不加掩饰地指明,而仅仅在他对《约伯记》的阐释中显示出来。

[眉批 1] 参[迈蒙尼德]《占星学书简》(*Brief über Astrologie*),Marx 编订本,§19 以降,及§15:关于个别神意(individueller Vorsehung)的学说(不等于创世学说)仅仅以经文为依据——亦即不属于开端论(M. bereshit)、神车论(M. merkabah)。

[眉批 2] 参[柏拉图]《王制》([或译]《理想国》)619C 末。

㉑　卷三 17 章(36a 及 37b[471 及 474])。

㉒　卷三 17 章(34a–35b[468–70])和 23 章(49a[492])。注 24 中所给出的段落指明了对"行动"的强调。

㉓　卷三 17 章(37b[474])。

㉔　比较卷三 23 章(48b[492])和 22 章(45b[487])。

㉕　见上文 96 页([中译按]此指初版页码)。

㉖　比较[法拉比]《各科举隅》(*Ihsâ al-'ulûm* [*The Enumeration of the Sciences*])第 5 章和《获得幸福》(*k. tahsîl al-sa 'âda* [*The Attainment of Happiness*];

白的神意学说的内容,即关于神的奖赏与惩罚的学说,确实就像这样的显白学说,也属于政治学(Politik)。这是因为,除了作为这样的信仰学说(Glaubenslehren)——即这些[学说本身]并非真的(nicht wahr)、只不过"承认它们对于城邦事务的健康是必要的"——以外,显白学说还能是什么?[27]在将关于神的奖赏与惩罚学说构想为一种显白学说这一点上,[102]迈蒙尼德同样与法拉比相一致。[28] 这一构想是柏拉图式

海得拉巴[抄本][Hyderabad],伊历 1345)页 16 的仿佛纲领性的各种阐明,以及《政治制度》(the *Political Regime* [*Hathchalot hanimzaot*])和所谓《模范城邦论》(*Musterstaat*)的结构;在《模范城邦论》中,关于幸福的学说仅仅在关于"元首"(Ersten Führrer)的学说和关于"卓越城邦"(vortrefflichen Stadt)的学说之后才得到处理;在法拉比的两部神学 - 政治著作(theologisch-politischen Werke Fârâbîs)的理论部分所发现的"神意"学说,都与出现在《指津》的理论部分的普遍神意(allgemeinen Vorsehung)学说相符;比较上文(初版)95 页。

　　[B - M 注]《各科举隅》英译见《阿尔法拉比政治著作集:"箴言选"及其他作品》(*Alfarabi, the Political Writings*:"*Selected Aphorisms" and Other Texts*),Charles E. Butterworth 译,Ithaca:Cornell University Press,2001;《获得幸福》英译见《阿尔法拉比论柏拉图和亚里士多德哲学》(*Alfarabi's Philosophy of Plato and Aristotle*)第一章,Muhsin Mahdi 译,Ithaca:Cornell University Press,2002。

　　[中译按]《获得幸福》中译见阿尔法拉比,《柏拉图的哲学》,程志敏译,华东师范大学出版社,2006,页 143 - 175。

　　[27] 卷三 28 章(61a [512])。比较卷一"导言"(7a [12])。

　　[28] 法拉比将该学说视为显白的,这一点已在如下事实中显明,该学说没有出现在他的两部主要的神学 - 政治著作里。反之,该学说却出现于他的《柏拉图和亚里士多德的观点的相契》("Harmonie zwischen den Ansichten des Platon und des Aristoteles",*Philosophische Abhandlungen*,Dieterici 编,页 32 以降,这是一部致力于为哲学,即为柏拉图 - 亚里士多德式的哲学辩护的显白作品——尤其致力于反击一位[自居]正统的攻击者([B - M 注])。

　　根据伊本·西拿(Ibn Sînâa[即:阿维森纳])的说法,有关死后的奖赏与惩罚的学说,尤其是有关肉身复活的学说,并不属于形而上学的"根本"(Wurzeln),而是属于其"分支"(Zweigen)(比较阿维森纳,《论灵魂[纲要]等》,由 Andrea Alpago……从阿拉伯语转为拉丁语[*De anima etc. , ab. A. Alpago. . . in latinum versa*,Venice,1546],页 144,或者法拉克热,《智慧的开端》[*Reshit Hokhmah*,

政治学的一个本质的组成部分：迈蒙尼德如法拉比和其他 *falâsifa*［伊斯兰亚里士多德派］那样，采纳了柏拉图式的政治学，与此同时，他还在［柏拉图］《法义》的意义上，将《法义》的神意教诲变为他自己的［神意教诲］。㉙

Moritz David 编］，页 55）。［伊本·西拿］的意思在迈蒙尼德《复活论》（*M. Techiat ha-Metim*［*Treatise on Resurrection*］）的一个评注中得以显明：他的反对者引述伊本·西拿论［赏罚］报应中的段落，并将其视为哲学表述！在《开端与回归之书》（*k. al-ma'ad*［*Book of the Beginning and the Return*］，［Alpagues，页 48 及下页］）的第三章里，伊本·西拿说，复活学说实际上并不真，但对于律法有意达到的本质上和实践上的目标却是必要的（［G 注］）。

　　［B–M 注］见"The Harmonization of the Two Opinions of the Two Sages：Plato the Divine and Aristotle"，Butterworth 英译，收录于《阿尔法拉比政治著作集》（*Alfarabi, the Political Writings*），页 115–167。［G 注］尤参页 164–167。［中译按］此文中译《柏拉图与亚里士多德相契论》，见程志敏译，《柏拉图的哲学》，前揭，页 93–142。

　　［G 注］Rémi Brague（《迈蒙尼德》页 192，注 28）评注道，［施特劳斯］关于阿维森纳的这个断言无疑是含混或不明确的；不过，他主张这个断言的"准确引文"必定指向［Alpagues 版］页 48a，据 Brague 所引述的拉丁译文（Avicennae，《著名哲人兼医生：论灵魂纲要，论复活等等》［*Philosophi Praeclarissimi Ac Medicorum Principis：Compendium de anima, De mahad, ect.*］，Venice 1546；重印本 Gregg International Publishers：Westmead, England, 1969，页 48a），试译如下（感谢 Sara Kathleen Alvis 的英译）：

> 因为穆罕默德在其所著的《可兰经》里说，经上说，［身体的］复活已经确立，神法的一个更好亦更有价值的意图是有关人的行动的实践运用，因此，［宣称复活］是为了每一个人在自身中造就善，尤其是为了在那些［人们］相互之间以个别和一般的方式分享的实践义务上［造就善］。

　　㉙　［柏拉图］《法义》中的神意学说可能通过阿芙洛狄西亚的亚历山大（Alexander Aphrod［isias］）的《论神意》（*De providentia*）一书为迈蒙尼德所知（比较《简评迈蒙尼德和法拉比的政治科学》［*RÉJ*，1936，页 32 以降［Bartlett 译文，页 22］［G 注］第 3 节第 3 段）。不然的话，神意学说属于政治学的事实可能

[103]到目前为止的解释在[迈蒙尼德的]《知识书》的结构中得到

要理解为来自盖伦(Galen),此人明显地在全部观点上仰赖柏拉图。盖伦主张,神意问题实际上与真正的形而上学问题(涉及诸神与灵魂的本性、宇宙的生成抑或非生成、灵魂的不朽等等)相对立,同时它对于"伦理和政治哲学(politische Philosophie)"至关重要,并且能用科学的手段回答;尤其比较[盖伦]《希波克拉底与柏拉图的学说》卷九(De plac. Hipp. et Pl. [De Placitis Hippocratis et Platonis libri novem],Kühn 编,卷 V,页 780 及下页,页 791 以降),以及《论自然能力的本质》(De subst. facult. natur [On the Substance of the Natural Faculties])卷 IV,Kühn 编,页 764([G 注])。

《指津》卷二 15 章(33b [292])表明,迈蒙尼德在写作《指津》时心里想到了盖伦的这类表述。至少在"中期柏拉图主义"那儿,有关神意学说的位置的真正柏拉图式观点没有全然为廊下派观点所替代——根据廊下派的观点,神意学说属于自然学(physics)或神学(比较西塞罗《论诸神的本性》[De natura deorum]卷二 1、3 和 65、164 以降,同时参考第欧根尼·拉尔修[Diogenes Laertius][《名哲言行录》]卷七,149 和 151),这一事实同样在第欧根尼·拉尔修有关柏拉图学说的转述(卷三,67—80)中得到显明;拉尔修的转述根据自然学(神学)-伦理学-辩证法的图式构成([眉批 1]),在其中,神对人类事务的看护(Beaufsichtigung)没有出现在有关自然学和神学的陈述(67—77)中([眉批 2]),而仅仅出现在有关伦理学的陈述(78)中,而神的惩罚式正义仅在有关辩证法的谈论(79—80)之后才得以提及,也就是说,出现在最末尾处,并且清楚提示了该教诲的显白特征。不过,最重要的是,应当回想一下西塞罗,或许因为受到他的柏拉图化的老师的影响,西塞罗采取了类似立场,我们若将《论共和国》(De republica)和《论法律》(De legibus)作为一方,与作为另一方的《论诸神的本性》和《论预知》(De divinatione)相对照,就可以得出这一点。

[G 注]施特劳斯引述盖伦所用的版本是希-拉对照的《盖伦全集》(Claudii Galeni Opera Omnia),C. G. Kühn 编译(莱比锡:C. Cnobloch,1821—1833;Hildesheim:Olms,1964—1965 重印)。盖伦有关《希波克拉底和柏拉图的学说》的相关论述如下:页 588—589 和页 596—601。

只有就那些选择了思辨哲学的哲人们而言,还要去探寻(inquire)对伦理学和政治行动无用的事物才是恰当的;因此,他们还提出这样的问题:在这个宇宙之后是否有任何事物,若有的话,其特性是什么,这个宇宙是否自足(self-contained),是否有不止一个宇宙,宇宙的数量是否很多。与

证实,《知识书》是《重述托拉》一书的第一部分,同时也是其最哲学化

此类似[的问题是]:这个宇宙究竟是生成的还是非生成的,若它有一个开端,是否某个神乃其制造者(artisan),抑或,不是神而是某种非理性亦非技艺(artless)的原因,通过机运使其如此美丽,好似一个智慧无比、能力至上的神指导了其构成。但这类探寻(inquiries)无助于管理好某人自己的家政或恰切地照料公共利益,亦无助于对亲人、公民[同胞]和外族人行使正义和友谊。

不过,某些认为(哲学的)目的在于实践的人,已通过逐步进行的从有用的探寻到达对这类[无用]事务的探究,假如他们曾按类似这种[步骤]去从事种种探寻的话。事实是,尽管询问宇宙是否有一个开端是无用的,但探寻神意(divine providence)却并非如此。对我们所有人来说,更好的是检审这样一种陈述,即宇宙中有某物在能力和智慧上超逾人,但却无必要考虑诸神具有何种实体(substance),他们究竟是全然没有身体(bodiless)抑或也像我们一样有身体之类的问题。这些事物及很多其他事物对我们称为伦理性的和政治性的种种德性和行动完全无用,它们对治疗灵魂的疾病也一样无用。

色诺芬关于这些事物的陈述最好不过,他不仅自己谴责它们无用,还说苏格拉底也持这样的观点。苏格拉底的其他同伴也同意这一点;柏拉图本人亦属其列,因为当他在自己的哲学中加入一种有关自然的理论时,他让蒂迈欧(Timaeus)而非苏格拉底来阐述它,正如他让帕默尼德(Parmenides)及其学生芝诺(Zeno)[而非苏格拉底]来阐述更高深的辩证法一样。(Galen, *On the Doctrines of Hippocrates and Plato*, Phillip de Lacy 编,第 2 部分,卷 6 – 9, Berlin: Akademie Verlag, 1980,页 588 – 589;对应 Kühn 编本,卷 V,页 780 – 781。)

但柏拉图宣称,制造我们的原因,造出宇宙的工匠神,用言辞命令他的后裔,用从他那里获得的不朽灵魂的实体塑造出人类,并在人类中置入被生成的部分。但我们必须认识到这个事实,在证明并假定我们的被造跟某个神或某些神的神意(providence of some god or gods)一致,与知晓这个制造者的实体甚或我们自己灵魂的实体之间,没有任何类别上的相似之处。我先前的论述已经表明,塑造我们身体的是某个具有最高智慧和能力者的作为;但最具神性的(the most divine)柏拉图关于灵魂的实体及塑造我们的诸神的实体之所说,甚而他关于我们整个身体的全部言论,都仅止于貌似可信(plausible)并合理,正如他本人在《蒂迈欧》中[两次]指出的——第一次是在他将要加入有关自然世界的叙述时,再次是他在叙述

的部分。在《知识书》中,迈蒙尼德首先处理形而上学(《论律法的根基》1－2章),其次是自然学(die Physik[或译"物理学"])(前揭,3－4

中途插入这个陈述时。

与此相应,当蒂迈欧打算开始发言时——因为(柏拉图)将这个人作为详尽叙述整个宇宙的本性的解说者——他说了下面这段话:"苏格拉底呵,倘若关于诸多事物——诸神及宇宙的起源——存在许多议项,对此我们没能力给出一个全然准确和自相一致的解释,可别感到惊讶;相反,要是我们提出的叙述与另一个人的同样合理,你和其余的人一定要感到满足,要记住,我这个讲者和你这个陪审员都是人;因此,关于这个主题,我们必须接受貌似真实的说法(likely story)并止步于此。"([中译按]参《蒂迈欧》29c－d)以同样的方式,他[柏拉图]说,他关于灵魂所写的东西都是貌似可信且合理,他是这样说的:"那么,至于说关于灵魂的这种叙述——有多少[部分]是不朽的、有多少[部分]有神性,其部分在哪儿、跟什么一起、出于什么原因被赋予分离的居所——仅当有个神加入时,我们才能自信地断言其真实性;但即便此时,当我们更多地反思这件事时,我们仍必须冒险声称,我们的叙述乃貌似可信,让我们就这么声称吧。"([中译按]参《蒂迈欧》72d)

因此,正如他[柏拉图]前面的说法——我们有关灵魂的知识仅止于貌似可信且合理,我也要出于这个理由不那么大胆地对之作出鲁莽的断言;但另一方面,我要宣称,有证据表明,灵魂的形式多于一,这些形式位于三个不同的居所,其中之一是具神性的(divine),借此我们进行推理,另外两种形式不得不与种种情感打交道——凭其中一个我们发怒,而凭另一个植物也有的[灵魂的形式],我们欲望那些通过身体获得的享乐。(同上,Phillip de Lacy 编本,页 596－601;对应 Kühn 编本,卷 V,页 791 以降)

[眉批1]参西塞罗,《论诸神的本性》,卷三,16－19。

[眉批2]在柏拉图主义者那里,"律法"在"神意"之前——参看 Elia,《哲学绪论》(*Prolegg. philos.*) c. 12 和 David,《哲学绪论》(*Prolegg. philos.*) c. 23－24(《亚里士多德希腊文注疏集》[*Comm. in Arist. Graeca*],柏林科学院版)。

章),接着,直到有关形而上学和自然学的处理正式结束之后,亦即理论哲学正式结束之后,才是预言和律法(前揭,7－10 章)：＊预言和律法不是理论哲学的论题,而是政治学的论题。由此,对托拉的科学的根基,即四个可证明的根基性学说(［阿拉伯语］*arâ' usuliyya*)——上帝、天使、预言以及律法——的探讨结束。㉚直到在此之后,更具体地说,亦即在政治学之后,迈蒙尼德才处理具有较低的科学品第㉛的伦理学 ＊(《论品性》㉜［*H. deoth*］)。完整的神意学说仅出现在《知识书》的结尾：迈蒙尼德在《论悔改》的第 5 章和第 6 章中探讨了神的全知全能与人的

＊　［眉批］参《指津》卷三 2(176,18－23)。

㉚　比较卷三 35 章开头、36 章开头及 45 章(98b－99a［575－7］)。

㉛　［原注 32］［《指津》］卷一 2 章(14a［24－25］)。比较原文(初版)96 页上方(［G 注］即全文第 2－3 自然段)。

［眉批］《指津》16,15f. 亚当在犯罪之前收到一个诫命,而他犯罪之后知晓了 *ἐνδοξα*［意见］。

＊　［眉批］参［迈蒙尼德］《密释纳义疏》的"导言"：《祖辈训言》(*Aboth*)在《论议事会》(*Sanhedrin*)之后——［因为］那种道德是法官们(*Richter*)的道德(54,10,汉堡版)。

［中译按］在犹太教口传律法汇编《密释纳》第四部分《各种损害》(*Nezikin*)里,《论议事会》是有关犹太议事会(即法庭)的构成、权力及功能的一篇,《祖辈训言》是犹太先贤们的伦理教诲的汇编。迈蒙尼德在《密释纳义疏》"导言"里指出,《祖辈训言》放在《论议事会》等论及法官及诉讼的各篇之后,因为先贤们的伦理教诲的第一条即涉及对法官的伦理要求。

㉜　［原注 31］政治学－伦理学(－家政学)的谋篇(［眉批］)在迈蒙尼德的时代颇为普遍;见《简评迈蒙尼德和法拉比的政治科学》(*RÉJ*,1936,页 11,注 5)。

［眉批］这里错了(*verkehrt*)！

［中译按］施特劳斯在此提及的《简评》一文中的注释指原注 29(见本书程志敏、庄奇译文,页 62),在该注所提请参照的中古匿名阿拉伯文短文里,各种实践科学的次第确为"政治学－伦理学－家政学",然而施特劳斯本人后来在自己留存的样刊上指出,这个次序不对。尽管施特劳斯本人未对这个眉批作出进一步的说明,但我们或可从《简评》正文中推测,所谓"错误"很可能指的是,在迈蒙尼德《逻辑技艺论》对各种科学的列举中,实践科学(或政治科学)的次第是：伦理学(个人的自我统驭)－家政学－政治学。

自由意志的相容性；*有关来世的奖赏和惩罚的探讨出现在第8章；有关此世或弥赛亚时代的奖赏和惩罚的探讨出现在第9章；有关真正的幸福的探讨出现在第10章，**《知识书》全书终结于此章。迈蒙尼德在阐明从诫命到皈依的语境下，亦即在教化的(erbaulich)语境而非探讨托拉的(哲学)根基的语境下，提出神意学说，这表明他受到一种观点的引导，该观点认为，神意学说是对政治学的一个必要补充。因为教化(Erbauung)正是说教性的政治(didaktische Politik)，除此无它，而对迈蒙尼德来说，没有[104]哪种其目的根本上并非说教性的政治，能在根本上成为"现实政治"(Realpolitik)。

《迷途指津》的结构没有那么清晰，确切说，这是因为其中关于预言和律法的政治学说似乎被归类于形而上学。这种对最明显的谋篇的偏离，无法仅仅通过预言学说对于阐释神车论必不可少㉝这一事实得到阐明，而是要，且首先要经由《指津》的根本特征来得到阐明。就如迈蒙尼德在全书开端所阐明的，这部著作有意提供的是"关于律法的科学"(Wissenschaft vom Gesetz)，㉞除此无它。无论根据通常的观点还是根据迈蒙尼德所接受的观点，因此、并且仅仅因此才使得迈蒙尼德能

---

    * ［眉批］与此相反，比较 Saadja：复活 — 弥赛亚 — 来生的赏罚。

    ** ［眉批］政治(［德文编者按］对应：弥赛亚时代)哲学(［德文编者按］对应：真正的幸福)

    ㉝ 例如，参卷二43章末尾(［G注］皮纳斯译本页393)。

    ㉞ 卷一"导言"(3a［5］)。萨洛蒙·迈蒙(Salomon Maimon)很可能考虑到这一立场，在其自传(Berlin 1793，卷II，页15)中，他将论《指津》的演讲的第一章命名如下："《迷途指津》，其谋篇(Plan)、目标与方法是神学－政治式的(*Theologia politica*)。"(［眉批］)迈蒙将出于《指津》"导言"的上述片段复述如下：《指津》"应当仅仅致力于为立法科学(Wissenschaft der Gesetzgebung)(律法的智慧)奠定基础"(前揭，页20)。

    ［眉批］参前文，页102，注28(＝原注28)，1.2.(［德文编者按］即"在他两部主要的政治－神学作品中")。

    比较：corrolarium *theologo-politicum*, in quo adducuntur variae variorum sententiae et exercitationes, de vero modo educationis in Republica Christiana[一条神学－政治定理，从中可引出基督教共和国中教育方式的各种知识与实践]——

表面上(scheinbar)律法只是诸多哲学论题中的一个论题,只是哲学的诸多科目中的一个,即政治科学的论题,而律法却是《指津》的唯一论题——并非因为《指津》不够"政治性",而是因为它比诸如伊本·西拿(Ibn Sînâ[中译按]即阿维森纳)的《形而上学》更具"政治性",*在《指津》的形而上学框架内处理预言,而伊本·西拿则是在政治学框架内处理它。正因为《迷途指津》全然致力于律法科学,其结构才没有根据各哲学科[105]目的次序来安排,而是根据律法本身的经纬(Gliederung)来安排。㉟根据这一经纬,预言和律法学说作为真正可证明的根

见:J. A. Werdenhagen 编订,博丹,《论共和国》,摘编本(*Bodini De republi. librorum breviarium*),阿姆斯特丹,1645。

Wolfgang Franz,《神学论,对最合理的圣经解释的全新透彻论述》(*Tractatus theologicus novus et perspicuus de interpretatione sacrarum scripturarum maxime legitima.*),1619。

*　[眉批] 这是对的,正如对比《指津》与法拉比两本"政治性著作"所示。

㉟　律法服务于两个目的:灵魂的健康(Heil der Seele)和身体的健康;灵魂的健康通过诸真实的意见(wahre *Meinungen*)来获得([眉批1]),身体的健康通过基于诸行动的正确性(Richtigkeit der *Handlungen*)的政治秩序来获得。真实意见的目的在于对上帝的爱(Gottes*liebe*),它回溯到(关于上帝、天使、预言和律法的)可加以证明的四种根基性学说;迈蒙尼德在《重述托拉》的《论托拉的根基》,以及主要在《指津》的第一个主要部分(卷一1章至卷三7章)解释了那些[学说]。

《指津》最严重的中断出现在卷三7章末尾,这一点本文开头已指出。正确的行动导向对上帝的畏惧(Gottes*furcht*)([眉批2]),正确的行动(1)通过并不真实但为了政治秩序的缘故而必要的各种意见(这些意见中最重要的意见是人必须畏惧上帝,随之而来的推论是,祂[上帝]具有怜悯之心[daβ er sich erbarme])而产生;(2)通过诫命和禁令的整体而产生([眉批3])。

与此相应,《指津》的第二个主要部分分为两个分部:(1)对"必要的"意见(亦即这些意见中最重要的意见,关于神的奖赏和惩罚的学说)的阐明 = 卷三8 – 24 章;(2)对诫命和禁令的整体的阐明 = 卷三25 – 50 章。迈蒙尼德对律法的明显划分出现在卷三27 – 28 章([G 注1]皮纳斯译本页 510 – 514)及52章(130a 底部至末尾[629 – 630])([眉批4])。有关将"宗教"划分为诸意

基性学说,属于[《迷途指津》]第一个主要部分,该部分致力于阐明那

见和诸行动,比较法拉比《各科举隅》(*Ihsâ al-'ulûm*)第 5 章([G 注 2])(或法拉克热[Falaquera],《智慧的开端》[*Reschith chochmah*]59,9)。留意卷三 25 章的第一个词([G 注 3]即"行动")。

[眉批 1] Rodrigo de Castro(1546—1627),*Medicus Politicus*[《医生、政治家,或国医的义务论》(Medicus Politicus,sive de Officiis Medico-Politicis Tractatus)]"关于医学法与医学伦理"(on medical jurisprudence and ethics),[见]Harry Friedenwald:《医学史中的犹太大家》(*Jewish Luminaries in Medical History*),Baltimore,Johns Hopkins Press,1946,页 20。

[眉批 2]参前文页 101,2 - 4 行([德文编者按]指"律法教导说,一切降临到人的好事(坏事)都是对他们的好(坏)行动的奖赏(惩罚)")。

[眉批 3] 参[《指津》]页 312,行 8([中译按]卷三 8 章);页 57,行 6([中译按]卷一 36 章)。

[眉批 4]以及,[《指津》]卷三 54 章(132b[633]);页 192,行 24 - 26([中译按]卷二 11 章)。

[G 注 2] 在《各科举隅》第 5 章,法拉比说道:

这种科学([中译按]指政治科学)分为两个部分:(1)一个部分包括:告知人们何为幸福;区分真假幸福;历数分布在各城邦和民族中的一般的志愿行动、生活方式、道德品行和性格状态;区分有德性的那些与没德性的那些。(2)另一部分包括:使有德性的性格状态和各城邦、各民族的生活方式井然有序的方式;告知人们王者职能(royal functions)——各城邦公民中有德性的生活方式和有德性的行动得以借此建立并变得有序,和各种活动——已然有序并得以建立的生活方式和有德性的行动借此得到保持。它[这种科学]随后历数非德性的王者技艺的各种类别——它们有多少,它们的每一种各是什么;它还历数它们中的每一种履行的职能,以及它们中的每一种为其统治下各城邦及各民族力图建立的种种生活方式和积极的性情(the positive dispositions)。(这些事情可以在亚里士多德论政制的《政治学》中找到,亦能在柏拉图的《王制》和柏拉图及其他人的其他著作中找到。)(Fauzi M. Najjar 英译,刊《中世纪政治哲学读本》[*Medieval Political Philosophy*:*A Sourcebook*],Ralph Lerner,Muhsin Mahdi 编,New York:The Free Press of Glencoe,1963,页 25 - 26。)

些根基性学说,而神意学说作为一个教化式的学说则属于第二个主要部分的第一分部,该分部处理各种"必要的"学说。

亦见法拉比《宗教之书》(*Book of Religion*)第一行所言:

> 宗教是取决于并受限于诸多条规的意见和行动,它们为一个共同体[的利益]由其首位统治者(the first ruler)所制定,这位统治者力求从对这些意见和行动的实践中——就它们本身或借助它们——为宗教获取一个特定的目的。(见《阿尔法拉比政治著作:格言选及其他作品》[*Alfarabi, The Political Writings: Selected Aphorisms and Other Texts*],Charles E. Buttersworth 译注,Ithaca:Cornell University Press,2001,页 93。)

评迈蒙尼德《重述托拉》卷一笺注本 *

（1937）

张缨 译

　　迈蒙尼德，《重述托拉》（*The Mishneh Torah*）卷一，希亚姆森（Moses Hyamson）据 Bodleian 抄本校订、注释并英译，附译者导言和圣经及《塔木德》文献出处（New York：Bloch Publishing Company，Inc.，1937，xiii + 93 页）。

　　希亚姆森（Hyamson）教授对我们有关迈蒙尼德的知识作出了一项极为重要的贡献，他首次让公众得以接触到流传至我们时代的《知识书》（*Sepher ha-madda*）（即《重述托拉》的第一"卷"）的最可靠的版本。"此编文本一行一句紧紧依随牛津大学博德黎恩图书馆（the Bodleian Library）独藏的一部手稿"；那部"手稿独有的特性在于，其卷二末尾（实际上在整部手稿的末尾）有迈蒙尼德的亲笔"；出自迈蒙尼德之手的签名是"由迈蒙尼德给予的凭证，说明该手稿与作者的初稿相比有过修改和更正"。马克斯（Alexande Marx）教授早在几年前（见 *JQR*，N. S，xxv，pp. 371f. ）①已令人信服地指出，整理编订此手稿的工作（其

---

　　* ［中译编按］此英文书评发表于 *Review of Religion* 3，No. 4（May 1937）：448 - 456。

　　① ［译按］缩写 *JQR* 指 *Jewish Quarterly Review*（《犹太评论季刊》），N. S. 指该刊的"新系列"（New Series），下同。1935 年恰逢迈蒙尼德诞辰 800 周年（传统上将迈蒙尼德的出生年份定为 1135 年，晚近有学者指出，他其实出生于 1138 年），《犹太评论季刊》在该年第 4 期发表了一组纪念迈蒙尼德的文章，这里指的是 Alexander Marx 编订的《出自迈蒙尼德的文本及关于迈蒙尼德的文本》（《Texts by and about Maimonides》）。Josef Stern 教授向译者解释了原文中的各种疑难之处，尤其是手写体希伯来文字母的辨识，村冈崇光教授帮助指正了对希伯来文词组的绎读，特致谢忱。

前半部分已经由希亚姆森教授完成)有多么必要。感激编者的成就的最好方式,就是考察这个新的编订版文本与既有各版(the current editions)的文本之间最显著的差异(这样的考察免不了多少有点任意性)。

　　几乎不必指出,新版文本在语法上的修正远超既有各版的文本。比较新版与旧版的两个文本,能观察到原稿在多大程度上受基督教审查制度的直接或间接影响而被掺假,这个结果与其说令人称奇,不如说让人饶有兴趣。下面我把既有各版的文本(readings)放在方括号里,进而简要指出基督教审查制度的影响这个因素所造成的典型的[文本]掺假(adulterations)。

希亚姆森教授的文本②	既有各版的文本
גוים:诸外族[译按:直译为"各民族",指以色列以外的民族],异教徒们	עכ'ום:偶像崇拜者,偶像崇拜
הכופרים:那些异教徒们	כוהניהם:他们的祭司们
כופרי אדום:以东③的异教徒们	כוהני עכ'ום:偶像崇拜者的祭司们
'אפיקורס:伊壁鸠鲁派,不敬神者,怀疑论者	מין:宗派分子,异教徒
נכרי:陌生人,外邦人	גוי'עכ'ום或:"偶像崇拜者"或"异族/异教徒"

---

　　②　[译按]原文仅列出 10 对手写体希伯来文单词或词组,没有给出英译,这里尝试用表格形式加以对照并给出中译。

　　③　[译按]"以东"原为以撒之子(以撒乃亚伯拉罕嫡子)以扫的别名,后成为以色列族以外的一个民族的名称(即以东族)。

עבודה זרה:偶像崇拜	עכ'ום:偶像崇拜,偶像崇拜者
מלכיות הרשעה:那些邪恶王国	מלכיות或מלכות עכ'ום:"偶像崇拜者的王国"或"诸(邪恶)王国"
שמד:宗教迫害,被迫改宗	גזרה:(受外邦政府)迫害
משומד:改宗者	מומר:不守律法者,改宗者
תלמוד:《塔木德》	גמרא:《革马拉》

　　既有各版中对耶稣名字的省略也是出于同样的影响因素,这种情况出现在"论偶像崇拜"('Abodazara)X章1节,"论悔改"(Teshubah)III章10节(结尾),以及 IV 章2节第(4)条。我们要感谢希亚姆森教授的新版,因为最重要的一组异文(group of the variants)构成的这些文本涉及(或可能涉及)对迈蒙尼德思想的理解。[接下来]我将指出一些异文的例证,为了方便读者,我根据主题事物来安排那些异文。

一　《重述托拉》的特征及其谋篇

　　《重述托拉》起始于这句题铭(既有各版略去了这一题铭),"以圣主——永恒上帝——的名义"(In the name of the Lord, the everlasting God)(创 21:33),也就是说,《重述托拉》的开头用了跟《迷途指津》各卷开头同样的题铭。《重述托拉》解释题铭("论偶像崇拜"I章3节)的方式也跟《迷途指津》里的解释方式(卷二13章和30章;卷三29章)一样,即首先指出上帝的存在,继而指出祂对天球的统驭(His governing the sphere)以及祂对世界的创造。在"论悔改"IV章5节,我们现在读到的是"我们在'论品性'(H. Deot)中编撰过(have compiled)……",而非像习传那样写作"我们在'论品性'中解释过(have explained)……"。指出这一点很重要,《知识书》(Sefer ha-madda)(甚而整部《重述托拉》)在引述前面某一章时,迈蒙尼德通常说"我们(在这一章或那一章)解释过"(见"论悔改"Ⅴ章5节,Ⅷ章3节和Ⅹ章6节);另一方面,《重述托拉》本身被他称为一部(传统素材的)"编撰作品"(compilation)。迈蒙尼德在明确引述"论品性"(关于品行[morals]和卫生的律例)时偶尔使用"我们编撰过"(而非"我们解释过")这样的表述,可能是以此暗指《知识书》(*Sepher ha-madda*)那个部分的独有特征——就像《指津》卷三35章(Joel编订本:394,5–6)④和38章里所指出的——甚至是除头四章以外的《重述托拉》的所有部分的独有特征。在"论律法的根基"(Yesode ha-torah)第Ⅲ章开头,我们读到"而各种天球"(And the spheres)。新的写法清楚表明自然学(physics[或译]物理学,对应于"论托拉的根基"Ⅲ–Ⅳ章)与形而上学(对应于"论托拉的根基"Ⅰ–Ⅱ章)的不可分离性,反之亦然。这一点在《指津》卷一"导言"(5,6)中有解释,迈蒙尼德在那儿说:"自然学紧接着形而上学。"〈新版的〉另一处异文可证明我们强调表述上看似细微的变动是有道理的,那处异文事实上已借其他文献为人所知。在"论托拉的根基"Ⅳ章8节,迈蒙尼德说:"因此,一个人必须小心翼翼对待名称(names)(措辞[terms])[对待它们的名称([施按]即前文刚刚提及的意指灵魂或灵的措辞)],为的是你(单数!)不会犯错[为的是没有人会就这些措辞犯错],并且每个个别措辞必须从其语境([施按]即在每一个别情境下)得到理解。"(这里引述的陈述不仅涉及圣经措辞,而且同样涉及迈蒙尼德自己使用的措辞;"论悔改"Ⅷ章3节中与"论托拉的根基"Ⅳ章8节的相似段落可以显明这一点;另参《指津》卷一"导言"[9,26以降]。)新的写法传达了一个普遍得多的告诫(一个关于无数用词的告诫,而非仅仅关于前文刚刚提及的两个词),与此同时,它也传达了一个具体得多的告诫:迈蒙尼德的那句话并非向所有人,而只向一个人讲述。这是因为,隐秘的教诲,尤其是借助多义词汇传递的隐秘教诲,仅向"一个人"讲述。

---

④　[译按]这里引述的是Solomon Munk及Issachar Joel编订的犹太–阿拉伯文版《迷途指津》(*Dalalat al-ha'irin*,Jerusalem:J. Junovitch,犹太历5691=1930/31),括号中的数字前指该书页码,后指行数。

二　神学

"有人(One)说[他说(施按:即圣经说)],'凭法老的生命'和'凭你的灵魂的生命',〈这〉人(one)没有说[而他没有说],'凭永恒者(the Eternal)的生命',而是说'永恒的众生'(The Eternal lives)。"("论托拉的根基"II章10节)可靠的释读由《迷途指津》(卷一68章[112,18])中的相类片段(parallel passage)得到确认。"论托拉的根基"VI章2节历数了上帝的名字,我们现在在其中读到 Ehyé[字面义:我将是]⑤而非 Elohai[我们的上帝]。参《双重银钱》(Keseph Mishneh)⑥对该片段的注释及《指津》卷一62章(105,4)和63章(106,14以降)。在论及人摹仿上帝的道德属性时,迈蒙尼德在一处说"同化他自己[将他自己同化于祂]"("论品性"I章6节)。基于《指津》卷一54章,〈这里〉宾语的省略完全可以理解。[与此相关的例证还有:]"倘若神是多数[倘若有许多神]"("论托拉的根基"I章7节);"对名为莫洛(Molech)者的崇拜[这种崇拜(施按:即偶像)的名字是莫洛]"("论偶像崇拜"VI章3节)。上帝无形体性的经文证据通过这些语词引入——《五经》和先知[先知们]清楚阐述"("论托拉的根基"I章8节)。事实上,迈蒙尼德在那个语境里只提及一个先知。"倘若祂凭生命而活着、凭知识而知晓,那就会有许多神:祂、祂的生命以及祂的知识。"("论托拉的根基"II章10节)既有各版作:"以及凭外在于祂本身的知识而知晓。"就在前面一行,希亚姆森博士的文本和既有各版的文本都作"祂并不是

---

⑤　[译按]ehyé是希伯来语系动词"是"的第一人称未完成时形式,字面意思为"我将是",这个词出现在《出埃及记》3章14节。摩西问上帝"若是他们(即以色列人)问我祂(指上帝)的名字是什么,我怎么对他们说"(3:13),上帝回答他,"我将是我所将是(或译'我是我所是')"。

⑥　[译按]《双重银钱》系中世纪犹太法典编纂家卡罗(Joseph ben Ephraim Karo,1488—1575)为迈蒙尼德《重述托拉》所作的注疏。

凭一种外在于祂本身的知识而知晓。"但是,在那里,*de'ah* 严格来讲意指理智(intelligence),而在后一行,那个词的意思类似于"论品性"(关于道德品性的律法)标题中该词的含义。下面这段话——"我们没有发现上帝曾收回(revoke)任何(祂应许过的)善的事物,除了在毁灭第一圣殿时,祂曾应许义人,他们将不会与恶人一同死去,祂收回了他的话;《塔木德》关于安息日的专论清楚阐述了这一点。"("论托拉的根基"X章4节)——没有出现在新版中。

三　天使学

通过下面的不规则表述——"那些形式(forms)[那种形式]的等级被称为 *Hayot*[译按:字面意思为"诸生灵/诸活物"]"⑦("论托拉的根基"II章7节),迈蒙尼德指出了圣经天使学(the Biblical angelology)与有关诸分离理智(separate intelligences)的哲学学说的关系这个问题。试比较后面一行的陈述——"这种形式的等级被称为 *Ishim*[译按:字面意思为"人们",这里指人形的天使],他们是同先知们说话的天使。"

四　伦理学

"人应当将他所有的行动[他的心和他所有的行动]单单导向有关上帝的知识。"("论品性"III章2节)"他们的心([施按]即人们的心)

---

⑦　[译按]在《以西结书》前几章,hayot 指先知以西结在异象中看到的四种非人非兽的生灵(各有四张脸、四个翅膀,直立的腿,类似牛蹄的脚掌,脸旁各一轮),拉比犹太教将此异象解释为 ma'aseh merkhebah[神车论;Pines 英译为 the Account of the Chariot]。迈蒙尼德在《论托拉的根基》II章7节对天使等级的分类中,将 Hayot 视为最高等级的天使,后文中的 Ishim 则是最低等级的天使。

被留给他们（[施按]即由他们自行抉择）"——既有各版在此作"一切都被留给他们"（"论悔改"V 章 3 节）。"因此他（大卫）也这么说，'让一个高贵的灵支持我，'也就是说，'让我的灵受苦以便达成它的欲求[你的欲求]。'"（"论悔改"VI 章 4 节）人类自由（human liberty）的限度这个问题是"论悔改"第 V 章的秘密论题，正如那章开头所指出的："每一个人的自由（The freedom of every man）被给予他[自由被给予每一个人]。"（参《坚固的塔》[*Migdal Oz*]⑧关于此片段的评注以及"论悔改"V 章 2 节和 VII 章 1 节）对于这个片段的阐释，可比较《指津》卷三 17 章（参 337，24 – 28 和 338，21 – 30 与 340，10 以降）与〈卷三〉19 章（345，10）。"论品性"第 I 章历数了各种（错误的）极端（[faulty] extremes），我们从中观察到下面两处有趣的异文："极度[特别]谦卑"，并且"他的身体（[施按]即他身体上的欲望）特别纯洁"，而非"有一颗非常纯洁的心"（I 章 1 节）。第二处异文由后面某处出现的另一处异文（I 章 4 节）得到佐证："以便他会成为完美的[（添加）就他的身体而言]"（参 *Shinnuyé nushaot ad loc*[该处"异文"]）。⑨ "每一个道德秉性——即他们的全部（all of them）——处于中道（[施按]即处于两种错误极端之间）的人，都被称为智慧的。"（"论品性"I 章 4 节）"它们的全部"在既有各版中被省略了，或许那是为了避免与"论品性"II 章 3 节之间表面上的矛盾——在"论品性"II 章 3 节，迈蒙尼德表明，极端谦卑和极端温和得到犹太传统的推崇。"当一个人生病时，就不可能理解或知晓[（添加）某些属于创世者的知识的事]。"（"论品性"IV 章 1 节）

---

⑧　[译按]此为《重述托拉》的一部注疏，出自 14 世纪早期的犹太思想家 Shem-Tov ben Abraham Ibn Ga'on。

⑨　[译按]希伯来语词组 *Shinnuyé nushaot* 直译指"变化的文本或版本"，该词组通常用来指某经典的不同版本的异文，往往以边注或脚注等形式附在正文旁。

五 律法

圣人拉比犹大(Rabbi Juda the Saint)"对《密释纳》里［(添加)向智慧者］公开教导的所有(那些素材)加以编撰"(导言,希亚姆森版2b10)。"这些是伟大的人［智慧者中最伟大的］……与他们一起的是成千上万(thousands and tens of thousands)［(省略)上万］其他智慧(的人)"(同前,2b19-20)。"七十人［七十一人］的大议事会(the great Bet-Din)"(同前,3b25)。"四十个人［四十代人］"(同前,3a8。另参4a12-13)。"……以利亚在迦密山,他在(圣殿)外面献上燔祭,耶路撒冷被选中［因那个目的曾被选中］,任何人在〈圣殿〉外面献燔祭,就会招致革出教门的处罚。"("论托拉的根基"IX章3节)

六 终末论

对这个陈述——"被迫犯下偶像崇拜罪的人,不会招致革出教门的处罚,并且,毋庸说,〈也不会招致〉死亡的司法处罚"——既有各版添加了如下评注,这些评注没有出现在希亚姆森博士的版本中:"但若是他有能力救出自己并从恶王的权力下逃出却没有这么做,那他就像一条狗又回来吃自己的呕吐物,他就被称为一个顽固的偶像崇拜者,他将被排除在来世之外,他会下降到 Gehinnom［地狱］的最低等级。"("论托拉的根基"V章4节)——参 Shinnuyé nushaot ad loc［该处"异文"］对这个表述——"种种缺乏质料的理智〈或:智能〉〈存在者〉(intelligences)"("论托拉的根基"IV章8节)——既有各版添加了如下解释:"诸如天使们,〈他们是〉没有质料的形式。"添加的文字创造了这样的印象,即除天使以外,还有其他无质料的受造物(immaterial creatures),这种印象与"论托拉的根基"前文指出的 II 章 3 节的文字相矛盾。在"论托拉的根基"IV章4节,既有各版用毫无歧义的措辞 niphsad［易朽坏的］取代了有歧义的措辞 niphrad,〈后者〕]含义可能是"分离的,即从质料中〈分离〉",也可能是"易受分裂的"
(susceptible of disintegration)(第一种含义见"论悔改"VIII 章 3 节,第二
种含义见"论托拉的根基"IV 章 3 节。该措辞还以其他含义出现在"论
托拉的根基"I 章 10 节和 II 章 3 节)。试将这个表述与"异文"相关处所
示的前述异文(the preceding variant *Shinnuyé nushaot ad loc*)作比较。

七 具有特殊重要性的词

在"论品性"II 章 3 节,既有各版在某一处用 *middah*[本性/样式/
品性/尺度等]取代了 *de'ah*[知识/理智/品性等]。迈蒙尼德因为 *de-
'ah* 一词特定的歧义性而偏爱后者。"在讨论托拉及讨论智慧时,智慧
者的言辞[一个人的言辞]应稀少,而它们的含义(或内容)应众多。"在
"论品性"IV 章 21 节,既有各版在某一处用 *hanhagot*[统驭(复数)]取
代了 *minhagot*[各种习俗]。在这里的上下文中,迈蒙尼德似乎希望避
免 *hanhagah*[统驭(单数)]这个词,据他所言,这个词是 *merkabah*[神
车]——意指最隐秘论题的措辞——的"诠译"。迈蒙尼德偏爱 *minhag*
[习俗](custom),有时候他把这个词用作 *nature*[自然/本性]的同义词。
在"论偶像崇拜"I 章 3 节和 II 章 1 节,我们现在在许多地方读到的是"民
族"或"各民族"(peoples)而非"世界"。

在有一点上——这一点绝非不重要,希亚姆森教授的版本似乎不那
么令人满意。从他的版本里,看不到章与章的划分在何种程度上基于手
稿的编码段落,又在何种程度上基于编者本人的自主抉择。希亚姆森教
授在其"导言"里的说明(页 iv)很难跟他在页 34a 下面的注释相调和。

至于说英译文,绝大多数情况下,英译是正确的,许多地方甚至极
为出色。对一般读者而言,这当然极有助益。英译最明显的缺陷在于,
它经常不是基于跟英译一起出版的〈牛津图书馆所藏〉手稿文本,而是
基于既有的那些版本。但是,撇开这一点不论,可以提出的问题是:一
个译本,即便满足了最具哲学或律法色彩的书籍(most philosophic or
halakic book)的出色译本所必须实现的所有条件,它是否就能成为迈蒙

尼德作品的恰当译本呢？对那个问题的答案自然有赖于我们如何理解
迈蒙尼德著作的特征。就 Sepher ha-madda[《知识书》]来说，我们可以
从作者本人关于此书是什么类型的书所作的声明中得到答案。作为
《重述托拉》的一部分，它诉诸"所有人"（《指津》卷二35章开头；对勘
《指津》卷一导言[3,7]与"论托拉的根基"IV章13节），也就是说，《知
识书》并非特别诉诸哲人；因此，与《迷途指津》相比，它有欠科学性且
更为显白。这一点的最显著证据是，事实上，迈蒙尼德在《重述托拉》
里使用 nature[自然/本性]这个词时似乎显得犹豫：起初，他没有论及
各元素的 nature[自然/本性]，而是论及它们的 custom[习俗]或 way
[方式/道路]（"论托拉的根基"III章11节和IV章2节。希亚姆森教
授错误地将这两个相关的词译作"统驭原则"和"自然"）。这么说吧，
一本显白的书，若它出自非显白的头脑或者说出自首创者的头脑（initi-
ated mind），那么，它凭其本性就比一本隐微的书更难破译（decipher）。
这是因为，在显白作品中，作者只能以一种相当杂乱且含混的方式解释
他的观点（比较《指津》卷一导言[6,8−9]与71章[125,24]）。可以斗
胆说，一部像《知识书》（或作为整体的《重述托拉》）这样显白的作品，远
比各种隐微作品更为隐微。或者，为了避免那种悖论，我们可以直接说，
《知识书》是一本充满奥秘的书。要看到这一点，一个人只要考虑，按迈
蒙尼德的种种原则，隐秘的教诲意味着什么。它意味着，向那些有能力凭
一己之力去理解的人传授真理，同时又向俗众隐藏这种真理。迈蒙尼德
如此传授真理所使用的最重要的方法，就是对那些崇高的主题作相互矛
盾的陈述，由此，有关那些主题的真理的火花将在某一时刻闪现，随后再
度消失。⑩ 这么说吧，显然，对任何带着合理的谨慎度阅读《知识书》的

---

　　⑩　[译按]这里施特劳斯借用了迈蒙尼德在《迷途指津》全书"导言"中
的说法（见 Shlomo Pines 英译本，芝加哥大学版，1963，页6−7）：

> 　　我的目的是让人瞥见真理，然后再度将真理隐匿起来，这样做是为了
> 不致违背人不可能违背的神的目的，神的目的是使那些真理——尤其对
> 理解上帝必不可少的真理——向俗众隐匿。

人而言,迈蒙尼德在该作品中对"相互矛盾"方法的运用绝不少于他在《迷途指津》中的运用。〈这种方法〉最著名的例子是"论品性"头两章里出现的关于虔敬的相互矛盾的陈述。然而,从译者的观点看,相互矛盾不那么重要,因为这些矛盾的陈述本身并未对翻译造成严重的困难。但是,对《知识书》的译者而言,意识到下面这个事实无比重要:迈蒙尼德在许多地方都运用具有隐秘含义的含混的以及非含混的词,来揭示(reveals)他所认为的真理,且他在《知识书》里这样做不少于在《指津》里〈这样做〉。在这种情况下,《知识书》的译本应当尽可能是直译:如果可能的话,同一个希伯来词要始终被译成同一个英文词,以便迈蒙尼德有意作出的暗示能让不能理解原文的读者留意到。在译迈蒙尼德的作品时中,直译的原则必须压倒所有其他的考量,其程度要跟亚里士多德著作和阿威罗伊著作的中世纪译本一样,甚至甚于后者。

在"论托拉的根基"I 章 6 节,希亚姆森教授将 $b^e né\ adam$[直译:"人的儿子们",指"人的后裔"]译作 majority of mankind[人类的大多数],而在一行之后则译成 men[人们]。在"论偶像崇拜"的开头,他将同一表述译成 the people[这个民族]。在"论托拉的根基"III 章临近结尾的地方,他以较直译的方式将之译成 children of men[人们的后裔]。是否应在所有情况下都将这个词组译成 sons of man[人的儿子们],这一点或许值得考虑,因为 men[人们]的译法不会提醒我们〈注意到〉一个事实,即这个表述有时候并不意指人类本身,而只是指人类中的绝大多数。除此以外,〈这个〉建议的译法可以带出该表述与另一些表述——sons of the prophets[众先知的儿子们〈后裔〉]及 sons of the wise[智慧者的儿子们〈后裔〉]——之间的关联(关于 son 这个词的含混,见《迷途指津》卷一 7 章)。有人甚至可能会提出质疑,在某些情形下,希伯来文专名是否不应伴随译文,例如在("论偶像崇拜"开头)Enosh[以挪士/人]的情形中,恰当的翻译可以解决迈蒙尼德关于那个人的陈述所呈现的困难。[11]在"论托拉的根基"II 章 3 节,希亚姆森教授把两

---

⑪　[译按]以挪士是亚当之子赛特的长子(参《创世记》4:26 及 5:6),希伯来文 'enōsh 也有"人"或"人类"的含义。

个含义极为不同的希伯来文词译成同样的英文 such are[这些是]，由此使迈蒙尼德给出的一个重要暗示变得不可辨认。在"论托拉的根基"IV 章 2 节，他把'*aphar*[尘土]（dust）和'*ereṣ*[地]（earth）都译作 earth[地]。他还把*ḥaḥamim*[智慧者们]分别译作 sages[先贤们]、our sages[我们的先贤们]、wise[智慧的]、wise men[智慧者们]以及 Chachamim[*ḥaḥamim*的音译]。译者没有找到一个单一的英文词来翻译那个最重要的〈希伯来〉词 *de*'*ah*[知识/理智/意见/理智/品性等]，这情有可原。他将之译成 intelligence[理智/智能]、knowledge[知识]、moral disposition[道德秉性]、moral principle[道德原则]、mind[心智]、passion[激情]、sentiment[情感]以及 idealistic being[理式存在者]。很可能的确没有一个单一的英文词，既可用来指诸分离理智（separate intelligences），又可用来指知识、道德品性和心智。但仍可有把握说，直到这样一个英文词被发现或被生造出来，即便最好的《知识书》英译本的读者，也会错失迈蒙尼德教诲的要点。这是因为，迈蒙尼德不会无缘无故地使用如此意义含混的词。

希亚姆森教授提供的圣经和《塔木德》的引文出处尽管不够完整——这原本是很容易做到的——但它们无疑极为有用。不过，由于编订者忽略了为《知识书》中涉及非犹太教文献的引文添加出处，他无意中造成了对那部著作的多少具有误导性的印象。对有些读者来说，知道一件事原本很有趣，甚至很重要：整部《知识书》的标题及其第一部分的标题，与安萨里（Ghazzâlî）的《宗教科学的重生》（*Ihyâ*）的前两卷的标题几乎是一样的，⑫其他一些或许不那么明显的相类之处（par-

---

　　⑫　[译按]安萨里（Al-Ghazzâlî，1055—1111），中世纪伊斯兰神学家和教法学家，著有《哲人们的矛盾》（*Tahâfut al-falâsifa*），反对阿尔法拉比、伊本·西拿为代表的伊斯兰亚里士多德派哲人的理性主义进路。《宗教科学的重生》（全名 *Ihyâ' 'ulûm al-dîn*）被视为其代表作，此书分为四个部分，每个部分有十卷，其第一部分的前两卷的标题分别是《知识书》（"*Kitab al-' Ilm*"）和《信仰的根基》（"*Kitab Qawa'id al-Aqa'id*"）。

allels)就更不用说了(参 Boaz Cohen, *JQR*, N. S. , xxv, 页 529 以降)。⑬
编订者同样忽略了为《重述托拉》其他片段或迈蒙尼德的其他著作的
交叉引用添加出处。要使绝大多数读者能留意到种种既隐匿又揭示迈
蒙尼德隐秘教诲的那些自相矛盾,注出这些交叉引文的出处必不可少。

----

⑬　[译按]这里指柯亨(Boaz Cohen)的文章《〈重述托拉〉对律法的分类》
("The Classification of the Law in Mishneh Torah")。

迈蒙尼德的隐秘教诲

（约 1937—1940）

张缨　译

［中译编者按］此未刊稿由 Yiftach Ofek 在芝加哥大学图书馆的施特劳斯文稿档案中发现，获施特劳斯遗著执行者塔科夫（Nathan Tarcov）教授慨允予以发表。此稿原为一页纸的打印稿，上面没有注明写作日期（K. H. Green）。此文刊于格林（K. H. Green）所编 *Leo Strauss on Maimonides：The Complete Writings*（Chicago，London：The University of Chicago Press，2013），613 – 618。编者格林推测此稿写于 1937—1940 年间。

在试着阐释迈蒙尼德的哲学教诲之前，人们必须准确地知晓这种教诲是什么。在刚刚开始的这个学年里，我打算进行的这项研究的意图是确立迈蒙尼德的哲学教诲的核心内容。

迈蒙尼德研究者起初不得不克服的特殊困难，在于下述事实的后果，即既不能把迈蒙尼德的主要著作《迷途指津》当作现代的哲学体系来阅读和理解，也不能把它当作中古的神学大全来阅读和理解，甚或，也不能把它当作类似阿维森纳或阿威罗伊的形而上学那样的哲学手册来阅读和理解。因为，《迷途指津》是一部自觉且刻意写就的谜一样的著作：它的教诲并不以平白的语言，而是靠影射和暗示来展现。倘若该书不是以致力解决另一部谜一样的著作的奥秘为目的，那么，要解决此书的种种奥秘或许是不可能的。那另一部谜一样的著作正是圣经。因而，以迈蒙尼德本人阅读圣经的同样方式来阅读《指津》，我们将有能力理解此书的教诲。在阅读圣经时，迈蒙尼德在文本的字面含义与其内在含义之间作出区分。以同样的方式，《指津》的阐释者不得不区别对待《指津》的字面含义及其内在含义。只有《指津》的内在含义可以被接受为它的真正含义。

通过观察迈蒙尼德阐释圣经的方法，人们可以获得不止一条阐释《指津》的规则。不过，具有最宽泛应用领域的那条规则是下面这条。迈蒙尼德这部著作始于对许多圣经词语的含义的讨论，在他看来，这些词语都具有一种隐秘的含义。沿着这一步骤，我的讨论将始于迈蒙尼德在《指津》中所运用的隐秘词语。

因此，我打算做的有几分像是［编］一部迈蒙尼德的隐秘术语词典（a dictionary of Maimonides' secret terminology）。那种隐秘术语跟亚里士多德传统的术语毫不相干，因为那种传统的术语并非秘密。它也不是一种神秘主义术语，因为迈蒙尼德不是一个神秘主义者。相反，它是涉及哲学与宗教律法的关系的一组表述。

必须将这些表述搜集起来，以恰当的方式编排；需要确立它们在《迷途指津》中及《迷途指津》之外的含义；这些表述是否出现在这部著作的各章或更大范围的各卷中，必须加以注明。因为，比那些表述的绝对含义更重要的，是它们所在的位置：正是通过在《迷途指津》的不同部分使用或不使用这一个或其他隐秘词语，迈蒙尼德得以区分这部著作的哲学部分与非哲学部分。因此，通过把那些词语用作路标，我们将有能力辨识出划分那两个部分的分界线，即那整部著作的隐匿的构造方式。当我们能够清晰地对《指津》的哲学部分与非哲学部分作出区分，我们就发现了迈蒙尼德的隐秘教诲：因为，那种教诲等同于《迷途指津》的哲学部分，而《迷途指津》的非哲学部分的教诲只具有一种显白的本性。

论阿布拉瓦内的哲学倾向与政治教诲[①]

（1937）

余慧元　译　庄奇　李致远　校

［中译编者按］本文原题 On Abravanel's Philosophical Tendency and Political Teaching，初刊于《阿布拉瓦内：六篇讲稿》（*Isaac Abravanel: Six Lectures*，J. B. Trend 及 H. Loewe 编，Cambridge of the University Press，1937），页 95 – 129（以下简称"初版"），后收入《施特劳斯文集·卷二：哲学与律法及早期著作》（*Leo Strauss Gesammelte Schriften*，Band 2：Philosophie und Gesetz-FrüheSchriften），Wiebke Meier 参与，Heinrich Meier 编，Stuttgart，Weimar：Verlag J. B. Metzler，1997/2013 年，页 195 – 227（以下简称"再版"）。由于全文有大量交叉引注，"再版"编者将"初版"每页重新编号的注释改为连续编号，中译文遵照"再版"的注释编号。施特劳斯本人为此文所作的眉批由《施特劳斯文集·卷二》的两位编者识读、誊录并出版，见该卷页 229 – 231。

阿布拉瓦内（Abravanel，1437—1508）可以称作中世纪最后一位犹太哲人。就其学说的框架与主要内容来说，他属于中世纪。诚然，他思想的某些特点使他有别于所有的或者说大多数其他中世纪犹太哲人，但大部分特点又很可能源于中世纪的基督教。不过，阿布拉瓦内是人文主义时代的产儿，因此，如果（退一步讲）他在其著作中有某些不带中世纪特征的意见或倾向，我们也就不会感到奇怪。不过，

① 感谢历史系委员会（the Board of the Faculty of History）的资助使我得以撰写此文，也感谢 M. C. Blackman 夫人友好地为我修正英文。

一般说来,阿布拉瓦内是一位中世纪思想家,一位中世纪犹太思想家。

中世纪犹太哲学史的核心人物是迈蒙尼德(Maimonides[1135/38 - 1204])。因而,可取的做法是通过对比阿布拉瓦内的哲学倾向与迈蒙尼德的哲学倾向来定义前者的特征(character)。这样做之所以更为正当,是因为除迈蒙尼德外,再没有别的哲人能让阿布拉瓦内如此心悦诚服、亦步亦趋了。

那么,迈蒙尼德的一般倾向是什么呢?回答似乎是明显的:迈蒙尼德试图调谐(harmonize)犹太传统教诲与哲学传统亦即亚里士多德传统的教诲。这一回答当然并非完全错误,但还相当不充分,因为它无法解释,究竟哪些终极假定让迈蒙尼德能够去调谐犹太教与亚里士多德。其实,那些真正决定性的假定既非源自犹太教,亦非源自亚里士多德,而是借自柏拉图,借自柏拉图的政治哲学。

乍看起来,作为迈蒙尼德出发点的哲学传统,似乎与基督教经院学(Christian scholasticism)的决定因素相等同。的确,对迈蒙尼德以及托马斯·阿奎那(Thomas Aquinas[1225 - 1274])而言,亚里士多德都是独一无二的哲人(the philosopher)。但是,就它们以之为基础的哲学传统而言,迈蒙尼德与基督教经院学之间有一个非常显著且高度重要的差别。对托马斯·阿奎那来说,亚里士多德不仅在哲学的其他分支方面,而且在政治哲学领域都是最高权威。而迈蒙尼德却不能运用亚里士多德的《政治学》(Politics),因为它当时还没有被翻译成阿拉伯文或希伯来文。但他可以从柏拉图的政治哲学出发,事实上他也正是这样做的。[2] 柏拉图的《王制》(Republic)与《法义》(Laws)在中世纪时固然

---

② 详情请读者暂且参考拙著《哲学与律法》(*Philosophie und Gesetz*),Berlin:Schocken,1935;及拙文《简评迈蒙尼德和法拉比的政治学》("Quelques remarques sur la science politique de Maïmonide et de Fârâbî"),载《犹太研究月刊》(*Revue des Études Juives*),1936,页 1 - 37。

没有被译成拉丁文,③但在 9 世纪时却已经被译成了阿拉伯文,并且有最杰出的伊斯兰哲人中的两位为之作了注疏。④ 鉴于我们得知的这些事实,我相信,我们对迈蒙尼德(包括他的伊斯兰先驱们)的哲学与基督教经院学(Christian scholasticism)之间存在的哲学上的差别会有一个清楚的印象:在后者中亚里士多德的《政治学》所占据的地位,正是在前者中柏拉图的《王制》和《法义》所占据的地位。我曾经在一些意大利绘画上看到,柏拉图被画成手持《蒂迈欧》(*Timaeus*)的样子,而亚里士多德则手持《伦理学》(*Ethics*)。如果迈蒙尼德或伊斯兰哲人们⑤的某个弟子乐意作此类画像,他很可能会选择一种相反的安排:亚里士多德持着他的《物理学》(*Physics*)或《形而上学》(*Metaphysics*),而柏拉图则持着他的《王制》或《法义》。

迈蒙尼德及其所追随的伊斯兰哲人们其实是从柏拉图式政治哲学出发,而非从亚里士多德的《政治学》出发,这个事实意味着什么呢?

---

③ [眉批](托马斯)《政治学讲疏》311a 注。尼采,《不合时宜的沉思》(*Unzeitgemässe*)300 中间。

比较 Ernest Barker,《柏拉图及其先驱们》(*Plato and his Predecessors*),页383:"一千年间,《王制》悄然无踪;一千年间,它平白消失了。从 5 世纪的新柏拉图主义者普罗克洛斯开始,直到 15 世纪末的斐奇诺和皮科·米兰多拉,其间《王制》实际上就是一本佚失的书。"对中世纪拉丁世界来说,《法义》同样如此。

[眉批]很明确的证据:如托马斯在《政治学讲疏》卷 II 第 6 讲开头,实际上在整个第 6-7 讲中所显示的——不过,亦参第 8 讲(1266b8 注)。

[译按]托马斯·阿奎那在其亚里士多德《政治学注疏》卷 II 第 6-7 讲讨论了柏拉图《王制》中苏格拉底有关妻子、儿女和财产公有的提议,第 8 讲则明确提到了柏拉图的《法义》。

④ 法拉比的《〈法义〉义疏》近期即将由 Paul Kraus 博士编订。阿威罗伊"《王制》义疏"的原文似乎已经佚失了,不过,这个义疏还有一部多次重印的拉丁译本。更可靠的希伯来文译本正由 Erwin Rosenthal 博士在编订;参见《皇家亚洲学会学报》(*Journal. Roy. Asiatic Soc.*),1934 年 10 月,页 737 以降。

⑤ 当我说伊斯兰哲人们时,我严格限于 *falâsifa*,即所谓的亚里士多德派(Aristotelians)。

这个问题很难回避,尤其是考虑到下述情形时:《政治学》没有被译成阿拉伯文,很可能不是出于纯粹的偶然,而是在中世纪的这一发展之初作出精心选择的结果。为了回答这一问题,我们现在必须提醒自己中世纪世界的一般特征,以及迈蒙尼德所采纳的伊斯兰哲学的特定特征。中世纪世界既区别于古典世界又区别于现代世界,因为前者的思想从根本上由对启示的信仰(belief in Revelation)所决定。启示对于伊斯兰哲人来说是一个决定因素,对于犹太哲人与基督教哲人也同样如此。但是,诸如安萨里(Ghazzâli[1058—1111,中世纪伊斯兰思想家])、迈蒙尼德、托马斯·阿奎那这些同时期的能干的观察家已经清楚地辨识出,伊斯兰哲人并不相信严格而言的启示。他们都是古典意义上的哲人:他们会且只会倾听理性的声音。结果,他们被迫依照人类理性,为他们不得不接受且的确已接受的启示给出一种说法。按照犹太人或穆斯林的理解,启示具有律法的形式(the form of law),这一事实为他们的任务提供了便利。如此理解的启示有助于被忠诚的(loyal)哲人们阐释成一种完善的、理想的律法,一种理想的政治秩序。此外,伊斯兰哲人们——迈蒙尼德同样如此——还得在他们所服从的律法面前证明他们追求哲学的正当性,因此,他们不得不证明,律法不仅准许甚至责成他们献身于哲学。* 结果,他们不由得要更精确地把启示阐释为一种理想的政治秩序,而这种政治秩序的理想特征恰恰存在于下述事实:这种理想的政治秩序令所有生来被赋予某些必要品质的人都有义务将他们的人生奉献给哲学,这种理想的政治秩序唤醒他们认识到哲学,这种理想的政治秩序至少提供最重要的哲学宗旨作为他们的向导。为了达到这一目的,他们不得不假定,理想政治秩序的奠基人,亦即先知式律法颁布者(the prophetic lawgiver),不仅仅是一位政治家,同时也是一位拥有最高权威的哲人——他们不得不设想,并且确实设想,摩西或穆罕默德就是哲人王。而哲人王以及一个由哲人王统治(governed)的政治共同体并不是亚里士多德式政治哲学的主题,而是柏拉图式政治哲学的

---

* [眉批]参俄里根(Origines)和阿伯拉尔(Abailard)论《出埃及记》11:2(胡熙克[Husik])。

主题。因此,我们可以说:迈蒙尼德及其伊斯兰先驱们是以柏拉图式政治哲学为出发点,因为他们不得不把他们所服从的启示设想为一种理想的政治秩序,而后者的特定目的是引人朝向哲学。并且我们还可以说,他们对摩西或穆罕默德权威的信仰,也许与一个晚期希腊的柏拉图主义者对柏拉图权威具有的信仰没有太大差别,如果那个柏拉图主义者是由柏拉图《法义》统治下的一个政治共同体(a commonwealth)的公民。

迈蒙尼德教诲的绝大部分质料无疑一方面来自犹太教,另一方面来自亚里士多德主义。但无论如何,是柏拉图式的政治哲学为他这两方面的成就——他对犹太律法的法典式纂述(his codification of the Jewish law),以及他为犹太律法所作的哲学辩护——提供了框架,迈蒙尼德以此在犹太教历史上开创了一个纪元。尚无定论的问题是,对迈蒙尼德和伊斯兰哲人们而言,柏拉图的哪部政治著作最为重要。但可以有把握地说,要想理解他们的教诲,《法义》提供了最好的线索。⑥ 我在这里不能讨论这部最具反讽色彩的柏拉图作品的真实含义,尽管我相信,只有完整理解这部作品的真实含义,我们才能够恰切地理解我这里所说的中世纪哲学。就我们眼下的目的来说,只需要陈明,在哲学与启示的关系问题上,或更确切地说,在哲学与律法的关系问题上,《法义》是迈蒙尼德及其先师们所持意见的主要来源。那些意见可以总结如下:(1)律法是基于某些具有严格哲学特征的根本的信仰或教条(beliefs or dogmas),而那些信仰仿佛就是整个律法的前奏(prelude)。法拉比(Fârâbî)——据迈蒙尼德说,法拉比是他那个时代最高的哲学权威——称此类信仰是"卓越城邦的人民的意见"(opinions of the people

---

⑥ E. Barker(《柏拉图及其先驱》,前揭,页 351)如此说到拉丁中世纪:"《法义》的结尾就是中世纪的开始。"这个陈述对伊斯兰和犹太教的中世纪而言更为恰当。请比较《哲学与律法》页 111 所引阿维森纳的观点与《犹太研究月刊》(按:即《简评迈蒙尼德和法拉比的政治学》)(1936,页 2 注 1)所引 R. Sheshet 的观点。

of the excellent city)。*（2）除了那些理性的信仰，律法还包含许多其他信仰，这些其他信仰——尽管严格来说不真，却以一种伪装的方式（in a disguised way）代表了真理——对于政治共同体（political community）的利益来说是必要或有用的。正如斯宾诺莎——他也许是中世纪传统的最后一个代表——所说，这类信仰可以被称为 *pia dogmata*［虔敬的教条］，与前一组 *vera dogmata*［真实的教条］截然相反。⑦（3）必要的信仰，这类信仰不属哲学和律法共同所有，而属律法本身单独所有；它们需要通过或然的、说服性的、修辞性的论证（或者独自，或者与整个律法一起）得到辩护，而这些论证本身却不能为俗众所辨识；要有一种特别的科学来致力于"对律法的辩护"或"对律法的辅助"。

我们现在能够更准确地定义迈蒙尼德调和犹太传统与哲学传统这一尝试的特征了。为了实现两个传统之间的调和，他从一种完美律法的构想出发——这种完美是柏拉图《法义》意义上的完美——亦即构想一种导向研究哲学以及基于哲学真理的律法，并由此证明，犹太教就是具有如此特征的一种律法。为了证明这一点，迈蒙尼德表明，犹太教的根本信仰与哲学的根本宗旨（tenets）相等同，也就是说，犹太教的根本信仰与一种理想律法应当建基其上的那些根本宗旨相等同。通过表明这一点，迈蒙尼德同时表明，犹太立法者本人、那位独一无二的哲人立法者（*the* philosopher legislator），乃是有意将那些具有某种非哲学本性的犹太信仰当作必要的信仰，亦即出于种种政治理由而必要的信仰。这样证明犹太律法的理想特征，其潜在的假定是如下意见，即认为律法具有两层不同的含义：一层是外在的、字面的含义，是诉诸俗众的，这层含义同时表达了哲学式的信仰与必要的信仰，另一层是带有纯粹哲学

---

*　［中译编按］考虑到与本卷其他文章的统一，文中 city 一词按惯例译为"城邦"，文中提到共和制时所用的 city-state 酌译作"城－邦"，初次出现给出原文。

⑦　《神学－政治论》（*Tractatus theologico-politicus*）第 14 章（§ 20，Bruder）。
［眉批］参霍布斯，《利维坦》卷 XIII（页 56，第 1 段）

本性的隐秘的含义。迈蒙尼德在对律法进行哲学式阐释时,不得不模仿律法的这种特性。因为,若是迈蒙尼德明显(explicitly)区分真正的信仰与必要的信仰,那么,他将会危及俗众,亦即绝大多数人,对律法权威所仰赖的必要的信仰的接受。结果,迈蒙尼德只能以一种伪装的方式作出上述这种本质的区分,部分通过暗示(allusions),部分通过其整部作品的写作(composition),但主要是通过只有哲人能够辨识出的、他用来为必要的信仰作辩护的各种论证的修辞特征。结果,迈蒙尼德的哲学著作《迷途指津》(Guide of the Perplexed)就是一种最别出心裁的结合,它结合了"卓越城邦的人民的意见"与"对律法的辩护",前者以严格的证明方式讨论某些为哲学与律法所共有的信仰,后者以修辞的方式讨论某些为律法所特有的、非哲学的信仰。由此,不仅律法本身,而且迈蒙尼德对律法的哲学阐释,都有两层不同的含义:一种是字面的含义,诉诸更多的非哲学读者,对之进行哲学式教育,这种教育非常接近传统的犹太信仰;另一种是隐秘的含义,诉诸真正的哲人们,具有纯粹的哲学性。这就等于说,迈蒙尼德的哲学作品倾向于,或者有意倾向于两种根本不同的阐释:一种是尊重其思想一致性的"激进的"(radical)阐释,一种则是尊重其信仰热忱的"温和的"(moderate)阐释。

要想恰当地判断阿布拉瓦内的一般倾向,就必须辨识迈蒙尼德哲学作品的含混本性(ambiguous nature)。阿布拉瓦内必须首先被刻画为一个对《迷途指津》作字面阐释的严格的,甚至热诚的拥护者。对这部作品更哲学式的阐释吸引了一些更早期的注疏家。着迷于伊斯兰哲学而非基督教经院学的注疏家遭到了阿布拉瓦内的激烈地攻击,[8]对基督教经院学家,他则给予至高的称赞。[9] 但是,阿布拉瓦内把《迷途指津》

---

[8]　参阿布拉瓦内对 Ibn Kaspi 及其他人的评价,见 Jacob Guttmann,《阿布拉瓦内的宗教哲学思想》(*Die religionsphilosophischenLehren des Isaak Abravanel*,Breslau,1916),页 34－36 和页 71 的引文。

[9]　见阿布拉瓦内对《约书亚记》10:12 的注疏(f. 21,col. 2)。我用的是1736 年出版于法兰克福的他注疏《约书亚记》《士师记》《撒母耳记》和《列王纪》的编订本。

的字面教诲不仅当作迈蒙尼德思想的真实表达接受下来;与此同时,那种字面教诲即便不等同于阿布拉瓦内自己的哲学,至少也是他自己的哲学的框架。

律法所特有的种种信仰不仅建立在,仿佛(as it were)也源自一个根本的确信(one fundamental conviction):对 *creatio ex nihilo*[从无中创造(世界)]的信仰。⑩ 迈蒙尼德在《指津》中详细而有力地(care and vigour)为那个信仰辩护。关于创世(the creation of the world)的讨论,或换句话说,对哲人们所持"可见的世界是永恒的"这一主张的批判,构成了《指津》字面上的中心部分。它之所以是这部作品的中心部分,也是因为对整部作品的阐释事实上都依赖于对这个[中心]部分本身的阐释。确实,对迈蒙尼德的哲学作品的阐释,如下问题至关重要:关于创世问题的讨论究竟是直接表达了迈蒙尼德自己的意见,抑或这个讨论服务于"对律法的辩护"?不管如何回答,单单这个问题本身就暗示着承认一个事实,即《指津》的字面教诲断然地支持创世信仰。尽管迈蒙尼德小心翼翼地维护这个信仰——律法所特有的所有其他信仰都有赖于这个信仰,可他又对另外那些信仰,即对事关种种神迹、启示(Revelation)、灵魂不朽、个别的神意(individual providence)、复活等的信仰,采取一种即便不见得自相矛盾也相当犹疑的(hesitating)立场。倘若他真的相信 *creatio ex nihilo*[从无中创造],他绝不会出于一种严格的必要性去贬低那些信仰,或限制它们的意味(restrict their bearing),就像基督教经院学家们[也几乎不会]那样——后者将亚里士多德主义与创世信仰相结合,并且接受作为一个整体的基督教教义。阿布拉瓦内将迈蒙尼德明显的创世学说(explicit doctrine of the creation)接受为真——他在一部特别专论(*Shamayim Ḥadashim*[《新天》])中为之辩护,而且他也知晓基督教经院学。因而,非常自然的是,阿布拉瓦内原本就应当——他也确实这么做了——在迈蒙尼德的创世学说基础上、依靠迈蒙尼德的

---

⑩　参阿布拉瓦内《信仰汇要》(*Rosh 'Amanah*)第 22 章与迈蒙尼德《迷途指津》卷二 25 章开头及卷三 25 章结尾。

权威,为其他所有依赖创世信仰且迈蒙尼德所危及的信仰辩护。由此,阿布拉瓦内对迈蒙尼德的危险学说的批评,原则上说,不过是对《指津》字面教诲的一种内在批评而已,不过是在犹太传统信仰的意义上对那套教诲的一种随后校正而已。不太夸张地说,阿布拉瓦内的哲学努力作为一个整体,是对迈蒙尼德在其《密释纳注疏》(*Commentary on the Mishnah*)中拟定的犹太教信条(Jewish creed)的辩护,以反对《指津》的教诲中那些危及这套信条的隐含义(implications)。

在《信仰汇要》(*Rosh 'Amanah*[通常英译为 *Pinnacle/Principles of Faith*])这部特别专论里,阿布拉瓦内明确地为迈蒙尼德所编纂的信条辩护。这部专论本身也许是表明阿布拉瓦内对迈蒙尼德感到敬仰的最显著证据,就阿布拉瓦内自己的思想倾向以及他对迈蒙尼德的阐释而言,这部专论给了我们一个清晰概念。迈蒙尼德对犹太教诸信条(the Jewish beliefs),即所谓的"十三信仰要则"(Thirteen Articles of Faith)的排序,已经遭到后来某些犹太作家的攻击,这些攻击既有哲学上的理由,也有宗教上的理由。为了维护迈蒙尼德、反击那些批评者,阿布拉瓦内表明,恰恰是对迈蒙尼德选定的那十三条[信仰要则]的承认,完美地定义了犹太教正统,而且那些要则的次序完全清晰。对于后面这一点,阿布拉瓦内断言,那些要则的前一部分指明了哲学和律法共有的信仰,而后一部分则涉及那些要么没有被哲人们接受、要么甚至遭到他们异议的信仰。⑪ 就我们的目的而言,没有必要盘桓于阿布拉瓦内的诸多论证细节。只有一点必须强调。在阿布拉瓦内花了二十二章为迈蒙尼德的编纂辩护之后,他相当突兀地在他专论的总结性的两章中解释说,这样一套信条(acreed)与犹太教作为一套神授律法的特征互不相容。这是因为,既然律法的全部(any and every)命题,即律法所包含的全部故事、信仰或诫命统统都直接源自启示,*那么所有命题都具

---

⑪　《信仰汇要》(*Rosh 'Amanah*),第 10 章。

*　[眉批]参阿尔博(Albo)[《根荄之书》]卷 I 2 章最后。

有同等的价值,没有哪个命题应当被认为比其他命题更为根本。阿布拉瓦内并不认为,他持有这种意见会跟迈蒙尼德的教诲发生冲突;更奇怪的是,阿布拉瓦内断言,迈蒙尼德本人同样持有这种意见。根据阿布拉瓦内的说法,迈蒙尼德选定这十三种更一般的信仰要则,只是供没有能力掌握整个信仰教义的俗众(the vulgar)使用。为了证明这种说法,阿布拉瓦内主张,迈蒙尼德只是在其《密释纳注疏》中而非在《指津》中提到那些要则——前者是迈蒙尼德青年时代写下的一部初级作品(an elementary work),他在后者中才以一种科学的方式处理犹太律法的哲学(the philosophy of the Jewish law)。但这个主张不仅是错误的,也与阿布拉瓦内本人的说法相矛盾。就在这同一部专论中,⑫阿布拉瓦内断言,那些信仰要则——前十一条明显地,后两条隐晦地——出现在迈蒙尼德对犹太律法的法典式纂述(codification of the Jewish law)*中具有哲学性质的第一部分(在《作为托拉的根基的律例》[Hilkhoth Yesodhe ha-Torah]中);而在他另一部著作中,⑬阿布拉瓦内说明了这些信仰要则对《指津》的整个写作产生的决定性影响。** 但不管怎么说,可以肯定,阿布拉瓦内否认在根本信仰与非根本信仰之间作出区分的可能性,由此实际上颠覆了(undermines)迈蒙尼德建立的关于犹太律法的哲学的

---

⑫　第 19 章。

*　[译按]此即迈蒙尼德整理汇编犹太教成文和口传律法的 14 卷巨著《重述托拉》(Mishneh Torah)。

⑬　Ma`amar Qāṣēr bᵉBhi`ur Ṣodh ha-Moreh(《探秘〈指津〉短论》)。[中译编按]施特劳斯在《迫害与写作技艺》中,将此书名转译为如下拉丁拼法:Ma`amar ḳaṣer bebi`ur sod ha-moreh,见 Leo Strauss, Persecution and the Art of Writing, Chicago, London: The University of Chicago Press, 1952,页 47,注 38。

**　[眉批]参考夫曼(David Kaufmann),《属性学说》(Attributenlehre)论迈蒙尼德那章的开头。[译按]考夫曼此书全称为《从萨阿迪亚到迈蒙尼德:中世纪犹太哲学中的属性学说史》(Geschichte der Attributenlehre in der jüdischen Religionsphilosophie des Mittelalters von Saadija bis Maimuni)。

整体结构。⑭ 阿布拉瓦内有时为其思想前后不一致而受到指责。我也不能称赞他是个非常一致的思想家，但他思想的某种一致性也不应该遭到否认。阿布拉瓦内接受迈蒙尼德《指津》的字面教诲，并尝试根据传统犹太教信仰校正那种教诲，他足够前后一致地从其前提得出最后的结论；即便只是偶然地，他会对神法的每一种哲学所最终依赖的根基展开辩疑。无论一般意义上的哲学传统和特殊意义上的迈蒙尼德哲学教诲可能对阿布拉瓦内产生过多么深刻的影响，他的思想都断然不是由哲学决定，而是由犹太教——作为基于字句默示式启示（verbally inspired revelation）的一种传统——所决定的。

　　阿布拉瓦内的传统主义（traditionalism）是非哲学的，某种程度上甚至是反哲学的，这说明政治哲学在阿布拉瓦内那里事实上已失去了在迈蒙尼德那里所具有的核心重要性。从本文已经说到的关于迈蒙尼德的犹太教哲学（philosophy of Judaism）将会看出，他实际赋予政治哲学的重要意义与他的理性主义成正比；＊把各种犹太教根本信仰（fundamental beliefs）与哲学的根本宗旨（fundamental tenets）等同起来，这种做法同时就意味着，用政治哲学来阐释犹太教所特有的各种信仰；这还意味着，在原则上把作为整体的犹太教阐释为一种柏拉图意义上的完美律法。相应地，一位像阿布拉瓦内那样拒绝将迈蒙尼德的理性主义贯彻到底的迈蒙尼德追随者，由于这一事实本身而剥夺了政治哲学全部的尊严。人们无法对此断言提出反对，即基督教经院学家虽远非彻底的理性主义者，却实实在在地培养了政治哲学。因为，那些经院学家是

---

　　⑭　关于这一点，参阿布拉瓦内对迈蒙尼德有关摩西律法的解释的批评；见他的《列王纪上》3 章 14 节注疏（f. 210，col. 2）和《申命记》12 章 28 节注疏（f. 286，col. 4）（我用的是 1710 年 Hanau 版的阿布拉瓦内《摩西五经》注疏）。亦比较他对格桑尼德（Gersonides）从圣经叙述中摘取格言的方法的批评，参《约书亚记》注疏引言（f. 5，col. 2）。

　　＊　［眉批］参［迈蒙尼德］《密释纳义疏》（Commentary on Mishnah）中《论议事会第 10 章疏》（Sanhedrin X），Pococke 版，页 147；Holzer 版，页 9（阿拉伯语）及页 10（希伯来语）。

现实国家的公民,这个情况明显不同于中世纪犹太思想家们。对一个中世纪犹太人来说,政治哲学在犹太律法之外可能没有任何用武之地。结果是,对他来说,政治哲学可能具有的价值,完全取决于他会在多大程度上接受一般意义上的哲学和特殊意义上的政治哲学,并将它作为理解犹太律法的一个线索。根据迈蒙尼德的看法,带来了律法的先知就是一位哲人－治邦者(a philosopher-statesman),至少摩西律法的一大半都涉及"城邦的统治"(government of the city)。⑮ 而另一方面,阿布拉瓦内却否认一般意义上的哲学具有预言的本质。至于特殊意义上的政治哲学,阿布拉瓦内宣称,先知不会屈尊从事如政治或经济之类的"低级"事务。他在这一点上强调了一个事实,即圣经中司法审判组织的创始人并不是摩西,而是叶忒罗(Jethro)。⑯ 阿布拉瓦内这话并不是就摩西和其他先知实施过某种统治提出异议。我们在后面将会看到,他甚至明确断言了这一点。但是,他显然不接受迈蒙尼德预设的观点,即先知的统治是政治哲学的一个正当主题。阿布拉瓦内所理解的政治哲学,比迈蒙尼德所理解的政治哲学具有一个更为受限的领域,它更接近于亚里士多德的类型,而非柏拉图的类型。⑰ 阿布拉瓦内对政治哲学的贬低,是他对迈蒙尼德理性主义持批判态度的一个结果,由此暗含了对政治哲学内容的一种决定性的限制。

迈蒙尼德所概括的政治哲学涉及三个主要论题:先知、君王和弥赛亚。根据迈蒙尼德,先知本身是一位哲人－治邦者,而最高的先知摩西属于那种能够给出完美的,因而永恒不变的律法的哲人－治邦者。⑱

---

⑮　[迈蒙尼德]《[迷途]指津》卷三 27－28 章。

⑯　《列王纪上》3 章 14 节注疏(f. 211, col. 1),亦参见他的《出埃及记》8 章 13－27 节注疏(f. 134, col. 2－3)。

⑰　关于阿布拉瓦内对亚里士多德《政治学》的了解,见 J. F. Baer,"唐·以撒·阿布拉瓦内"(Don Jizchaq Abravanel),载 *Tarbiz*,卷 VIII,页 241－242,页 245 注 11 和页 248。亦见下文注 47。在他的《创世记》10 章 1 节注疏中(f. 40, col. 1),阿布拉瓦内似乎偶尔采用了亚里士多德关于天生的主人与奴隶的学说。

⑱　参《指津》卷一 54 章与卷二 39－40 章。

至于说王政(kingship)，迈蒙尼德教导说，君王的制立(the institution of a king)是必不可少的，也是由摩西律法明确命定的。君王低于律法颁布者；* 君王的职责就是迫使人们顺服律法，建立正义(establish justice)并成为军事领袖。君王本身也受律法的约束，因而，他同时服从于触犯律法的情况下的惩罚，以及服从于作为律法守护者的最高法庭的指导。君王在紧急且必要的情况下拥有某些超常权力，并且他对于尊荣和荣耀的索求被律法认可。⑲ 至于弥赛亚，根据迈蒙尼德的构想，他首先是一个顺服律法的君王，**也是一个成功的军事领袖，他将从奴役中解救以色列，并在以色列的国土上复兴大卫的王国，建立普遍的和平，从而在历史上首次为一种献身于知识的生活创造出理想的现世条件。不过，弥赛亚不只是一位君王，他同时还是一位先知，在等级上并不次于律法颁布者摩西——弥赛亚也是一位哲人王。即便根据迈蒙尼德的字面教诲，弥赛亚也不行神迹，弥赛亚时代的人一般来说也不会看到自然的正常进程(the ordinary course of nature)有任何改变。几乎不消说，弥赛亚时代并非可见世界走向终结的前奏，当下世界仍然会永远存在下去。⑳ 因此，我们可以这样定义迈蒙尼德的弥赛亚学(Messianology)的独特性：他所接受的弥赛亚主义(Messianism)是一种理性的希

---

　　*　[眉批]亦参《指津》卷三 45 章(页 422,9 – 12 行)。

　　⑲　见[迈蒙尼德]《迷途指津》卷二 40 章；卷三 41 章(Munk 译本，页 91a)和 45 章(Munk 译本，页 98b；[译按]以下引述该书时的页码均出自 Munk 译本)，以及"关于君王的律例"(*Hilkhoth Melakhim*)，第一章第 3 节和第 8 节；第三章各处；第 4 章第 10 节和第五章第 2 节。

　　[译按]"关于君王的律例"乃迈蒙尼德《重述托拉》(*Mishneh Torah*)最后部分的一节，以下简称"君王律例"

　　**　[眉批]参《迷途指津》卷二 45 章(页 282,1 – 2 行)：君王 ＝ 弥赛亚。

　　⑳　"君王律例"(*Hilkhoth Melakhim*)，第 11 – 12 章；"关于悔改的律例"(*Hilkhoth Teshubah*)，第 9 章；《迷途指津》卷二第 29 章。

　　[译按]"关于悔改的律例"乃迈蒙尼德《重述托拉》第一部分的一节，以下简称"悔改律例"。

望,而不是一种超理性的信仰。㉑ 迈蒙尼德的理性主义特别解释了一个事实,即他如此激烈地强调弥赛亚作为一个成功的军事领袖的特征——最明显的表现就是,他把关于弥赛亚学的主题式处理,嵌插在其伟大的律法著作中涉及"君王们及其战争"(the kings and their wars)的那部分里。因为军事能力的强弱似乎是国家兴衰的决定性自然理由(natural reason)。无论如何,迈蒙尼德认为,过去犹太国家毁灭的原因 * 就是忽视了战争术和征服术,㉒相应地,他期待,在未来犹太国家的复兴中,军事德性(military virtue)和军事能力会起到决定性的作用。㉓

阿布拉瓦内反理性主义的那些前提的必然后果是,他必定会从确切而言的政治哲学领域中将迈蒙尼德政治哲学的两个最崇高的论题一起排除掉。关于先知、先知式律法颁布者和神法,阿布拉瓦内对迈蒙尼德关于预言是一种自然现象,㉔以及哲学属于预言的本质㉕的断言展开辩疑,因而从政治哲学中取消了对这些论题的处理。因为,通过否认这两个论断,阿布拉瓦内摧毁了迈蒙尼德有关作为一位哲人－治邦者的先知这一构想的根基。在阿布拉瓦内看来,先知的领导能力,就像预言本身一样,具有一种本质上超自然,由此本质上也超政治的特征。至

㉑　注意"君王律例"(*Hilkhoth Melakhim*),11 章 1 节中"信仰"(belief)与"希望"(hope)之间的差别。

*　［眉批］参[迈蒙尼德]《关于受选之殿的律例》(*H. Beth ha-bechirah*) VI 章 16 节。亦参[迈蒙尼德]《密释纳义疏·引言》,Pococke 版,页 31。

㉒　见他写给 Marseilles 团体的信。

㉓　我没有能力去判断,迈蒙尼德对君王和战争的律法处理(legal treatment)是否受过伊斯兰"圣战"概念的影响。但可以肯定,他在其哲学的预言学中强调军事德性这点显然受了伊斯兰哲人们预言学的影响;［眉批:参〈迈蒙尼德〉《密释纳义疏·引言》,Pococke 版,页 31－32。］这些伊斯兰哲人赋予战争和勇敢德性以很高的价值,远远超过了柏拉图与亚里士多德。比较《犹太研究月刊》(1936)页 19－20 和页 35－36。

㉔　见阿布拉瓦内的《指津》(卷二第 32 章)注疏。

㉕　例如,参见《列王纪上》3 章 14 节注疏(f. 210, col. 4)。

于说弥赛亚,阿布拉瓦内比迈蒙尼德更详细、更激情地致力于对这个主题的处理。㉖ 确实,正如一位最能干的历史学家告知我们的,阿布拉瓦内在其著作中比任何其他犹太中世纪作家都更强调对弥赛亚的盼望(Messianic hope),他也最先给以色列的弥赛亚信仰以一个系统的形式。㉗ 这种不断增强的终末论(eschatological)思辨兴趣可以从一个事实中得到解释,即阿布拉瓦内事实上经历了犹太人流散史上的某些最伟大的革命(the greatest revolutions),经历了被称为中世纪的结束和现代时期的开端的欧洲文明的伟大革命。阿布拉瓦内期待弥赛亚在不远的将来来临。他还在其所处时代的所有典型特征中看到了弥赛亚将临的迹象,从异端和不信仰之人增多直到"法国病"的出现。㉘ 此类反思表明,阿布拉瓦内的弥赛亚观本身不是,或至少在某种程度上不是迈蒙尼德式的、不是一个进化论者(an evolutionist)的弥赛亚观,而是具有一种灾难性的特征(a catastrophic character)。几乎没有必要另加说明,对

㉖　关于这一点,必须提到一个事实,即在迈蒙尼德看来,某些预言过去已经实现,也就是说,在相对来说接近这些预言被宣告的某个时间(已经实现),但阿布拉瓦内把这些预言阐释为弥赛亚式的预言。[眉批:Baron,《迈蒙尼德的历史观》(*Historical Outlook of RMbM*),注40;参 *MbM*,卷 II,页 137 注 3;参 Rashi 论《诗篇》21:2 及《以赛亚书》9:5 - 6。]参《指津》(卷二 29 章)中对《以赛亚书》24 章 17 节以降和《约珥书》3 章 3 - 5 节的阐释,并参阿布拉瓦内在他对某些晚期先知书的注疏中对那些段落的解释。

[译按]上述眉批提及的 Baron 文章指 Salo W. Baron, "The Historical Outlook of Maimonides",刊 *Proceedings of the American Academy for Jewish Research*, Vol. 6(1934 - 1935),5 - 113。MbM 指《迈蒙之子摩西,生平、著作及影响:迈蒙尼德逝世七百周年纪念文集》(*Moses ben Maimon:Sein Leben, seine Werke, und sein Einfluss:zur erinnerung an den siebenhundertsten Todestag des Maimonides*, W. Bacher, M. Brann, D. Simonsen, and J. Guttmann 编,2 卷本,Leipzig:G. Fock, 1908—1914 初版;卷 II 页 137 所刊文章为 W. Bacher,《迈蒙尼德著作中的阿噶达》("Die Agada in Maimunis Werken"),页 131 - 197。

㉗　Baer,前引文,页 257 - 259。

㉘　按照阿布拉瓦内的说法,这种病可能在《撒迦利亚书》14 章 12 节有所暗示(见他对那段话的注疏)。

阿布拉瓦内来说,弥赛亚时代也是个充满神迹的时期,其中给人印象最深的神迹就是死人复活。按以赛亚(Isaiah)*的预言,普遍和平的弥赛亚时代甚至会在动物们中间出现,但只能持续有限的一段时间,随之而来的就是当下世界的终结。㉙ 在这之前,会有一场极可怕的、末世的战争。不过,这场战争与其说是一场解放战争(a war of liberation)——正如迈蒙尼德教导说,是以色列奋战并获胜的战争——不如说是一个像耶利哥城(Jericho)陷落之类的事件。正如《约书亚记》告诉我们的:以色列是观看胜利者而非胜利者。㉚ 相应地,在阿布拉瓦内对弥赛亚的描述中,㉛军事能力和德性至少说不上占主导地位。㉜ 对他而言,弥赛亚当然更多是一位行神迹者而非军事领袖:弥赛亚不亚于先知,属于神迹的范围而非政治的范围。阿布拉瓦内的弥赛亚学和他的预言学一样,本质上都是非政治的学说。㉝

---

* ［译按］指圣经中的先知以赛亚。

㉙ 见肖勒姆(G. Scholem)在《犹太大百科全书》(*Encyc. Judaica*, IX, col. 688)中的评论。

㉚ 阿布拉瓦内关于最后战争的概念带有"现实的"成分,他认为,最后的战争就等于是他认为即将来临的欧洲基督教各民族(Christian nations)与土耳其为争夺巴勒斯坦而发生的战争。但这种"现实的"因素并没有改变其[最后战争]概念的整体特征。

㉛ 见他的《以赛亚书》11 章注疏。

㉜ 我斗胆提议,那些品质与其说被阿布拉瓦内归于真正的弥赛亚(*the Messiah*)(即大卫后裔弥赛亚[Messiah ben David]),不如说被归于约瑟后裔弥赛亚(Messiah ben Joseph);后者是《米德拉什》中的人物(a Midrashic figure),没有为迈蒙尼德提及过。

㉝ 为了重述圣经的真正教义以反对迈蒙尼德的理性主义的从而是政治性的教诲,阿布拉瓦内有时在相反方向上比圣经本身走得更远。其中最让我感到吃惊的一例是他对《士师记》1 章 19 节的阐释。经文说犹大"不能赶走谷中的居民,因为他们有铁车",阿布拉瓦内对这段话的解释如下:"犹太人不能赶走谷中的居民,并不是因为他们有铁车。"

至于说迈蒙尼德的政治教诲与阿布拉瓦内的非政治教诲之间的差异,我不得不强调下面这个例子。根据迈蒙尼德的观点,上帝之所以没有引导以色这些非政治的学说仿佛属于阿布拉瓦内可能会自称为他的政治教诲的框架内,亦即属于他讨论区别于神的统治的最佳人类统治形式的框架内。既然对阿布拉瓦内而言,这种非政治的框架确定无疑地比其政治内容重要得多,而且,既然对前者的理解是正确评价后者所不可或缺的,那么,对我们而言适当的做法,就是比我们目前所做的更准确一些地描述其政治教诲的背景。该背景不仅具有某种非政治的特征,甚至具有一种反政治的特征。正如拜尔(Baer)教授最近表明的,[34]阿布拉瓦内接纳了塞涅卡在第 90 封信中所展开的一般而言对人类文明(对"人为的"和"多余的"事物)的批评和特殊而言对城邦的批评。他追随约瑟夫斯和基督教教父们,把希腊式教诲与在重要方面与之相似的《创世记》头几章的教诲结合起来。阿布拉瓦内把城市生活(urban

---

列人直接穿过非利士地(Philistia)到达巴勒斯坦(《出埃及记》8:17 - 18),主要理由是上帝有意教导他们要有勇气(《指津》卷三 24 章,页 53a;32 章,页 70b - 71a);但根据阿布拉瓦内的说法,主要理由是上帝有意以色列人分开海水,并淹死埃及人(而通往非利士地的路上没有海)。见阿布拉瓦内对这段话的注疏(f. 125,cols. 1 - 2)。

[34] Baer,前引文,页 248 - 253。我不得不对 Baer 引证的丰富证据稍作补充。(a)阿布拉瓦内把最初时期无罪的生活(innocent life)描述为"在旷野中"的生活(Baer 文,页 252),这话完全取自塞涅卡《道德书简》第 90 篇(§42, *agreste domicilium*[野外的居所])。(b)阿布拉瓦内在对《创世记》11 章 1 节以降的注疏中(f. 42,col. 2)使用了波塞多尼欧斯(Poseidonios)关于黄金时代最好且最智慧者的统治的学说,塞涅卡以一种经修改的方式讨论过该学说;他说,在世界的第一个阶段,神意(Divine Providence)毫无任何中介地直接施及人类,因此那时候就总有精通神学的智慧者。亦比较塞涅卡《道德书简》第 90 和第 44 篇。(c)对第一位建城者该隐(Baer 书,页 251)的批评,亦见约瑟夫斯的《犹太古史》(*Ant.*)1,§ 62。(d)阿布拉瓦内在其对《出埃及记》20 章 25 节(f. 143,col. 1)的阐释中最恰当地使用了对文明的一般批评。[眉批:维吉尔,《牧歌》4.33。](e)三种生活方式的区分(兽性的、政治的、理论的生活)(Baer 书,页 251)明显采自亚里士多德《尼各马可伦理学》1095b,17 以降。阿布拉瓦内和迈蒙尼德以同样的方式把这种区分应用到了亚当的三个儿子身上;见《迷途指津》卷二 30 章,以及 Ephodi 的注疏。

life)、强制统治以及私人财产都构想为人类反抗上帝所创立的自然秩序的产物，唯一符合自然的生活是人人自由（liberty）且平等、共同拥有自然物品的状态（state）；或者，如他似乎在其他地方所提示的，㉟这种生活就是各自独立的家庭"在野外"（in the field）的生活。这种对所有政治的、"人为的"生活的批评，并不意味着阿布拉瓦内有意用具有某种"自然的"意义的民族（nation）概念，来取代具有某种"人为的"意义的城邦（city）概念。* 因为，在阿布拉瓦内看来，各民族（nations）的存在，亦即从一个人类（one human race）分裂为众多民族（the plurality of nations），和各城邦的存在一样，都只是"人为的"，是罪的结果。㊱ 因而，阿布拉瓦内对政治组织的批判是真正全方位的。这种反政治的观点（anti-political view）的终极理由就是阿布拉瓦内的反理性主义，而后者在他关于神迹信仰的思考中占主导地位。阿布拉瓦内确实也接受古典教诲，即认为人在起初、在黄金时代过着"自然的"生活。但按照阿布拉瓦内的理解，那种"自然的"状态具有本质上神迹般的特征。㊲ 极为重要的是，他在以色列人所过的旷野（desert）生活中找到了人的"自然的"状态的类比，㊳旷野中的以色列人不得不在所有事情上完全依赖神迹的照管（miraculous providence）。阿布拉瓦内仿佛根据耶利米

㉟ ［阿布拉瓦内对］《创世记》11 章 1 节以降的注疏（f. 41，cols. 1 - 2）。

* ［眉批］红色家族的阿扎利亚（Azariah de'Rossi）用םע［民族］来翻译李维（Livy）著作中的 *respublica*［国家］，见 S. W. Baron，《阿扎利亚的历史方法》（La méthode historique d'Azariah de'Rossi），页 5 注 1。

㊱ 同上［阿布拉瓦内对《创世记》11 章 1 节以降的注疏］（f. 42，cols. 1 - 2）。据阿布拉瓦内的用法，"民族"（nation）通常具有"宗教共同体"的意味，比如，他提到"基督教民族"（Christian nation）（如见《拯救的来源》［*Ma 'yene ha-Yeshu 'ah*］，XI. 8；及其《列王纪上》15 章 6 节注疏［f. 250，col. 3 = ）。

㊲ 参上文注 34b 和《约书亚记》10 章 12 节注疏（f. 21，col. 3）。

㊳ 《创世记》11 章 1 节以降注疏（f. 41，col. 3）。亦参《出埃及记》18 章 13 - 27 节注疏（f. 134，col. 2），该处讨论以色列人穿越旷野流浪时不再处于为奴状态（亦即，那时他们处于一种"自然"平等的状态中）与他们神迹般地获得天赐粮食（manna）这两件事之间的关联。

(Jeremiah)的话里所包含的精神来解释塞涅卡和牧歌(the Bucolics)所赞美的"野外的生活":"你幼年的恩爱,婚姻的爱情,你怎样在旷野,在未曾耕种之地跟随我,我都记得。"([《耶利米书》]2:2)人类的"自然的"状态原则上并不比应该重建自然状态的弥赛亚时代更少神迹性质。迈蒙尼德至少可以说对神迹持有一种犹疑的态度,除了亚里士多德本人所做的保留外,他毫无保留地采纳了亚里士多德式原则,即人自然地是一种政治存在者(a political being);另一方面,阿布拉瓦内则毫不犹豫地接受了所有过去和未来的神迹,人的政治生存从其起源上就被他判定为有罪的,它并非由上帝设立(instituted),而仿佛仅仅是上帝对人不情愿的让步。㊴ 并且,阿布拉瓦内接着说,政治的生活和城市的生活(urban life)连同君王一样,都是如此。㊵ 也就是说,阿布拉瓦内的政治教诲——他关于君主制的价值(the value of monarchy)的讨论,或更一般地说,他关于最佳人类统治形式的讨论——我随后就会讲到这点——只是对他严格而言反政治的根本构想的一种应用,尽管是最有意思的应用。

阿布拉瓦内在他的圣经注疏中处理了关于最佳人类统治形式的问题,这些注疏论及《申命记》17章14-15节——这段经文关乎似乎是命令以色列人立王的律法,也论及《撒母耳记上》8章6-7节——这段经文关乎上帝和先知撒母耳因以色列人事实上在向撒母耳请求一位王而受冒犯的叙事。㊶ 因此,对阿布拉瓦内来说,这个问题首先是一个解经

㊴　这与《创世记》2章18节紧密相关,但他偶尔采纳了亚里士多德的命题。见 Baer,前引文,页249-250。

㊵　《创世记》11章1节以降注疏(f.41,col.3)。

㊶　对这个问题的处理,有两种版本(前一个版本在《撒母耳记上》8章6-7节的注疏[f.91,col.2-f.93,col.4]中,后一个版本在《申命记》17章14-15节注疏[f.295,col.2-f.296,col.2=中]);这两个版本在倾向上一致,甚至很大程度上在字面上也一致。从细节上说,前一个版本对王政的批评更为重要,但只有后一个版本让我们洞悉阿布拉瓦内关于理想统治的整体想法:他对

的问题:如何调和圣经中这两个明显对立的段落?阿布拉瓦内按照经院学者的方式,从考察和批评犹太人和基督徒早前为解决这个解经难题而作的尝试开始。㊷ 他表明,所有那些尝试——不管它们的分歧有多大,也不管它们都有各自的缺陷——都是基于同一个决定性的假定。阿布拉瓦内提到的所有这些早期注疏家都假定,以色列人要上帝给他们立王是一种罪,这罪并不在于立王本身,而只在于他们提出要求的方式或情境。换句话说,那些注疏家预先假定,《申命记》17 章 14-15 节表达了关于立王的神的命令(a Divine command to institute a king)。然而,这就包含了进一步的预设,即君主制是一种好的——不,毋宁说是最好的人类统治形式,因为上帝只会给祂的民族以最好的政治体制。结果,阿布拉瓦内不得不首先讨论君主制是否的确是最好的人类统治形式,其次再讨论《申命记》17 章 14-15 节是否意味着以色列受命要立王。

第一层讨论是仅仅基于理性(reason)的批评,是对那些哲人,即对亚里士多德及其中世纪追随者们关于君主制的教诲的批评。㊸ 遗憾的是,那层讨论远没达到经院学术的有条不紊和精确。㊹ 但主要的论证相当清晰。阿布拉瓦内所批评的哲人们把君王之于政治共同体的关系比作心灵(the heart)之于人类身体的关系,比作第一因(First Cause)之

《申命记》17 章 14-15 节的解释仅仅延续了他关于一般意义上犹太民族的统治的陈述,这些陈述见于其对《申命记》16 章 18 节以降的阐释。Baer 没有考虑到这些陈述,Ephraim E. Urbach(《阿布拉瓦内的国家学说》[Die Staatsauffassung des Don Issak Abrabanel,载《犹太历史与科学月刊》[*Montasschrift für Geschichte und Wissenschaft des Judentums*,1937,页 257-270)也没有予以重视,因此,他们得出的结论与本文的结论多少有些不同。

㊷ 基督教注疏家们的三种意见在前一个版本中有所讨论,但在后一个版本中没有得到讨论。

㊸ 见《撒母耳记上》8 章 6-7 节注疏(f. 92, col. 1)。

㊹ 这在后一个版本中已经反映得更为清晰。

于宇宙的关系,从而主张君主统治的必然性。⑤ 面对这类证明,阿布拉瓦内反对说,他们是基于一种 μετάβασις εἰς ἄλλο γένος[转入另一种类],基于一种 μετάβασις[转换],即从自然的、必然的事物转向仅仅可能的、服从于人的意志的事物。* 进而,那些哲人主张,只有在君主制中,有序统治的三项不可或缺的条件才能实现,试图以此证明君主统治的必然性。那三项条件是:独一性、连续性和绝对权力(unity, continuity, and absolute power)。关于独一性,阿布拉瓦内声称,只要多数统治者同意,就能很好地达成独一性。⑥ 关于连续性,阿布拉瓦内则怀疑,统治者每年更换——他们不得不在任期满了之后为自己在公共事务中的所作所为有所交待,因此,他们会受制于"血肉之躯的恐惧"(*Mora'Basarwa-Dham*[fear of flesh and blood]),会受制于因自己的罪过遭到公开指控和惩罚而感到的羞愧——是否就不比尽管连续但不负责任的一人统治更为可取。** 至于说绝对的权力,阿布拉瓦内则完全否认它是不可或

---

⑤ 阿布拉瓦内对这些比较的了解不仅来自基督教源头,而且,甚至首先来自犹太教和伊斯兰教源头。在《出埃及记》18 章 13－27 节注疏(f. 134, col. 2)中[眉批:参 Ibn Kaspi 对该处的义疏,见《双倍银钱》(Mischne Keseph),卷 II,页 199－200],他特别提到法拉比的《存在者诸法则》(*Principles of the beings*)(即提到 *k. al-siyyâsât al-madaniyya*[直译:《城邦政制之书》]的希伯来译本),以证明通往独一首领的等级制的必要性;紧接着这个引证后,他提到的例子是人身体中的等级制,以及通往第一因(First Cause)的宇宙等级制。(比较法拉比,前揭书,Hyderabad 本,伊历 1346 年,页 54,和《模范城邦》[*Musterstaat*] Dieterici 编,页 54 以降。亦见迈蒙尼德,《迷途指津》卷一 72 章)在提到的这段中,阿布拉瓦内接受了这些例子和由此引发的君主制后果,但在《申命记》17 章 14－15 节注疏和《撒母耳记上》8 章 6-7 节注疏中,他又对其加以拒绝。

* [眉批] 参卢卡的托勒密(Ptolem. of Lucca),《论君主的统治》(De reg. princ.),IV 8。

奥卡姆(Ockham),《对话》(Dialog.) I 5 c. 13 和 24。

⑥ 参帕杜阿(Marsilius of Padua),《和平保卫者》(*defensorpacis*)卷 I,15 章 2 节。

** [眉批] 1. c. IV 7-8。

[译按]上述眉批原文如此,出处疑指卢卡的托勒密,《论君主的统治》。

缺的或可欲的——*统治者的权力应该受到律法的限制。阿布拉瓦内为支持多人统治，还进一步引证了犹太律法在律法的阐释上所接受的多数原则，以及亚里士多德在"《形而上学》的开头"所做的陈述，即多人合作比一人努力更容易达到真理。㊼ 阿布拉瓦内驳回这些支持君主制的哲学论证之后，就转向经验的教诲，因为，正如亚里士多德"已经教导我们"的，"经验优先于三段论"。而现在的经验表明，威尼斯、佛罗伦萨、㊽热那亚、卢卡、锡耶那、博洛尼亚之类由选举出的有限任期的"裁判官"（judges）统治而非由君主统治的邦国（states），在司法行政和军事成就上都远远优于君主国（monachs）。过去的经验也教人看到，罗马在执政官的统治下征服了世界，而在皇帝的统治下却衰落了。在一些显露出他从内心深处憎恨君王及其治道的雄辩之句中，阿布拉瓦内对比了古典或现代共和国的可敬特征与君主国带来的恐怖。他得出了

---

* ［眉批］亚里士多德，《政治学》1272a 37 – 39。

㊼ 阿布拉瓦内心里想到的这段话就是《形而上学》（A ἐλ . 993a, 30 以降）。我很奇怪的是，他为什么不引用某些更适合的段落，如《政治学》III. 16（1287b），VII. 14（1332b – 1333a）。也许，他只是通过别人的引用才知道《政治学》。

㊽ 比较 Lionardo Bruni《斯图若扎葬礼上的演讲》（*Oratio in funere Nannis Strozae* , in Baluzius, *Miscellanea* , III, pp. 230ff. ［译按］原文为拉丁文）：

> 我们现在采用一种会把全体公民最大程度地导向自由和平等的公共事务治理形式，因为它是一切形式中最平等的，被称为"属于人民的"。我们现在像主人一样，不惧怕任何人，我们也不屈服于少数人的权力。……君主制的美誉就像某种虚构和阴影，既不明朗，也不稳固。……否则，多数人就会落入少数人的统治之下。因此，只有"属于人民的"仍然是合法的公共事务治理形式，在这种形式中，有真正的自由，法律的公正平等地属于全体公民，美德的精神无疑能够繁荣昌盛。……实际上，我们的公民凭借天资和智力，大多数人都能成为优秀的人，获得称赞。机敏在于勤奋，迅速和灵活在于做事，心灵的博大在于准备充分。我们不仅有能力治理国家，教导国民……我们更以战争的光荣而闻名于世。因为我们的祖辈……凭借战争的能力已经征服了所有邻邦的人民。……我们的公民常常……造就最懂军事的领袖。

结论:对一个政治共同体而言,君王的存在非但毫无必要,甚至还是一种极大的危险和巨大的伤害,王国的起源并不是人民对君王的自由选择,而是武力和暴力。⑲

　　尽管阿布拉瓦内强烈地控诉君主制统治,但他也同样强烈地主张,在一个有君主制存在的国家(country),臣民必须严格地顺服君王。他告知我们,在犹太人的著作中,他没有发现过对下述问题的讨论,即人民是否有权反抗君王,或者是否有权在君王变成暴君(tyrant)的情况下废黜他,而基督教学者们确实讨论过该问题,他们根据十支派反叛罗波安(Rehoboam)*这一经典先例判定人民有这类权利。阿布拉瓦内讲到"国王面前的智慧人(before kings with their wise men)"这个论题时断定,即便君王无恶不作,人民也没有权利反抗或废黜他。因为人民在给君王加冕时就已经同他立约(made a covenant),承诺要顺服他;"而那种约和誓言并不是有条件的,而是绝对的,因此,无论君王是义人还是恶人(righteous or wicked),反抗君王都是死罪,因为追究君王是正直还是邪恶(righteousness or wickedness)不在人民。"况且,君王代表着上帝,君王在绝对的权力(君王的法外行动对应于神迹)和独一性(unity)

---

　　⑲　参 John of Salisbury,《城邦统治者》(*Policraticus*)卷 IV,11 章([译按]以下原文为拉丁文):

　　　　细究君王们的历史,你会发现,民众请求上帝为他们立王是要这位王在民众面前领路。……然而他不是必需的,除非以色列像外邦人一样触犯上帝,以至于看似对上帝自身作为君王不满。……我想起我的一位友人曾说过普拉森提亚([或译]皮亚琴察)……在常提及的意大利诸邦中它最为出名,那里的人敬重和平,培养正义,不作假证,从而享受巨大的自由与和平的喜乐。绝对没有任何事情——哪怕再细微——会扰动他们的安宁。……他还说,民众的优异无需一切王政,或者说,他们制定的是最温和的王政。

同上,卷 VIII,17 章:"事实上,要不是不公和不义……要不是君王倾向于暴政,所有王国完全就不会存在,……不公要么自己先拿,要么从主人那里强取。"
　　*　[译按]参《列王纪上》12 章。

（君王在自己的王国内是独一无二的［unique］，正如上帝在祂的宇宙中是独一无二的）上都是上帝的形象。因此，君王被赋予一种尊荣（a kind of honour），它与人归诸上帝的尊荣有某些共同之处。结果，人民一方任何废黜或惩罚君王的图谋，某种意义上都是亵渎的（sacrilegious）。⑩ 显然，这第二个论据与阿布拉瓦内在两三页前讨论君主制的价值时所做的断言相互矛盾。不过，过分强调阿布拉瓦内的前后不一致，也许对这样一位如此多产的作者不太公平，尤其不该过分强调此处的不一致。㉗ 这是因为，尽管他用来支持人民无权废黜或惩罚暴君（tyrannous king）这一论点的第二个论据与他对君主制价值的否定不一致，但这个论点本身却与他的主要主张完全一致，即君主制本身是一种极大的危险和巨大的恶（a great evil）。

那么，阿布拉瓦内的政治理想是共和制（the republic）么？他并没有使用任何一个可以译为"共和制"的词；他所称赞的统治类型被他称为"多数人"的统治。这种说法的确非常含糊（vague）。出现在阿布拉瓦内对君主制的批评中的陈述可能传达了一种印象，即他的理想是民主制。但是，我们后面将会看到，他接受了某种"混合"制度的必要性（the necessity of a "mixed" constitution）的学说。因此，他的理想本来就不可能是任何一种"纯粹的"制度。我相信，如果我们定义他的政治理想，将其说成类似于在他一两代之后的加尔文㉝的政治理想，即一种

---

⑩ 《申命记》17 章 16 – 20 节注疏（f. 296, col. 4 – f. 297, col. 1）。阿布拉瓦内进一步援引了第三个论据，然而这个论据只适用犹太君王。另参他的《士师记》4 章 9 节注疏（f. 46, col. 1）、《列王纪上》2 章 37 节注疏（f. 202, col. 3）、《列王纪上》13 章 2 节注疏（f. 246, col. 1）和《列王纪上》12 章注疏各处。

㉗ 另参上文注 45。可以顺便提一下这种不一致的另一个例子。就在阿布拉瓦内证明完在任何民族中君王的存在都并无必要的两三页之后，即在《撒母耳记上》8 章 7 节注疏（f. 93, col. 4）中，他却说："对其他民族（对除以色列之外的所有民族）而言，君王是必要的。"

㉝ ［加尔文］，《［基督教］要义》（*Institutio［Christianae Religionis］*）卷 IV，20 章 8 节（关于犹太共同体的部分）。

"接近民主制的贵族制",㊷我们不会太离谱。但是,为了避免任何假设,我们最好还是只限于说,阿布拉瓦内的政治理想是共和制(the republic)。因为"共和制"是一个具有争议性和否定性(polemic and negative)特征的措辞,*它至多不过意味着"非君主制"(not monarchy),而并不确定所想要的非君主制统治是民主制、贵族制、寡头制还是其他政制。㊸阿布拉瓦内就最佳人类统治形式所说的话,几乎不过就是这句:最好的人类统治形式是非君主制。

但是,阿布拉瓦内的政治理想果真就是共和制的城 – 邦(city-state)吗? 这样的话,就与我们开头所说的大不相同。如果是这样的话,那它显露的就不仅是不一致——阿布拉瓦内诚然是不一致的——而甚至几乎就是思想上疯狂的不严谨了(insane looseness of thought)。

————————

㊷ 根据阿布拉瓦内的设想,理想政制亦即犹太政制中的贵族制因素就是七十人犹太议事会(*synhedrion*)。亦比较其《出埃及记》18 章 13 – 27 节注疏(f. 134, col. 3)。Menasseh ben Israel 在《抚慰者》(*Conciliator*, qu. 6, ad Deut. , Frankfort, 1633, p. 227)中把阿布拉瓦内的理想刻画为 *status aristocraticus*[贵族制国家]。

* [眉批]斯宾格勒亦是如此[So schon Spengler],《西方的衰落》(*Untergang des Abendlandes*)卷 II,页 513。——耶利内克(Jellinek),《国家学说通论》(*Allgemeine Staatslehre*),页 710 – 711。蒙森(Mommsen),《罗马国家法概述》(*Abriss*[*des römischen Staatsrechts*]),页 84。

㊸ 参孟德斯鸠(Montesquieu)的定义,《论法的精神》(*De l'esprit des lois*),卷 II,1 章。

[眉批]对勘奥古斯丁,《上帝之城》(Civ. Dei)卷 XIX 24 和 21 与卷 III 28;马基雅维利,《李维史论》(*Discorsi*)卷 I, 20 以降;锡耶纳的帕特里奇(PatriziusSenensis[francescopatrizi of siena]),《共和政制九书》(*De instit. reip.* [= *De institutione reipublicae libri IX*])

博丹(Bodin)。霍布斯。

马里亚纳([Juan de] Mariana),《国王与王室机构》(*De rege* [*et Regis institutione*]),I 3 和 8。

奥古斯丁,《书信》138. 2 及 155. 3——《创世记章句》(*Genesis ad lit.* [= *De Genesi ad Litteram*]),9. 9。

确实,难以想象,这样一位根据其最深的神学信念而把城邦判断为人类之邪恶的作品的人,竟然会同时是一位对罗马和威尼斯的世俗伟大真正且毫无保留的仰慕者。即便假设阿布拉瓦内只是个人文主义演说家(humanist orator),能够就任何论题写出雄辩的句子,也还是不能解释他的自相矛盾。因为,尽管他可能是雄辩的,但他肯定不是智术师(sophist)——他强烈而真诚地相信独一的真理(the one truth)。唯一可能的解释是,阿布拉瓦内对古典与现代城-邦的仰慕,至多只是他对其时代潮流的一种歌颂(tribute);那是他在人文主义的影响下偶尔或不止一次地被引导的话题转换,但主要还是因为他对君王及其世俗辉煌的厌恶,这点比人文主义的影响具有更深的根源。

在开始定义阿布拉瓦内的政治理想的真实特征之前,让我们强调一个事实,即阿布拉瓦内对共和制城-邦的推举属于他对最佳人类统治形式的仅仅基于理性的讨论,也就是说,只是一种前奏,其目的是引出对最佳人类统治形式的仅仅基于圣典(the Scripture)的核心讨论。既然我们已经讨论过阿布拉瓦内的哲学倾向,现在就不必进一步证明下述断言,即只有他对圣典的教诲的阐释,才能提供我们他关于人类统治的理想形式的真实概念。那么,关于以色列的属人的统治(the human government of Israel),圣典都教导什么?

阿布拉瓦内精确而清晰地回答了这个问题。他从陈述他的论点开始,其论点展开如下:即使他承认,在所有其他民族中,对保护政治共同体和使之井然有序而言,君王都是有用且必要的——对这一点他非但不承认,甚且激烈地反对——即使在那种情况下,[在他看来]君王对犹太民族也一定不是必要的。因为他们的君王就是上帝,也正因此,他们根本不像其他民族那样需要一位血肉之躯的君王。就以下三项目的而言,君王可以是必要的:为了军事上的领导权;为了立法;为了惩罚邪恶之徒的超常权力。所有那些目的在以色列都被上帝以最完美的方式达成了;上帝还把祂的特殊神意(His particular providence)赐予祂拣选的民族。因而,在以色列,一个君王并不是必要的。在以色列,一个君王甚至是最危险的。经验已经表明,所有以色列王(kings of Israel)和大多数犹大王(kings of Judah)都分别把以色列和犹大引入了偶像崇拜,而所有士师(the judges)和先知则都是敬畏上帝的人。这证明,"士师"的领导是好的,而君王的领导则是坏的。先前只基于理性的讨论所得出的结果,现在通过对圣典尤其对各种圣经叙事(biblical narratives)的细究而得到了证实。更准确地说,作为对圣经(the Bible)的细究的后果,这个结果获得了一种重要的精确度,同时也经受了重要的校正:人类统治的理想形式并不是共和制本身,而是一种由上帝创立和引导的"共和式的"统治("republican" government)。⑤

即使到了这一步,阿布拉瓦内仍未克服最大的困难。阿布拉瓦内开头批评的早期犹太注疏家们,都像阿布拉瓦内本人一样熟悉圣经中把王权归于上帝的无数段落。他们和阿布拉瓦内本人一样记得以色列人和犹大人在他们邪恶君王们的领导下所经历的恶(evil)。但是,他们也记得那些敬畏上帝的君王的言行,比如多首诗篇的作者大卫、《雅歌》的作者所罗门,还有像约珊(Jotham)、希西家(Hezekiah)、约西亚(Josiah)等"至高的圣人"(saints of the Highest)。⑤⑥ 比这更重要的是,他们还祈祷弥赛亚尽快来临,并想象他将是一位君王。就这最后一点而言,阿布拉瓦内足够一致,以至于他否认弥赛亚是一位确切而言的君王:据他说,弥赛亚不是一位君王,而是一位先知和士师(a prophet and a judge)。⑤⑦ 但是,这种关于弥赛亚领导权的构想,已经基于一个真正关键的假定,即在以色列立王并不是上帝明确命令的。而早期的注疏家们则相信,《申命记》17 章 14 – 15 节确实表达了这道命令。只要那段话带来的困难没有被克服,阿布拉瓦内为支持其论点而可能引证的所有其他圣经段落都没有多大分量。因为在所有那些段落中,没有任何一段话包含了关于在以色列立王的明确律法。

阿布拉瓦内否认《申命记》17 章 14 – 15 节表达了一道在以色列立王的命令。根据他的看法,那段话只是给出了这样做的许可(permission)。我们无需检查他的阐释正确与否。对我们来说要紧的是,阿布

---

⑤ 亦见 Urbach 前揭书,页 263 – 264。

⑤⑥ 参阿布拉瓦内的《列王纪》注疏之"引言"(f. 188,col. 3)。

⑤⑦ 见 Baer,前引文,页 259。

拉瓦内所反对的阐释被犹太传统当作律法性的约束而接受，它作为一条教规，断然支持君主制。传统的阐释尤其已经被迈蒙尼德所接受，他已经把它嵌入其伟大的律法著作以及他的《诫命书》(*Sepher ham-Miṣvoth*)中。㊳

―――――――――――

㊳　例如，Nahmanides、Moses of Coucy、Gersonides、Bachya ben Asher 也都接受了这点。(这并不是要否认，Gersonides 和 Bachya 在其《申命记》17 章 14 节注疏中的陈述几乎跟阿布拉瓦内一样竭力反对君主制――他们三人的陈述具有许多重要的字面上的一致性――但是，前二者仍将这段话阐释为传达了一道立王的命令。)据我所知，只有一位中世纪犹太注疏家在其《申命记》17 章 14 节以降的注疏中明确把这段话理解为传达了一种许可，这位注疏家就是 Ibn Ezra。――[眉批：这一〈结论〉仍然有效〈施特劳斯在此加了一个：?〉]――尽管有〈H. Finkelscherer 先生〉在《犹太教历史与科学月刊》(MGWJ, 1937, 页 506)上关于 Joseph Ibn Kaspi〈的主张〉的提议(见笔者〈在"阿布拉瓦内对王政的批判"一文中〉的评论。)因此，若是 Kaspi 的评注：ולמנת מלך ג"כ כעניןהקרבן〈立王就如同献祭事务〉在《迷途指津》卷三 46 章(427,14 – 16)的意义上得到理解，当然就并非如此。但它必须如此得到理解！]――阿布拉瓦内的阐释的罕见的例外特征被 Moses Hayyim Alshekh(《侍[女]之镜》[*Mar'oth haṣ-Ṣobe'oth*]，论《撒母耳记上》8 章 6 – 7 节)暗中辨认出来，他求助于犹太传统尤其是 Menasseh ben Israel，强烈地拒斥阿布拉瓦内的那种阐释；Menasseh ben Israel(《抚慰者》，ed. Cit. 页 228)说：*Haecopinio (sc. Abravanelis) quamvissatiscongruaverbis S. Scripturae,a multis tamenaccepta non est,quiaadversatur sententiae ac traditioniantiquorum*[这种意见(亦即阿布拉瓦内的)无论多么符合圣经的字面意思，仍然不能让大多数人接受，因为它反对了古人的思想和传统]。阿布拉瓦内的阐释被门德尔松(Moses Mendelssohn)默默接受(《耶路撒冷》[*Jerusalem*]，Berlin，1783,Ⅱ,页 117 以降)，但受到了赫尔希(S. R. Hirsch)和布伯 – 罗森茨威格(Buber-Rosenzweig)的拒斥。亦比较 Isaak Heinemann，《斐洛的希腊和犹太教养》(*Philons griechische und jüdische Bildung*,Breslau,1932,页 185 – 186)和 Urbach 前揭书，页 269(我没有找到 Heinrich Heinemann 于 1916 年发表在《犹太文学协会年鉴》[*Jahrbuch der Jüdisch-literarischen Gesellschaft*]上的文章)。

[中译编者按]眉批中施特劳斯所引 Kaspi 的评注(希伯来语部分)较之原文略去了"诫命"这个词，原文作"立王的诫命如同献祭事务〈的诫命〉"，参本卷《阿布拉瓦内对王政的批判》一文最后一段的相关引文。

根据犹太传统所接受的阐释,《申命记》17 章 14 – 15 节可以翻译如下:"当你到了圣主你的上帝赐你的土地,你将拥有它,你将在那里居住;你将说(或者:⑤那时你将会说),我要立王治理我,像我周围的所有民族一样;无论如何你将(*Thou shalt in any wise*)立一个王来治理你。你应当立他来治理你,他将是圣主你的上帝所挑选的:你将从你的兄弟中立一个来治理你,不可立一个外邦人治理你,[因为]他不是你的兄弟。"

根据阿布拉瓦内的阐释,这段话可以读作:

> 当你来到了圣主你的上帝所赐予的土地,你将拥有它,你将在那里居住;你将说,我要立王治理我,像我周围的所有民族一样;那么,你将(*then thou shalt*)立圣主你的上帝所挑选的人为王来治理你:你将从你的兄弟中立一个来治理你,不可立一个外邦人治理你,[因为]他不是你的兄弟。

根据传统的阐释,这段话包含的律法要旨在于以色列受命立王。而根据阿布拉瓦内的阐释,其要旨在于:如果以色列希望立王——以色列这样做是被律法默许的,但仅仅是允许——那么,以色列只可以以这样那样的方式去做。可见,阿布拉瓦内的阐释直接反对犹太传统的阐释,实质上完全等同于通俗拉丁版圣经(*the Vulgate*)暗示的意思。⑥ 当然,阿

---

⑤ 根据 Nahmanides 的说法。

⑥ Cum ingressusfueristerram, quam Dominus Deus tuusdabittibi, et possederiseam, habitaverisque in illa, et dixeris: Constituam super me regem, sicuthabent omnes per circuitumnationes; *eumconstitues*, *quem Dominus tuuselegerit de numerofratrumtuorum*. . . . [你进入圣主你的上帝给你的地,你会占有它,你会在那里居住,你会说:我会立王治我,就像周围所有民族都有的那样;你将立他,就是圣主你的上帝从你的兄弟们中间挑选的那位。]亦比较英译:. . . Thou shalt in any wise set him king over thee, whom the Lord thy God shall choose. . . .

布拉瓦内比通俗拉丁版明显多了。⑥ 不仅如此,他还走得比拉丁译本更远。为更精确地解释这段话,他说:

> (当你希望这样做时,)尽管这并不恰当(,你们只能以这样那样的方式做)。这类似于如下律法条文:当你与你的敌人交战时,圣主你的上帝将他们交到你手中……你若在被俘的人中看见一位美貌的女子,你渴慕她……因为在律例(the precept)里并没有'他要渴慕她',也没有'他要娶她为妻'……,既然这只是被允许的,并且是邪恶的自然倾向(the wicked inclination)的一个结果。但律例中有[这一条]:在初次同居之后,你应当把她带到你的家里……托拉(Torah)中并没有让以色列人请求立王的命令……,而且对以色列人的集体治理而言,王既不必要,也非不可缺少……,因为上帝才真正是他们的王……因而,当以色列请求立王时……,圣主就把愤怒发在他们身上,祂说:他们没有离弃你[撒母耳],但他们却离弃了我,这样我就不再做他们的王了;撒母耳说:你们对我说,不行(Nay),得有一王统治我们,而那时,圣主你们的上帝是你们的王。这表明,他们的罪在于"踢掉了"上帝的王政而选择了人的王政。正是出于这个理由,约书亚和其他士师都没有立王。

---

⑥ 为了更完整地(即便有些部分较随意)呈现阿布拉瓦内的阐释,适当的做法是把他对圣经字词的说明性评注放在括号里。他解释说:"当你来到圣主你的上帝赐给你的土地,你就拥有它,你就在那里居住[亦即,在征服土地的战争时期,你不要求立王,那就是愚蠢;因为这正是最需要王的恰当时候;但是,你占有了土地之后,你就分配了土地,你就在那土地上安全地居住,这一切之所以会发生,是靠上帝的神意,那时没有王——那时,没有任何立王的必要和需求]。你就会说,我要立王治理我[也就是说]就像我周围的所有民族一样[亦即,没有任何必要和意愿(除了想让自己同化于世上的诸民族)——当这事要发生的时候],你[不]应该立[他——你希望的人,而是他——]圣主你的上帝挑选的人做你的王……"见阿布拉瓦内,《撒母耳记上》8 章 6-7 节注疏(f. 93,cols. 1-2)。

阿布拉瓦内的阐释的最终表达是说,《申命记》17 章 14 – 15 节包含了对"邪恶的自然倾向"（*Yeṣer ha-Ra*'）给予的许可。这个更精确的表达实质上同样借自一个基督教文献。那就是莱勒的尼古拉斯（Nicolas of Lyra）* 的《圣经补注》（*Postilla*）。㉒ 因此,我们有资格说,阿布拉

---

* ［译按］Nicolas of Lyra（1270—1349）,圣方济会修士,中世纪著名基督教解经家。

㉒ 关于《申命记》17 章 14 – 15 节,尼古拉斯（Nicolas）说:

> 这既不是命令,也不是简单的允许,因为要求立王的以色列人民没有罪,至于他的违忤,《列王纪上》7 章说:但这不是出于恶意的认可。实际上,好人民居住在此,因为唯一的上帝统治着好人民,因为他是人民自己的上帝;在这种情况下,他们如此不合时宜地想要王,仍然得到了允许……（［译按］尼古拉斯的引文原文均为拉丁文,下同）。

关于这点,尼古拉斯《圣经补注》（*Postilla*）关于《列王纪上》8 章解释得更充分:

> 关于立王,《申命记》17 章已经说过……这不是通常意义上的让步,而是更大的允许,正如妻子解除婚约是对他的铁石心肠的允许……

这番对比表明,阿布拉瓦内只是把尼古拉斯的例子换成了"美貌的女子"的例子。但是,阿布拉瓦内的观点与尼古拉斯的观点并无二致。犹太教注疏家与基督教注疏家之间有一个非常重要的差别:阿布拉瓦内认为,君主制从本质上是坏的,尼古拉斯的意见则是,君主制在原则上是最好的统治形式。尼古拉斯只是质疑,对其他所有民族都使适用的东西未必同样适用于以色列这个由上帝统治的民族。阿布拉瓦内只是接受了尼古拉斯的这部分论证。（参阿布拉瓦内关于在以色列施行君主制的讨论的开头:"即使我们同意,君王在某个民族中对政治共同体的井然有序而言最为必要……在以色列民族中,君王却并非必要……"）尼古拉斯在《列王纪上》8 章注疏中说:

> 关于以色列子民要求立王是否为罪,应该寻找预言的更多证据。经证明不是,因为要求立王纯粹是好的,是出自正当理性的要求,而不是罪过;正如哲人所说的三种政制中,由君王来治理人民最好的,是正确的理

瓦内对《申命记》17 章 14－15 节,即对[关于君主制的]主要的圣经段

性要求的结果……此外,凡经神法认可的都是合法的,因为谁也不认可罪过,但在《申命记》17 章,神法认可以色列子民立王……([引者按]注意,就连这种"君主主义者"都不认为,《申命记》17 章 14－15 节仅仅包含一道 concessio[让步])相反,后面的 12. c. 却说:你们将知道,也将看到。……那时就可以说,王制是最好的政制,以色列子民外的其他部族求王或立王治他们自己,就不是犯罪,反而是做了大好事。但是,以色列的子民若做这件事,就是犯罪。……这是为什么? 因为上帝唯独拣选了以色列人民,使他不同于其他民族……那些民族的君王也希望成为这样绝对的君王……因此,他就希望那些民族直接从他们自己中间立属人的舵手,就像他们的代理人既不是君王,也不是主人:如摩西和约书亚,还有后来的士师。……

(阿布拉瓦内明确引证过《圣经补注》,这表明他知道这本书。见[Jacob] Guttmann 前揭书,页 46。不过,除此之外,那些早期注疏家对《申命记》17 章 14－15 节或《撒母耳记上》8 章 6－7 节的阐释中,他最看重且讨论最多的还是 Paulus of Burgos 的阐释,这个阐释见于其《〈圣经补注〉附注》[*Additiones* to the *Postilla*]。)进一步比较托马斯·阿奎那《神学大全》(*Summa Theologiae*),Ⅱ,i,qu. 105,art. 1:

王制是人民的最好政制,只要它不被败坏。但是……王制很容易退化成僭政……因此,上帝一开始没有(为以色列人)立王并给他们充分的权力,而是让士师和官长监管他们;但后来,人民要求立王,就像上帝曾经愤愤地让步的那样,关于此,见《撒母耳记上》8:7。……不过,关于立王这件事,上帝起初没有立下挑选的方式。……关于立王这件事,上帝定了两条规定……([译按]原文为拉丁文,括号中文字为作者所加)

君王拥有绝对的权力,而士师的权力相对而言比较有限,阿布拉瓦内在其《士师记》注疏引言(f. 40, col. 1)中强调了这个事实。亦比较 John of Salisbury(约 1115/20—1176/80)《城邦统治者》(*Policraticus*)卷 Ⅷ,18 章:

永生的祖先和族长们已经把最好的天性赋予了领袖。后继的领袖也已经从摩西那里继承了律法,后来的士师们都用这套律法的权威统治过人

落的阐释,或换言之,他关于君主制与以色列的制度互不相容的意见,可以直接追溯到基督教源头,而非犹太教源头。

一般而言的犹太传统和基督教传统,以及特殊而言的犹太中世纪和基督教中世纪,都支持君主制。在这两种传统中,反君主制的陈述直到人文主义时代到来前都是例外。因而,说这两个传统中的哪一个表明了比另一个传统更强力的君主制倾向(或反君主制倾向),都有失偏颇。然而,若是基于比较大量可比较的材料,也就是说,基于比较既权威又通俗的犹太教资源与相应的基督教资源,一个人可能敢于作出这样一个陈述。现在,如果我们一手拿犹太教圣经(即《翁克洛斯塔古姆》[*Targum Onkelos*]、《约拿单塔古姆》[*Targum Jonathan*]*和拉什[Rashi]、伊本·以斯拉[Ibn Ezra]及纳赫玛尼德[Nahmanides]的注疏),一手拿基督教(拉丁文)圣经(即《行间集注版》[*Glossa interlinearis*]、《标准评注版》[*Glossa ordinaria*]、尼古拉斯的《圣经补注》、布尔戈斯的保罗(Paulus of Burgos)的《〈补注〉附注》[*Additiones*]),比较二者对主要段落的处理方式,亦即比较二者关于立王的律法,我们就会发

民;我们选出的祭司也像他们一样。最后,主在狂怒中赐给他们王,有些好,有些坏……人民……从他们曾经轻视的上帝那里索取了君王……(扫罗)仍被称为圣主的受膏者,他施行僭政,却并没有失去君王的尊荣。……

应该拿这段话与阿布拉瓦内整个政治教诲相比较。至于说后来的发展,我想提醒读者特别注意弥尔顿([John] Milton [1608—1674])的《为英国人民声辩》(*Pro populo Anglicano defensio contra Salmasii Defensionem Regiam*)第二章。[眉批:参〈弥尔顿〉,《君王与官员的任期》(*Tenure of Kings and Magistrates*),牛津版,页336–337。]让我们感到有趣的是,Salmasius充分利用了拉比们对《申命记》17章14–15节的注疏(以及《撒母耳记上》8章注疏),作为支持他的保皇主义论题的证据,而弥尔顿则偏爱约瑟夫斯更甚于tenebrionibus Rabbinis[拉比式的暧昧](参下文对约瑟夫斯的论述,页127[译按:指"初版"页码])。

　　* [译按]*Targum*为希伯来圣经的阿拉米语(Aramaic)译本,堪称最古老的犹太教圣经版本之一。Onkelos和Jonathan是最著名的Targum译者。

现,犹太教圣经没有丝毫迹象表明它有反君主制的倾向,⑥而基督教圣经却显示出一种基于神权政制假定(theocratic assumption)的明确的反君主制趋势(trend)。⑥ 对于这条基督教圣经的规则,唯一的例外就是布尔戈斯的保罗,一位受洗的犹太人,对所讨论的这段话所作的解释。这种比较的结果证实了我们的印象,即阿布拉瓦内反君主制的结论直接源于他的某些神权政制前提,其起源必须在基督教资源而非犹太教资源中寻找。

阿布拉瓦内具有基督教起源的思想首先是他关于犹太民族统治的一般构想。根据他的看法,犹太民族的统治由两种统治组成,一类

---

⑥　《翁克洛斯塔古木》字面翻译了这段话。《约拿单塔古木》将"Thou shalt in any wise set a king over thee,whom the Lord thy God shall choose:one from among thy brethren shalt thou set king over thee"译为"You shall inquire for instruction before the Lord,and afterwards appoint the king over you"。拉什对这段话没说什么。伊本・以斯拉只简单地说这段话表达了一种允许。纳赫玛尼德则认为,这段话包含一道请求王和制立王的命令(a command to ask for a king and to institute a king)。

⑥　《行间集注版圣经》对 et dixeris[你将说]的注解是:Tu non ego[你而非我];对 Constituam super me regem[我将立王治我]的注解是:Non Deum sed hominem[人而非上帝]。《标准评注版圣经》(Augustinus,qu. 2)说:

> 当人民想要君王,当人民发现这件事被允许,人民就能提出这样的要求并因而让上帝不高兴吗?要知道,这并不符合上帝的意愿,因为这件事并不是经过预先命令而发生的,而是因想要而才发生的。([译按]原文为拉丁文)

关于《圣经补注》(Postilla),见上文。Paulus Burgensis(([译按]即 Paulus of Burgos)说:

> 这条关于立王的预命不能被理解成允许……而只是圣经文字中有条件的让步。但是,如果不是简单的让步,那么,请求立王的以色列人就没有犯罪。因为他们只是在上帝于这件事上作出让步的情况下才请求立王。([译按]原文为拉丁文)

是属人的统治,一类是属灵的或属神的(spiritual or divine)统治。这种区分不过就是基督教关于属灵权威与尘世权威(the authority temporal)之间的区分。阿布拉瓦内进而把这两种统治各自分成了三个等级。就属人的统治而言,最低一级是"小法院"(little *Beth-Din*),亦即每个城镇都有的法院(court of justice)。法院的成员由人民选举产生。属人统治第二级是"大法院"(great *Beth-Din*),亦即耶路撒冷的犹太议事会(*Synhedrion*)。犹太议事会的成员并不是由人民选举,而是由君王任命,若没有君王,则经犹太议事会其他成员协商后,由议事会会长任命;议事会会长则由犹太议事会成员选举产生。这个团体是摩西领导的七十长老会的一种形象(an image),它由七十一人组成。属人统治的最高一级位置由君王占据。君王由上帝而非人民拣选,因此,人民无论如何没有任何权力反抗或废黜君王。君王的职务不是司法行政(administration of justice),而是——首先是军事领袖,其次,他要在紧急情况下对邪恶之徒实施法外惩罚(extrajudicial punishment)。对于君王应得到并享有尊荣,阿布拉瓦内的强调程度并不亚于迈蒙尼德,在这方面,他们两人一样都只是遵循犹太传统。⑥ 若要考虑阿布拉瓦内一般意义上对君主制的批评和特殊意义上对以色列君主制的批评,那就必须说,根据立法者的原初意图,这种统治的首领并不是一位严格意义上的君王,而是一位像摩西和士师们一样的领袖,以此更准确地定义阿布拉瓦内关于犹太民族中属人统治的最高层级的观点。事实上,阿布拉瓦内明确陈述过,"第一位统治以色列的君王"

---

⑥　《申命记》16 章 16 节至 17 章 1 节和 17 章 8 – 15 节注疏(f. 293,col. 1 – 2;f. 294,col. 1;f. 296,col. 2 – 3)。参《列王纪上》1 章注疏(f. 196,col. 4)和《士师记》注疏引言(f. 39,col. 3;f. 40,col. 1)。然而,在《申命记》16 章 18 节至 17 章 13 节注疏(f. 293,col. 2;f. 40,col. 2)中,阿布拉瓦内却说,这种司法的非常权力并不属于君王,而属于犹太议事会。他根据犹太传统的规定指出,以色列的所有任命都是终身的,在原则上也是世袭的(同上 f. 293,col. 2)。在他对最佳人类统治形式的"理性的"讨论中,阿布拉瓦内明显更倾向于短期的任职。

是摩西。⑥⑥ 无论如何，如阿布拉瓦内所见，犹太民族的属人统治既有君主制的元素（摩西及其后继者），也有贵族制的元素（犹太议事会），还有民主制的元素（民选的地方法官）。这是一种"混合的"统治，完全符合古典学说。但阿布拉瓦内这种观点的直接资源又是基督教的：托马斯·阿奎那在《神学大全》中对犹太制度的描述，⑥⑦阿布拉瓦内只是在细节上有所改动。* 阿布拉瓦内关于属人统治的构想就这么多。至于属灵的统治，他也区分了三个等级：先知，这是首领；祭司；最低一类则是利未人（the Levites）。⑥⑧ 这种区分暗示，属灵的等级制不亚于属人的等级制，也引向一位君主制式的首脑（a monarchical head）。在这一点

---

⑥⑥　《列王纪上》1 章注疏（f. 196, col. 4）。亦见《出埃及记》18 章 13－27 节注疏（f. 134, col. 1）。

［眉批］参迈蒙尼德，《关于受选之殿的律例》（*H. Beth ha-bechirah*）VI 章 11 节：摩西我们的导师，是一位君王。——〈另参其〉《密释纳义疏》，"论誓言"（Schebuot）II 章 2 节。

⑥⑦　《神学大全》II. 1, qu. 105, art. 1。托马斯这样界定由 lex vetus［古老的律法］建立的统治的特征，他说，这种统治是一种

> 好的政制，它一部分出于王制，因为只有一个人作首领；一部分出于贵族制，因为多数人按照德性统治；一部分出于民主制，亦即出于人民的权力，因为君主可以从人民中选举产生，人民也有权选举他们的君主。这就是按照神法的制度；因为摩西及其后继者（即约书亚、士师们和君王们）就这样统治过人民，即都是单独一个统治所有人，因而有某种王制。而另一方面，按照德性选出的七十二长老……这就是贵族制的。但它也是民主制的，因为他们都是从全体人民中选举出来的……（［译按］原文为拉丁文）

比较上文所引同一条文，［初版］页 121，注 1［＝注 62］。

*　眉批：不过，按托马斯在《论君主的统治》卷 I，14 章的说法，在旧约里，祭司权服从王权（因为在他那里，旧约区别于新约之处在于它涉及了尘世之善）——因此阿布拉瓦内将犹太教基督教化了。

⑥⑧　见其《申命记》16 章 18 节至 17 章 1 节注疏（f. 293, col. 1）；及 18 章 1－8 节注疏（f. 297, col. 1－2）。

上,阿布拉瓦内再次追随了中世纪基督教的教诲,据此,整个教会的统治必须是君主制的,阿布拉瓦内只是用先知取代了[使徒]彼得(Petrus)(或他的后继者)。[69] 按照阿布拉瓦内的构想,属灵的统治当然不是纯粹君主制的,它也包含一种贵族制的元素,也许还包含一种民主制的元素。这种属灵等级制的观点也是借自基督徒。[70] 属人的统治和特殊意义上君王们的统治并不是由上帝创立的,而是从上帝那里勒索来的,因而,其尊严远低于属灵的统治——这点对阿布拉瓦内而言理所当然,正如它对基督徒中的教宗主义(Papalist)作家而言理所当然一样。此外,正如阿布拉瓦内指出的,犹太民族属人统治中的贵族制元素即犹太议事会,主要由祭司和利未人组成。[71] 阿布拉瓦内所理解的理想的政治共同体(the ideal commonwealth)主要由先知和祭司统治,对他来讲,理想的领袖并不是迈蒙尼德心目中的哲人王,而是祭司王(a priest king)。[72] 他的政治理想具有一种严格的祭司政制(hierocracy)的特征。据我所知,阿布拉瓦内是第一个深受基督教政治思想影响的犹太人。值得强调的是,阿布拉瓦内采纳了极端教宗主义者的观点。他偏好基督教经院学甚于犹太理性主义者的哲学,并且他得出的政治理想更近

---

[69]　比较托马斯·阿奎那(Thomas Aquinas),《反异教大全》(*Summa contra Gentiles*)卷4,76章。

[译按]Petrus原意为磐石,在《马太福音》16章18节,耶稣对门徒彼得说:"你是彼得,我要将我的教会建造在这磐石之上,阴间的权柄不能胜过他。"

[70]　Bellarmin,《论罗马教宗》(*De Romano Pontifice*)卷1,5章:

全体大公教教士现在都聚集起来了,以便使上帝所建的教会政制成为真正的君主制,并且兼有……贵族制和民主制的特征。([译按]原文为拉丁文)

[71]　《申命记》17章8–13节注疏(f. 294, col. 2–3)。

[72]　《列王纪上》1章注疏(f. 196, col. 4),《出埃及记》18章13–27节注疏(f. 134, col. 1–2)。比较John of Salisbury的《城邦统治者》(*Policraticus*)卷8,18章(前引文,注62)和Augustinus Triumphus的《教会权柄大全》(*Summa de potestate ecclesiastica*)Pt. I, qu. 1, art, 7–8。

格列高利七世(Gregory VII)⑬和英诺森三世(Innocent III)的理想而非迈蒙尼德的理想。阿布拉瓦内动摇了迈蒙尼德关于律法的政治哲学，因为他质疑后者最终的假定——城邦(the city)是"自然的"，也因为他把城邦构想成人类的罪(sin)的产物。也就是说，阿布拉瓦内从一种非政治的甚至反政治的前提出发，至终得出了教权主义(clericalism)的政治信条。

但是，无论中世纪基督教思想对阿布拉瓦内的政治教诲可能有过多么大的影响，都无以解释他的所谓共和主义(republicanism)。他的这部分政治信条并不具有中世纪基督教的起源，而具有人文主义的起源。人文主义意味着从传统返回传统的源头。然而，对阿布拉瓦内来说，真正的源头并不是古典时代的那些历史学家、诗人和演说家，而是圣经的字面意义——以及约瑟夫斯。⑭ 约瑟夫斯将《申命记》17 章14－15节理解为仅仅是立王的许可而非命令。约瑟夫斯毫不含糊地说，摩西创立的统治是一种与君主制对立的贵族制。⑮ 最重要的是，约瑟夫斯将统治犹太国(Jewish state)的 ἄριστοι [贵族们] 等同于祭司们，而祭司们的首领就是大祭司(high priest)。⑯ 因此，我们得出结论：阿布拉瓦内的犹太统治观整个承继自约瑟夫斯。再考虑到我们前面分析的结果，我们可以总结说，阿布拉瓦内依照基督教对属灵权威与世俗权威的区分，重述了约瑟夫斯关于贵族制和反君主制的观点。

说到人文主义对阿布拉瓦内的政治教诲的影响，我们不得不想到的首先不是他的"共和主义"——不是他对共和制罗马的伟大及其公民爱国主义的仰慕，这只是其思想的表面。阿布拉瓦内的人文主义与

---

⑬　比较阿布拉瓦内对格列高利七世及其他人的陈述，见 [A. J.] Carlyle，《西方中世纪政治理论史》(*A History of Mediaeval Political Theory in the West*)卷Ⅲ(第二版)，页 94 和 99 转引。

⑭　关于阿布拉瓦内对约瑟夫斯的了解，见 Baer 前引文，页 246。

⑮　《犹太古史记》卷 4，§ 223；卷 5，§ 35。

⑯　尤见《驳希腊人》(*Contra Apion*)卷 2，§§ 185－188、193－194；亦见《犹太古史记》卷 4，§§ 218("大祭司、先知与犹太议事会")和 224。

布鲁尼(Lionardo Bruni)＊等人的"异教"人文主义确实没有多少共同之处。阿布拉瓦内属于萨卢塔梯(Coluccio Salutati[1331－1406])代表的那类人文主义者,后者可以说是他的榜样。⑦ 也就是说,阿布拉瓦内作为人文主义者,乃是用自己的古典学养证实而非摆脱他那些彻头彻尾中世纪的概念。他与中世纪作家们的区别,与其说在于他表达的观点,不如说在于他使用的方法。这种方法可以称之为历史的(historical)方法。⑧ 阿布拉瓦内倾向于更多关注传统的诸源头(sources of the tradition)而非传统本身。他常常极力主张圣经字面意义与《米德拉什》阐释(the Midrashic interpretations)之间存在差异;在这样做的时候,他不是像一位中世纪理性主义者可能做的那样,被一种反对《米德拉什》的"神话的"或"神秘的"倾向所引导——因为这些倾向完全符合他自己最深切的自然倾向(inclinations)——而是被另一种兴趣所引导,即确立由神默示的文本的纯粹的、未受曲解的意义,他是被一种这样的兴趣所引导:不那么急于证明某个自己支持的学说是启示的,因而是正确的,而是要确切地知道启示究竟教导了什么,以便能够采纳那种教诲,不管它是什么。由于阿布拉瓦内本着这种精神偏好传统的诸源头更甚于传统本身,他很难避免与传统教诲发生冲突的危险。关于他在返回源头(即圣经的字面意义以及约瑟夫斯)的基础上批评某些传统观点,一个重要例子已经在前文引起了我们的注意。属于同一类的例子还有阿布拉瓦内对一些圣经书卷的作者身份(authorship)的某些传统意见

＊ ［译按］布鲁尼的名字一般拼写为 Leonardo Bruni(约 1369—1444)。

⑦ 参 Alfred von Martin,《萨卢塔梯著作反映出的中世纪世界观和生命观》(*Mittelalterliche Welt- und Lebensanschauungim Spiegel der Schriften Coluccio Salutatis*),Munich und Berlin,1913,页 22,页 61 以降,页 82 以降,页 97 以降,和他的《萨卢塔梯论僭主》(*Coluccio Salutatis's Traktat Vom Tyrannen*),Berlin und Leipzig,1913,页 75 以降。

⑧ 这里要多加小心。

［眉批］参前文,［初版］页 81。［译按］施特劳斯这里指的是同样刊于《阿布拉瓦内:六篇讲稿》中的文章,即 L. Rabinowitz 的《作为解经家的阿布拉瓦内》("Abravanel as Exegete")一文。

的批评,这一批评为斯宾诺莎彻底得多的圣经批评(biblical criticism)开辟了道路。⑦ 考虑到这些及类似的事实,我们可能倾向于完善我们先前的陈述,即阿布拉瓦内的思想在根本上是由犹太传统决定的,而补充说,他的教诲往往具有更多唯圣经主义(biblicist)的特征而非传统主义的特征。但是,同意了这点之后,我们还必须更加强调,阿布拉瓦内有时通过批评中世纪意见而返回的那些前中世纪世界(pre-medieval world)的假定,在根本上并非不同于他由之出发的中世纪假定。确实,他从中世纪的君主制理想返回到了古代的贵族制理想。但是,照目前的情况来看,这至多意味着,他从中世纪温和的祭司制理想,返回到了约瑟夫斯所阐述的第二圣殿时期(the period of the Second Temple)更加不妥协的祭司制理想。阿布拉瓦内与中世纪犹太作家的区别在于,他的思想远比后者更具教权主义色彩。

阿布拉瓦内相信他出身王室。可他的灵魂却是祭司的灵魂——这个祭司念念不忘的是,所罗门王在圣城([译按]即耶路撒冷)建立的圣殿"在圣洁程度上无限低于"摩西在旷野搭建的会幕(tabernacle)。⑧ 无论阿布拉瓦内可能在人类技艺和城邦生活的可疑价值方面,从犬儒主义者们或古典牧歌中学到了多少,他关于城邦、[巴别]诸塔(the towers)和[以色列及犹大]王国的罪恶起源以及吃善恶知识树的果实带来的惩罚等等知识,都并不是借自任何外邦资源,而全都是他自己那个受命要成为一个祭司王国的族类的遗产。

---

⑦ 参 L. Strauss,《斯宾诺莎的宗教批判》(*Die Religionskritik Spinozas*),Berlin,1930,页 280–281。

⑧ 《列王纪上》6 章 1 节注疏(f. 217,col. 3)。

评阿布拉瓦内对王政的批判[*]

（1937）

卢白羽　译

　　芬克舍勒（H. Finkelscherer）先生有文发表于去年的本刊（《犹太教历史与科学月刊》，布雷斯劳，1937）。先生宣称，阿布拉瓦内（Abravanel）^{**}最重要的反君主制言论"早在卡斯匹（Joseph ibn Kaspi）"^{***}那里就有过了，而且，卡斯匹还曾以"极其类似的态度"表达过反对犹太王权制的观点。两位作者的观点是否完全相似，仍然值得商榷。芬克舍勒本人也注意到，"两人在语气上存有差异：卡斯匹具有贵族制式的哲学理想，阿布拉瓦内则带有神权政制的理想"（年卷81，页506）。不过，芬克舍勒认为，阿布拉瓦内和卡斯匹两人至少就某个很重要的问题持一致态度。这一说法值得我们严肃认真地考量一下。

　　无论如何，对阿布拉瓦内的整个反君主制论证来说，最重要、起决定性作用的一部分乃是他对《申命记》第17章第14节的解释。按照阿

---

　　* ［译按］文中的希伯来语得孟振华博士相助译出，谨此致谢！

　　** ［译按］Isaac Abravanel，1437年生于里斯本，1508年逝于威尼斯，政治家、释经家、哲学家以及犹太护教学者。作为释经家，阿布拉瓦内最大的贡献也许在于，他一反过去犹太释经家专注于经文字面而忽略经文中体现出来的政治、社会要素，注重对经文所描绘的历史时期做出恰当评估。阿布拉瓦内自身丰富的政治经验也有助于他的这方面释经工作。

　　*** ［译按］Joseph ibn Kaspi，1280年生于普罗旺斯，1340年逝于塔拉斯孔（Tarascon）。一生游历多方，并称自己背井离乡是为了追寻智慧。卡斯匹学问颇深，精通多种语言。他熟稔希伯来经典文献、《塔木德》以及早期释经作品，也熟读迈蒙尼德的《迷途指津》，是中世纪十分重要的犹太思想家。

布拉瓦内的解释,《申命记》这一节表明,立王并非一条命令,而仅仅是一项许可。更确切地说,阿布拉瓦内比较了立王方面的规定和女战俘(אשת יפת־תאר)方面的规定,由此彰显出圣经关键段落的意义:如果你想要违背上帝的意志,坚持并表达自己的愿望,要将一王加于自己头上,那么,你不应该立你自己喜欢的王,而是要立上帝拣选的王。卡斯匹的话与之非常接近(论《申命记》17:14):他[上帝]命令他们[在战争中]不得任意杀戮,除非是[杀]上帝通过先知选定的那些人(וצום שלא ישימוהו רק אשר יבחר י"י עפי נביא)。可是,卡斯匹这句话是否一定表达的是,立王不是诫命,乃是许可?卡斯匹并没有把立王方面的规定与裁定一位女性容貌是否姣好的规定作比较,而是将前者与献祭的规定相比较(论《撒上》8:6)。卡斯匹参考了迈蒙尼德(Maimuni)对献祭立法(Opfergesetzgebung)的阐释。这一点拉斯特(Last)和芬克舍勒已经看出来了。两人关注到卡斯匹对迈蒙尼德《迷途指津》(Moreh)卷三 32章的阐释:献祭并不符合神的立法者的首要意图,它们并非绝对的好。献祭是考虑到当时民众的无知而设立的,因此它们的好是有条件的。这段阐释绝不是说,所设立的献祭只具有有限的善,故它并非诫命而只是许可。也即,卡斯匹并没有宣称,立王并不是诫命而只是一项许可,此说法恰恰是阿布拉瓦内承继伊本·以斯拉(Ibn Esras)所宣扬的论点。

要拯救芬克舍勒的观点只有一条出路:人们必须指出,卡斯匹实际上认为,针对献祭的立法全都不是强制性的。换句话说,卡斯匹的话"立王的诫命就如同献祭事务[的诫命]"[ולמנות מלך מצוה ג"כ כעניני הקרבן] 是不动声色地指向《迷途指津》卷三 46 章,而非《迷途指津》卷三 32 章。因为,在《迷途指津》卷三 46 章(Munk 法译本,卷三,页 102 a – b),迈蒙尼德不加掩饰地说:"然而,若是我们根本不举行这类仪式——我指的是献祭——那我们就完全没有犯罪了。"卡斯匹是熟稔《迷途指津》的专家,当他将关于君王的律法和关于献祭的律法两相比较的时候,很有可能想的是这段比较生僻的注释,而非被多次引用的《迷途指津》卷三 32 章中的那段。不过,我们还缺乏证据来确认卡斯匹确实想的就是那段注释。只有证明了这一点,人们才能确信无疑地宣称,卡斯匹也预先提出了阿布拉瓦内反君主制的决定性论据。

法拉比的《柏拉图的哲学》①

（1945）

张缨　译

[中译编者按]此文原题 Farabi's Plato，刊《金斯伯格七秩贺寿文集》（*Louis Ginzberg Jubilee Volume：On the Occasion of His Seventieth Birthday*，New York：American Academy for Jewish Research，1945）英语部分，页 357－393。据迈尔（Heinrich Meier）2008 年所做的施特劳斯著作索引，此文的删改版曾被用于作者《迫害与写作技艺》（*Persecution and the Art of Writing*，1952 年初版）一书的"导言"。

> 同一种思想在另一个地方会有完全不同的含义。
>
> ——莱辛，《莱布尼兹论永罚》

[357]众所公认，不先理解"哲人们"的教诲，就无法理解迈蒙尼德《迷途指津》（*Guide of the Perplexed*）的教诲，因为后者将自身呈现为对前者的一种犹太教的校正。首先，人们可以把"哲人们"等同于伊斯兰

---

① 我要向哈尔金（A. H. Halkin）教授表达谢忱，他好意地帮我核对了出自阿拉伯语的译文。

[译按]中译方括号中的数字指原版页码，方括号内的文字乃译者为补足文意而酌加。原文中的拉丁语和法语由徐卫翔教授迻译，阿拉伯语由董修元教授输入并迻译，译文中与拉丁语和阿拉伯语相关的译注亦由这两位学者添加，庄奇校读了初译，补足遗漏并提出若干修正，初译曾用于刘小枫教授2022 年秋季学期"古典哲学研读"课程，参与此课程的同学们亦指正了初译的缺漏及讹误，施特劳斯将《法拉比的柏拉图》中的部分内容用于《迫害与写作艺术》的"导言"，中译重校时参考了刘锋教授《迫害与写作艺术》的译文，译者向以上诸位深致谢忱！

亚里士多德派,还可以把他们的教诲描述为掺杂了新柏拉图主义和——当然,和各种伊斯兰信条(tenets)的本真的亚里士多德主义。不过,倘若想要把握这样的原则,即将那种异质元素(heterogeneous elements)的混合体转化为一个前后一致的或可理解的整体,则遵循迈蒙尼德本人竖立的路标准错不了。

在写给撒母耳·伊本·提邦(Samuel ibn Tibbon)的信中,迈蒙尼德极为清楚地表明,他认为除亚里士多德外的最大哲学权威不是阿维森纳(Avicenna)或阿威罗伊(Averroes),甚至也不是阿维帕斯(Avempace),*而是法拉比(Fârâbî)。迈蒙尼德在信里仅提到一部法拉比著作的标题,他还以最强烈的措辞向提邦推荐此书。因而我们可以首先假定,迈蒙尼德认为这本书是法拉比最重要的作品。迈蒙尼德称那本书为"存在物诸法则"(The Principles of the beings),该书原本的标题是"各种政治制度"(The political governments)。

因此毫无疑问,理解迈蒙尼德的哲学背景的恰切开端(亦即唯一不带任意性的开端)在于:必须从分析法拉比的[358]《各种政治制度》出发。现在尝试做这样一种分析会有点不智。首先,我们缺乏[该书的]一个令人满意的编校本。② 最重要的是,完整理解

---

* [译按]Avempace 是出生于安达卢西亚(现西班牙境内)的伊斯兰哲人、音乐家、诗人兼科学家 Ibn Bâjjah(1095—1138)的西方拉丁名,著有《论植物》(*Kitab al-Nabat*)等作品,其哲学思想一方面受法拉比影响,另一方面又影响了后来的伊斯兰哲人阿威罗伊、犹太哲人迈蒙尼德及基督教神学家大阿尔伯特(Albertus Magnus)等。

② 原文曾于伊历 1346 年([译按]公元 1927—1928 年)在海德拉巴(Hyderabad)得到编订。提邦的希伯来文译文由 Filipowski 编校,刊于ס׳האסיף[《收获之书》],莱比锡,1849,页 1–64。另参 Dieterici 的德语译文(*Die Staatsleitung von Alfârâbî*[阿尔法拉比的国家统治]),莱顿,1904。海德拉巴版及德译本背后的文本都不如希伯来语译本完整;Filipowski 编校本从页 62 第 21 行到末尾的内容在海德拉巴版和德译本中均付阙如,这些缺失可部分从法拉比的《模范国家》(*Musterstaat*)(Dieterici 编校本,71 及以下)中寻到些踪迹。对《各种政治制度》的希伯来文译本与《模范国家》中的对应部分的对照表明,前者的文本也是不完整的:《各种政治制度》的整个结论部分(大致对应于《模范国家》72 至结尾)目前已佚失。

此书要求预先研究法拉比的两部对应著作——《有德性的城邦的人民的种种意见之要则》(*The principles of the opinions of the people of the virtuous city*)③以及《有德性的宗教共同体》(*The virtuous religious community*),而第二部迄今为止根本还没有得到编校。相较这两部对应著作,迈蒙尼德想必更偏爱《各种政治制度》。无论如何,要发现他如此偏爱的理由,要完整理解《各种政治制度》,就必须比较该书内含的学说(doctrines)与[两部]相应著作内含的学说,并由此揭示《各种政治制度》中的特有教诲(teaching)。某种程度上,那种教诲包含了无声拒斥另两部著作中坚持的某些信条。

在本文中,我们只限于强调《各种政治制度》(经必要修正[*mutatis mutandis*]也包括另两部著作)的一个特性,该特性本身清楚指明了法拉比哲学的最显著特点。此书原作标题与其习传标题之间的差异已然表明,该书在一个政治框架内处理严格意义上的哲学整体(即省略了逻辑和数学)。就此而言,法拉比用作其典范的,不是任何他所知晓或我们所知晓的亚里士多德著作,而是柏拉图的《王制》(*Republic*)以及(在较低程度上)《法义》(*Laws*),这两部著作同样在一个政治框架中呈现哲学整体。要说明这样的柏拉图化(Platonizing)过程,[359]无需搜寻任何特定的柏拉图主义传统——法拉比可以接触到《王制》和《法义》的阿拉伯文译本。

不仅在自己最重要的几部著作中,法拉比呈现哲学教诲的方式紧随柏拉图,他还持有这样的观点,即柏拉图的哲学是真正的哲学。为了调和自己的柏拉图主义与自己对亚里士多德的遵循,法拉比可以采纳三种多少不同的方式。首先,他可以努力表明,那两位哲人的外在(explicit)教诲可以彼此调和。他在《柏拉图和亚里士多德的意见之相契》(*Concordance of the opinions of Plato and Aris-*

---

③　Dieterici 以《模范国家》(*Der Musterstaat*)为题编校此书(Leiden, 1895)。

totle)*一书中致力于这样的尝试。该书的论证部分基于所谓的《亚里士多德的神学》(*Theology of Aristotle*),**通过把这样一部源自新柏拉图主义者的作品接受为亚里士多德的原作,法拉比可以轻易地成功证明,两位哲人在关键主题上的外在教诲实质上一致。不过,法拉比是否将他的《相契》(*Concordance*)看作不只是一部显白的专论(exoteric treatise),以及我们将巨大的重要性赋予其外在论证的做法因而是否明智,都极其可疑。④ 其次,他可以表明,两位哲人的隐微教诲是等同的(identical)。第三,他可以表明,两位哲人的"目标"是等同的。法拉比在其三部曲作品《柏拉图哲学和亚里士多德哲学的目标》(*The aims of the philosophy of Plato and of Aristotle*)***(或者用阿威罗伊引述此作时的称呼:《两种哲学》[*The two philosophies*])中使用了第三种进路。该作品的第二部分全都在讨论柏拉图的哲学。通过研究这个中间的部分(这个部分如今

---

* [译按]中译见阿尔法拉比,《两圣相契论》,见《柏拉图的哲学》,程志敏译,上海:华东师范大学出版社,2006,页 93–142。此书英译标题为 The Harmonization of the Two Opinions of the Two Sages:Plato the Divine and Aristotle [两位圣哲的两种意见的和谐:神一样的柏拉图与亚里士多德],见 Charles E. Butterworth 英译并注释,《阿尔法拉比政治著作选:格言与其他作品》(*Alfarabi:The Political Writings:Selected Aphorisms and Other Texts*),Ithaca,London:Cornell University Press,2001,页 115–167。

** [译按]据学者考据,《亚里士多德的神学》事实上是普罗提诺(Plotinus)《九章集》(*Enneads*)的阿拉伯文节译本,大约出现于 9 世纪,此书将亚里士多德的学说糅杂进新柏拉图主义思想,对中世纪伊斯兰哲学和犹太哲学影响甚大。

④ 参 Paul Kraus,《阿拉伯人[作品中]的普罗提诺》("Plotin chez les Arabes"),刊《埃及学会通讯》(*Bulletin de l'Institut d'Egypte*),卷 23,1940—1941,页 269。请留意《相契》标题中对"意见"(opinion)一词的使用。参后文注 69。

*** [译按]施特劳斯此文发表十几年后,此书英译本(*The Philosophy of Plato and Aristotle*,The Free Press of Glencoe,1962)出版,译者是施特劳斯的学生 Muhsin Mahdi(修订本 1969 年由 Cornell University Press 出版,2001 再版)。此书第一部分(《获得幸福》)和第二部分(《柏拉图的哲学》)中译见阿尔法拉比,《柏拉图的哲学》,程志敏译,前揭,页 143–175 及 39–52。

有一个校勘本可用),⑤能够[360]完整把握法拉比的柏拉图主义的特
征,随之完整把握法拉比本人的哲学的特征,并由此向理解迈蒙尼德的
哲学背景迈出第一步。

一　第一印象

法拉比声称,自己对柏拉图哲学的阐述是对柏拉图主要议题的完
整概览。⑥ 其中没有提及的柏拉图的议题,他要么认为不重要,要么认

---

⑤ 《阿拉伯的柏拉图》(*Plato Arabus*),卷 II:《阿尔法拉比:论柏拉图的哲
学》(*Alfarabius*:*De Platonis philosophia*),F. Rosenthal 和 R. Walzer 编(Warburg
Institute),1943。这个编校本附有拉丁语译文和注释。在后面的注释中,将以
"法拉比,《柏拉图》"引述此书:[段落号]§§后面括号中的数字表示文本的页
码和行数。法拉比的《两种哲学》(*Two philosophies*)的第一部分于伊历 1345 年
([译按]公元 1926—1927 年)以 *k. taḥṣil al-saʿâda*[《获得幸福》]为题在海德拉
巴得到编校;其第三部分(处理亚里士多德的哲学)迄今尚未编订。此书([译
按]即《两种哲学》)全貌可在法拉克热(Falkera)不够完整的希伯来文译文
(《智慧的开端》[*Reshithokma*],David 编订,61 - 92)中看到。
　　[译按]施特劳斯此文引述的段落(以 § 表示)与 Muhsin Mahdi 英译本的
段落彼此不合(施特劳斯所用版本共 32 段,Mahdi 英译本共 38 段),程志敏中
译据 Mahdi 英译本初版(即 1962 年版)译出,故其所示段落(中译本以【】表
示)亦与施特劳斯所引段落不合。在后文注释中,译者将尽可能指明施特劳斯
所引段落在中译本中的位置。这里提到的 Falkera(通常拼为 Falaquera,全名
Shem Tov Ibn Falaquera[1225—1295])是一位中世纪犹太哲人、圣经注疏家兼
诗人,著有迈蒙尼德《迷途指津》义疏,其作品《智慧的开端》讨论柏拉图和亚
里士多德的哲学,据认为很大程度上是对法拉比的《柏拉图哲学和亚里士多德
哲学的目标》的希伯来语翻译。
⑥ 其[完整]标题是:"柏拉图的哲学:从其开端到结束的各部分以及各
部分在尊贵程度上的等级"(The Philosophy of Plato,its parts,and the grades of
dignity of itsparts,from its beginning to its end)。另参(法拉比在《柏拉图》IX 里
引述的)《获得幸福》的末尾。

为那些只是显白的[教诲]。法拉比选择的论述过程可以称为发生式的(genetic):他没有依循将哲学划分为逻辑学、物理学和伦理学的图式或其他任何图式来呈现终极的柏拉图"教义"(dogmata);他也没有描述阅读柏拉图对话应当遵循的次第,从而采纳士麦拿的提奥(Theo of Smyrna)[所提议]的[阅读]进程;从另一方面看,他并没有对柏拉图思想的"发展"进行历史研究,⑦他只是描述了成熟的柏拉图的种种探究(investigations)中他认为是内在的和必然的次第。法拉比试图将柏拉图的种种探究的每一步都落实到一篇柏拉图对话上,以这样或那样的方式,他由此成功地阐述了传统上属于《柏拉图全集》(*Corpus Platonicum*)的大多数(甚至几乎全部)对话。法拉比关于个别对话所说的话,有时候听上去相当奇异(fanciful)。他当然没法读到全部的柏拉图对话,我们也不知道,他从亚里士多德、盖伦(Galen)、提奥、普罗克洛斯(Proclus)或其他人那里得到的[有关柏拉图的]间接知识,在以多少有些曲折的方式传到他手中时,多大程度上遭到了歪曲。不过,对于他不曾读过的这部或那部[柏拉图]对话的意图[361],他相信什么、他的猜想又是什么,并不重要。重要的是他所思考的作为整体的柏拉图哲学是什么,他当然是从《王制》《蒂迈欧》(*Timaeus*)和《法义》中得知这个整体的。

按法拉比的说法,引导柏拉图的问题是人的完善(perfection)或人的幸福。在认识到人的完善或他的幸福等同于——或至少离不开——"某一种科学(ἐπιστήμη)和某一种生活方式(βίος)"后,柏拉图就试图揭晓这种科学和这种生活方式[是什么]。相继考察所有公认的(ἔνδοξοι)

---

⑦ 法拉比鲜少关注历史,这一点最清楚地见于下述事实:他将柏拉图的探究完全视为独立于其任何先驱的探究,尽管他当然知道(比如说从[亚里士多德]《形而上学》中得知)柏拉图是苏格拉底以及其他哲人的学生。仅在描述柏拉图的最后几步中的一步时,法拉比才提及"苏格拉底的方式"(the way of Socrates),而一个史学家会在其阐述的开端就解释[何为]"苏格拉底的方式"。参后文页 376[本文原页码]及下页。

科学和生活方式后,柏拉图得出的结论是,其中没有一种符合他的要求。⑧［柏拉图］迫不得已(Compelled)亲自揭晓那种所欲的科学和生活方式,⑨他首先发现,前者由哲学提供,而后者由君王的技艺(royal art)或曰政治技艺提供,随后,他发现"哲人"和"王"(king)是等同的。这一等同暗示,德性即便不等同于哲学,至少也与哲学不可分。由于这［种观点］跟流行的德性概念相矛盾,柏拉图首先就去探究各种各样的德性,⑩他发现,真正的德性与"闻名城邦的"那些德性不同(与 *ἀρεταὶ πολιτικαί*或*δημώδεις*［城邦的德性或民众的德性］不同)。⑪ 但是,基于前述结论,核心问题涉及"哲人"的精确含义。［柏拉图的］《斐德

---

⑧　法拉比参照柏拉图的模式来演示对公认的科学和技艺的相继考察,该柏拉图模式可以在《苏格拉底的申辩》(21b9－22e5)中找到。另对勘这部专论的整个第一部分(［译按］即《柏拉图》第 1－4 段)与《欧蒂德谟》(*Euthydemus*)282a－d3 和 288d5－290d8。

［译按］此注最后一句原文为 Cf. also for the whole first part of the treatise *Euthydemus* 282a－d3 and 288d5－290d8,直译当为"另对勘《欧蒂德谟》的整个第一部分 282a－d3 和 288d5－290d8"。然而,《欧蒂德谟》显然不是 treatise［专论］而是"对话",并且《欧蒂德谟》282a－d3 和 288d5－290d8 也并非这部对话的第一部分(参施特劳斯"论《欧蒂德谟》",陈建洪译,《柏拉图式政治哲学研究》,北京:华夏出版社,2012,页 93－121),故而直译从义理上显得不通。很有可能的是,原文在 treatise 和 *Euthydemus* 之间遗漏了一个 with,提出这一猜测的理由在于:施特劳斯提请读者对勘的一方("这部专论的整个第一部分"亦即《柏拉图》的第 1－4 段)论及获得真正的幸福与哲学(即探究有关存在物的本质的知识)和哲人的生活方式的关联,另一方(《欧蒂德谟》282a－d3 和 288d5－290d8)同样讨论到幸福与哲学(或追求智慧)和各种技艺的关系这个问题。

⑨　参前文注 7。

⑩　正义是个例外;参法拉比在《柏拉图》§30(22,5)中在正义与诸德性之间作出的区分。

［译按］§30 对应于中译本第 36 段(页 51)。

⑪　《斐多》(*Phaedo*)68c5－69c3 及 82a11 以降;《王制》430c3－5;500d8;518d9－e3;619c6 以降;《法义》710a5 和 968a2。参［亚里士多德,］《尼各马可伦理学》(*Eth. Nic.*)1116a17 以降。

若》(Phaedrus)致力于讨论的这个主题⑫本身可分为四个部分:(1)未来哲人的φύσις[本性](哲学的ἔρως[爱欲]);(2)哲学探究(区分[diairesis]与综合)的各种方式;(3)教导的各种方式(修辞术[362]和辩证术);(4)传递(口头和书面)教导的各种方式。在何为人的完善这个问题由此得到一个完满的回答之后,柏拉图不得不将注意力转向对幸福的完整理解与公认的关于幸福的意见之间的冲突,或换言之,不得不转向以苏格拉底的命运为经典代表的冲突,即哲人的观点和生活方式与苏格拉底的不搞哲学的同胞公民的意见和生活方式之间的冲突。由于柏拉图既拒绝将哲人同化于俗众(vulgar),又拒绝使其退出政治生活,他不得不寻找一个与他生存时代的各城邦不同的城邦:《王制》中由言辞造就的城邦,⑬这个城邦的后果(results)以各种不同的方式通过《蒂迈欧》《法义》和《默涅克塞诺斯》(Menexenus)和其他对话得到补充。柏拉图提出的最后问题,涉及他所处时代的各城邦如何能逐步转化为完善城邦的生活。

乍看上去一目了然的(更切近的探究只是确认了这个第一印象⑭)是,关于柏拉图哲学的这种观点不能追溯到新柏拉图主义。哲学与君王的技艺在表面上的(apparent)等同,《蒂迈欧》的主题表面上从属于《王制》的政治论题,对《斐勒布》(Philebus)、《帕默尼德》(Parmenides)、《斐多》(Phaedo)和《斐德若》的"形而上学"阐释的含蓄拒斥,所有这些都令人产生一个猜测,即按法拉比的说法,柏拉图的哲学本质上是政治性的。由于法拉比将柏拉图的哲学观点视为真正的观

---

⑫ 在概述《斐德若》的起始部分(§22),法拉比用tafaḥḥaṣa[审视、探究]取代常见的faḥaṣa[调查、研究],由此指出那个段落的特殊重要意义。

[译按]§22 对应于中译本第 25 – 28 段(页 46 – 47)。tafaḥḥaṣa和后面的动词faḥaṣa同词根,但采用了一个表示反复或有意做某动作的词形。

⑬ 参《王制》369c9,472e1,473e2,501e4 – 5 及 592a11。

⑭ 法拉比,《柏拉图》17 及下段,20,22 – 24。

[译按]此注未标段落号。§§17 – 18 对应于中译本第 20 – 22 段(页 45 – 46),§20 对应于中译本第 23 段的第 2 自然段(页 46,该段讨论"勇气"),§ §22 – 24 对应于中译本第 25 – 30 段(页 46 – 50)。

点,这就促使我们相信,法拉比本人将一种本质上政治性的含义归于哲学。这样相信显得如此悖谬,它与我们所继承的所有意见对立得如此厉害,以致要接受它不禁让我们颇费踌躇。那么,关于柏拉图哲学中哲学与政治的关系,法拉比的真实观点究竟是什么?

二　哲学与政治

[363]"柏拉图的哲学"这个表述很含混。当法拉比将之用于自己专论的标题继而用在其最后一句时,他指的是他在自己的专论中所概述的柏拉图的探究。如此理解的"柏拉图的哲学"本质上关切的是幸福,尤其是哲学与幸福的关系;既然幸福是政治科学的主题,⑮我们就有理由说,"柏拉图的哲学"本质上是一种政治探究。在这种政治哲学的语境中,法拉比笔下的柏拉图在众多议题中讨论了哲学的本质特征——为了确立哲学与幸福的关系,他不得不首先确立哲学本身之所是。假定哲学与幸福的关系是隐含在所有柏拉图主题中的那个论题(the theme),说这样的哲学除探究自己与幸福的关系外别无其他,即便不愚蠢也够鲁莽。我们由此被导向"柏拉图的哲学"的另一层含义,即法拉比笔下的柏拉图本身所理解的"哲学"是什么。这第二层含义应当是权威的,即使不因其他理由,至少也因为法拉比本人有意将他的读者引向柏拉图的观点而非他自己的观点——法拉比逐步将他的读者从他所呈现的自己对哲学的观点,导引至他所认为的真正的柏拉图的观点。⑯

倘若哲学的仅有主题是"政治事物"尤其是"高贵事物和正义事

---

⑮　法拉比,《各科举隅》(*Iḥṣā al-ʿulûm*)第 5 章。参迈蒙尼德,《逻辑技艺论》(*Millot ha-higgayon*)第 14 章。

⑯　请留意《获得幸福》(*Taḥṣîl*)末尾在"柏拉图的哲学"与"柏拉图哲学的目标"之间作出的区分,亦请留意《柏拉图》的[完整]标题中提及的柏拉图哲学各不同部分在高贵程度上的不同等级。

物",那么哲学本质上就会是政治性的。这样一种观点传统上被归于区别于柏拉图的苏格拉底。⑰ 法拉比[364]在论及由"对正义和德性的科学探究"所构成(或曰臻至巅峰)的"苏格拉底的方式"时,暗示了这种存在于柏拉图的观点与苏格拉底的观点之间的差异——他没有将那种探究或一般而言的"苏格拉底的方式"等同于哲学。事实上,他将明白无误意义上的哲学(philosophy as unmistakably)区别于"苏格拉底的方式",就如他将之区别于"忒拉绪马霍斯(Thrasymachus)的方式"。⑱ 倘若"正义和德性"是哲学的主要主题,哲学就会等同于政治哲学;倘若正义和德性是一般意义上的最高主题,情况就会如此。采纳这样一种观点的柏拉图主义者,按说会提及正义和其他德性的"理式"(ideas),而法拉比对这些以及其他任何"理式"完全保持缄默。⑲ 他笔下的柏拉图远没有将哲学窄化为对政治事物的研究,而是将哲学界定为理论技艺,该技艺提供了"有关所有存在物的各自本质的科学"(the science of the essence of each of all beings)。⑳ 也就

---

⑰ 亚里士多德,《形而上学》(Metaphysics)987b1 以降。对勘《优台谟伦理学》(Eth. Eud.)1216b3 以降;柏拉图《高尔吉亚》(Gorgias)521d6 – 8;《斐德若》(Phaedrus)229e2 – 230a2;《苏格拉底的申辩》38a1 – 6。(另参色诺芬,《回忆苏格拉底》[Memor.]Ⅰ 1,11 – 16)。法拉比知道柏拉图与苏格拉底之间的差别,这一点可见于他的《相契》(见 Philosophische Abhandlungen[《[法拉比]哲学论著集》],Dieterici 编译,页 19 及下页)。

⑱ 法拉比,《柏拉图》§30(22,4 – 5)。参§28。Rosenthal-Walzer 持有相反的观点(Ⅻ)。

[译按]§28 对应于中译本第 35 段第 1 自然段(页 51)。作者在后文中将两位编者的姓 Rosenthal-Walzer 简称为 R. -W.。

⑲ 同上,ⅩⅧ。对勘《王制》504d4 以降。

⑳ 同上,§§2(4,1 – 3)和 16(12,10 – 15)。关于所有存在物各自本性的科学,参《王制》480a11 – 13,484d5 – 6,485b5 – 8,490b2 – 4;《帕默尼德》130b – c;《斐德若》262b7 – 8 及 270a – d1。

[译按]§2 对应于中译本第 3 段(页 40),§16 对应于中译本第 19 段(页 45)。

是说,他将哲学等同于"证明的技艺"(the art of demonstration)。㉑ 与此相应,法拉比笔下的柏拉图实际上将对政治主题和道德主题的研究排除在严格意义上的哲学领域之外。法拉比的探究从头至尾都受"科学"与"生活方式"之间的区分——尤其是科学与那种对幸福至为根本的生活方式之间的区分——所指引。所欲的科学是关于所有存在物的各自本质的科学,或用更笼统的方式表达,所欲的科学是有关存在物[365]的科学,它区别于有关生活方式的科学。㉒ 有关存在物的科学由哲学提供,哲学是一种根本上区别于实践技艺的理论技艺,而所欲的生活方式由最高的实践技艺亦即君王的技艺提供。鉴于被称为"哲学"的理论技艺(即证明技艺)事实上是唯一导向有关存在物的科学(亦即最卓绝的理论科学[the theoretical science *par excellence*])的道路,有关存在物的科学也被称为"哲学"。㉓ 理论科学(蒂迈欧的科学)在《蒂迈欧》中得到呈现,此书的主题是"神性存在者和自然存在者"(the divine and the natural beings),实践科学和政治科学(即苏格拉底的科学)则在《法义》中(以其最终形式)得到呈现,此书的主题是"有

㉑ 请留意[《柏拉图》]§§8–11列举逻辑学各部分时证明技艺的缺席;尤见§11(9,8)。关于在"证明的技艺"的意义上使用"哲学"[这个概念],参迈蒙尼德《逻辑技艺论》第14章。

[译按] §§8–11对应于中译本第9–12段(页42–43),这些段落分别讨论作诗术、修辞术、智术和辩证术。

㉒ 法拉比,《柏拉图》§§6(6,15及下行),8(7,13及下行;参7,16及下行)以及9(8,2及下行)。

[译按] §6对应于中译本第7段(页41–42),§8对应于中译本第9段(页42),§9对应于中译本第10段(页42)。

㉓ 参[法拉比,《柏拉图》]§§22(15,18以降)和23(16,13–15),在其中"哲学"显然并不指能借之习得有关存在物的科学的那种技艺,即便"哲学"在那里也不是指那种科学本身,至少它意指导向那种科学的对存在物的实际的探究(actual investigation)。

[译按]§23对应于中译本第29段(页47–48)。

德性的生活方式"。㉔ 由于哲学本质上是理论的而非实践的或曰政治的,并且由于它本质上仅仅与理论科学相关,故而只有《蒂迈欧》的主题而非道德或政治主题,才可以在"哲学的"这个措辞的精确意义上被称为哲学的。㉕ 在我看来,按法拉比的说法,这就是柏拉图的"目标"。

"哲学"的精确含义不难与法拉比所表述的"柏拉图的哲学"底下更宽泛的含义相调和。因为,超逾道德事物或政治事物领域的哲人,忙于探寻所有存在物[366]的本质,他不得不通过回答"为何搞哲学?"(why philosophy?)这一问题对他的所作所为给出说明。鉴于人出于本性是一种政治存在者,除非着眼于人的自然目的即幸福,否则那个问题没法回答;除非在一个政治框架中,否则该问题也无法得到回答。换言之,"为何搞哲学?"的问题仅仅是那个一般问题——"何为正确的生活方式"(what is the right way of life),亦即那个导引所有道德或政治探究的问题的一种特殊形式。无论如何,这个问题及其答案(严格说来其答案只是预备性的)可描述为哲学式的,因为只有哲人有能力阐明并回答它。有人必定会进一步说,用古人的话说,σοφία[智慧]和σωφροσύνη[节制;适度]——或者说哲学(探寻关于整全的真理)和自我认识(self-knowledge)(意识到对那种真理的需要,也意识到对真理的探

㉔ [法拉比,《柏拉图》]§§16 及 26 – 28。对勘§16 与§18 开头;另参§12(9,11 – 17)。将《法义》中的教诲含蓄地归于苏格拉底之口,这么做并不那么令人惊讶;参亚里士多德,《政治学》1265a11 以降。

[译按]§§26 – 28 对应于中译本第 33 – 35 段第 1 自然段(页 50 – 51);§18 对应于中译本第 22 段(页 46);§12 对应于中译本第 13 段(页 43 – 44)。

㉕ (考虑到"哲学"一词的词源构成,)这种观点可以追溯到亚里士多德对φρόνησις[审慎;实践智慧]与σοφία[智慧]的区分:正是φρόνησις而非σοφία才关注道德主题或政治主题。另参《形而上学》993b19 以降。——迈蒙尼德在《迷途指津》(卷I,2 章)里解释亚当的堕落时也持同样的观点:在堕落之前,亚当拥有最高的理智完善;他知晓所有的 the νοητά[可知物](当然,也知晓[所有]the αἰσθητα[可感物]),但他没有关于"善与恶"——即关于the καλά[高贵;美]与αισχρά[羞耻]——的知识。另参[迈蒙尼德]《逻辑技艺论》第 8 章有关证明性知识与道德知识间差别的讨论。

索和交流构成阻碍的诸多困难），彼此不可分。这意味着，考虑到"为
何搞哲学？"与"何为正确的生活方式"这两个问题间的关系，若不成
为从事"有关正义和德性的科学探究"者，一个人就不可能成为哲
人。不过，必须理解的是，严格意义上的哲学与对哲学的属人含义或
政治含义的反思，或者说与被称为道德哲学和政治哲学的东西，并不
属于同一个层面。假若法拉比笔下的柏拉图曾无视那种层面上的差
异，他就不会将作为导向理论科学的道路的哲学区别于实践技艺或
政治技艺（或曰实践科学或政治科学）了，而是会接受法拉比在其他
著作中采纳的寻常观点，那种观点认为，哲学由理论哲学和实践哲学
构成。

　　寻常观点与《柏拉图》一书所建议的观点都暗示，哲学本质上并非政
治性的。这两种观点都暗示，哲学并不等同于政治哲学，或者说，哲学并
不等同于受政治哲学引导的那种技艺，即君王技艺或政治技艺。不过，有
人可能会反对说，恰恰在《柏拉图》中，哲学被明显地等同于君王的技艺。
我们的第一个回答不得不是：并非如此。有些人即便相信法拉比采纳了
对柏拉图哲学的[367]政治阐释，也不得不承认，他笔下的柏拉图并没有
将哲学等同于君王技艺，而是将"真正的"哲学等同于"真正的"君王技
艺。㉖ 这么说不太准确。法拉比说的是，首先，按柏拉图的说法，哲人
（the *homo philosophus*）与王者（the *homo rex*）是一回事。㉗ 这个陈述就

㉖　法拉比，《柏拉图》25 及 XI。

　　[译按]此注未标段落号。§25 对应于中译本第 31 段（页 50）。

㉗　同上，§18。关于 *homo philosophus*[哲人]中的 homo[人]，对勘[亚里
士多德，]《尼各马可伦理学》1178b5 – 7 与[《柏拉图》]§16（12，10 – 13）（在
§32 的译文中，vir perfectus[完善的男人]和 vir indagator[探究（万物本性）的
男人]应该由 homo perfectus[完善的人]和 homo indagator[探究（万物本性）的
人]取代。译者切不可自作主张替作者决定这样的问题，即完善与探究是否只
是男性的一种特权。）——参后文注 35 和 54。

　　[译按]§32 对应于中译本第 38 段（页 52）。出自《柏拉图》§18 的这句
间接引语是施特劳斯后面讨论的法拉比的三个陈述中的第一个，下面出自同
一段的另外两个陈述由直接引语构成，原文未标明出处。

其本身而言无非意味着，一个人不可能在具备特定的哲人技艺的同时不具备特定的王者技艺（art of the king），反之亦然；但并不必然意味着两种技艺本身是等同的。法拉比继续说：

> （按柏拉图的说法），两者（即哲人与王）中的每一方都因一种职能和一种能力（one function and one faculty）而成为完善者。

哲人通过一种特定职能的行使（exercise）、通过一种特定能力的训练（training）而达致他的完善，王则通过另一种特定职能的行使、通过另一种特定能力的训练而达致他的完善。法拉比[还]说，

> （按柏拉图的说法），两者（即哲人与王）中的每一方都具有一种职能，这种职能提供了那种从开始就所欲的科学和从开始就所欲的生活方式；两者（即两种职能）中的每一种都为拥有此职能的人以及所有其他人造就幸福，真正意义上的幸福。

哲人的职能独自提供了有关存在物的科学和正确的生活方式这两者，由此既为哲人们又为所有其他人造就真正的幸福；王的职能独自提供了有关存在物的科学和正确的生活方式这两者，由此既在君王们身上又为所有其他人造就真正的幸福。有人可能说，在以上三个陈述的最后一个中，法拉比实际上将哲学等同于君王技艺：哲学经证明包含了君王技艺（因为它提供了由君王技艺造就的正确的生活方式），而[368]君王的技艺经证明包含了哲学（因为它提供了有关存在物的科学这一哲学的产物）。但同样也可正当地说，即使最后一个陈述，也没有除去哲学与君王的技艺之间根本的区别：诚然，哲人的特定职能首先指向有关存在物的科学，这种职能不可能在不造就正确的生活方式的条件下得到充分行使，王的特定职能首先指向正确的生活方式，这种职能也不可能在不造就有关存在物的科学的条件下得到充分行使；这么说没错，但同样没错的是，哲学首先且在本质上是探寻存在物的科学，而君王技艺首先且在本质上关切正确的生活方式。因此，即便最后一个陈述，也

并不必然会除去严格意义的哲学与道德探究或政治探究之间的层级差异。尽管法拉比的第三个陈述无疑承认一点,即哲学与君王技艺是共存的,但他肯定没有说它们是等同的这种话。㉘

然而,太过坚持这类微妙之处从而见树不见林也是不公正的。我们当然不能假定,普通读者会把[369]法拉比的第二个或曰位于中心的陈述当作他关于这个主题的结论。从所有实践目的出发,法拉比将哲学等同于君王技艺,那么,他又何以对公然这样做犹豫不决?㉙既然哲学是一种理论技艺而君王技艺是一种实践技艺,又如何让人理解将二者的等同?我们必须试图理解,在为区别于君王技艺的哲学本质上所具有的理论特征赋予显著声望之后,法拉比何以还要模糊那种区别,暗示哲学提供君王技艺所造就的正确生活方式,仿佛它还能以同样的方式同时提供有关存在物的科学。我们必须试图理解,在教导了哲学

㉘　在一个不同的语境即§25(20,9)中,法拉比指出,按柏拉图的说法,在完善的城邦中,君王的职能(royal function)的行使"纯粹是哲学"(philosophy *simpliciter*)(不是如 R. -W. 所译的 philosophia ipsa[哲学本身])。但信奉理论完善以及其他种种完善的 philosophy *simpliciter* 并不等同于"哲学",后者惟独由理论完善所构成(见《获得幸福》42,12 以降及 39,11 以降)。此外,在完善城邦中行使的君王技艺就是哲学这个事实无非意味着,在完善的城邦中,哲学与王政(kingship)结合在一起——它并不意味着在完善的城邦中哲学与王政是等同的,更不意味着哲学与王政本身就是等同的。最后,在完善城邦中行使的君王职能并不等同于君王的技艺:君王的技艺,或曰完善的王者,也存在于不完善的城邦(§23)。——还应当留意,出现在《柏拉图》中明确关乎这一主题的最后那个评注,与其说是断言,不如说是要求理论科学与实践科学的结合,而非两者的等同:§28。——另请留意比较§22 后面部分(15,18 以降)对政治的缄默与该段前面部分:尽管哲人的 φύσις[本性/自然]与君王的本性或治邦者的本性一样,但前者的特定作为不同于后者的特定作为。参后文注57。

㉙　"哲人"与"王"的完全等同需要一种解释,需要考虑那种等同出现在对[柏拉图]《治邦者》(*Politicus*)的一篇类似概述的东西中。因为《治邦者》基于哲人与王并不等同的明确论点之上。见《智术师》(*Sophist*)217a3 – b2 及《治邦者》开头。另参《斐德若》252e1 – 2 及 253b1 – 3。

为造就幸福而必须得到其他某种东西的补充之后,他何以还教导说,为了造就幸福,哲学无需其他某种东西的补充。㉚ 倘若在这两种情况下法拉比所理解的"哲学"是一回事,那他就在直截了当地自相矛盾。这不应令人惊讶万分。因为,我们应当已经从了解法拉比的迈蒙尼德那里学到,自相矛盾是真哲人的一种常规的教学策略(a normal pedagogic device)。㉛ 在那种情况下,读者就该义不容辞地运用自己的反思——尽管这反思受作者的暗示所引导——去发现,相互矛盾的两个陈述中哪一种才被作者认为是真的(to be true)。倘若在这两种情况下法拉比理解的"哲学"并不是一回事,那种含混也同样具有启示性——没有哪个细心的作者会无缘无故地以含混的方式去表达一个对他自己而言既重要同时又是主干性的主题(thematic subject)。

在法拉比的论证中,哲学与君王技艺的关系问题密切关联到另一个问题,即人的完善与幸福的关系问题。首先,法拉比教导说,按柏拉图的说法,哲学确实提供[370]有关存在物的科学,随之也提供了人的最高完善,但为了造就幸福,哲学必须得到其他某种东西的补充。那种补充正是君王技艺的产物即正确的生活方式。㉜ 通过断言哲人等同于

㉚　对勘§18与[后文]注32所提及的段落。

㉛　《迷途指津》卷I导言(Munk编译本,页9b－11b)。

㉜　哲学是理论技艺,它提供有关存在物的科学,那种科学是人的最高完善:§§16及2(另对勘§§14[11,4]和23[16,4及下行;见《柏拉图》[拉丁译本]的注释(*app. crit.*)]与§12[9,12]中对"完善"和"科学"的关系的暗指。请留意§§22[15,14]和32[22,15]中对"哲学"与"完善"的区分。与此相左的一种观点在§§4[5,7]和6[6,3－4]中得到暗示。)幸福需要正确的生活方式加上人的最高完善:对勘§3与§§2,16(12,10－13)和1(3,13及下行)。(参§16[12,7－10]中对"幸福"与不同于"科学"的"生活方式"的关系的暗示,比较§16与§18[13,4－5]中对"幸福"与不同于"理论技艺"的"实践技艺"的关系的暗示。)在§1(3,8),法拉比没有(像R.-W. 让他说的那样)说 beatitudo quae summa hominis perfectio(est)[作为人的最高完善的幸福(是)],而是说 beatitudo quae est ultimum quo homo perficitur[作为人得以完善的终极的幸福]。

王(the king)，法拉比似乎在暗示哲学等同于君王技艺，从而哲学自身就足以造就幸福。尽管法拉比在哲学与君王技艺的确切关系上留下了疑点，他还是极为清楚地在第二个陈述中表明，哲学自身就足以造就幸福。并且，尽管人们难以理解法拉比何以绕来绕去地述说哲学与君王技艺的关系，但不难理解，他为什么要含糊其辞地甚至自相矛盾地论说哲学与幸福的关系。我们主张，他将哲学等同于君王技艺是一种教学策略，目的是引领读者走向这样的观点：理论哲学自身而非其他任何东西能在此生(this life)造就真正的幸福，也就是人所可能拥有的唯一幸福。

很容易看到，首倡这样的学说——幸[371]福由 in consideratione scientiarum speculativarum[对思辨科学的思索]构成③——要求某种准备和调整。亚里士多德能自由地毫不费劲地提出这种学说，因为他的处境不会强制他去调和这种学说与对灵魂不朽的相信，或去调和这

法拉克热(Falkera)用 beatitudo ultima[终极幸福]来翻译这个表述，由此当然就避免了将"幸福"等同于"完善"。——关于完善与幸福的区分，参迈蒙尼德《迷途指津》卷 III，27 章(Munk 编译本，页 60a)，其中描述人的完善的方式与法拉比笔下的柏拉图的描述方式一样，那里还加入一句评注，即完善是永恒生命的原因(见 Ephodi 对相关文本的解读)；这暗示了幸福(永恒生命)与完善的差别。

[译按]　§14 对应于中译本第 17 段(页 44 – 45)；这里提及的§22(15，14)对应于中译本第 25 段最后部分(页 47)；§32 对应于中译本第 38 段(页 52)；§4 对应于中译本第 5 段(页 40 – 41)；§3 对应于中译本第 4 段(页 40)；这里提及的§18(13，4 – 5)对应于中译本第 21 段(页 45)；这里所提及的§1(3，8)对应于中译本第 1 段(页 39)，§1(3，13)对应于中译本第 2 段(页 40)。Ephodi(犹太名 Isaac ben Moses ha-Levi；亦称 Profiat Duran[先知杜兰]，约 1350—1415)，反基督教的犹太思想家，出生于西班牙(一说出生于法国南部)，Ephodi 是其笔名，意为"我是先知杜兰"，此人著有迈蒙尼德《迷途指津》义疏和犹太人的受迫害史等。

③　托马斯·阿奎那(Thomas Aquinas)，《神学大全》(Summa theologica)1 2，问题 3，条目 6。对勘《尼各马可伦理学》1177b17 – 26 与[1177]a25 – 27。另对勘《王制》519c5 – 6 与《治邦者》272a8 – d4。

学说与信仰的各种要求;亚里士多德能自由地无视[法拉比]这里各种严格意义上的政治要求。中世纪思想家们处于截然不同的境况中。通过研究法拉比如何推进问题的一个相对简单的方面,我们或许就能够把握他对该问题更复杂方面的意图。

在这部专论的开头,即在他为阐述柏拉图哲学和亚里士多德哲学亲自撰写的前言里,法拉比将"此生此世的幸福"(the happiness of this world in this life)与"来世的终极幸福"之间的区分运用得理所当然。[34] 而在《柏拉图》(即这个三部曲的中间的且展开最少的部分)[35]中,两种幸福(be-atitudines)之间的区分彻底被丢弃了。[36] 如此缄默意味着什么,因一个事实,即整部《柏拉图》(其中毕竟包含了对《斐德若》《斐多》和《王制》的概述)无论如何根本没有提及灵魂的不朽,而变得确凿无误,它意味着:法拉比笔下的柏拉图默不作声地拒斥了柏拉图的[灵魂]不朽学说,[37]或毋

---

[34] 《获得幸福》,2。参《各科举隅》第 5 章(接近开头处)。

[译按]这里的"这部专论"(the treatise)指法拉比的三部曲《柏拉图哲学与亚里士多德哲学的目标》,"前言"指其第一部分《获得幸福》。在后文中,the treatise 也常常单指本文具体讨论的《柏拉图的哲学》或该三部曲的其他两个部分。

[35] 请考虑西塞罗,《演说家》(*Orator*)30 及《论演说术》(*De oratore*)II 313 及下行。

[36] 在法拉克热的[希伯来语]译文中,我们发现有一次提及"此世的幸福"(《智慧的开端》[*Reshit hokma*]72,20),还有一次提及"终极的幸福"(72,12)(在《柏拉图》[拉丁译本]的注释[*app. crit.*]中,这些绎读没有被注意到)。

[37] 法拉比,《柏拉图》XVIII 和 24——法拉比还用柏拉图的灵魂转世(metempsychosis)学说的道德含义取代了其字面含义:对勘 §24(18,5 – 19,3)与《斐多》81e – 82b。(在这个段落的拉丁译文——页 13,行 17 及下行——里,an defunctus esset... atque transformatus[他是否已经死去……并被转化]应改为 an putaret se mortuum esse et in illam bestiam atque eius figuram transformatum[他是否认为他已经死了且他的外形已经被转化为兽]。对勘法拉比的陈述与西塞罗《论义务》(*De Officiis*)III 20,82:Quid enim interest, utrum ex homine se convertatquis in beluam an hominis figur aimmanitatem gerat beluae? [一个人实在地被转化为一头兽,抑或一个人保持人的外形,内里却有着兽的凶残本性,〈这两者〉

宁说,法拉比认为灵魂不朽是一个显白学说。法拉比走得如此之远,乃至竟然在概述[372]《斐多》和《王制》时避免使用"灵魂"这个词,他走得如此之远,乃至竟然在整部《柏拉图》中,都对 νοῦς[理智/心智]㊳——遑论νοῖ[诸理智]——保持深刻的缄默。

　　法拉比可以在《柏拉图》中走到这样的地步,不仅因为这部专论是三部曲的第二部分也是最短的部分,而且也因为,此书明确展现的与其说是他自己的观点,不如说是某个别人的观点。我们已经注意到,法拉比在《柏拉图》与《获得幸福》(Taḥṣîl)中处理两种幸福(beatitudines)的一致时是有差异的。通过运用根本上同样的方法,法拉比在《各种政治制度》和《有德性的宗教共同体》(即在他详述自己的学说的作品)中,或多或少宣告了有关来世生活的正统观点。更准确地说,在《有德性的宗教共同体》中,他宣告的完全就是正统的观点,在《各种政治制度》中,他宣告了某些就算有人可能认为尚可容忍但却属于异端的观点。但在其《尼各马可伦理学》义疏里,法拉比宣称,惟有此生的幸福才存在,所有与此相异的陈述都基于"狂言和无稽之谈"。㊴

　　考虑到这个主题的重要性,我们引入第三个例证将获得体谅。在他以自己名义所著的《各科举隅》(Enumeration of the Sciences)里,法拉比将宗教科学(fiqh[教法学]和 kalâm[思辨神学])呈现为政治科学的推论(corollaries)。乍看上去,有人可能相信,法拉比将此特殊地位分派给宗

有什么分别吗?]")——在§1(3,11 及下行),法拉比暗示了外在的好处对于幸福的必要性;请将这个段落分别与《尼各马可伦理学》1177a28 以降,1178a23 以降,1178b33 以降及托马斯·阿奎那《神学大全》1 2,问题4,条目7 对勘。

　　㊳　[法拉比在《柏拉图》]§27(20,16)中提及νοεῖν[思]。在概述《斐多》时,法拉比有一次提及 corpus animatum[有生命的躯体]:§24(18,16)。

　　[译按]根据 Mahdi 英译本所示边码(对应于这里括号内的页码和行码),§27(20,16)似应为§26(20,16),该处对应于中译本第 33 段开头部分(页50);§24(18,16)对应于中译本第 30 段中间部分(页49)。

　　㊴　伊本·图斐利(Ibn Tufail),《哈义·本·叶格赞》(Hayy ibn Yaqdhân),L. Gauthier 编订,贝鲁特,1936,14。另参 Steinschneider 在《阿尔法拉比》(Al-Fârâbî),页 94 所引的阿威罗伊的[相关]论述。参后文注 58。

教科学,只是想说,宗教即启示宗教亦即启示教法(the revealed law)(the shari'a[〈伊斯兰〉教法])⑩在哲人眼里首先是一个政治事实:正是作为一位哲人,他悬置了对宗教[373]超理性教诲的真理性的判断。换言之,有人可能相信,法拉比对宗教科学的描述,只是为可能存在的不同于自然神学(形而上学)的启示神学留出余地的一种多少有些尴尬的方式。在《柏拉图》中,这类含混中的每一种都被避免了。法拉比借柏拉图之口宣称,宗教思辨(religious speculation)、对存在物的宗教式探究以及宗教演绎推理的技艺(the religious syllogistic art),并不提供有关存在物的科学⑪——

---

⑩ 在《柏拉图》中,法拉比没有提及 *shari'a*[法;(伊斯兰)教法](也没提及 *milla*[共同体])。就在涉及宗教的陈述之前,在文本的讨论中出现了 *shari 'a* 的同根动词 *shara 'a*[制定法律]:§6(6,6)。—— §§4(5,2 及下行)及 22(15,5)中提到了"信"(Belief)。

[译按]shara'a 这个动词还有更原始的一层意思,即"指示道路",相应于 *shari 'a* 的本义"通往水源之路"。

⑪ 法拉比,《柏拉图》§6。[下面的]这个事实很重要:法拉比以最大的准确提出柏拉图宗教探究的最终结果,他没有在人们起初会寻找该结果的§6(此节处理宗教)而是在§8 开头才提出它。(对勘§8 开头与§§7 及 9-11 的开头。)法拉克热——他的写作对象是[与法拉比的写作对象]多少不同的公众——同时省略了§6 与§8 中柏拉图对宗教得出的结论。试对勘下面这点:迈蒙尼德在《迷途指津》卷 III,8 章末尾将宗教主题排除在外。——R. -W. 对§6作了这样的评注:"无论如何,柏拉图没有拒绝对诸神的崇拜……所有这些,似乎都与……阿尔法拉比的意见很相合。"([译按]引文原为拉丁语)(另参页 XIV)。但法拉比也没有拒绝对神的崇拜,明确追随柏拉图的法拉比认为,遵从一个人成长所处的宗教共同体的教法和信仰,对未来哲人而言是一种必要的先决条件(《获得幸福》45,6 以降)。最重要的是,在§6 法拉比说的不是宗教崇拜,而是宗教的认知价值。他对该问题的观点与柏拉图的观点——出现在诸如《蒂迈欧》40d6 以降,《书简七》330e 及《伊翁》[*Ion*]533d 以降等处——完全一致。另外,在《苏格拉底的申辩》中,雅典人指控苏格拉底否认雅典城邦诸神的存在,苏格拉底没能反驳这一指控,试将之与《法义》卷一对克里特与斯巴达神法的批评加以比较。法拉比以这样的方式阐释《申辩》(特别是关于 20d7以降)的论点(thesis):苏格拉底对雅典人说,他没有否认他们的属神的智慧(divine wisdom),他只是不能理解这种智慧,而他自己只具有属人的智慧。参

这种科学构成了人的最高完善,而哲学则确实能提供有关存在物的科学。他竟然将一般而言的宗教知识和特殊而言的"宗教思辨"⑫呈现为认知[374]追求中最低的阶梯,甚至低于语法和诗。宗教跟语法——或毋宁说跟语言——有如下共同点,即本质上是一个特殊共同体的所有物(property)。

　　有人(One)可能首先就会想,为了充分把握法拉比的观点,(one)应当首先求教于他提出自己学说的那些著作,而非求教于他对其他人

Simon Duran,《祖辈之盾》(*Magênabot*)(Livorno 1785),2b。按阿威罗伊对法拉比所引(或所阐释的)苏格拉底言辞的阐释,那段话特指基于预言(或由预言传达)的神的智慧(转述自《论感觉与所感物》[*De sensu et sensato*],Paris Bibliotheque Nationale, Ms. Hébreu[巴黎国家图书馆藏希伯来文手稿]1009, fol. [页]172d)。

　　[译按]Simon Duran 全名 Simeon ben Zemah Duran(1361—1444,犹太人亦根据其姓名首字母缩写称之为 Rashbatz 或 Tashbatz)是一位出生于西班牙的犹太律法学家、圣经注疏家和哲人,精通天文学、数学及医学,1391 年因西班牙境内掀起的迫害犹太人的狂潮,逃亡至北非的阿尔及尔,曾在那里担任首席拉比,他是迈蒙尼德思想的捍卫者。

　　⑫　按法拉比的说法,柏拉图考察过宗教思辨的认知价值、对存在物的宗教探究的认知价值以及宗教演绎推理的技艺的认知价值。但当他指出柏拉图只给后两种学科有限的价值时,他对柏拉图考察"宗教思辨"的结果却完全保持缄默。宗教演绎推理的技艺就是 *fiqh*[教法学],对存在物的宗教探究就其基于某种物理学(physics[或"自然学"])而言是 *kalām*[思辨神学]——参《获得幸福》第 5 章有关思辨神学家们(the *mutakallimûn*)对可感存在物的研究——;"宗教思辨"很可能指关于上帝自身的神秘知识(参《伊斯兰百科辞典》[*E. I.*],辞条"Nazar"[理论,哲学思辨])。——关于宗教演绎推理的技艺,参 Steinschneider,《阿尔法拉比》,页 31,其中引述了法拉比有关"宗教的(תורײם[直译:律法的、教法的])演绎推理"的一个评注;另参迈蒙尼德《逻辑技艺论》,第 7 章结尾处。

　　[译按]Nazar 的本意是"看""很仔细地看",引申为"理论;观点;洞见"。在施特劳斯提及的《伊斯兰百科辞典》里,该词被释义为"理论"(theory),"哲学思辨"(philosophical speculation)。

的学说的阐述，若其他人是异教徒（pagans）的话则尤当如此。因为，人难道不可以怀着最大的细心、无需嘟嘟囔囔的异议，作为一个注疏家或史学家，来详尽阐明这类他作为一个人会拒绝的观点？难道作为哲人们的学生，法拉比不会受到他作为信徒会憎恶的东西吸引？我不知道，是否曾有这么一位"哲人"，其心智混乱到由两种密闭加封的隔层（compartments）组成——法拉比是个具有与此不同的印记的人。但让我们假定，他的心智属于便利地被归于拉丁阿威罗伊派（Latin Averroists）的类型。为了认识到其荒谬性，提出那种假设几乎就够了。拉丁阿威罗伊派局限于对极度异端的教诲给予最字面的阐释。但法拉比做得恰恰相反，他对最可容忍的教诲给予极度非字面的阐释。正是作为柏拉图的一个纯粹注疏者，他才几乎是不得已地（almost compelled）接纳一种有关来世生活的可容忍的正统学说。㊸ 法拉比拒绝屈从于柏拉图的魅力——这等于在文字上公然偏离柏拉图的教诲，这一点比任何他可能作出的明确陈述更有说服力地证明，[375]他认为，相信不同于此生幸福的一种幸福——或者说相信来世——是完全错误的。法拉比在一部注定"从头到尾"呈现柏拉图哲学的论著中对灵魂不朽保持缄默，这一点超越任何合理质疑地表明，出现在他其他作品中的断言灵魂不朽的陈述，都必须当作对公认教条的审慎通融来打发。同样的考量也适用于注疏家或史学家法拉比就宗教所说的话：很难看出，柏拉图的哪个段落能迫使（compelled）——或甚至诱使（induced）——一个有信仰的穆斯林去批评"演绎推理式宗教技艺"，亦即去批评伊斯兰教法科学（the Islamic science of *fiqh*）的价值。

因而，法拉比运用注疏家或史学家的特定豁免权，为的是在其"历

———————

㊸ 那位注疏家（[译按]指阿威罗伊）毕竟不只是一个注疏家，他直接攻击《王制》中有关死后生活的教诲，见其《柏拉图〈王制〉释义》（*Paraphrasis in Platonis Rempubl.*）（《亚里士多德著作集》[*Opera Aristotelis*]，威尼斯 1550，III，182c40 – 55 和 191d11 – 39）。

[译按]相关内容见中译《阿威罗伊论〈王制〉》，刘舒译，华夏出版社，2008，页 138。

史性"作品而非他呈现自己学说的作品里,对重大问题直抒胸臆。事实既然如此,那就不得不设定并一丝不苟地遵循这样的阐释准则(canon of interpretation):除了纯粹的语文学(philological)考量和其他预备性考量之外,人们没有资格通过诉诸法拉比的其他著作来阐释他的《柏拉图》或其中的任何部分或段落。人们没有资格凭借法拉比在其他地方详述却未曾在《柏拉图》中提及的学说来阐释《柏拉图》。毋庸说,设若《柏拉图》中的教诲与《获得幸福》(*Taḥṣīl*)、《各种政治制度》、《各科举隅》等作品中的教诲相冲突,那就应以《柏拉图》中的教诲为准。与《柏拉图》相比,其他那些都是显白的作品。法拉比提醒我们留意《斐德若》中有关写作本身具有缺陷的教诲,由此暗示,所有写作就其本身而言都是显白的,[44]如果这是真的,我们就不得不说,《柏拉图》只是在显白程度上少于上面提到的其他著作而已,因此,《柏拉图》中出现的每一个暗示,无论多么微妙,都比他更显白的著作中最受强调、最常陈述的学说更值得重视。因为,[376]一位作者是否确信他某个断言的真理性或非真理性,与他提及这个断言的频繁或稀少这两者之间,并不必然总是存在关联。[45]

　　法拉比[在《柏拉图》中]对理式(ideas)和灵魂不朽保持缄默当然表明,要是他认为柏拉图教诲的字面意义是假的,他将毫不犹豫地偏离柏拉图教诲的文字。他可能相信,柏拉图本人也把上述学说仅仅当作显白教诲。但是,法拉比可能相信——或者也可能不相信——他通过他的缄默或他的言辞归于柏拉图的教诲就是柏拉图[本人]的教诲——他当然认为那是真正的教诲。法拉比的《柏拉图》因此并非一部历史性的著作。他所呈现的柏拉图不得不通过一己之力揭示哲学的真正含义,这一点暗示,柏拉图无论如何没有哲学上的先驱。不过,法拉比当然知道——尤其通过《形而上学》知道,柏拉图并非第一位哲人。与此相应,他评述道,《默涅克塞诺斯》的主题遭到柏拉图的先驱

---

　　[44]　参《斐德若》275c 以降,《蒂迈欧》28c4－5,《书简七》341d4－e3。参迈蒙尼德《迷途指津》卷Ⅰ导言(Munk 编译本,页 4a)。

　　[45]　迈蒙尼德,《复活论》(*Treatise on Resurrection*),Finkel 编订,19,17 以降。

们的忽略;㊻鉴于法拉比写作《柏拉图》时极度小心,因此,唯在柏拉图的先驱们已处理过其他柏拉图对话的所有主题的情况下,那个评注才能说得通。法拉比呈现的与其说是历史上的柏拉图,不如说是典型的哲人,这样的哲人在获得心智的成熟后,comme un homme qui marche seul et dans les ténèbres[像一个独自行走在黑暗中的人],㊼不得不重新开始,走他自己的路——无论他得到过多少老师的鼎力帮助。法拉比对历史上的柏拉图的态度,堪比柏拉图本人对历史上的苏格拉底的态度,也堪比柏拉图笔下的苏格拉底对(比如说)历史上的埃及的态度:"法拉比呵,你编起柏拉图的话来太轻松啰。"㊽正是通过这个事实,法拉比表明自己是个真正的柏拉图派(Platonist)。因为,柏拉图派并不关注历史的(偶然)真理,因为他们感兴趣的惟独就是[377]哲学的(本质的)真理。㊾ 只是因为公共言辞要求混合严肃与谐谑(playfulness),一个真正的柏拉图派才能把严肃的教诲亦即哲学教诲套进历史的从而是谐谑的外衣里。法拉比对历史素材的独立自主的运用当然预设了一个前提,即这些素材在他的掌控中。对史学家而言,最重要的莫过于,法拉比可获得信息的范围和特征能尽可能准确地得到确立。但若是不记得《柏拉图》一书的非历史性意图,即便这一点也不能恰切地做到——法拉比对[柏拉图]对话的表面看似

㊻　对勘§31与§16。参前文注7。

[译按] §31对应于中译本第37段(页52)。

㊼　笛卡尔,《方法谈》(Discours de la méthode),II。

㊽　《斐德若》275b3 – 4。应当指出,法拉比对诗的拒斥——正如柏拉图拒斥诗一样——针对的只是普通的(common)诗:§8。

[译按]在《斐德若》275b3 – 4,斐德若对苏格拉底说:"苏格拉底呵,你编起故事来太轻松啰,什么埃及和其他哪儿来的,都由你说。"(刘小枫译文)

㊾　参《普罗塔戈拉》(Protagoras)347c3 – 348a6和《卡尔米德》(Char-mides)161c3 – 6。

[译按]施特劳斯关于"历史的偶然真理"与"哲学的本质真理"(或曰"必然的理性真理")的说法,很可能出自莱辛的名言:"偶然的历史真理永远不可能成为必然的理性真理的证明。"参莱辛,"论圣灵与大能的证明",《历史与启示——莱辛神学文选》,朱雁冰译,北京:华夏出版社,2006,页67。

臆想的大量评注,可能要归结于他渴望暗示(intimate)而非误导一种重要
的哲学真理。把《柏拉图》的作者设想为佚失的希腊文本的一名纯粹的
摘要记录人(epitomist),不仅意味着无视阿维森纳和迈蒙尼德这样才华
横溢的人对法拉比的敬仰,而且也意味着无视《柏拉图》本身极为细心的
措辞。即便法拉比对柏拉图哲学的阐释作为整体,最终有可能经证明是
借自一种迄此未知的文献来源,我们仍然可以凭这种阐释本身来理解它,
而且我们仍然要消化这样的事实:法拉比这等位级(rank)的一个人,竟将
那种文献来源接纳为对古典哲学的真正叙述,并以自己的名义发表它。
还可以加一句:通过这样的做法,即在乔装为历史叙述的作品而非"体系
性的"作品中传递最珍贵的知识,法拉比表明了他关于哲学中的"原创
性"和"个体性"的观点,即,一位哲人能作为"原创的"或"个人的""贡
献"而引起关注的东西,绝对不如他对必然匿名的真理(the necessarily a-
nonymous truth)那种私人的、真正原创和个体的理解重要。

 但让我们回到此前放下的问题。出于一个明显的理由,法拉比并不希
望打破一种对某些人极有说服力的缄默,只有那些人才能读懂处理灵魂不
朽问题的柏拉图对话。还有一个进一步的、某种程度上更令人信服的理由,
使他去[378]隐藏关于幸福的哲学学说。将幸福等同于由有关存在物的科
学构成的完善,这等于是让绝大多数人看不见获得幸福的前景。即便不是
出于其他理由而仅仅出于爱人类(philanthropy)的理由,[50]法拉比也不得已
要表明,哲人以外的人们也有获得幸福的可能性。因此,他对完善与幸福作
出区分:他断言,作为一种理论技艺,哲学确实提供有关存在物的科学并由
此是人的最高完善,但为了造就幸福,哲学必须由正确的生活方式来补充。
用更一般的话说,法拉比首先接受正统的意见,即哲学不足以将人引向幸
福。不过,他明确表明,获得幸福所需要的对哲学的补充,不由宗教或启示
提供,而由政治提供。法拉比用政治取代了宗教。由此,他为哲人与受启蒙
的君主(princes)之间的世俗联盟奠定了基础。诚然,法拉比随后马上就收

---

 [50] 对勘《尼各马可伦理学》1094b9 – 10 和 1099b18 – 20 与《政治学》
1325a8 – 11。——有关柏拉图《王制》中出现的"爱人类"教诲,参亚里士多德
《政治学》1263b15 以降。

回了他的让步,指出哲学凭自身就提供正确的生活方式,并随之凭自身就造就幸福,但他又补了一句:哲学造就的不只是哲人们的幸福,也是所有其他人的幸福。法拉比若意在让这个堂皇的爱人类的评注成为定论,就该将其当作十足的谬论不加理会,或者说,出现这句话的文本就该得到修订。因为,印度某地生存着单独一个哲人这个事实,如何能对住在法兰克斯坦(Frankistan)最遥远地区的人——这些人与印度哲人或哲学毫无共同之处——的幸福或不幸有丝毫影响?哲学造就所有人的幸福这个陈述只是服务于一个目的,即指明[我们]面对法拉比时遇到的难题的整个范围,它由此也为一种临时的解决方案并随之直接为最后的解决方案铺平了道路。临时的解决方案是,哲学造就的是哲人以及所有那些实际上受哲人[379]引导的非哲人的幸福。换言之,哲学所需要的补充不仅仅是君王技艺本身,还是哲人在一个确定的政治共同体中对君王技艺的实际行使。法拉比更进一步。他宣称,除非在其最重要的部分是哲人的有德性的城邦(the virtuous city)里,否则不仅非哲人——作为公民的公民们——的幸福不可能获得,而且哲人本身的完善及随之而来的他们本身的幸福也不可能获得。(51)他以强调的方式将有德性的城邦称为"彼邦"(an other city):(52)他由此

(51) §25(尤参20,13及下行)。参§24结尾处——并将之与§25(20,10)对勘,R.-W. 正确地将后者绎读为 et philosophos in ea(civitate) partem maximamesse[而哲人们是其(城邦)中最大的部分]。[对勘]奥古斯丁,《上帝之城》(*Civitas Dei*) XI 9:(sanctiangeli) quaehujus(sc. sanctae) civitatis... magna pars est[(圣洁的天使)是这个(即圣洁的)城中的大的部分]。

(52) §25(19,12和20,4)。比较§§1(3,11-13),11(9,8)和22(16,2)中对"其他/彼"(other)一词的使用。另参§§14(11,6)和24(17,7)。——法拉比也论及特殊而言的"其他民族"(other nations)和一般而言的各民族,但他更喜欢说"彼邦[其他城邦]"和诸城邦(他使用"城邦"的次数三倍于使用"民族"的次数):"哪里首先成为伟大而繁荣的城邦,哪里就首先有哲学研究。"(霍布斯)法拉比论及在完善的共同体中对各种研究的追求时,单单使用"城邦"一词(§26)。要说城邦与民族之间的非数量方面(non-quantitative aspect)的差异,就不得不考虑§7,在那里法拉比只用了"民族"而没用"城邦":民族由一种共同的语言维系在一起。另一方面,城邦的纽带是法律;参§32(22,18-23,1)。

指明,他不仅有意用一般意义的政治取代一般意义的宗教,而且有意用"彼邦"取代"来世"(the other world)或"来生"(the other life)。"彼邦"(the other city)只要确实是一个属于尘世的城邦,它就居于"此世"与"来世"的中间,但"彼邦"并不现实存在,而是只存在于"言辞中"。法拉比笔下的柏拉图没有止步于此,他又提出了有德性的城邦如何才能变成现实这个问题,而他的回答是,只有"这个城邦的立法者"可以使之实现。"因此,他随后探究了立法者必须是怎样类型的人。"㊾法拉比没有向读者[380]揭示柏拉图的这一探究的结果。㊿ 在《柏拉图》之前

㊾ §29。——下述事实可以例证法拉比的写作技艺:紧随其后(§30 开头),他用的是فعل(*fecit*)[他做了]一词——参§29(21,11)中的بالفعل(*actu*)[实现]——而非他通常使用的تبين(*ei manifestum fuit*)[对他变得清楚]或意指一种纯粹的精神活动的另一个词。临近§30 最开头的فعل[他做了]不仅回应了§29,也回应了§§26-29。就此而言,可以说 R. -W. 对《柏拉图》一书所作的分节多少有些任意。法拉比本人的分节清楚地由每段开头使用فلما[由此]或لما[当……时]显明。与此相应,第 I 部分由§§1-3 组成,第 II 部分由§§4-5 组成,第 III 部分由§§6-11 组成,第 IV 部分由§§12-15 组成,第 V 部分由§§16-22 组成,第 VI 部分由§§23-25 组成,第 VII 部分由§§26-29 组成,而第 VIII 部分由§§30-32 组成。

[译按]§29 对应于中译本第 35 段第 2 自然段(页 51)。Mahdi 译本的分节大致按施特劳斯在此文中的划分,惟有一处修改:他将施特劳斯的第 IV 部分分为两节(§12[即中译本第 13 段]单列一节),参中译本页43-45。فعل是阿拉伯文中"做、行为"这个动词的第三人称阳性过去式;بالفعل字面意思是"在行为中的",在阿拉伯亚里士多德主义哲学语境中表示"现实的"这种状态,与"潜能的"相对;تبين字面意思指"为他显明"或"对他而言成为明显的"。فلما[由此]和لما[当……时]这两个词的意思基本相同,只是前者加了一个连词ف(这个连词意指"因而",表示因果但意思很轻),这两个词的字面意思是"当……时"或"既然",从上下文看,法拉比在这里对它们的用法类似于一种发语词,表示我们已探讨完了上面这点而接下来我们要看下面一点。

㊿ 他同样对柏拉图探究宗教思辨(§6)、σωφροσύνη[节制](§19)以及爱和友谊(§21)的结果缄默不语。试比较上述最后一个例子与关于勇气的论述过程(§20)的差异。法拉比的典型论述过程是,首先指出柏拉图"探究"的是什么,随后指出他"清楚表明"(made clear)的是什么或者说"对他变得清楚"

的专论([译按]即《获得幸福》)里,法拉比断言了立法者与哲人的等同,但出于前面提到的理由,人们没资格假定,法拉比笔下的柏拉图的教诲等同于法拉比以自己名义提出的教诲。⑤《柏拉图》一书对该主题的缄默因而允许我们暂作这样的想象:那个立法者是一位先知,是一种启示宗教的创建者(founder)。既然作为有德性的城邦的创建者,立法者为幸福的实现创造了(creates)必不可少的条件,那么除非在启示的基础上,幸福就不可能实现。法拉比笔下的柏拉图虽然将先知或曰立法者等同于哲人,但并没有填补那个漏洞。实际上他暗示,立法者的职能并不在于最高的人之完善,[381]并且他理所当然认为,有德性的城邦可能为数众多,⑯由此就排除了对一种单一的、真实的或曰终极的启示宗教的信仰。但《柏拉图》中所运用的真实疗救(remedy)激进得多:在接近该专论结尾处,法拉比极为清楚地表明,在不完善的城邦里,不

(became clear to him)的是什么。对这种[典型]图式的每一次偏离都需要一个解释。于是,人们不得不特别留意的不仅是"探究"之后没有提及柏拉图"清楚表明"的是什么或"对他变得清楚的"是什么这种地方,同样也要特别留意没有提及探究的情形。很可能最重要的省略"探究"的例子是关于哲人等同于王的陈述:§18(13,6–11)。几乎没必要补充说,什么是柏拉图清楚表明的(即向他人[清楚表明的])与什么是对他变得清楚的,这两者之间的差异绝非无关紧要。——参前文注12,40和53。

[译按] §19 对应于中译本第23段第1自然段(页46);§21 对应于中译本第24段(页46)。

⑤ 要阐释[《柏拉图》中]有关立法者的陈述,人们必须考虑法拉比对柏拉图《法义》的阐释。法拉比并不像柏拉图本人那样把《法义》当作对《王制》的纠正,而是当作对《王制》的补充;而按柏拉图的说法,《王制》与《法义》处理的是本质上不同的政治秩序(πολιτεῖαι[政制]),法拉比的观点非常接近西塞罗的观点(Legg.[《法律篇》],I 5,15;6,14;10,23;III 2,4)——按西塞罗的说法,[柏拉图的]《王制》处理最佳的政治秩序,《法义》处理属于同样的最佳政治秩序的最佳法律。

⑯ 对勘§29与§2。对勘§25(20,5和12)与《模范国家》70,9和《各种政治制度》72及74.

仅可能有哲人,甚至还可能有完善的人(即实现了哲学目标的哲人)。⑤
哲学和哲学的完善乃至幸福并不要求——这是法拉比关于这个主题的
定论——建立完善的政治共同体,它们不仅在此世可能存在,甚至在这
些城邦、在这些不完善的城邦里也可能存在。但是——这里面的隐含
意味是关键——在不完善的城邦里,亦即在现实如此且将来亦总是如
此的世界里,幸福惟有哲人才能获得:非哲人因事物的本性(by nature
of things)而永远与幸福隔绝。幸福存在于 in consideratione scientiarum
speculativarum[对思辨科学的思索中],而非由其他事物构成。⑤ 哲学

---

⑤　对勘§32 开头与§23,24 末尾及25。——在最后三段里,法拉比通
过列举哲人、君王、立法者和有德者的不同方式,指出了他关于哲人与君王关
系的真实观点:§§30(22,6 及下行),32(22,15)。那种观点可表述如下:"君
王"是一个含混的词,它要么意指拥有政治技艺的人,这样的人必然臣服于立
法者,要么它意指通过完成哲学探究来达到自己目标的哲人。

⑤　对勘§§1-2 和阿威罗伊的评注(转引自 Steinschneider,《阿尔法拉
比》,页 106):

> 在论述《尼各马可伦理学》的书中,他(法拉比)似乎否认其与抽象理智的
> 一致性,并且说这是亚历山大的意见,而有关人的目的并非思辨之完善的
> 意见是不成立的。([译按]引文原为拉丁语)

(对勘托马斯·阿奎那《〈尼各马可伦理学〉义疏》X,第 13 讲[lect. 13],末
尾。)——我们对《柏拉图》的论点的阐释某种程度上由法拉克热的评注(《智
慧的开端》,72,22-25)得到确认,法拉克热指出,按柏拉图的说法,真正的幸
福由知识亦即关于神的知识构成,而要是没有关于造物(creatures)的知识,就
不可能有关于神的知识。法拉比没有说到神,但说到所有存在物。关于从哲
学观点到更偏神学的观点的类似变化,试对勘迈蒙尼德《重述托拉·论品性》
(Mishneh tora, H. De'ot)IV,1 的信实(authentic)文本(Hyamson 50,19 及下行)
与其通俗(vulgate)文本[之间的差异]。

　　[译按]上述《阿尔法拉比》引文中的亚历山大应指生活于公元 3 世纪初的
古希腊逍遥派哲人 Alexander of Aphrodisias,他是著名的亚里士多德作品的注
疏家。

是幸福的仅有的(*the*)充分和必要条件。

[382]然而，若仅仅把法拉比对哲学的政治方面的那些强调性陈述，设想为一块踏脚石，意在为从有关来世幸福的大众概念上升到哲学提供便利，那将是个错误。因为哲人必然生活在政治社会里，他由此逃不过这样的处境，即由哲人与非哲学的公民(the non-philosophic citizens)——"俗众"(the vulgar)——之间自然而然的困难关系造成的处境；生活在不由哲人进行统治的社会里的哲人，亦即生活在任何现实社会里的哲人，必然"处于重大危险中"。⑤ 法拉比通过论及柏拉图对苏格拉底的生活所作的两重叙述，暗示了他的解决方案；他告诉我们，柏拉图重复讲到苏格拉底的方式(Socrates' way)，他还重复提到他身处的时代各城邦、各民族的俗众。⑥ 我们可能已经从迈蒙尼德那里了解到，"重复"是一种常规的教学策略，这种策略有意向那些有能力凭一己之力来理解的人揭示真理，同时向俗众隐匿真理；俗众盲从于第一个陈述与[对该陈述的]"重复"的共同特征，而那些有能力理解的人则会集中关注两个陈述之间的差别——尤其是"重复"里出现的对第一个陈述所作的"增补"——无论这些差别外表上多么容易让人忽略。⑥ 按法拉比的说法，柏拉图关于苏格拉底的生活方式的第一个陈述，处理的是苏格拉底对同胞公民的意见和习惯的态度。而第二个陈述处理的则是柏拉图对苏格拉底态度的纠正，或者说，处理的就是柏拉图的态度。⑥ 苏

---

⑤ §32 开头。对勘柏拉图，《斐多》64b；《王制》494a4 – 10 和 520b2 – 3。

⑥ §§30(22,1)和32(22,14)。

⑥ [迈蒙尼德，]《迷途指津》卷 III 开头及 23 章(Munk 编译本，页50a)。

⑥ 请留意§32(23,2)中的强调词ﻫﻮ[正是他](R. -W. 未译出该词)：柏拉图在其《书简》中描述了他对与自己的公民同胞相处的想法。请比较该词与§16(12,10)中的相应词汇ﻫﻮ[正是他]：正是他(柏拉图)迫不得已要呈现哲学，因为他在广为所知的技艺和科学中没有发现它。

[译按]ﻫﻮ的一般意义是阳性单数第三人称代词，表示强调时语义类似汉语里的"就是他"或"正是他"。

格拉底的态度取决于这样的事实：他将自己的探究局限于道德主题和政治[383]主题，㊣也就是说，他忽略自然哲学。作为一个纯粹的道德哲人，苏格拉底是个道德家（moralist）。因此，他只看到了这样非此即彼的选择：要么遵从公认的行为规则和公认的各种意见，要么公开挑战它们并且随之将自己暴露在迫害和暴死面前。㊣ 由于他的不妥协态度，苏格拉底成了大众的狂怒的牺牲品。柏拉图的态度则从根本上不同[于苏格拉底的态度]。我们已看到，柏拉图认为哲学本质上是一种理论追求，因此，他不是一个道德家，他的道德热情被他对存在物的本性的洞见所冲淡；由此，他可以调整自己去适应政治生活的要求，或者说，调整自己去适应俗众的生活方式和意见。在他对前述各种主题的处理中，他结合了苏格拉底的方式与——与忒拉绪马霍斯的方式（the way of—Thrasymachus）。㊣ 苏格拉底的不妥协的方式只适用于哲人与政治精英的相处，而忒拉绪马霍斯的不那么严苛的方式则适用于哲人与俗众及年轻人的相处。通过将这两种方式相结合，柏拉图避免了与俗众的冲突，从而避免了遭遇苏格拉底的命运。与此相应，对彼邦的"革命性的"探寻（the "revolutionary" quest for the other city）不再成为必然，柏拉图将其替换成一种远为"保守的"行动方式，也即，让真理或一种真理的近似物循序渐进地取代（gradual replacement）公认的意见。这种对公认意见的取代——无论多么循序渐进——当然是对公认意见的一种摧毁（destruction）。㊣ 但由于强调循序渐进，这种取代最好被描述为对公认意见的一种侵蚀（undermining）。因为，倘若不结合以对公认意见的某种临

㊣ 对勘§16与§§28及30（22,4 – 5）。

㊣ §24（19,3 – 11）。

㊣ §30。即便那一段只是有意作为[柏拉图的]《克莱托丰》（Clitophon）的概述，我们也不能忽略这样的事实，即法拉比知道《王制》中的忒拉绪马霍斯。他关于结合苏格拉底方式与忒拉绪马霍斯方式的陈述基于《王制》498c9 – d1。

㊣ §32。

时认可,这种取代就不会是循序渐进的——如法拉比在其他地方宣称的,遵从抚养其成长的宗教共同体的意见,对未来哲人而言是一种必要的[384]先决条件。[67] 就精英们亦即潜在的哲人们而论,逐渐摧毁公认意见的目标是真理,但就普通人而论,该目标是真理的一种近似物(或曰真理的一种想象式的代表[68])。[69] 我们可以说,法拉比笔下的柏拉图用哲人的隐秘王权(secret kingship)——该哲人作为不完善共同体的成员而私密地生活着(lives privately)——取代了在完善城邦公开施行统治(rules openly)的苏格拉底的哲人-王(philosopher-king)。那种王权

---

[67] 参前文注41。对勘笛卡尔"临时性道德准则"(morale par provision)(《方法谈》,III)中的头两条格言。另参封特耐尔(Fontenelle),《雷默里先生赞》(*Éloge de Mr. Lémery*):"稳固建立起来的东西,只能一步步来攻击。"([译按]引文原为法语)——关于法律的逐渐变化的必要性,参柏拉图,《法义》732d2–4及亚里士多德,《政治学》1269a12以降。

[译按]笛卡尔《方法谈》第三部分的头两条道德准则分别为:

> (1)服从我国的法律和习俗,笃守为靠神保佑从小就领受的宗教,在其他一切事情上以周围最明智的人为榜样,遵奉他们在实践上一致接受的那些最合乎中道、最不走极端的意见,来约束自己。(2)在行动上尽可能坚定果断,一旦选定某种看法,哪怕它十分可疑,也毫不动摇地坚决遵循,就像它十分可靠一样。(引自王太庆译本,北京:商务印书馆,2001,页19–20)

封特耐尔全名Bernard le Bovier de Fontenelle(1657—1757),他是一位法国作家,笛卡尔哲学的辩护者。

[68] 参前文注48。

[69] 请留意法拉比首先用"有德性的生活方式"或曰"正确的礼法(the correct *nomoi*)"(23,3)取代"真理"(22,17),其次才用"意见"(23,6)来取代"真理"。在此语境中,法拉克热恰切地用מזמות("各种谋划"或"各种设计")来译الرأي("各种意见")。(在§22,法拉克热同样恰切地在那里的语境中用אמונות[各种信念/信仰]来译الرأي。)另参迈蒙尼德,《迷途指津》卷I,34章(Munk编译本,40b)。

借助一种显白的教诲来实施,尽管这种显白的教诲不会太公然地与公认的各种意见相矛盾,但还是会侵蚀公认的各种意见,从而把潜在的哲人引向真理。⑦ 法拉比对柏拉图本人的对策的如此评注,界定了"哲人们"的所有文字作品(literary productions)的一般特征。

综上所述,还可以作这样的评注:完善与幸福之间的区分并不完全是显白的。当[385]法拉比说,幸福是 ultimum quo homo perficitur[人借以完善的终极]时,他认为快乐(pleasure)也参与了人的最高完善的实现。因为,正是快乐才"使"人对职能的行使"变得完善"(τελειοῖ),并且,正是某种特定的快乐与人的最高完善的行使一起构成了人的幸福。⑦ 在这种情况下,幸福就不完全等同于人的完善或其行使。当法拉比谈及那部赞扬真正快乐的柏拉图对话(他所谈及的没有[涉及]其他柏拉图对话)时,他将之"归于"(亦即只是归于)苏格拉底,由此指明了快乐的特殊重要性。⑦ 因为,苏格拉底受其道德主义所迫,不得不更强调高贵事物与快乐事物之间的冲突而非两者之间的和谐。

---

⑦ 法拉比对苏格拉底的态度与柏拉图的态度所作的区分,某种程度上相应于拉齐(Muhammad b. Zakariyyâ al-Râzî)在其《哲学的生活方式》(*k. al-sîrat al-falsafiyya*)中对青年苏格拉底与成年苏格拉底所作的区分。拉齐的反对者们断言,他的榜样苏格拉底"无论是对俗众还是对当权者,都没有掩饰,而是直面他们,以清晰无误的话,说出他认为真实的东西"。拉齐承认,就青年苏格拉底而论,这种说法是正确的:"他们归于苏格拉底的特征,自其生涯之初就始终是他所特有,一直到他生命的近乎终点,那时他已把大部分东西都抛开了。"([译按]上述两段引文原为法语)见 Paul Kraus,《拉齐文选》(*Raziana*)I,《东方学刊》(*Orientalia*),N. S. 卷 4,1935,页 322 及下页。——关于在一个不完善的共同体中哲人的生活,参柏拉图,《王制》496d 以降。

⑦ [亚里士多德,]《尼各马可伦理学》,1174b23,1175a21,1176a24 – 28。对勘其《政治学》1339b18 – 20。

⑦ §15。

[译按]§15 对应于中译本第 18 段(页 45)。

三　哲学与各种道德

《柏拉图》的第三段勾勒了哲学与各种道德(morals)的关系。在第一段,法拉比指出,某一种科学和某一种生活方式对幸福至关重要。在第二段,他回答了那种科学是什么的问题。第三段处理的是前面所说的生活方式,但它没有以题干的方式(thematically)来处理生活方式,它的题干式主题(thematic subject)不是所欲的生活方式,而是幸福。法拉比由此暗示,他并不打算揭晓什么是所欲的生活方式。他说:

> 于是,他随后探究了什么是事实上即为幸福的幸福,它从什么知识中产生,什么是其状态,什么是其行动。他区分了那种幸福与被认为是幸福却不是的幸福。并且他揭示了,有德性的(R. -W. 译作"善的"[optimam])生活就是凭此将会拥有这种(R. -W. 译作"那种"[illa])幸福的生活。([译按]此段引文原为拉丁语)

有德性的生活方式导向"这种幸福"(*haec* beatitudo),即导向有别于真正幸福的外表上的幸福;有德性的生活方式在根本上有别于所欲的生活方式,后者对真正的幸福至关重要。法拉克热的译文确认了我们的阐释:"他让人知道,有德性的[386]生活方式是可借以获得此世幸福的那一种[生活方式]。"此世幸福自然有别于且次于来世幸福;有德性的生活方式并不导向来世的幸福。与法拉比的陈述相符,迈蒙尼德教导说,诸道德德性(moral virtues)服务于身体的安康或者说服务于人"起初的完善"(first perfection),而身体的安康和人的"起初的完善"有别于灵魂的安康或者说人"最终的完善"(ultimate perfection),后者惟独由知识或曰沉思(contemplation)所构成或造就。⑦

---

⑦　[迈蒙尼德,]《迷途指津》,卷 III,27 章。与此相应,迈蒙尼德在《重述托拉》里的同一个部分("论品性")处理医术和道德。

　　法拉比随后没有说,那种所欲的生活方式是什么;他只是让人知道,它不是什么。不过,通过否认所欲的生活方式是有德性的生活方式,他悄然断言,所欲的生活方式就是沉思的生活方式。法拉比后来指出,所欲的生活方式由君王技艺提供,紧随其后,他似乎还假设君王技艺等同于哲学。作为最高理论技艺的哲学与作为最高实践技艺的君王技艺的等同要真的有效(literally valid),只有当两种技艺的特定产物,即有关存在物的科学与所欲的生活方式相等同时才可能,换言之,只有当沉思本身是最高的行动形式(form of action)时才可能。⑭

　　人们可以因其译文的不必要的非直译(unliteral)特征公正地指责[法拉比的]译者们。但另一方面,这些译者也值得赞扬,他们在译文里呈现了自己对上述段落的理解。尽管那种理解意味着对法拉比的最终意图的彻底误解,但它并非出于一种偶然的错误——法拉比的现代译者们正是以法拉比希望他的大多数读者理解他的那种方式来理解他的。法拉比将头三段确立为一个整体,⑮他尤其为第三段创造出一个印象,好像他打算将所欲的[387]生活方式等同于有德性的生活方式似的。因为他使他的读者期待,第三段将致力于揭晓所欲的生活方式是什么,而第三段唯一提及的生活方式是有德性的生活方式。他当然知道,他会让他的大多数读者让步。绝大多数读者不会留意到这一段被期待的主题(所欲的生活方式)与其实际主题(幸福)之间的差别,因为他们的期待将决定他们感知到什么;不仅如此,绝大多数读者从一开始就会期待——也就是说,独立于作者的任何暗示而期待,作者将会把所欲的生活方式等同于有德性的生活方式,因为他们自己相信两者的等同。⑯

　　法拉比在讨论日常的实践技艺时重拾道德问题(the question

---

⑭　亚里士多德,《政治学》1325b16 – 22。

⑮　头三段(而非 R. -W. 假定的,第一段独自)形成《柏拉图》的第一部分。参前文注53。

⑯　参孟德斯鸠在《论法的精神》(De l'Esprit des Lois)"作者说明"("Avertissement de l'auteur")和 XXV 章 2 节关于这个主题所作的评注。

of morals)。他说,那些技艺并不提供所欲的生活方式,只提供必要的(ἀναγκαῖα)有用事物(τὰ συμφέροντα)和不必要的有利事物(τὰ κερδαλέα),但在实践上,这些事物等同于有德性的(或曰高贵的)事物(τὰ καλά)。(77) 也就是说,所欲的生活方式并不属于高贵事物的行列,由于有德性的生活方式是最卓绝的高贵事物,故所欲的生活方式从根本上不同于有德性的生活方式。通过——至少出于所有的实践目的——将高贵事物等同于有利事物,法拉比指出,特殊意义上的各种德性不过是通往"此世幸福"或人"起初的完善"的一种手段。(78)

在走了这么远之后,法拉比又在真正有用、真正有利或高贵的事物与俗众[388]相信为有用、有利或高贵的事物之间作出区分。他清楚表明,(真正)有利和(真正)高贵的事物是所欲的科学和所欲的生活方式,而导向所欲的科学和所欲的生活方式的哲学是真正有用的。(79) 他由此既为对幸福至关重要的所欲的生活方式与真正(truly)有德性的生活方式的等同铺平了道路,(80)也为本真的(genuine)德性(爱与友谊)与俗众所当作德性的爱与友谊之间的区别铺平了道路。(81)

如果法拉比关于这个主题的结论因此几乎无法从人类最有影响力的道德导师们始终坚持的东西里辨析出来,为什么他会首先提出(suggest)这样一种令人震惊的学说(就像对幸福至关重要的生活方式与有德性的生活方式之间的区分肯定会令人震惊一样)? 只可能有一个答案:他的第一个陈述对于恰当理解他的最终陈述必不可少,

---

(77) §12(10,1-10)。参亚里士多德,《政治学》1291a1 以降。参柏拉图《王制》558d11-e4。

(78) 对勘前文阐释的§3与§1(3,10及下行):表面上的幸福在于健康、财富、荣誉以及诸如此类。参§22(14,5;比较14,18)对哲学或政治技艺与高贵事物所作的区分;以及§§31及下段对哲人亦即完善的人与有德性的人所作的区分。

(79) §§12(10,10-11,3)和17-18。

(80) §§22(15,15-17);23(16,12和17,4);24(17,15-20);32(22,17)。

(81) §§19-21和25。

而他的最终陈述就像他的第一个陈述一样与公认的学说相距甚远。倘若法拉比从一开始就把所欲的生活方式与真正有德性的生活方式相等同,就会造成一个印象,即真正有德性的生活方式与"闻名诸城邦的"有德性的生活方式之间的差异,等同于最高的道德与一种较低的道德之间的差异。然而实际上,他所持的观点是,只有通常意义上的有德性的生活方式才是严格而言道德的。因为,构成道德生活的是屈从于荣誉和责任的要求,这种屈从无需推究原因;构成道德生活的是选择并做正义和高贵之事——并且只因为这事是正义的和高贵的,而不为任何其他理由。对正义和高贵之物的这种选择本身就是特指道德的意图(the specifically moral purpose)。道德选择与一种非道德的选择之间的差异,本质上是一种意图的差异而非知识的差异。另一方面,真正有德性的生活方式与所有其他[389]生活方式之间的差异,却并非基于意图的差异,即并非基于意志的品质(quality of the will)的差异,而是基于知识的差异。换言之,在有德者的行为与哲人的行为之间有一种广泛的一致,那种一致使人可以将同一个词("德性")用在他们双方身上。但有德者与哲人会以根本不同的方式来阐释同一种行为——那种差异迫使法拉比起初就否认所欲的生活方式是有德性的生活方式。

四　哲学的主题 *

"哲学"意指这样的理论技艺:它既提供有关所有存在物各自本质的科学,也提供导向那种科学的对事物的实际探究以及那种科学本身。有关所有存在物的本质的科学有时候直接就被[法拉比]称为"有关各种存在物的那种(即那种特定的)科学"或"有关所有存在物的那种(即那种特定的)科学"。⑧ "存在物"(being)并不等同于"物"(thing);所

---

*　[译按]原文 The Subject Matter of Philosophy。

⑧　§§4(4,13);6(6,14);8(7,12);12(9,12和15);16(12,11)。

有"存在物"都是"物",但并非所有"物"都是"存在物"。有些"事物"
(things)并非任何科学的主题(subjects),因而也并非特殊而言的哲学
的主题。[83] 其他"事物"由其他科学(比如语法)来恰当地处理,但正因
为它们不是"存在物",所以不受哲人们的关注。一个"存在物"的完善
是一件"事"(thing),但作为一个"存在物"的完善,它自身不是一个
"存在物"。[84] 一种"生活方式"是一件"事",但并非一个"存在物";因
而,有关存在物的科学在根本上有别于有关生活方式的科学。[85]
ἀναγκαῖα[必要的]、κερδαλέα[有利的]、συμφέροντα[有用的]、καλά[高
贵的]等等这类事物本身是"事物"(things),但不是"存在物"。[86] 既然
"存在物"之外的所有"事物"本质上有赖于"存在物"——作为其品质、
关系、行动、产物等等,既然[390]对所有这些"事物"的本质的完整理
解因此最终预设了对所有"存在物"的本质的理解,那么哲学就可称为
"有关所有事物的本质的科学"。[87]

在一个文段中,法拉比称有关存在物的科学为"有关自然存在
物的科学"。[88] 他这么做当然暗示,最重要的存在物(the beings *par
excellence*)是有别于人工存在物的自然存在物。[89] 但他怎么看超自
然的、无形体的存在者们(incorporeal beings)? 在另一文段中,他特
别提到《蒂迈欧》的主题(subject matter),并称有关存在物的科学为
"有关神性存在者(divine being)与自然存在者的"科学。[90] 有两种

---

[83]　§10(8,14－16)。对勘§22(16,7 及下行)。

[84]　§1 开头。对勘《获得幸福》第 4 章关于形而上学的部分的开头。

[85]　§§1(3,12－14);6(6,15 及下行);8(7,13 及下行和 16 及下行);9
(8,2 及下行)。

[86]　对勘§§12－13。

[87]　§7(7,4)。

［译按］§7 对应于中译本第 8 段(页 42)。

[88]　§8(7,13 及下行)。

[89]　对勘[亚里士多德]《形而上学》991b6－7 与前文注 20 提到的内容。

[90]　§26(20,15 及下行)。

［译按］§26 对应于中译本第 33 段(页 50)。

方式可以调和这两个有分歧的陈述。首先,人可以说,第一个陈述中的"自然"是泛指其存在不出自人的技艺的所有存在物:"与自然哲学有关的是思索人类理性所思索但不制作的事物的秩序……此即我们理解的自然哲学,形而上学亦然。"[91]既然[法拉比]在概述《蒂迈欧》时明确提到"神性存在者",柏拉图在《蒂迈欧》里用来指"神性存在者"的措辞方式就不可完全忽略。在《蒂迈欧》里,柏拉图把这类措辞用在宇宙的造作者身上,用在以自己希望的方式显示自身的诸神(宙斯、赫拉等等)身上,用在可见的宇宙上面,也用在天、星辰和地(earth)上面。因而,人也可以说,法拉比提到的神性存在者,不过就是自然存在物——"是形体或具有形体"意义上的存在物——中最出众的那群,亦即诸天(the heavens)。[92]据说,将诸天体(heavenly bodies)等同于神(God)是阿维森纳[391]的隐微教诲。[93]我们已经注意到《柏拉图》对 *voĩ*[诸理智]、对 *substantiae separatae*[分离的实体]以及对"理式"的深刻缄默。我们必须加一句,在其关于亚里士多德哲学的专论——它是《柏拉图》的续篇——中,法拉比没有讨论亚里士多德的形而上学。[94] 对这里所考虑的两个文本中的第二种阐释,当然无法与法拉比以自己的名义提出的教诲相调和。

　　但是难道法拉比没有明确提及——即便只是一次——"灵性事

---

　　[91]　托马斯·阿奎那的《〈尼各马可伦理学〉义疏》,卷 I,第 1 讲。对勘《神学大全》,2 2,问题 48。

　　[译按]此句引文原为拉丁语。

　　[92]　[柏拉图]《蒂迈欧》30a2,34a7 – b9,40b5 – c2 和 d4,69c2 – 4,92c5 – 9。对勘[亚里士多德]《尼各马可伦理学》1141b1 – 2。

　　[93]　对勘阿威罗伊,《矛盾之矛盾》(*Tahâfut al-tahâfut*)卷 X(M. Bouyges 编订,贝鲁特,1930,页 421)。

　　[译按]《矛盾之矛盾》是对伊斯兰思辨神学家安萨里(al-Ghazālī)《哲学家的矛盾》(*Tahāfut al-falāsifah*)一书的反驳,后者亦包含对法拉比和阿维森纳观点的批评。

　　[94]　法拉比,《柏拉图》XVIII。

物"(spiritual things),并由此毫无歧义地承认 *substantiae separatae*[分离的实体]的实存？我们的第一个回答不得不如下:那种灵性事物不是灵性存在者。不过,有人可能会反驳说,若是没有灵性存在者,就不可能有灵性事物,就好像若是没有 δαίμονες[魂灵],就不可能有 δαιμόνιον[命相神灵]。⑨⑤ 无论如何(However this may be),这么说就足够了:法拉比仅有一次提及灵性事物,它出现于概述有关某个论题的流行意见时——至少那是不同于柏拉图的其他人的意见。在同一语境里,他四次使用了"神性事物"(divine things)这个措辞。⑨⑥ 而其中有三次,他都将对该措辞的使用归于柏拉图以外的人。仅有一次,他在提到"神性事物"时涉及柏拉图的观点,那个仅有的评议指的是有别于兽性欲望(bestial desire)的对神性事物的渴望(desire)。法拉比没有解释这些神性事物是什么。我倾向于相信,它们等同于有关存在物的科学和正确的生活方式。在同一语境里,法拉比提到了神性的渴望(divine desire)和神性的爱,他明显把它们理解为人类的激情或品质;在后文,他将这些激情或品质称为"值得赞赏和神性的",他由此提示,"神性的"并不必然指比如说一种激情的超人类的起源,而可能不过指这种激情的出类拔萃。⑨⑦ 无论如何,在这里[392]所考虑的整个文段(the whole pas-

---

⑨⑤　§22(15,2)。对勘柏拉图,《苏格拉底的申辩》27b3 – c3。

[译按]据 Liddell-Scott 希英词典(缩印本,牛津大学,1977,页148),δαίμονες 指黄金时代的人的灵魂,这种人形成神与人之间的中介,酌译为"魂灵";δαιμόνιον 在这里应指涉苏格拉底的"命相神灵"。

⑨⑥　§22(14,16;15,6 及 12 和 13)。

⑨⑦　同上(15,3 及下行和 7 及下行)。对勘《尼各马可伦理学》1099b14 – 18 及柏拉图《法义》631d4 – 6(比较莱辛,《出自亚当·纽瑟》[*Von Adam Neusern*]与 §14 最后几行。)

[译按]莱辛此文刊于《论历史与文学》(*Zur Geschichte und Literatur*,卷8,1774 年,页 17 – 114),原题 Von Adam Neusern:einige authentische Nachrichten[出自亚当·纽瑟:一个真实的新闻]。Adam Neuser(? —1576)出生于德国,原为路德宗牧师,因反对三位一体教义而不得不辞去牧职,他尽管表示悔

sage)里，"神性的"是作为"神－人"(divine-human)或"神－兽"(divine-bestial)二分中的一部分来使用的。而在这里，在最好被描述为对那个文段的"重复"的地方，法拉比用"人－兽"的二分取代了"神－兽"的二分：⊗在第一个陈述里他称为"神性的"事物，最后被他称为"属人

过，仍受到教会的无情迫害，后来逃亡到土耳其并在那里改信伊斯兰教。新教神学家和史学家们后来纷纷将纽瑟描绘为一个本性邪恶的异端，甚至指控他是个与土耳其勾结的叛国者。莱辛任职沃尔芬比特尔(Wolfenbüttel)图书馆馆员期间，发现该馆所藏一封纽瑟致友人的书信，在信中纽瑟提及自己所受到的不公正的迫害并解释了逃往土耳其的理由，莱辛对神学家们的野蛮行径深感愤怒，因而撰文为纽瑟辩护。他在文中指出，仅仅因一个人改宗伊斯兰教而指控此人不道德或叛国没道理，他认为像纽瑟那样的一个上帝一位论者（即相信上帝仅有一个位格的基督徒）有合理的理由选择伊斯兰教。为纽瑟的辩护继而促使莱辛发表了沃尔芬比特尔图书馆所藏的自然神论者莱马鲁斯(Hermann Samuel Reimarus, 1735—1767)的"残稿"，并由此引发了他与路德宗正统派牧师葛茨(Johann Melchior Goeze, 1717—1786)之间著名的"残稿之争"。

⊗ §24。要理解"第一个陈述"—— §22(14, 4 - 15, 2)——人们必须考虑一个事实，即法拉比在那里避免使用"他清楚表明"和"这对他变得清楚"这样的表达，但他经常说柏拉图"提到"什么。参前文注 53 - 54。——至于法拉比关于神(God)的缄默，参 Martin Grabmann("Der lateinische Averroismus des 13. Jahrhunderts"[《13 世纪的拉丁阿威罗伊主义》], *Sitzungsberichte der Bayerischen Akademie der Wissenschaften*, *Philos. Hist. Abtlg.* [巴伐利亚科学院公报，哲学－历史卷], 1931, 第 2 期, 29) 的以下评注：

> 像布拉邦的西格、丹麦的马丁和大多数文学院(Artistenfakultät)的教授一样，丹麦的波埃修也明确地给上帝冠以形而上学的称号：ens primum[第一存在者]——文学院的[哲学]教授们(die Artisten)经常只是说 primum[首要者]——或 principium[首要原理]，而把 Deus[上帝/神]这个名字留给了神学家们。([译按]此段引文原为德语)

参前文注 41 和 58。

的"事物。⑨

若要坚持认为前面的观察足以确立就任何 *substantiae separatae*[分离的实体]而言法拉比相信的是什么,那会是鲁莽的。然而,这些观察确实足以辩白(justifying)这个断言,即法拉比哲学的成败并不系于他对这类实体的接受。对法拉比而言,哲学乃是试图知晓所有存在物各自的本质;他的哲学概念并不基于任何先入为主的意见,比如哪些据称实在的事物才是真正实在的事物。他与一个哲学的唯物论者(a philosophic materialist)的共同之处,实在远远多过他与任何无论多么好心的非哲学的信仰者的共同之处。对法拉比而言,哲学本质上是理论的,而且纯粹是理论的。哲学是导向有关存在物的科学的道路,这种科学有别于[394]有关生活方式的科学。哲学是导向那种科学的道路而非那种科学本身:是探究而非结果。⑩ 如此理解的哲学等同于"行动中的"科学精神,等同于原初意义上的σκέψις[探究],亦即等同于受一个信念鼓舞的对真理的现实探寻,即相信惟独那种探寻使生活值得过;并且,这样的探寻因不信任人那种安然满足于令人满足的信念——即便这些信念非自明或未经证实——的自然习性而得到增强。像法拉比这样一个人,无疑对许多重要问题具有明确的信念,尽管这些信念究竟是什么不那么容易说清,不像教科书的编撰者和大多数专著作者似乎认为的那样。但根据他本人的哲学观点,使他成为哲人的不是那些信念,而是

---

⑨ homo 这个词在§1的大量出现从一开始就表明 homo[人]或 humanus[人类]这个论题的重要性。跟 homo-Deus[人－神](§22)与 homo-bestia[人－兽](§24)的区分同样重要的是 homo-vir[人－男人]和 homo-civis[人－公民]或 homo-vulgus[人－俗众]的区分。(需要指出,homo 的大量出现与 civitas[城邦]、natio[民族]、vulgus[俗众]和 lex[法]的大量出现相当清楚地被区分开来)。——在处理理论技艺的部分,即§§6－11(6,10－9,10),处理宗教的文本里回避了 homo,但处理诗的文本里则大量出现 homo。诚然,处理修辞术的文本里也回避了 homo,但在那里,它被重复的 nos[我们]取代了。参前文注 27,41 和 48。

⑩ 法拉比把哲学作为提供有关存在物的科学的技艺而非那科学本身引入,这一点绝不是没有正当的理由。——亦参§26。

精神,他凭此精神获得这些信念、保持这些信念、暗示而非公开说教这些信念。只有在如此理解的哲学的背景中阅读迈蒙尼德的《迷途指津》,我们才有希望最终探测出(fathom)其未经勘探的深度。

评《哲人们的谬误》笺注本

（1946）

何祥迪　译　叶然　校

[中译编者按]本文刊《教会史》(*Church History*)学刊，Vol. 15, No. 1(1946 – 3)，页 62 – 63。

　　该书是罗马的埃基丢(Aegidius Romanus)的《哲人们的谬误》(*Errores Philosophorum*, Josef Koch 笺注，John O. Riedl 英译，Marquette, 1944, lix + 67 页)的第一个笺注本，这是它最突出的地方。① 编者在导言中广泛且极为专业地讨论了可用的手抄本，该文创作的真实性和日期，以及著者所使用的资料。编者在脚注中会指明并频繁地引用埃基丢批注过或者可能批注过的文段，以及作者其他作品与托马斯·阿奎那(Thomas Aquinas)作品中的相类之处(parallels)。

　　《哲人们的谬误》是关于 13 世纪基督教的教诲与"哲人们"——即亚里士多德及伊斯兰教和犹太教中的亚里士多德派——的教诲之间的冲突的一份极具价值的文献。它主要汇编了亚里士多德、阿威罗伊(Averroes)、阿维森纳(Avicenna)、安萨里(Ghazzâlî)、阿尔·铿迭

---

　　①　[校者按]罗马的吉勒(Giles of Rome, 1243—1316)，拉丁语名为埃基丢(Aegidius Romanus)，曾任布尔日大主教(Archbishop of Bourges)，以笺注亚里士多德的《工具论》著称，《哲人们的谬误》约写于 1270 年。约瑟夫·科赫(Josef Koch, 1885—1967)，德国著名中古哲学学者。里德(John O. Riedl, 1905—1992)，美国社会思想学者。如无特别说明，本文方括号中的内容为校译者顺通文意而酌加。

（Alkindi）②和迈蒙尼德的那些"谬误的"（erroneous）论题。正如科赫（Koch）所指出的，埃基丢接受了迈蒙尼德对哲学立场的弱点（the weakness of the philosophic position）的诊断：亚里士多德一切谬误的根本就在于，他认为除非通过一个先在的运动（a preceding motion），否则绝不会有任何事物生成（页 lii 及下页）。

　　一般来说，关于启示（revelation）与亚里士多德哲学之冲突的种种议题，《哲人们的谬误》并未为我们从安萨里、迈蒙尼德和托马斯·阿奎那那里所认识到的东西增添新内容。［如下事实］反映了［13 世纪］基督教欧洲的智识处境之典型特征：《哲人们的谬误》甚至从未提及法拉比（Fârâbî）这位最杰出的伊斯兰哲人，他是通常所谓的"阿威罗伊主义"立场的创始人。

　　从科赫所确定的文本看，似乎埃基丢把迈蒙尼德的《迷途指津》当作《律法的疏解》（*Expositio Legis*）（并非迄今所认为的 *Legum*［诸法]）③来引用（页 xlvii）。这个要不然就不会为人所知的书名，大约是现实中一个不为人所知的［《迷途指津》］拉丁译本的书名，它完全符合了迈蒙尼德本人在其著作导言中所谈及的写作意图。④

----

②　［校者按］阿威罗伊（Averroes，1126—1198）、阿维森纳（Avicenna，980—1037）、安萨里（Al-Ghazzālī，1058—1111）、阿尔·铿迭（Al-kindi，801—873）均为中古伊斯兰教思想家。

③　［校者按］拉丁文 legis 为单数，legum 为复数。

④　［校者按］迈蒙尼德的意图就是要尽可能地隐匿真相，或者用寓言来表达真相，或在某一部分透露真相，或把真相广泛地散布在文本中，以便读者通过自己的努力，按照自己的天赋能力来理解真相。这就防止了未受教育者用自己愚蠢的想法扭曲真相，同时又使受过良好教育的人能透过层层的表象看到真相。参见迈蒙尼德，《迷途指津》，傅有德等译，济南：山东大学出版社，2004，页 5－15。这似乎是阿拉伯哲人的解经秘诀，法拉比在《柏拉图〈法义〉概要》的序言中也说道："聪慧的柏拉图在向所有人启发和揭引每一种知识时，并未感到自由。所以柏拉图采用了象征、谜语、晦涩和笨拙的成法，好让知识不会落入那些不配享有、反而会使知识变形的人手中，或者说不会落入那些不识货或不会恰当运用的人手中。"参阿尔法拉比，《柏拉图的哲学》，程志敏译，

这支持了我们的提法,即《迷途指津》首先不是一部哲学著作,而是一部解经著作。

　　这个译本给人忠实可靠的印象。第 12 章 8 节(页 62 及下页)中的 Disciplinales scientiae 必须译为"诸数学科学"(mathematical sciences),而非"学科性(disciplined)知识"。

列奥·施特劳斯
社会科学新学院研究生部

华东师范大学出版社,2005,页 55－56。毫无疑问,施特劳斯也同意这种显白－隐微教导,并且他自己也做得精妙娴熟,他在解读柏拉图的《王制》时指出:"要理解对话者的说话是相当容易的,每个倾听者和阅读者都可以意识到它们。但要意识到没有说出来那些东西的意义,要意识到所说的是如何说的就比较困难了。"参见 Leo Strauss,《城邦与人》(*The City And Man*,Chicago:The University of Chicago Press,1978),页 60。

暂题为《哲学与律法：史学论集》一书的写作计划

（1946）

庄奇　张缨　译

[中译编者按] 此文原题 Plan of a Book Tentatively Entitled *Philosophy and the Law*：*Historical Essays*，收入格林（Kenneth Hart Green）所编施特劳斯文集：《犹太哲学与现代性危机》（*Jewish Philosophy and the Crisis of Modernity*，State University of New York City，1997），页 467 – 470。

[题解] "写作计划"写于 1946 年，施特劳斯在其中勾勒了他计划中要写的犹太哲学研究文集，此计划先前从未出版。笔者在芝加哥大学施特劳斯文献档案（第 11 箱，第 11 个文件夹）中发现了此计划。尽管施特劳斯很可能从未将此计划提交给出版机构，但其中内容确实反映了他对犹太哲学的成熟见解（K. H. Green）。

尽管此书的部分内容必然具有更为技术性的性质，但这本书作为整体则意在成为理解中世纪犹太哲学的导论。此书的目的是提醒人们——不仅仅是学者，也包括聪慧且受过教育的普通人——留意某些关键问题，这些问题的影响可在现代生活和现代经验的基础上直接得到把握。这并不意味着，我准备对当今有关中世纪犹太哲学的学术阐释提供一个通俗化的版本。恰恰相反，我既以我所提及的方式入手，就不得不讨论中世纪犹太哲学中那些尚未在学术文献中得到充分处理，或根本未得到处理的重要方面。

下面列出十二篇文章的概要，其中每一篇都意在自成一体，并在更广泛的论证中形成彼此的关联。

本书预定篇幅为350页,有望于1948年某时准备好付诸出版。

1. "现代犹太哲学及其局限性"("Modern Jewish Philosophy and Its Limitations")

此文将始于描述现代犹太人的精神–智识处境。笔者将尝试追溯形成这种处境的诸多基本的哲学前提。那些前提一方面在对神迹信仰的现代式拒斥中、另一方面在现代圣经批判中找到了最少歧义的表述。我会讨论那些基于现代科学和批判来复兴犹太传统诸根本原则的最重要的尝试,并表明那些尝试迄今并非完全成功,并且表明,对于我们至关重要和最个人的问题来说,最重要的教训也许必须从我们的中世纪哲学里去学。

部分地回归中世纪哲学这一提议面向如下异议,即中世纪哲学做出了不可能的尝试,想要调和两种根本无法调和的传统——圣经传统和希腊哲学传统。这个问题将在下文中讨论。

2. "耶路撒冷与雅典"("Jerusalem and Athens")

对犹太教和古典希腊哲学之间最重要的一致点与分歧点的一个基础性讨论。尽管这两种精神力量之间存在终极和根本的冲突,两者间的调和(a reconciliation)仍有可能,因为古典希腊哲学允许——不,毋宁说要求一种显白的教诲(作为对其隐微教诲的补充),这种教诲虽然并不声称严格来说为真,但被认为对人类社会的正确秩序不可或缺。

尽管一般认为亚里士多德是首要的哲人(the philosopher),但哲学态度的代表,或作为一种人的可能性的哲学的代表,与其说是亚里士多德,不如说是苏格拉底。按照一种中世纪观点,"苏格拉底"正好代表了哲学显现自身的两种形式——显白形式与隐微形式的综合(synthesis)。这种观点并非中世纪的说法,而是在古典时代的苏格拉底文献中有其坚实的基础,这一点体现在下文中。

3. "苏格拉底的双重面相"("The Two Faces of Socrates")

在这些初步讨论之后,我转向中世纪犹太哲学。

4. "如何研究中世纪犹太哲学"("How to Study Jewish Medieval Philosophy")

对真正理解中世纪犹太哲学来说最明显的障碍的若干观察。其中不少将由下述事实构成：对中世纪犹太哲学的现代研究持续面对一个危险，即以中世纪基督教哲学的观点作为理解中世纪犹太哲学的进路。本文重点将放在我们时代的哲学、中世纪基督教哲学以及中世纪犹太教哲学根本不同的社会处境和社会功能上。

至此，对中世纪犹太哲学的研究主要关注其理论部分，尤其是其形而上学的部分。而中世纪犹太哲学的那些重要方面——其社会哲学（its social philosophy），以及其理解哲学与社会总体之间的关系的样式——几乎尚未被触及。例如，可以显明，迈蒙尼德的预言学说——且这还意味着他的启示学说和神法学说，如果从他的理论哲学出发都将无法得到充分理解，而如果从他的政治哲学出发，则将真正地变得清晰。反过来可以显明，迈蒙尼德的政治哲学是柏拉图的《王制》（*Republic*）和《法义》（*Laws*）的教诲的改良形式。接下来的三篇文章将处理我所认为的迈蒙尼德思想中多遭忽略的最重要的方面：

5."迈蒙尼德的政治科学"（"Maimonides' Political Science"）

6."迈蒙尼德的伦理学"（"Maimonides' Ethics"）

7."《迷途指津》的文学特征"（"The Literary Character of the *Guide of the Perplexed*"）

（已出版于 *Essays on Maimonides：An Octocentennial Volume* [《纪念迈蒙尼德诞辰八百周年文集》]，Salo Wittmayer Baron 编 [New York：Columbia University Press，1941]。）

这三篇文章将清楚显明，在法拉比所给予的形式下，一般而言的柏拉图哲学以及特殊而言他的政治哲学对理解迈蒙尼德思想的至关重要性。这一事实需要插入下文中。

8."法拉比关于柏拉图哲学的论章"（"Farabi's Treatise on Plato's Philosophy"）

（已出版于：*Louis Ginzberg Jubilee Volume* [《金斯伯格 [七秩] 贺寿文集》] [New York：American Academy for Jewish Research，1945]。）

可能的异议在于，先前的文章里所暗示的阐释仅仅关乎对迈蒙尼德（或对他的伊斯兰先驱们）的理解。因此，我将尝试显示那种阐释对理解另一种中世纪犹太哲学的经典著作,即犹大·哈列维(Yehuda Ha-levi)的《哈扎尔人书》(*Kuzari*)同样卓有成效。

9."《哈扎尔人书》中的理性法"("The Law of Reason in the *Kuzari*")

(已出版于:*Proceedings of the American Academy for Jewish Research*卷13〔1943〕。)

在我们时代的诸多极权社会,即在以公开的政策压制言论自由的社会中,我们所能观察到的〔事实〕提供给我们重要的线索,去理解先前诸多世纪的思想、言论和著作中诸多自由的心灵(many free minds)所处的状况。这一主题将在下文加以处理:

10."迫害与写作的技艺"("Persecution and the Art of Writing")

(已出版于:*Social Research*卷8〔1941〕。)

我将在那篇文章里结合对13世纪早期有关迈蒙尼德作品的争议的一些观察。

在第十篇文章里,我将不得不提及一个问题,即现代自由社会(modern liberal society)——该社会被刻画为承认每个人的言论自由权利——的出现如何彻底地改变了异端思想者们或并非完全正统的思想者们的文学创作状况。看似可取的做法是,讨论一个取自过渡时期的例子,该时期里两种关于言论自由的观点——古老的观点与现代的或曰自由的观点——依然在相互斗争。在当前主题的语境中,最有意思的例子应该是门德尔松(Moses Mendelssohn)与雅各比(F. H. Jacobi)关于莱辛的斯宾诺莎主义(Lessing's Spinozism)的争论。当我准备为门德尔松著作的纪念版编辑其形而上学方面的作品时,我发现了一些不为人知的材料,它们为那场争论提供了新的认识。讨论那场争论将使我能够联系中世纪犹太哲学来处理斯宾诺莎的哲学。

11."关于斯宾诺莎的一个争议"("A Controversy on Spinoza")

对迈蒙尼德此人的回忆或许是潜藏在莱辛《智者纳坦》(*Nathan the Wise*)下的动机之一,《智者纳坦》是纪念中世纪犹太哲学的一座卓越的丰碑性的诗作。讨论这部"宽容福音"(gospel of tolerance)以及它带给现代犹太人的讯息,对本书而言想必是一个合适的结尾。

12.《智者纳坦》

走向迈蒙尼德的《迷途指津》

（1960）

张缨 译

[中译编者按]本文原题 Introduction to Maimonides' *The Guide of the Perplexed*[迈蒙尼德《迷途指津》引论]，该标题由英文誊录者格林（K. H. Green）教授所拟，鉴于施特劳斯本人的说法——"本次讲座的目的是表明通往迈蒙尼德《迷途指津》的道路"，酌译为"走向迈蒙尼德的《迷途指津》"。英文编者格林为本文加了大量注释有时近乎繁琐，中译采用编译方式仅译出对理解本文有直接帮助的参考资料及其说明。脚注未经说明者，均出自英文编者格林，凡中译者所加注释均特别注明。译文中方括号所给内容为顺通文意由中译者酌补，尖括号中的内容为英文编者格林所增补。

[英文版编者按]本文是施特劳斯 1960 年 2 月 7 日（周日）和 2 月 14 日（周日）在芝加哥大学希勒尔会馆（the Hillel House）所作的讲演。该讲演存为五卷录音带，后经芝加哥大学施特劳斯遗产中心（Leo Strauss Center）转录为三张数字化光盘。本文编者同时依据录音带和光盘誊录讲演。杜兰大学的哈尔珀（Yehuda Halper）博士向编者提供了施特劳斯此次讲演的另一份录音带，谨致谢忱。这份录音带原属已故的莫茨金（Aryeh Motzkin）教授，有助于澄清芝大版录音带中某些含混的字词和段落。

讲演的题目究竟是施特劳斯本人所定抑或由芝加哥大学希勒尔会馆指定，这一点无法确定。录音带上亦没有提及讲演题目。讲演提纲挈领地表达了施特劳斯思想成熟时期对迈蒙尼德及其《迷途指津》的研究，并有所推进。因为，此次讲演不止于对《迷途指津》作出全面的扼要阐述，也为理解施特劳斯的《如何着手研究〈迷途指津〉》一文涉及的各种重大主题和论题提供了一个更容易接近，也更少"技术性的"途径，毕竟，那篇文章非常深刻，但也非常难解。

作为誊录者和编辑者，我要感谢塔可夫博士（Nathan Tarcov）及其芝大施特劳斯遗产中心的同事们，他们转录的光盘比原磁带的音质要清晰很多，尽管由于原版老式录音带本身的局限，演讲内容仍然没有摆脱含混。我本人极为感谢芝加哥大学的塔可夫博士和德瑞福（Erik Dreff）先生，以及多伦多大学的瑞丁（Jessica Radin）女士，他们帮助我辨识了录音带中某些特别难懂的字词和段落。当然，最后做文字誊录的是本人，若有任何错误，概由本人负责。

格林（Kenneth Hart Green）

第一部分

女士们、先生们，此次讲座的场合乃是为了庆祝［一个新译本］——当然，这是一次提前庆祝。我们迄今已经为一个《迷途指津》的新译本——一个新的英译本——准备了好多年。它不会像我起初希望的那样，是最完善的译本，但它将是任何现代语言译本中的最佳，甚至有可能是迄今为止的最佳译本。承担此项翻译的主要是皮纳斯（Salomon Pines）①教授，诸位中有些人去年可能就听说过他，他是一位了不起的阿拉伯学者和希伯来学学者（Arabist and Hebraist）。［同时承担此项翻译的］还有这所大学的勒纳（Ralph Lerner）教授，以及我本人。我认为，这里是我向芝加哥大学表示感谢的合适场合——我要感谢的不只是芝加哥大学出版社，还有从一开始就资助这项翻译工作的核心行政部门（the central administration）。我的一位朋友将那个庄严

————————

① ［中译按］出现在《迷途指津》英译本中的译者名字为 Shlomo Pines，Salomon 乃 šᵉlomoh 这个希伯来语名字的最初源自希腊语转写的拼法。

的[翻译]团体的注意力引向了迈蒙尼德,我们所有人最终都要为此感激他,那就是——葛德温(Robert Goldwin)先生。②

那么,③本次讲座(this lecture)的目的是表明通往迈蒙尼德《迷途指津》的道路(the *way*)——当然,这不是要去到那里(to go it)。"去到那里"将意味着研究《迷途指津》,这只有通过很多年的共同阅读才能做到。[对研究《迷途指津》而言,]讲课(lectures),即便是一整年的讲课,也会完全不够。我们必须首先回溯这个问题:为什么我们应当(why should we)对迈蒙尼德感兴趣? 有一个著名的答案:迈蒙尼德是《塔木德》(the Talmud)完成后——即便不是预言中止以来——犹太民族带来的最伟大的理智(the greatest intellect)、最伟大的心智(mind)。记住所有时代的人类的伟大(human greatness)是重要的,尤其在我们的时代,一个过于快速的时代——在其中,我们没有时间回顾并记忆,在其中,首要的问题是"接下来是什么?"而不是追问往昔。我们需要人类之伟大的具体标准,由伟大的人们的作品提供的标准,以免我们被那些转瞬即逝人物的推销者——更不必说那些自我推销者——的匆忙和喧闹所蒙蔽。

但是,这个职责可能会跟更高或更紧迫的职责相冲突。任何人,无论其多么伟大,都不能成为我们的终极关切;他的伟大本身取决于他所服务的事业的伟大,或他的关切的伟大。迈蒙尼德关切的是调和(reconcile)犹太教、托拉与理性或理智(intellect)或曰静观(*theoria*)。他的

---

② 葛德温(1922—2010)系施特劳斯的学生,1963 年在芝加哥大学获博士学位,随后几年在芝大任教。他曾担任位于马里兰州安纳波利斯的圣约翰学院(St. John's College)的教务长,亦曾在他的朋友拉姆斯菲尔德(Donald Rumsfeld)任美国驻北大西洋公约组织(NATO)大使期间为其工作,后来还担任过福特(Gerald Ford)政府的白宫顾问。此后数十年间,他是美国企业研究所(the American Enterprise Institute)的驻所学者。葛德温主要的学术研究领域是美国宪法。不知出于何种理由,《迷途指津》[英译本]1963 年出版时,没有提到他的名字。

③ [中译按]这里原文是 Now,在讲演中,施特劳斯经常使用 now 这个语气词来引出一个句子,中译视上下文作不同处理,译成"那么""现在""甚而""好"以及"唔"等等。

伟大在于他成就这种调和的方式,或者,按你们希望的说法,在于他争取这种调和的方式。简单地说,迈蒙尼德不承认任何捷径;他充分地呈现各种困难的巨大和艰辛。他面对这些困难;能使他这么做的是以往所称的"对真理的爱",更现代的风尚称之为"智性的坦诚"(intellectual probity)。不消说,迈蒙尼德在这两个领域都拥有最高的才能。不过,他的著作、他的成就无论如何令人赞佩,似乎都已经过时了。在某种一般的意义上,迈蒙尼德的问题跟我们的问题是相同的。但对他而言与对我们而言,[描述]这个问题的特定措辞极为不同。首先,"理性"(reason)这一措辞对他来说事实上意味着亚里士多德,而正如诸位所知,亚里士多德已然过时了,他已被现代科学所取代。那意味着,在这个新的基础上,任何哲学的神学或自然神学都不再可能。至于说第二个措辞——"启示",迈蒙尼德所理解的启示是圣经和《塔木德》,是成文和口传的托拉,他把启示理解为字句的默示(inspired)——至少就成文的托拉而言——并且是向摩西默示的。这其中的隐含意味是:不存在律法和教义(law and doctrine)的发展。

然而,我们面对着圣经考据学(biblical criticism[或译"圣经批判"]),它教导说,犹太思想经历了一种演化,甚至圣经的思想中也有演化。据此,不存在一成不变的犹太教条(dogma)。另一方面,迈蒙尼德是犹太教最大的教条家(the dogmatist);他是制定犹太教教条的那个人,或更严格地说,他是制定犹太教"根基"(roots)——犹太教的十三个[信仰]"根基"([中译按]亦称"13条信仰要则")——的那个人。④我这里提到其中两条,以指出这种[古今]差异。第一条是死者复活;第二条(我并没有按迈蒙尼德的次序来讲)是对弥赛亚(Messiah)的信仰。弥赛亚指向一个大卫的后裔,他重振或将会重振圣殿、献祭以及所有其他事情。犹太人中的极少部分如今仍然相信这些教条。在[迈蒙尼德]那个时代,犹太人共同体统一于一种包罗万象的律法、统一于对

---

④ 在其《密释纳义疏》(*Commentary on the Mishnah*)中的"论犹太议事会"(Tractate Sanhedrin)第 10 章的"导言",迈蒙尼德最初列出并阐述了他为犹太教拟定的十三条"信仰要则"(principles)或曰"根基"。

这些根基的一致同意，[犹太人共同体]与世上各族相隔离。而另一方面，我们则住在现代社会，一个世俗社会中。这种社会的纽带不是犹太教或基督教。犹太教仅仅是一种宗教，一个教派，非常局部的某种东西。此外，在犹太人中不再有任何关于律法和教义的一致意见。

现在，出于论证的需要，让我们承认，这些深刻的[古今]差异令"迈蒙尼德的教导已经过时"这个结论有其正当性。尽管如此，从根本上说，我们的问题仍然跟他的问题相同：要看看我们如何能像运思着的（*thinking*）犹太人那样生活，看看我们如何能调和理性或科学与犹太教信仰——正因为我们是犹太人这个事实，我们都以这样或那样的方式肯定这一信仰。因此，即便承认迈蒙尼德的"什么"已然过时，他的"如何"，即他接近这个我们不得不接近的同一问题的方式，也仍可能是我们的一个典范。可以说，这个"如何"完全可以从他的教诲的内容中分离出来。甚而，这个"如何"还能在迈蒙尼德的笔法中找到毫不含糊的表达。迈蒙尼德最知名之处是他在其伟大的法典（code）《重述托拉》（the *Mishneh Torah*）里所用的希伯来语：他没有以圣经的，特别是《申命记》的超凡庄严的语言来写这部作品。迈蒙尼德采用了《密释纳》（the Mishnah）中的希伯来语，⑤且明智地运用——尤其在各部分开头和结

---

⑤ Mishneh Torah[重述托拉]这个标题借自托拉其中一卷《申命记》的最古老的犹太名称，尽管晚近几个世纪以来，《申命记》的希伯来语标题已经变成Devarim[言辞]。"口传托拉"的主要构成成分是双重的《塔木德》：大约成书于公元 500 年的《巴比伦塔木德》，以及大约成书于公元 400 年的《耶路撒冷塔木德》（亦称《巴勒斯坦塔木德》）。两种《塔木德》都由两个完整的部分组成。其第二部分是阿拉米语（Aramaic）书写的《革马拉》（Gemara），由"巴比伦"部分与"耶路撒冷"部分组成。其第一部分为两种《塔木德》共有，是希伯来语书写的《密释纳》（Mishnah），约成书于公元 200 年。按传统的说法，《密释纳》出自单独一人之手——或更确切地说，由单独一人编撰，此人即定居于犹大或曰以色列国土（Judea or the Land of Israel）的"王子"犹大（Judah ha-Nasi）。"王子"犹大选择用希伯来语来编写《密释纳》，其希伯来语风格为中世纪和现代犹太人设立了一种几乎是"古典的"（classical）标准，该标准至少保持到 1870 和 1880 年代伴随现代犹太复国主义运动的现代希伯来语复兴为止。

尾处——圣经引文。迈蒙尼德选择一种后圣经时代的希伯来语,因为他知道带来神法者与神法的人类编纂者——我们还可以加上:非授权的、自我任命的神法编纂者——之间的差异。有人可能如此描述迈蒙尼德在其法典中的笔法:崇高(elevation)弥漫于律法条文的精确(legal precision)中,崇高在法律条文的精确中臻于顶点;深不可测的奥秘(mystery)趋向于透明的秩序(transparent order),深不可测的奥秘在透明的秩序中臻于顶点;因此同样地,透明的秩序将自身消融于深不可测的奥秘中,但其所进入的奥秘并非与人格格不入、与犹太人格格不入,这种奥秘是整全的奥秘、起源的奥秘。

虽然我只想尝试论及区别于"什么"的"如何",但我还是忍不住要说到"什么"。因为,奥秘的秩序与透明的秩序的关系是迈蒙尼德思想的实质。让我借《诗篇》114 篇中的诗句来向诸位解释这一点:

> 当以色列迈出埃及,雅各家离开说异言之民。
> 犹大就成为祂的圣所,以色列成了祂的国度。
> 沧海见它就奔逃,约旦河也倒流。
> 大山跃起如公羊,小山[跳动]若羊羔。
> 沧海啊,你为何奔逃? 约旦河哪,你为何倒流?
> 大山哪,你为何跃起如公羊? 小山哪,你为何[跳动]若羊羔?
> 颤抖吧,大地啊,在主的面前,就是雅各上帝的面前。
> 祂叫磐石变为水池,叫坚石变为泉源。⑥

我在这里只能极为局部地厘析(articulate)这首诗要传达的讯息。但我要说的那个部分,我相信最接近迈蒙尼德的意思。这首诗篇论及无生命之物、无知觉之物(the dead)——海、约旦河、大山、小山、地——

---

⑥ [中译按]原文使用的是犹太出版协会(Jewish Publishing Society)的 Tanakh(即犹太教圣经)英译本(初版于 1917 年,通常称为 JPS 版),中译参考和合本(上帝版)及冯象译本(香港:牛津大学出版社,2008)。

向有生命之物的转化,论及厚重之物和崎岖之物向跃舞者和优雅者
(the graceful)的转化,论及陈旧者向年轻者的转化,论及丑陋者向美丽
者的转化,论及自发的转化而非被迫的转化。蛰伏的美觉醒了,它觉醒
到欣喜却战栗的崇拜。这首诗篇让我们看到什么是神迹——不是美的
神迹,而是作为美的神迹,它是在可见的秩序与隐藏在其底下的奥秘之
间的一种可见的连结。可见的世界并非一个总有可见之美的世界,可
见世界的秩序也并非没有奥秘背景的一片透明。但世界的美大多都蛰
伏着,只有当它觉醒到不可见的、奥秘的上帝(mysterious God)——雅
各的上帝时,这美才会觉醒。

　　回到迈蒙尼德的笔法问题,我给诸位两个出自《迷途指津》"导言"
的简短范例。我必须警告诸位,由于我们期望尽可能贴近直译,这里的
译文有点别扭。不过我希望诸位能从这小小的别扭里看到原文的
动态。

　　　　我是这样的人:当有忧虑压迫他,他的道路变窄时,他除了满
　　足单单一个有德性的人同时让上万个无知者讨厌以外,找不到其
　　他方法来传授一种业经证明的真理——我就是这样的人,宁愿只
　　写给那单独的一个人,我不理会那许许多多造物的责难。因为我
　　宣称要把那个有德性的人从他深陷其中的地方解放出来,我将为
　　他指点迷津,直到他开始变得完善,直到他找到安宁。

在"导言"的最后[,迈蒙尼德写道]:

　　　　我现在将开始提到那些措辞,在每个段落里照其上下文所指
　　出的,它们的真正含义必定会得到指明。因而,这将是一把钥匙,
　　能许人进入大门紧锁的地方。当这些大门开启,这些地方得以进
　　入,[进入大门的]灵魂就会在其中找到安宁,眼睛将感到悦目,身
　　体将从其辛苦和劳作里得到休憩。

到此为止,我将迈蒙尼德的学说因现代科学、现代圣经考据、现代

社会的出现,亦即种种现代前提(premises)的出现而变得过时视为理所当然。在这么做的时候,我假定种种现代前提是真的。但果真如此么?仅当这些前提成问题时,我们才能当真对迈蒙尼德感兴趣。而要看到它们成问题,我们必须首先给予它们最充分的无错推定(benefit of the doubt)。我似乎因为假定我们的问题是调和犹太信仰与理性,而作了一个无正当理由的(unwarranted)假设,因为这个陈述一方面预设了犹太教的真理性,另一方面又预设了理性的健全或胜任能力(competence)。但许许多多我们的同时代人、我们同时代的犹太人已然质疑了这些预设。今天,普遍地、不容置疑地得到承认的唯一权威是科学的权威。我意识到一个事实,即"科学的权威"这个表述是不协调的(incongruous),但这个表述不可避免。那种不协调(incongruity)是事实的一部分,它是最根本的事实的核心,是现代生活的核心。科学——[原本意味着]对偏见的拒斥——自身已变成了一种偏见,一个权威。这并不只是现代发展的无意的结果,从一开始,这就是——我们或许可称之为——现代规划(modern project)的意义,这一规划清晰地浮现于16世纪和17世纪某些伟人的头脑中。理性将要取代权威,也就是说,那每个人都能知晓的、源自理性之物将得到承认,除此以外,别无权威。因而,就要求有一个纯粹理性的社会,一个纯粹世俗的社会。这最终又不可避免地导向一个结论,即所有人——经由理性在所有方面的实现,经由普遍启蒙——都应统一于(united in)一个社会,统一于惟一的世界社会(the world society),人之城[建立]在上帝之城的废墟上。或者用已有的称谓——"普遍同质国家"(the universal and homogeneous state),在这个国家里,将不会有基于祖先或人种的种姓或阶级,只有严格相应于职能,也就是说,相应于资格、相应于个人绩优的阶层分化(stratification)。为了准备这个国家的出现,就不得不削弱将人们区分开来的各种力量(forces),从而不得不消灭〈激发这些力量的〉心智。宗教、实定宗教(positive religion)会导致分歧(divisive),而商业、技术、科学、理性则不会。关于〈现代〉规划就说这些吧。

现在,让我们考虑一下这个规划业经证明暴露出来的各种困难。如今,我们犹太人非比寻常地清楚知道这些困难;我们从骨子里知道。

现代世俗自由社会废除了对犹太人的迫害,为此,我们要感谢现代的自由社会。但某一种对犹太人的不平等,某一种对犹太人的"歧视"仍然持存,而且必然如此。因为,自由社会之为自由社会,不能压制对犹太人的仇恨或对犹太人的不喜欢,因为,作为自由社会,它必定承认私人领域的神圣不可侵犯——每个人都有思考、感受、喜欢和不喜欢的自由,都有随意选择朋友和伙伴的自由。自由社会要求限制政府的权力、限制法律规范的权力。有些人,甚至有些犹太人,有时候对事情的这种状态感到不耐,他们希望政府和法律更强力地干预私人事务。他们因而不经意间为政府无限制的权力打开了大门,这种无限制的权力是政府采取行动压制诸如不喜欢犹太人这种事情的必不可少的条件。但他们怎么知道无限制的权力将用于这个目的,而非实际上促成一个僭政般的政府?而人尽皆知,这类僭主才不会考虑正派、人性或正当(right),他们关心的只是权宜(expediency)。

在布尔什维克主义对犹太人的政策中,我们有个很好的例子。布尔什维克政府知道,犹太人就像[大公教的]教宗(the Pope)一样,并没有多少师(divisions),甚或没有多少营(battalions),他们意识到,犹太人在俄国是非常不受欢迎的少数。在对原则的彻底无视中,它以向俄罗斯正教会(the Russian Orthodox Church)表示某种敬意并彻底鄙视犹太会堂的方式,沿便捷舒适之道而走。它将犹太人的地位降格为伐木工和汲水工(drawers of water)。"犹太人问题",也就是说,如何为犹太人建立平等的问题,只能在一个犹太人构成大多数的国家、一个犹太国家里得到解决。但我经过深思熟虑,还是选择这个表面上老生常谈的说法:只有上帝知道,何以犹太信仰的织线(threads)得到如此精美的编织,以致不可能有一个汇聚所有犹太人、甚至大多数犹太人的犹太国家。在遥远的过去,曾经有一度,人们认为要解决犹太人问题,只有让犹太人通过彻底同化的方式消失。他们忘了,促成仇恨犹太人的力量,同样也促成对同化犹太人的抵抗;最重要的是,同化的要求、让我们否定自己的过去和自己的出身的要求,本身不只是一种侮辱,而且是一种特别无礼的侮辱。他们认为我们是怎样的民族?

如今,犹太人问题可以说只是一种普遍现象的例证,尽管或许是最清晰的例证;它阻挡了普遍同质国家或社会的出现。对可预见的未来而言,过去的力量、起源于过去各种分歧(divisions)的力量,要比任何未来主义者的希望强大得多。有人可能会说,这种状况可能在几代人的进程中改变,但它也可能不会改变。我们不知道,也没法知道。我们能知道的是,那种变化是否可欲,是不是向好的变化。难道所有人能够统一于理性么? 能够凭借理性统一起来么? 难道所有人都能够变得智慧,并在此基础上变得正派? 如果不能,统一所有人的东西就会是某种形式的非理性(unreason),对许多人来说,这将完全不能承受,而且,他们将相当不公平地被剥夺按他们的非理性形式、他们的偏见建立自己的社会的权利或可能性。在理性或智慧的基础上实现所有人的统一(union)是不可能的。只有将人类思想降为最低公分母,降为最低欲望——面包和竞技场——的满足,所有人的统一才会有可能。造成如此众多悲惨境遇的种种分歧已使人们变得警觉。所有精神生活都植根于将人们区分开来的事物,并且至少与那些事物相关联。

迈蒙尼德对这个问题给予了大量思考。他认为,只有统一于最高事物即有关上帝的知识,普遍社会——它并非一个普遍的数据(a universal datum)——才是可能的。但这样一个社会只有通过神的干预、通过救赎的神迹才会出现。犹太教是一个特殊民族、那个被选民族的信仰。在弥赛亚时代之前,它在本质上是特殊主义的。基督教和伊斯兰教有权宣称自己包容一切(all-inclusive),但事实上,它们也是排外的,它们彼此的敌视以及它们对犹太教的敌视已显明这一点。人不可能凭理性得到统一,因为只有极少数人天生能够——且只有更少的人愿意——恰切地培育自己的理性。因而,各种社会只能凭信仰得到统一,无论该信仰是真信仰抑或是不真的信仰。因而,社会本质上是特殊主义的或者说是封闭的。

但能不能有一种不同于实定信仰的信仰,一种所有人都天生有能力[实践]的普遍信仰,即对作为爱——作为所有人彼此相爱、拥有普遍的兄弟情谊的基础——的上帝的信仰呢? 这种普遍的信仰或普遍的宗教不是犹太教或基督教,而是——容我使用希勒尔(Hillel)的表述——

"立于一条腿的"（upon one leg）犹太教或基督教。⑦但最重要的是，它本身其实并不是普遍的，正如佛教最直接显明的：佛教并不承认或要求作为爱的上帝、一个身位神（a personal god）。上面所说的普遍宗教并不建立于任何自然的宗教体验，一种能同等地为所有人通达的体验。因为，一种能同等地为所有人通达的宗教体验照其本义（literally）是难以言喻、无法厘析的（inarticulate）。它需要厘析、需要阐释。尽管这种体验——这种有关[神的]临在（presence）或呼召的体验——本身是自明的，对该体验的每一种阐释却需要论证（argument）。论证要么是理性的，从而导向理性神学或自然神学，这正是迈蒙尼德所关切的神学，这样的神学并不适合所有人，只适合精英，〈要么,〉若是要对大多数人有效，那就需要超理性的真正论证（transrational arguments），而超理性的种种论证必然歧见丛生（divisive）。正由于人对理性的抵触（recalcitrance），普遍社会作为一个适合人类的社会是不可能的。但普遍社会的不可能只是由于人的缺陷（weakness）。其不可能还由于理性的缺陷——至少由于那个开始具有现在的含义的理性的缺陷。按照当今盛行的观点，理性的最高完善是现代科学，且现代科学不能使任何价值判

---

⑦ 施特劳斯或许指有关古代拉比——长者/长老希勒尔（Hillel the Elder,约公元前80—公元后10）的最著名故事。当时有异教徒声称，若是那位好拉比能在"靠一条腿"（al regel aḥat）可站立的时间内概述犹太教的精髓，他就皈依犹太教。这个短语后来成了现代希伯来语的一个习语。希勒尔对此的回应（"安息日"31a）是"黄金律"（the "golden rule"）的否定式："你所憎恶的，勿施于你的邻人。"耶稣在新约里提供的是"黄金律"的肯定式（《马太福音》7:12[中译按]指"你们愿意人怎样待你们，你们也要怎样待人"）。我冒昧推想，施特劳斯心里所想的，是希勒尔紧随这句话之后那两句常常遭到忽视的"补充"："其余的是注疏（commentary）。现在去研习吧。"见 Joseph Telushkin,《希勒尔：若非现在，又是何时?》（*Hillel: If Not Now, When?*, New York: Next Book, 2010），页 18 – 23；Nahum N. Glatzer,《老希勒尔：古典犹太教的兴起》（*Hillel the Elder: The Emergence of Classical Judaism*, Washington: B'nai B'rith Hillel, 1956），页 74 – 75；Judah Goldin,《老希勒尔》，刊《宗教学刊》（*Journal of Religion*）卷 26，第 4 期，1946，页 263 – 277，尤参页 273 – 274。

断变得有效。科学能教给我们哪些手段有助于哪些目的,但它对辨别善与恶、高贵与卑贱完全无能为力。在人类理性的裁判庭面前,支持普遍社会的理由与支持前文字时代的食人行为的理由一样强——或者说一样弱。科学能够做的无非是建立因果关系或进行预测,但它不能解释对因果关系或预测的所有探求的那个前提,亦即它不能解释因果性原则本身。这种原则在此只具有假定的地位。这个世界不会凭空消失为无,或者,这个世界不是凭空从无中产生,[两者都]没有自明的必然性。

无论如何,科学之为科学,预设了世界本质上是智能性的(intelligent),或者说,存在是理性的。现代科学认为,科学自身本质上是不断进步的,它永不会终结,它的过程本质上是无限的。然而,这意味着现代科学的对象——世界——将总是保持为一个奥秘(a mystery),意味着存在是极端难以捉摸的(elusive)或奥秘的。作为本质上不断进步的科学暗中承认的这种奥秘,使科学本身成了极端奥秘的。⑧科学不能回答这个问题:何以[要有]科学? 科学是好的吗? 因而,科学最终仰赖于一个非自明的(nonevident)、奥秘的选择。只有借助这个选择,科学才得以产生。根本的现象并非科学或任何科学的对象,而是一种无底的(abysmal)自由——你可以说,[根本的现象]并不是理性,而是意志。现代科学对亚里士多德的科学——此即迈蒙尼德某种程度上接受的科学——的胜利,在那种胜利的科学作为一种……〈录音中断〉的尝试中臻于顶峰。

〈录音在此明显中断〉

……同样也与信仰相关。如今,对哲学而言,倘若经证明哲学的基

---

⑧ 施特劳斯称,现代科学在将存在当作一个奥秘(a mystery)时臻于顶峰,关于这一点,参他的下一场希勒尔[会馆]演讲,“我们为什么仍然是犹太人?”(1962),刊《犹太哲人与现代性危机》(*Jewish Philosophy and the Crisis of Modernity*),页 328–329。[中译按]李春长中译见《犹太哲人与启蒙——施特劳斯讲演与论文集:卷一》(增订版),刘小枫编,北京:华夏出版社,2015,页277–329。

础是信仰而非自明(not self-evident),那将是致命的。因此,通过证明信仰托拉的教诲是可能的,实际上就证明了其替代方案——即作为整体的哲学教诲——是不可能的,由此,托拉的教诲不仅有可能是真的,而且完全就是真的。迈蒙尼德暗示了这一点,他说,尽管他并不拥有从无中创造〈世界〉的论证,但某个别人或许有这样一种论证。⑨尽管如此,这也只不过意味着我们可以知道世界从无中被造这一点,而并不意味着我们能够知道世界何以被造。

我举个对应事例来例证这一点。据迈蒙尼德,托拉所颁布的律法是十足理性的,⑩但这并不意味着上帝必须颁布这些律法。上帝本可以造出天生正确行事并一贯如此的人,这样的人无需顺服他们可能违背的律法。我们不知道,何以上帝偏爱这个选项而非那一个。最终的理由是,我们不知道也无法知道,何以上帝要造人或任何其他事物。既然上帝是最完善的存在者(the most perfect Being),是最高最完整的善(Good),那么,创世并没有增加善(increase goodness)。上帝之为善的上帝(the good God),并不因为创造人和世界会增加善而有义务去这样做。创世是一个绝对自由或无偿的(gratuitous)举动,而且是绝对奥秘的。⑪

---

⑨ 在《迷途指津》卷二 13 章(页 281 – 282),迈蒙尼德提到作为"〈三种〉意见中的一种"的创世([中译按]指"世界为上帝从无中所创造"这种意见)——固然,它是"信仰我们导师摩西的律法的所有人的意见"。在卷二 16章(页 293 – 294),迈蒙尼德主张,创世作为一种意见是"不可能的",但由于"世界是恒在的"也无法得到证明,这就使得世界的起源或持存问题成为一个"开放的问题"。施特劳斯这里提到的"某个别人或许有这样一种论证"出现于卷二 24 章。[中译按]编者格林引述《迷途指津》时依据的页码是皮纳斯(Shlomo Pines)的英译本(University of Chicago Press,1963),下同。

⑩ 见《迷途指津》卷三 31 章,页 523 – 524。

⑪ 有关施特劳斯让迈蒙尼德提出的问题,即上帝何以没有"将实行诫命且不违背禁令置入我们的本性",见《迷途指津》卷二 25 章,页 329。相关讨论亦参卷三 32 章,页 528 – 529,其中包涵对神的"狡黠的恩典"(wily graciousness)和"好意的狡计"(gracious ruses)的讨论。有关上帝的"狡黠"或"狡计",另见 Shlomo Pines,"译者导言",《迷途指津》,页 lxxii – lxxiv。

连贯表述这个观点的是迈蒙尼德有关神的属性(divine attributes)的学说(doctrine)。致力于这个学说的共十一章内容很可能是《迷途指津》在 19 世纪和 20 世纪最知名的部分。⑫据那种学说,上帝是绝对的一(one),绝对的单一(simple)。严格说,祂并不拥有任何属性。因而,我们不能言说上帝,所有言说(speech)都预设了区分,预设了主词与谓词之间的差异。上帝是完全超逾言说、超逾 logos[言辞,理性]的纯粹奥秘。但如果我们不说到上帝或将某些属性归于上帝,我们就不能——比如说——祈祷。可是,按迈蒙尼德的说法,这些属性只不过同义于我们归于人的种种相应的(corresponding)属性:智慧的、有意志的、正义的、仁慈的,等等。我们忍不住把上帝说成能知道一切且有意志:就某物具有智能(intelligent),我们将之溯及上帝的智慧;就某物没有智能、只是事实性的[存在者]、只是给定的[存在者],我们将之溯及上帝的意志。严格来说,上帝的理智(God's intellect)与上帝的意志是同一的。但是,较之将世界整体溯及上帝不可思议的知识,将之溯及上

_____

⑫ [原注 21]见《迷途指津》卷一 50 至 60 章,页 111–147。或许在 19 世纪学者中,持这一观点的最著名代表是 David Kaufmann,《中世纪犹太宗教哲学中的属性学说史——从萨阿迪亚到迈蒙尼德》(*Geschichte der Attributenlehre in der jüdischen Religionsphilosophie des Mittelalters von Saadja bis Maimûni*),Gotha:F. A. Perthes,1877;Hildesheim:Georg Olms,1982 重印。该观点在 20 世纪得到沃尔夫森(Harry A. Wolfson)的详尽阐述和深化,沃尔夫森主张,属性学说乃是迈蒙尼德作为一个思想家的原创性的顶点,尤见 Wolfson,《哲学史与宗教史研究》(*Studies in History of Philosophy and Religion*)卷 2,"亚里士多德的谓项和迈蒙尼德对属性的划分"("The Aristotelian Predicables and Maimonides' Division of Attributes"),"迈蒙尼德论否定属性"("Maimonides on Negative Attributes")及"迈蒙尼德和格桑尼德论作为歧义措辞的神的属性"("Maimonides and Gersonides on Divine Attributes as Ambiguous Terms")。就 20 世纪犹太哲人而言,柯亨(Hermann Cohen)声称,他从迈蒙尼德的属性学说里辨识出迈蒙尼德教诲的奠基石,该学说"决定性地"使迈蒙尼德成为"一神教传统中理性主义的古典代表"。见柯亨,《源于犹太教的理性宗教》(*Religion of Reason out of the Sources of Judaism*),Simon Kaplan 英译,Atlanta:Scholars Press,1995,页 39、61–64、94–95。

帝高深莫测的意志会少些误导。

　　《迷途指津》提出的这种属性学说以此假定为基础:上帝是一或曰绝对的单一。此书后面给出了对该假定的证明。然而,那种证明与证明世界从无中创造是一模一样的。作为最完善存在者的上帝的创世预设的是:上帝绝对地奥秘,超逾 logos[言辞,理性],绝对地单一。[13]换言之,哲学作为以有关整全的知识取代有关整全的意见的尝试,其预设是,整全是可理解的。但整全并不是可理解的。只有整全中的小部分——大地以及地上存在者(the earthly beings)——才能为人所理解。[14]不过,大地及地上存在者受制于非地上存在者(the nonearthly),而人只能以极不完善的方式理解非地上存在者。哲学或科学因而在关键方面是不充分的;哲学必须由启示来补充、来使之完整,或为之加冕,而启示必然是一种特殊启示——托拉,并向受拣选的人类启示。尽管这种拣选与亚伯拉罕(Abraham)值得称颂的信仰相关,但却不能用那种信仰来解释。启示的内容必然是奥秘的,但未必是非理性的。倘若圣经的文字有违理性,我们就有义务把该片段解释为一个比喻(a figure of speech)。[15]因而,《迷途指津》既与哲人们对立,也与拘泥字义者(the literalists)对立。《迷途指津》也运用哲学,但这种运用无非是找回属于我们自己的东西。希腊人的所有智慧最终源于托拉。[16]

　　上面这些或足以作为对《迷途指津》的表面(surface)的一个极为粗略的勾勒。若要为更好地理解迈蒙尼德的作品作准备,我们还需更

---

　　[13]　见《迷途指津》卷一 50 章,页 111 - 112。

　　[14]　见《迷途指津》卷二 19 章,页 306 - 307;22 章,页 319 - 320;24 章,页 326 - 327。

　　[15]　见《迷途指津》卷二 25 章,页 328。

　　[16]　见《迷途指津》卷一"导言",页 16;卷一 71 章,页 175 - 176,卷二 11 章,页 276。对勘施特劳斯在 1938 年 1 月 20 日致克莱因(Jacob Klein)的信:施特劳斯称,照迈蒙尼德的提示,他认为迈蒙尼德知道这是个神话,并且无条件地在自己心里拒绝这种意见。见迈尔(Heinrich Meier)编,《施特劳斯文集》(Leo Strauss:Gesammelte Schriften),卷 3,页 545。[中译按]此信中译见《回归古典政治哲学:施特劳斯通信集》,朱雁冰、何鸿藻译,华夏出版社,2006,页 265。

切近地看看迈蒙尼德对圣经诫命的讨论。在迈蒙尼德之前,似乎有一种盛行的观点,即这些诫命有部分是理性的——比如禁止谋杀,也有部分只是实定性的(positive)——比如禁止同时吃肉和奶。但无论如何,那些只是实定性的诫命[同样]具有高的尊严,即便并不高于理性的诫命。此外,对各种诫命的根据的检审受到劝阻,甚至被禁止。这种观点与迈蒙尼德力图最终在上帝深不可测的意志里发现一切事物的根据的倾向十分一致。[17]可是,特别令人惊讶的是,迈蒙尼德尝试揭示所有诫命——理性的及非理性的诫命——的根据;迈蒙尼德宣称,他差不多(virtually)解释了所有圣经诫命;迈蒙尼德提及不可解释诫命这个警告,但他用行动无视那种警告。[18]迈蒙尼德把这些乍看起来完全不可理解的诫命——例如为献祭立法的细节——解释为用来与偶像崇拜作斗争的措施;与之相随,他并不把这些诫命本身看作是必要的,它们只是否定性的;与之相随,既然严格意义上的偶像崇拜已经消失,它们现在就是无用的。[19]这些还不是全部。迈蒙尼德断言,他差不多解释了所有的圣经诫命,而与之相搭配的另一个断言则说,他至多解释了很少几条(a few)圣经诫命。在一件至关重要的事情上,迈蒙尼德极其显著地自相矛盾。[20]这意味着什么?

着手回答这个问题之前,我必须顺便看一眼对迈蒙尼德的通常理解。对迈蒙尼德的阐释有一段很长的历史从他生活的时代开始,并在一个未间断的传统中持续到 18 世纪末。在 19 世纪,历史性的理解(historical understanding)取代了[传统],打破了原本的连续性。19 世纪的迈蒙尼德研习者是在现代西方哲学,即一种具有基督教起源的哲

---

⑰　考虑一下,例如《迷途指津》卷三 24 章,页 500 - 501。

⑱　见《迷途指津》卷三 26 章,页 506 - 510;卷三 31 章,页 523 - 524;另参卷三 49 章,页 612。

⑲　见《迷途指津》卷三 29 章,页 514 - 522;及卷三 32 章,页 525 - 531。

⑳　例如,参《迷途指津》卷三 26 章,页 507,509;卷三 28 章,页 513;卷三 29 章,页 518;卷三 31 章,页 523 - 524;对勘卷三 49 章(页 613)与卷三 26 章(页 510);另参卷三 35 章,页 578;卷三 49 章,页 612。

学中接受教育的。此外,有一种想法认为,现代的史学家们对迈蒙尼德的背景具有比迈蒙尼德本人更好的理解。例如,现代史学家们都能用希腊语阅读亚里士多德,迈蒙尼德却只用阿拉伯语译本去接近亚里士多德,甚至只用对亚里士多德的阿拉伯语译本所作的阿拉伯语注疏˙[去接近亚里士多德]。现代史学家们看到,迈蒙尼德笔下的亚里士多德不是真正的亚里士多德,而是一种亚里士多德与新柏拉图主义的混杂;在此期间人们将普罗提诺的《九章集》(Plotinus' *Enneads*)当作《亚里士多德的神学》(*The Theology of Aristotle*)来接受。㉑

　　可以说,对迈蒙尼德的更恰切的理解始于人们开始认真对待迈蒙尼德自己有关其背景的说法。迈蒙尼德将法拉比——阿布·纳赛尔·阿尔-法拉比(Abu Nasr al-Farabi)——视为亚里士多德之后的最高哲学权威。㉒法拉比最重要的著作之一致力于那两种哲学,也就是说,致力于柏拉图的哲学和亚里士多德的哲学。㉓一方面,在法拉比对柏拉图

　　㉑　见普罗提诺(Plotinus),《九章集》(*The Enneads*), A. H. Armstrong 英译,7 卷本,Cambridge, MA:Harvard University Press,1966 – 1988。《亚里士多德的神学》(*The Theology of Aristotle*), Geoffrey Lewis 英译,收于《普罗提诺文集》(*Plotini Opera*)卷 2, Paul Henry 及 Hans-Rudolf Schwyzer 编, Paris:Desclée de Brouwer,1951 – 1973。另参 Peter Adamson,《阿拉伯的普罗提诺:有关“亚里士多德的神学”的哲学研究》(*The Arabic Plotinus:A Philosophical Study of the "Theology of Aristotle"*, London:Duckworth,2002。对勘《迷途指津》卷三 29 章(页 520 – 521)与卷一 31 章(页 67)。

　　㉒　迈蒙尼德总是以最高级措辞提到法拉比,对他没有丝毫暗示批评的言辞。在致《迷途指津》的最权威希伯来语译者提邦(Samuel ibn Tibbon)的信中,迈蒙尼德说:“我告诉你:说到有关逻辑学的作品,人们只需研习阿尔法拉比的著作。他的所有著作都毫无瑕疵地卓越。因为他是个伟大的人。”

　　㉓　见阿尔法拉比,《柏拉图和亚里士多德的哲学》(*The Philosophy of Plato and Aristotle*), 马迪(Muhsin Mahdi)英译, Ithaca:Cornell University Press,1969,2002。[中译按]阿尔法拉比《柏拉图和亚里士多德的哲学》有一个三部曲结构,分别为“获得幸福”“柏拉图的哲学”和“亚里士多德的哲学”,前两部分的中译见阿尔法拉比,《柏拉图的哲学》,程志敏译,华夏出版社,2006,页 143 – 175、39 – 52。

的呈现中,没有丝毫新柏拉图主义的痕迹,另一方面,在他对亚里士多德的呈现中也没有丝毫新柏拉图主义的痕迹。更具体地说,与中古基督教完全不同,法拉比尤为强调柏拉图的政治作品;他把柏拉图的整个哲学当作政治哲学来理解。法拉比甚至用柏拉图的政治哲学来理解伊斯兰教、理解伊斯兰教的启示教法(the revealed law)。这让我们看到,柏拉图的哲人－王学说为迈蒙尼德的启示学说或预言学说提供了基础,继而也让我们看到与此相关的其他重要事情。

这种情况迫使我们重启一个全新的开端,这个开端事实上与迈蒙尼德本人的开端等同。此开端不像 19 世纪所有的史学家们所做的那样把哲学视为理所当然;此开端不预设哲学,亦即不预设哲学的正当性(legitimacy)。必须这样理解哲学:哲学需要在一个更高的或曰前哲学的裁判庭面前为自己的正当性辩白。那个裁判庭就是托拉,或者说,由托拉所构成。简言之,对迈蒙尼德作品的任何一种理解,其开端都是要认识到,《迷途指津》不是一部哲学著作,而是一部犹太教著作,由一个犹太人为犹太人而写。《迷途指津》基于古老的犹太教前提,即成为一个犹太人与成为一个哲人互相排斥。在《塔木德》所叙述的拉比与哲人的交谈中,哲人理所当然是个异教徒(a pagan)。与此相应,在《迷途指津》中,那些(the)哲人们总是与犹太人相区别,有时候还与他们相对立。哲人们是这样的人:他们试图从人之为人可通达之物开始,对整全作出解说。然而,迈蒙尼德是从接受托拉开始;《迷途指津》明确地致力于有关托拉的科学。[24]迈蒙尼德有三部著作是犹太教著作。他其余的所有著作也几乎都是犹太教著作。[25]把他的著作称为神学也不正确;"神学"不是一个犹太教措辞。犹太传统区分了 halakha 即律法与 agada——我可以把 agada 限定为对托拉的冥想或曰冥思(musings or meditations),它们并不导向律法式裁决——《迷途指津》延续了 agada 的犹

㉔ 见《迷途指津》卷一"导言",页 5。

㉕ 施特劳斯提到的"迈蒙尼德的三部著作",似乎指他的三部巨著:《密释纳义疏》(*Commentary on the Mishnah*),《重述托拉》(*Mishneh Torah*)及《迷途指津》。

太传统。

迈蒙尼德之前数世纪,[律法学院]院长萨阿迪亚(the Gaon Saa-dia)向犹太教引入了伊斯兰教的 kalam[思辨神学]技艺,kalam 是对律法的诸根基的辩护,或者说,是对律法的诸根基的证明。㉖你也可以把《迷途指津》描述为对托拉的诸根基的一种辩护。但迈蒙尼德在这部著作开头的主题式宣告诱使我们偏向前面那种特征刻画。于是,我们必须从这个简单而明显的观点开始:《迷途指津》致力于有关托拉、有关律法的真正科学。它的首要主题是圣经措辞(biblical terms)和圣经比喻(biblical similes)。所有那些措辞、那些比喻都既有一个字面的或外在的含义,又有一个内在的或隐藏的含义,后者是最重要的含义,而且在某些重要的事例中,后者是惟一真的含义。内在含义就此是一种隐秘含义(secret meaning)。《迷途指津》的首要主题因此是"托拉的种种秘密"(the secrets of the Torah)——这是一个传统的表述。㉗这些秘密中最重要的是 *ma 'aseh bereshit*[开端论]和 *ma 'aseh merkavah*[神车论]。*ma 'aseh bereshit* 是关于开端(the beginning)的故事或作品,即有关创世的叙述(the account of creation)。而 *ma 'aseh merkavah* 是有关神

㉖　萨阿迪亚(Saadia ben Yosef Al-Fayyumi,882—942)起初是个出身于埃及的犹太人,他是首位成为巴比伦地区某个著名犹太学院院长(通称伽翁[Gaon],这是一个表示学界泰斗的正式头衔,其字面意思是"伟岸"[majesty]或"骄傲"[pride])的埃及犹太人。萨阿迪亚是个博学的天才,他的撰著领域涉及律法学、[希伯来语]语法学、论辩术、翻译([中译按]他首次将犹太教圣经译为阿拉伯语)、诗歌和科学,除此以外,他还用阿拉伯文撰写了第一部系统的思辨神学(kalam)著作:《信念与意见之书》(*Book of Beliefs and Opinions*)。迈蒙尼德可能对思辨神学没有太高的评价,但他对萨阿迪亚却尊重有加,至少对他作为一个领袖和律法学家尊重有加。在《致也门人书》(*Epistle to Yemen*)中,迈蒙尼德说,"若不是因为有我们的导师萨阿迪亚,托拉会在以色列消亡。"见迈蒙尼德,《致也门人书》,Joel Kraemer 英译,收于 Ralph Lerner,《迈蒙尼德的光启帝国:信仰时代的民众启蒙》(*Maimonides' Empire of Light:Popular Enlightenment in an Age of Belief*),Chicago:University of Chicago Press,2000,页 119。

㉗　传统的表达是 siterei torah,即托拉的各种秘密,但它也指托拉中神秘的自相矛盾。

车(the divine chariot)——即尤见于《以西结书》1 章和 10 章的以西结所见异象(vision)——的作品或叙述。因致力于阐释圣经措辞和圣经比喻,《迷途指津》是一部解经著作。㉓

那么,根据律法的强制令(injunction),托拉的秘密只能秘密地加以教导。迈蒙尼德遵守了这一强制令。《迷途指津》因而致力于对圣经的隐秘教海的隐秘阐释。那么,这意味着什么?"托拉的种种秘密"的希伯来语表述——siterei torah——因希伯来措辞的某种模棱两可,也意指"托拉的种种矛盾"。以隐秘的方式教导意味着通过矛盾、通过对矛盾的有意识的运用来教导。很容易理解如何这样做。如果你教导"甲是乙"且"甲非乙",你就保守了你的教海的秘密。〈听众笑〉但我认为这不是可笑的事情。上帝的奥秘性(mysteriousness)和祂的创世在这种启示中得到表述,从而也反映在对那种启示的任何阐释中。我们也可以说,以隐秘的方式教导,意味着遵循真理的经济原则(economy):为了施行节俭(thrift),就只能传播关于隐秘教海(secret teachings)的章回标题(chapter headings)。㉙甚至对那些章回标题,迈蒙尼德也只是以极为不规则的方式来传播:他用其他主题穿插其间。有关隐秘教海的章回标题是"散布的"。人们如何才能发现隐秘教海?答案是:通过观察种种矛盾,因为,最终迈蒙尼德要么偏爱"甲是乙",要么偏爱"甲非乙"。此外,正如迈蒙尼德在其"导言"的一个片段中极力强调的,《迷途指津》中的每个词都是极度(exceeding)细心挑

㉓ 《迷途指津》卷一"导言",页 5 - 9。施特劳斯译作 similes[比喻]的词,[《迷途指津》英译者]Pines 译成 parables[寓言]。需要注意的是,施特劳斯甚至在为 Pines 的英译本所写的"导读"即《如何着手研读〈迷途指津〉》(How To Begin To Study *The Guide of the Perplexed*)里,用的也是 similes 这个词。

㉙ [原注 49]根据录音,施特劳斯这里突然使用了"隐秘教海"的复数形式(即 secret teachings),而非他在绝大多数情况下使用的单数形式 secret teaching。录音整理者([中译按]即格林本人)无法判断施特劳斯是否刻意如此说,特在文字中保留原始的复数形式。

选出来的。㉚用极度的细心来阅读《迷途指津》，就能发现它的隐秘教诲。

　　但《迷途指津》还包含了一种公共教诲，例如，[它教导]上帝的无形体性（incorporality）。这个教诲得到了证明，因此得以公开呈现。所以，《迷途指津》不仅是一部解经著作，还是一部思辨著作（a work of speculation）。《迷途指津》中解经要素与思辨要素之间的关系并非一目了然。但可以说，解经要素占主导地位。

　　从以上评议中可得出几点结论。既然《迷途指津》极度细心地挑选了每个词，我们就能够假定，此书的[谋篇]次序也绝非随意而为（haphazard）。我们能够假定，《迷途指津》拥有一种隐秘的次序。更确切地说，它的公共教诲很可能拥有一种显见的次序（a manifest order），而其隐秘教诲则拥有一种隐秘的次序。整个《迷途指津》的次序因而将是明显次序与隐秘次序的混合。而且实际情况是，《迷途指津》的谋篇（plan）部分清晰、部分晦涩。这部著作分为三卷（parts），每卷又分为若干章。但这部著作的[内容]各部分（sections）——即各章的群组——却没有一概清晰的划分。[《迷途指津》]开端部分——亦即解经程度最高且思辨程度最低的部分——的谋篇晦涩难解，接近结尾时，谋篇就变得清晰起来。

　　那么，我下次[讲座]会讲的问题——因为它是理解这部著作的线索——是：一部乍看之下整体上根本没有清晰谋篇的著作，其次序是怎样的？其谋篇是怎样的？现在我必须用简短的评议为[下次讲座]做准备。要发现《迷途指津》谋篇底下的原则，我必须退回一步。我说过，《迷途指津》由一种公共教诲与一种隐秘教诲构成，公共教诲诉诸每一位犹太人，隐秘教诲诉诸精英。我的结论是，就《迷途指津》作为一个整体、作为一个统一体而言，它既不是诉诸每一个犹太人，也不是诉诸精英。《迷途指津》用阿拉伯语写成，这个事实足以表明，此书并

㉚　《迷途指津》卷一"导言"，页15："因为，本书中的措辞并非随意选取，而是用得准确、精当，而且，[作者选取措辞时]还小心地避免无法解释任何费解的要点。"

非诉诸每个犹太人。这本书是一部双语著作，里面到处可见希伯来语和阿拉米语（Aramaic）引文，但它基本上用阿拉伯语写成，而并非所有犹太人都能读阿拉伯语。那么，谁是它的讲述对象（addressee）？迈蒙尼德在此书开端——"导言"的开端和"献辞"（Epistle Dedicatory）中——回答了这个问题。他（［译按］《迷途指津》的讲述对象）是一个虔诚且有德性的犹太人，他学过哲学，结果他因托拉与哲学之间的种种矛盾而陷入迷津。［明白］托拉的外在或字面含义与其内在或隐藏含义之间的差异，至少可以部分地化解这个矛盾。更笼统地说，借助理解托拉的隐秘教诲［，就可以部分地化解这个矛盾］。按传统犹太教的要求，隐秘教诲应当是一种口头教诲。但出于种种迫切的理由，迈蒙尼德不得不无视不能写下隐秘教诲的禁令。在不可能的顺服与公然违背之间，他选了一条中间道路。他以致一位青年友人约瑟夫（Yosef）的私人书信的方式，来展现隐秘教诲。约瑟夫是首要的讲述对象，正如我们将发现的，他也是《迷途指津》的典型讲述对象。

那么，约瑟夫是哪种类型的人？在致约瑟夫的"献辞"㉛里，迈蒙尼德既描述了约瑟夫（Joseph）的德性，也指出了他的局限。㉜ 约瑟夫强烈地热爱思辨，思维极其敏捷，但多少有些缺乏耐心。迈蒙尼德不得已向他建议，他应讲求方法、循序渐进。约瑟夫对神的科学（divine science）有强烈的兴趣，但是，尽管他已学过天象学（astronomy）和其他数学科学以及逻辑学，他似乎尚未学习自然科学。事实上，我们从《迷途指津》第91章得知，尽管约瑟夫知道亚里士多德的《论题》（*Topics*），他却不知道［亚氏的］《自然学》（*Physics*［译按］或作"物理学"）和《论天》（*De*

㉛ 见《迷途指津》"献辞书"，页3－4。

㉜ 施特劳斯在这句话里转而使用《迷途指津》讲述对象（［中译按］即约瑟夫）的英文名字Joseph，而非他先前使用的该名字的希伯来文形式Yosef。无论施特劳斯作此改变有何用意，对读者来说，重要的是知道他前后所说的是同一个人。

Caelo）。然而,按照恰当的次序,自然科学先于神的科学。㉝《迷途指津》的讲述对象缺乏自然科学方面的才能这个事实,正是这部著作缺乏次序——或更确切地说,明显无序——的最大（the）根由。既然神的科学需要一种准备或曰基础,迈蒙尼德就需要某种东西来替代作为可证明的科学的自然科学,他在传统犹太信仰,并最终在对圣经文本的正确阐释中发现了那种替代者。《迷途指津》为神的科学所作的准备主要不是思辨（speculation）,而是解经（exegesis）。

那么,我们自然会提出这样的问题:何以迈蒙尼德首先会选择这样一个讲述对象? 在自然科学上训练不足有什么好处? 这显然是我们下次首先要着手的问题。

〈演讲在听众热烈且长时间的掌声中结束〉

主持人克罗波西（Joseph Cropsey）:我有几个通知。首先,施特劳斯博士有关迈蒙尼德的第二次讲座将于下周日（2月14日）同一时间在这里〈即希勒尔会馆〉举行。[其次,]周二（2月9日）下午8点,拉比珀尔穆特（H. G. Perlmutter）和拉比拉宾诺维茨（S. Rabinowitz）将举办一次关于沃克（Herman Wouk）的《这是我的上帝》（This is My God）的作品讨论会。[再次,]周五（2月12日）晚8点半的议程是:本校哲学系副教授拉姆（Herbert Lamm）将作题为"派瑞茨的一个夜晚"（An Evening of Isaac Loeb Peretz）的报告。[另外,]安息日礼拜将在周五下午7点45分开始。我相信按照惯例,此刻应该结束讲座,让大家去用点儿咖啡、点心。这之后,如果我没搞错的话,施特劳斯博士同意回答任何想引起他注意的人的提问或点评。好吧,下面休息一会儿。㉞

———————

㉝ 《迷途指津》卷一33章,页70-72。

㉞ 录音结束。讲演第一节的讨论部分的录音似乎没能保留到现在,或许根本没有对该部分录音。是否这个部分的讨论有过录音或笔记,本编者不得而知。

第二部分

……诸位或许记得,在我向你们读过的《〈迷途指津〉》"导言"结尾,迈蒙尼德说:一旦某人进入这些大门,[他的]眼目将会感到喜悦,因为知识树是悦人眼目的。③⑤

我重复一下上次所讲的要点,同时试着澄清遗留下来的很不明朗的一点。我说,《迷途指津》是一部犹太教著作,是一个犹太人为犹太人所写的著作,而非一部哲学著作。《迷途指津》致力于关于托拉的真正科学,也就是说,致力于解释托拉的种种秘密,从而,它特别致力于解释圣经措辞和圣经比喻。圣经的这些秘密要以一种隐秘的方式来阐释。从这一观点看,《迷途指津》是一部解经著作。但《迷途指津》也包含了一种公共教诲,迈蒙尼德借之对托拉的种种根基加以证明或予以辩护。从这一观点看,《迷途指津》是一部思辨著作。

讨论中提出了这样的问题:这些东西——思辨与解经——是否相互排斥。我认为是的,因为思辨在这里的含义绝非基于圣经文本。它要么是关于某种实在的哲学式真理,要么是一个辩护,借以证托拉的教诲反对哲人们的教诲。又或者,思辨是一种始于神法概念并提出以下问题的论证:什么是神法(当然也包括:上帝、启示及诸如此类的事物)的条件?这些根基因而建立在对神法概念的推理之上,而这种推理并无任何必要诉诸圣经文本。

因此,从《迷途指津》结合了一种隐秘教诲和一种公开教诲这个事实可以推出,《迷途指津》的谋篇不可能清晰,因为就其传授一种隐秘教诲而言,它必定以一种散布的(scattered)方式呈现那种教诲。迈蒙尼德用一个传统的希伯来短语来表示"章回标题"(chapter head-

---

③⑤ 《迷途指津》卷一"导言",页20。

ings)㊱——有关隐秘教诲㊲的"章回标题"是"散布的"。但作为一种公开教诲,《迷途指津》有清晰的谋篇。因此,通过结合这两种要素——隐秘的要素与公开的要素,《迷途指津》必定具有一种并不清晰的、多少有些晦涩的谋篇。

有人可能会想到,借助某种方式,人们可能极简单地解决《迷途指津》中的思辨要素与解经要素之间的关系这个问题。按照迈蒙尼德所接受的传统犹太教诲,最高的秘密是 ma'aseh bereshit[开端论],即关于开端的作品(the work of the beginning)、创世的故事(the story of creation),以及 ma'aseh merkavah[神车论],即《以西结书》第 1 章和第 10章里关于神车的作品或故事。现在,迈蒙尼德说,ma'aseh bereshit[开端论]等同于自然科学,ma'aseh merkavah[神车论]等同于神的科学。㊳

㊱　代表"章回标题"的希伯来短语为 ra'shei peraqim,起初在[犹太教]传统中指每周礼拜仪式中阅读托拉选段的名称,故该短语本身并非来源于托拉。在迈蒙尼德看来,这个短语为具有极深刻含义的隐匿的真理提供了重要的暗示。这些"章回标题"一律基于一个词或一个短语,出现在每周礼拜仪式的托拉选读的第一个句子里。传统上,尤其在迈蒙尼德之后的传统中,人们认为这些"章回标题"本身包含了托拉的隐匿的深度,是指向隐藏的真理的暗示。

㊲　[原注 65]在录音中,施特劳斯起初用了"隐秘教诲"的复数形式,即 secret teachings,不过,他马上就用单数的 teaching 纠正自己。因此,在这里,他显然没有故意使用复数。尽管在绝大多数前后文中,他都使用了单数形式,但偶尔他也会不加纠正地使用这个短语的复数形式(参前注 49[中译按]即标示"原注 49"的注释),所以,很难判断他是否有意一以贯之地使用"隐秘教诲"的单数形式 secret teaching。

㊳　见《迷途指津》卷一"导言",页 6-7。另参《重述托拉》(Mishneh Torah)中《知识书》(Sefer ha-Madda)的第一部分"论托拉的根基"(Hilkhot Yesodei ha-Torah)1-4 章。见 Hyamson 译本,页 36b(2 章 11-12 节),页 39b-40a(4 章 10-13 节);Lerner《知识书》译文,页 146-147(2 章 11-12 节),页 152-153(4 章 10-13 节)。[中译按]Hyamson 译本指《重述托拉》(Mishneh Torah)卷一,《知识书》(The Book of Knowledge[Sefer ha-Madda]),Moses Hyamson 编译,New York:Feldheim,1981;Lerner《知识书》译文指"Book of Knowledge",Ralph Lerner 译,收入 Ralph Lerner,《迈蒙尼德的光启帝国:信仰时代的大众启蒙》,前揭,页 141-153。

好,如果是这样的话,那么可以推断,自然科学与神的科学当然都是科学(*sciences*),作为科学它们(似乎)能够公开传授,并且〈这些科学〉是思辨的。隐秘的和解经的部分是自然科学与创世故事之间的关系,以及神的科学与神车故事之间的关系。那将是解经式的和隐秘的,而这将是思辨式的和公开的。

但是,这里有一个明显的困难,因为,倘若创世论(account of crea-tion)——我认为,这种等同出自迈蒙尼德,它们不属于传统——因为,这么说吧,倘若如此,即倘若 ma'aseh bereshit[创世论]是自然科学,〈那么〉自然科学并不处理严格意义上的创世。神车的故事也不处理创世——当你们阅读《以西结书》1 章和 10 章时马上会看到,那儿并没有涉及创世教诲的可能基础。换言之,倘若这些等同是迈蒙尼德的定论的话,那么这本书的最大问题、核心问题——世界的创造对世界的恒在(the eternity of the world)——将会被规避。因此,我们不妨暂且忘掉这个问题,暂且作为开放的问题把它放在一边。

为了理解解经要素与思辨要素的统一性(unity),为了理解《迷途指津》的统一性,我提议,我们先从此书的讲述对象所呈现的统一性入手。这本书作为整体诉诸一个单一的个人以及他的同类(*and his like*)㊴——在此我们有一个统一体(unity)。让我们试着从这个讲述对象所代表的统一体入手。在上周的讨论或讲座的末尾,我提出的主要观点是,[此书]讲述对象的典型特征——最重要的典型特征——基于一个事实:他缺乏自然科学方面的才能。因此,我上次以一个问题作为结束:何以迈蒙尼德为《迷途指津》选择这样一位讲述对象?没有在自然科学方面受过足够的训练有什么优势?现在,我们从《迷途指津》〈卷一〉第 17 章得知,㊵异教哲人们——"倘若他们没有清楚地揭示自然科学,败坏[青年]的指控就不会落到他们身上"——已然把自然科学视为一种隐秘的教诲。我们——作为律法遵循者所组成的共同体——更有义务把自然科学视为一种隐秘的科学。

㊴ 见《迷途指津》"献辞书",页 4。

㊵ 见《迷途指津》卷一 17 章,页 42–43。

　　这个评议事实上有某种外部的基础,亚里士多德的《自然学》(*Physics*)以希腊语"*Akroasis*"[演讲,讲课]为人所知,迈蒙尼德从其阿拉伯语和希伯来语的相应措辞得知此书。这么说吧,*akroasis* 意指"所聆听之事"(*a thing listened to*),由此在悖谬的意义上指一场演讲(*a lecture*),因为"演讲"实际上成了"某种被阅读的东西";但从原义看,"演讲"并不是被阅读的,而应当只是被讲出(*be simply spoken*)——正如我此时所做的。因而,*akroasis* 是所聆听之事;在前亚里士多德的用法中,在所谓毕达哥拉斯传统里,*akroamatic*[讲课式]教诲是一种仅仅意在让人听闻(*hearing only*)的教诲,亦即一种隐微教诲。并且,只有亚里士多德的《自然学》而非亚里士多德的其他著作,在中古时代被称为akroasis,即只是口传的教诲。

　　自然科学有危险,其理由不在于它促成对律法的侵蚀。迈蒙尼德说,只有傻瓜才相信这个,[41]他的整个一生,以及他的后继者们的一生,都拒斥人们的这种怀疑。但是,自然科学影响到对律法的意义的理解,影响到对要求得到服从的律法所立足其上的根基的理解,影响到对附属于律法的不同部分的分量(weight)的理解。只需想想实在明显不过的一件事:托拉一直说上帝对摩西"说话"(speaking)。简单的、常识性的观察,即说话本身预设了发声器官等等,就技术发展而言,当然属于自然科学。这意味着,人不得不以比喻的方式来理解上帝的"说话",而这会造成某种后果。简言之,自然科学不得不被视为一种秘密,因为它扰乱了习惯(habits)。因此,迈蒙尼德不得不从这样的主题开始:对这些主题的理解不会扰乱种种习惯,或者说,至少只在尽可能小的程度上扰乱种种习惯。迈蒙尼德本人告诉我们,哪种习惯尤其需要得到改变。他转述了一位古代哲人有关思辨的各种障碍的意见,随后加上评议:如今存在那位古代哲人没有提及的一种障碍,因为该障碍在那位哲人的社会并不存在,该障碍即仰赖受尊崇的文本(revered *texts*)的习惯,

---

㊶　见《迷途指津》卷一33章,页71。

亦即仰赖其字面含义的习惯。㉒

这就是迈蒙尼德不得不从解经——从对圣经措辞和圣经比喻的阐释(尤其是对圣经措辞的阐释,因为措辞是比喻的要素)——开始他的著作的理由。通过利用他的学生的另一种习惯,他治愈了迷信式地坚持[圣经]文本的字面含义这一恶习。这位学生习惯于不仅依赖圣经文本的字面含义,而且按不同于字面含义的各种传统的阐释来理解这些文本。举一个例子:按传统阐释,"以眼还眼"(an eye for an eye)意指的不是其字面含义,而只是以眼还眼的货币价值。那么,读者若已经习惯于听从对圣经文本的权威阐释,就会把迈蒙尼德的阐释当作一种权威阐释来听从。

可是,在这里一定不能忘记,我们有三种类型的讲述对象:典型的讲述对象以及两种非典型的讲述对象。第一种[非典型讲述对象]是俗众(the vulgar),亦即完全没学问的人。关于俗众,我只能重复迈蒙尼德本人的话:在这个地方完全没理由提及他们。㉓不过,另一种[非典型讲述对象]是在所有领域尤其是自然科学方面受过训练的人。后者当然不会接受迈蒙尼德的隐匿权威。他会依据迈蒙尼德本人陈述的如下原则来检审迈蒙尼德的阐释:如果不考虑圣经措辞出现的语境(context),就不能确立该措辞的含义,或者说,语法尽管不是阐释的充分条件,但无疑仍是阐释的必要条件。而迈蒙尼德在《迷途指津》前面,比如说[前]五十章里,彻底无视了这些要求。《迷途指津》的批判性的研习者还将注意到《迷途指津》里出现的诸多矛盾并沉思这些矛盾。

现在回来看《迷途指津》的典型读者。这部著作的开端取决于对下面这个问题的正确回答:哪个主题最不至于扰乱人心,同时又最重要?那个主题将进而决定哪些圣经措辞会首先得到讨论,以及会以怎

㉒ 见《迷途指津》卷一31章,页66–67。施特劳斯所指迈蒙尼德提及的那位"古代哲人"是公元3世纪的哲人兼亚里士多德注疏家亚历山大(Alexander of Aphrodisias)。

㉓ 见《迷途指津》卷一"导言",页7–8。另参卷一31章,页66。

样的次序得到讨论。我们来看,《迷途指津》的第一个主题是上帝的
"无形体性"(incorporeality)。首先得到讨论的圣经措辞是那些似乎示
意(suggest)上帝是一个有形存在者的措辞。何以[上帝的]无形体性
既是最安全的又是最重要的主题? 据迈蒙尼德所言,无形体性是[犹
太教]三个最根本的真理中的第三个,前两个分别是上帝的存在和上
帝的单一性(unity)。在我接下来谈到无形体性时,我指的都是上帝的
无形体性。

　　这么说吧,上帝的存在和上帝的单一性为所有犹太人普遍认同。
我们可以说,所有犹太人都知道,上帝存在,且祂是一,他们通过圣经的
叙述得知这两点。但对于上帝的无形体性,人们的意见有些混乱。迈
蒙尼德在他的法典著作[即《重述托拉》]中宣称,否定无形体性的人也
否定了托拉的一项根本原则,结果他受到了当时最著名的律法教师之
一,来自波居埃(Posquières)的拉比大卫之子亚伯拉罕(Abraham ben
David)的攻击,后者说:"比此人更伟大、更好的人接受上帝的有形体性
(corporeality)。"⑭然而,现在按迈蒙尼德的说法,无形体性不仅可经证
明为真,〈而且〉是[上帝的]单一性的必然结果。⑮因此,倘若对上帝的
单一性的信仰不伴随着对上帝的无形体性的信仰,就会危及对上帝单
一性的信仰。此外,对[上帝]有形体性的信仰也是圣经与哲学间发生
冲突的重大理由之一。教导〈上帝的〉无形体性至少并非对传统教诲
的令人震惊的背离。最重要的是,所有事情中最严重的是偶像崇拜,是
对各种形象的崇拜(worship of images)。仅当人们相信上帝绝对没有

　　⑭　见《重述托拉·知识书》,"论悔改"(Hilkhot Teshuvah)3.7,在此书的
标准印刷版中,有拉比亚伯拉罕(Abraham ben David,即拉巴德[Rabad])对该
节的评议。参 Isadore Twersky,《波居埃的拉巴德:一位十二世纪的塔木德学
者》(Rabad of Posquières:A Twelfth Century Talmudist),Philadelphia:Jewish Publi-
cation Society of America,1980,页 282－286。迈蒙尼德在一个完全非律法的语
境中指出,信仰神的有形体性不仅等于甚至可谓更坏于偶像崇拜(尽管[拉比]
亚伯拉罕针对的直接靶子不是这句话),见《迷途指津》卷一36章,页84－85。

　　⑮　见《迷途指津》卷一1章,页21;35章,页81;57章,页132。

可见的外形时,这种恶才可能消除。迈蒙尼德甚至说,原罪(请容我暂且用一下这个非犹太式表述)——最基本的罪——并非偶像崇拜,而是对[上帝的]有形体性的信仰。正是基于这些理由,表面上暗示上帝有形体的圣经措辞——诸如"上帝之手""上帝的臂膀"等等——才成为《迷途指津》的首个主题。

现在,我们有必要尽可能清楚地理解迈蒙尼德及其讲述对象一开始所身处的背景。迈蒙尼德知道上帝是无形体的,他借由证明(demonstration)得知这一点,而证明基于自然学,基于自然科学。还没有研习过严格意义上的自然学的讲述对象不知道上帝是无形体的,他也还没有从迈蒙尼德那里学过一种证明;这一点要到[此书的]很后面才交代。讲述对象基于迈蒙尼德的权威接受了上帝的无形体性。迈蒙尼德和讲述对象都知道托拉是真的,但其真正的含义并不总是其字面含义。只有迈蒙尼德知道,那些涉及[上帝]有形体的篇章不可能字面上为真,而是必须被当作比喻。讲述对象不知道,也不可能知道,迈蒙尼德对这些表述的比喻式阐释是真的。毕竟,迈蒙尼德没有基于语法提出任何论据(argument)。因此,讲述对象就如他习惯于接受的那样——比如说就像他把托拉的阿拉米语译本当作正确的译本或阐释那样——来接受(或被期待接受)迈蒙尼德的阐释。㊻换言之,迈蒙尼德进入了传统权威的行列:他只是告诉讲述对象要相信什么。迈蒙尼德以权威为幌子引入理性。我们暂时甚至可以说,他篡夺了(usurps)某种权威。他命令(*dictates*)讲述对象相信[上帝的]无形体性,因为——正如他命令讲述

㊻ 托拉的主要阿拉米文译本通常称为《翁格洛斯塔古姆》(Targum Onkelos),此译本被归于"归宗犹太教者"(the Proselyte)翁格洛斯(Onkelos 或 Onqelos),其成书年代在耶路撒冷第二圣殿被毁(公元 70 年)至犹太人反抗罗马的巴尔科赫巴起义(the Bar Kokhba Revolt,公元 132—135 年)之间。翁格洛斯(约公元 35—120)出身罗马贵族,围绕他归宗犹太教有很多传奇故事([中译按]据传翁格洛斯是罗马皇帝提图斯[Titus;另说是哈德良 Hadrian]的侄子[或外甥])。在古犹太教传统中,尤其在阿拉米语仍是犹太人的重要口语的时代,该译本具有很高的权威性。迈蒙尼德在《迷途指津》中对此译本评价甚高,因为其中某些关键措辞的译法体现了对上帝无形体性的认同。

对象反看[托拉的]外观去理解的那样（contrary to the appearance）——托拉没有教导[上帝的]有形体性。

现在，指示偶像或形象的圣经措辞之一是 *zelem*，即"形象"（image）。在那个最引人瞩目的篇章里，托拉说，上帝"按祂的形象"（in His *zelem*，in His image）创造人。㊼ 这句话似乎暗指，就如人具有可见的外形，上帝也具有可见的外形，甚至具有一个人那样的可见外形。这就导致或支持了俗众的观点，即上帝看上去像一个巨大的人，只是没有血肉，从而不需要食物和饮料。因此毫不奇怪，迈蒙尼德在[《迷途指津》]第一章首先致力于 *zelem*[形象]这个词。他告诉他的讲述对象，*zelem*[形象]（即便不是绝无例外）在这种情况下绝非意指一个可见的外形，而是——至少在这里——指一个存在者的自然形式（the natural form），指其本质（essence）。这句话的意思是：上帝以祂的形象创造人，上帝把人创造为一种禀有理智的存在者。不过，这种阐释看似与一个事实相抵触：托拉之后很快就提到神向人发出的禁令，即不许吃知识树上的果子。如果人被创造为一种理智存在者，从而以理智生活为目的（for the life of intellect），他的创造者就不大可能禁止他求取知识。因此，迈蒙尼德（在《迷途指津》第 2 章）㊽告诉他的讲述对象，那种起初禁止人去求取的知识是一种较低种类的知识——有关善与恶的知识，亦即有关高贵与卑贱的知识，高贵与卑贱不是理智的对象，而是意见的对象。严格来说，它们根本不是知识的对象。这确实为一个迷津（perplexity）给出了解答，但它可能导向另一个迷津。

随后，迈蒙尼德转向托拉中第二个最重要的片段——《民数记》12 章 8 节的"他（摩西）观看主的外形"（temunat ha-Shem yebbit），这个片段看上去也支持上帝是有形体的这种观点。㊾ 在接下来的三章里，迈蒙尼德告诉他的讲述对象，意为"外形"（figure）和"形式"（form）以及

㊼　见《创世记》1:26－27;《迷途指津》卷一 1 章,页 21－23。

㊽　见《迷途指津》卷一 2 章,页 23－26。

㊾　见《迷途指津》卷一 3－5 章,页 26－31。

"看"（seeing）和"观看"（beholding）的希伯来词语，当它们用于上帝时，并非指对于某种可感知物的感官知觉（sense perception）。但随后，迈蒙尼德做了件奇怪的事：他在第6章转而讨论意为"男人"和"女人"的希伯来词，又在第7章讨论意为"生出"（generating[*yalad*]）的希伯来词。⑤⑩一旦有人考虑到这样的事实，即第7章……这个转变将不再让人奇怪……⑤⑪（我在这里先作个注解：我已经解释了为什么迈蒙尼德以现有的方式从第1章入手，为什么第2章、第3章直到第5章[要以现有的方式呈现]，现在我关心的是第6章和第7章。这几章的统一性5分钟以后就会变得彻底清楚起来。）

因此，现在的问题是：何以迈蒙尼德在此要讨论"男人"和"女人"，[他何以要讨论]表示"男人"和"女人"的词 'ish 和 'isha，以及讨论"生出"（yalad）？第7章再次讨论了 *ẓelem*，即"形象"一词。迈蒙尼德在这里〈即第7章〉返回到第1章和第2章的主题，也就是说，返回到《创世记》1章27节，或更确切地说，返回到语境（the *context*），亦即同样也返回到前面一节〈即1章26节〉。我用普通的译本向诸位读一下[这两节]，不过我会突出关键词：

> 上帝说，让我们以我们的形象造人，凭我们的样子[造人]。于是上帝以祂的形象造人，以上帝的形象，祂造了人，男性与女性，祂造了他们。（《创世记》1:26–27）⑤⑫

---

⑤⑩　见《迷途指津》卷一，6–7章，页31–33。

⑤⑪　施特劳斯在解释《迷途指津》前几章的奇怪进程时，明显在这里中断了一下，他转向黑板写出这几章的布局，以便向听众展示他刚刚所讲到的前面几章的谋篇。他转身写黑板时所说的话很难听清，大致是后面括号里的内容。

⑤⑫　[中译按]施特劳斯引述的圣经英译文如下：And God said, Let *us* make man in *our* image, after *our* likeness. So God created man in His image, in the image of God created He him, *male* and *female* created He them。值得指出：这是一种完全贴近希伯来语原文语序的译法。

我们来看,若从字面上愚蠢地加以理解,这段话似乎示意,上帝不仅有一个可见的外形——"ẓelem[形象]"、"样子"(likeness)、"形象"(image),而且祂还不是绝对单一的(simple)——〈留意这里的〉复数,祂自身中包含了不同的存在者,至少一个男性要素和一个女性要素。迈蒙尼德并没有明确地深入这个难题,因为这个难题属于托拉的秘密,但他用这种[谋篇上的]安排暗示了这一难题。迈蒙尼德告诉讲述对象有关"男人"、"女人"和"生出"的内容,这对讲述对象是有用的,更不消说,对我们[也有用],不过,还不止于此。迈蒙尼德还暗示了一种[上帝]有形论(corporealism),这种有形论远比他明确加以讨论的那种更令人震惊。在[《迷途指津》]第 14 章,他引述了托拉(《创世记》6:2)中的几个词,如果直译的话,那节是这样说的:"诸神的儿子们看到人的女儿们"(the sons of Gods saw the daughters of men)。[53]无论如何,这个第 7 章最后一个词又是 ẓelem[形象]——第 1 章的主要论题。[54]第 6 章和第 7 章结束了始于第 1 章的讨论。换言之,从第 1 章到第 6 和第 7 章处理的是关键的一节(《创世记》1:26 – 27),环绕其间的是对另外那关键一节——"他观看主的外形"(《民数记》12:8)——的讨论。对托拉中涉及上帝的有形体性的最重要片段的讨论是《迷途指津》第一个子部(subsection)的最合适的主题。我想诸位此刻已理解了《迷途指津》的开端,即我称之为第一子部的头七章。

从第 8 章开始了一个新的子部,直至[卷一]第 28 章。辨识该子部的意思要容易得多,因为这里有一个不仅由圣经章节,而且由题旨(subject matter)清楚指明的论题。什么论题呢?这个希伯来词意指"场所"(place[maqom])以及某些显著的场所,进而指占据的场所、变换的场所,还有在最后一章里讨论的变换场所或位移(locomotion)时所借助的人的器官——我指的是"脚"(regel)。[第二子部]二十一章中,有十七章明显地致力于[场所]这个论题。尽管整体意思极其清晰,这里还是有某些令人迷惑的不合常规之处。第 14 章突然处理"人"

㉝ 见《迷途指津》卷一 14 章,页 40。

㉞ 见《迷途指津》卷一 7 章,页 33。

(man)——这一次不是作为男性的男人,不是前面我们看到的那种,而是"人类"(human being)——'adam[人]。第 17 章处理一个事实:自然科学一定要以隐秘的方式来对待。第 26 章处理的是阐释托拉的普遍原则,即一条古老的犹太谚语:"托拉以人类的语言言说"(The Torah speaks according to the language of human beings)。⑤这几章以微妙的方式与紧挨着的前后几章相关联,但一开始,它们明显打断了[前后几章的]连续性。我相信,这种不规则,这些奇怪的插入,是有意引起我们对某种数字象征(numerical symbolism)的注意,我在这里只能以武断的方式(dogmatically)——'al derekh sippur[借数字的方式]——我仅仅要告诉诸位:14 代表人;17 代表自然;26 起初(如所有知道希伯来语的人都知道的)代表圣主,⑤并在引申的意义上代表托拉。我提过,这儿有一件事让人困惑:表示 14 的希伯来数是 yad⟨即 yod[=10]加 dalet[=4]⟩,这个词⟨除了是章数,还⟩意指"手"——所有的希伯来语辅音都有一个数值。特别奇怪的是,14 的两倍——28[章],是致力于"脚"(regel)的那章。这绝非无意义的。我们注意到一个事实:《迷途指津》中没有一章论及用于上帝的"手",尽管"上帝的手"(yad ha-Shem)在圣经中是个极为常见的措辞。手有别于脚,它是专门属人类的器官。迈蒙尼德对"手"的类似于沉默的举动将我们的注意力引向一个秘密,即圣经没有提及上帝的"头"。但这些已经是应当迟些才会论及的微妙

---

⑤　见《迷途指津》卷一 26 章,页 56:"'托拉以人的子孙(the sons of man)的语言言说。'"这句引语出现在《巴比伦塔木德》的两个地方:"娶寡嫂制"(Yevamot)71a 和"中门"(Baba Metzia)31b。另参《迷途指津》卷一 29 章,页 62;33 章,页 71;46 章,页 100;47 章,页 105;53 章,页 120;57 章,页 133;59 章,页 140;卷三 13 章,页 453。

⑥　这种算法基于托拉和犹太教中最神圣的上帝之名(the Tetragrammaton)——即四个希伯来字母(yod,he,vav,he)组成的上帝之名——的字母数值。这个名字仅有辅音,不能以恰当的方式读出来,由于没有正确的元音,所以也无法将确定的"含义"归于此名字。不过,出自四个辅音的数值相加可得出属于这个名字的值 26,即 yod(=10) + he(=5) + vav(=6) + he(=5)。另参《迷途指津》卷一 61 – 62 章,页 147 – 152。

之处。

　　现在,我要转向更明显的事情。这个子部的第一章〈《迷途指津》卷一8章〉处理的是表示"场所"的希伯来词 maqom,这个场所显现为上帝的居所(God's place):他的宝座,无论是圣殿、天(heaven)还是山。如果上帝的居所是天或某种另外的高处(high place),[那么,]既然人的居所是地,上帝与人相会似乎就要求上帝先下降,从而也要求上帝上升并返回祂的居所。"下降"与"上升"因此是这个子部第三章〈卷一10章〉的论题。基于这些首要的概念,如迈蒙尼德所言,按这种俗众的想象,上帝的自然状态将是坐在祂的宝座上,从而就有了下一个主题〈即卷一11章的"坐"与卷一9章的"宝座"相联〉。"坐"自然导向其反面——"起立"(standing up)或"站起"(rising),这是第12章和13章的主题。但是在这个关节点上,各章的次序不再可理解,除非另起一个新头。

　　这个子部的第一章致力于表示"场所"的希伯来词。但是,这种做法非常奇怪。这个词,maqom,在后圣经时代的希伯来语里用来表示上帝,是上帝的许多名字中的一个。迈蒙尼德对措辞"场所"的这个后圣经时代的含义、这种神学含义完全保持沉默。换言之,当他一开始就说,他关切的是圣经措辞时,这一点必须极为字面地来对待:他意指圣经的措辞,而非后圣经时代犹太传统所用的措辞。《迷途指津》的这部分极少提及后圣经时代的希伯来语文献[,即]犹太文献。迈蒙尼德在这儿是个断然的拘泥圣经字面含义者(biblicist),我的意思是:[他]关切有别于《塔木德》式(talmudic)以及其他晚期犹太文献的圣经文本。为了理解这种拘泥圣经字面含义的做法——这一点起初看起来非常奇怪——我们必须讨论另一个不合常规之处,其情况恐怕更复杂。

　　呃,惯常来讲,始于希伯来措辞的各章会在该章之内解释这些措辞,因此,它们看上去就像一部词典的各章(chapters of a dictionary),当然喽,它们并没有按字母表次序编排。现在,有相续的两章始于要解释的希伯来语措辞,但这些希伯来语措辞却辅以阿拉伯语冠词。(诸位若是想要个例子,那么,以希伯来语写成的阿拉伯语是这样的:

al-yeẓ'ia——这个词的希伯来语形式应是ha-yeẓ'ia，意为"出去"，这[al]就是阿拉伯语冠词。)[《迷途指津》第二子部]有这样紧紧连着的两章。㊄进而，紧挨着这两章之前的那章是第22章，第22章的开头为后面两章的不规则做了准备并对之加以强调。㊇迈蒙尼德在那章的开头是这么做的：他首先只给出希伯来动词ba'——"他来"（he came）或"来"（came）——的单纯常规形式，随后他以一个名词化的动词（substantivated verb），即希伯来语动词的名词形式，并辅之以阿拉伯语冠词开始了他的句子；随后，接下来的两章就只是以辅以阿拉伯语冠词的动名词开始。我们来看，有人会因此以为：既然迈蒙尼德从单纯的希伯来语动词转到辅以阿拉伯语冠词的希伯来语动名词，那么，这种体例会继续下去，但随即我们就碰到让人惊讶的状况。在第25章，他又从单纯的希伯来语动词开始。这个希伯来词是shakhan，即"他居于"。诸位若是懂一点儿希伯来语，就知道接下来会怎么样。有人会以为，下一个句子会始于al-shekhinah[此居所]，可是，他却是用shakhan[居于]开始。诸位知道，shekhinah意指"居所"（Indwelling），"神的居所"；这是另一个后圣经时代的神学措辞，也是迈蒙尼德——如他由此所强调的——希望回避的[措辞]。在这个例子中，他给出的形式[与此前的形式相比]稍有不同，因为他在该章里用的是希伯来词shekhinah的阿拉伯语译文。㊉但我希望这里面的主旨[对诸位]已变得清晰。借助这些奇怪的不合常规的做法，迈蒙尼德将我们的注意力引向一个事实：他将无视后圣经时代的用法，并强调自己会重视圣经的字面含义。我还可以给出其他例证，不过我不想用太多细节来烦扰诸位。

　　我认为，在第二个子部，迈蒙尼德把我们的注意力引向了"惟圣经

㊄　见《迷途指津》卷一23章，页52；24章，页53。

㊇　见《迷途指津》卷一22章，页51。

㊉　见《迷途指津》卷一25章，页55。对应希伯来文单词shekhinah的阿拉伯文单词是sakina，不过这两个词在两种语言中的含义范围不同。

运动"（Karaitism）⑩提出的问题。唔，极为粗略地说，惟圣经运动堪比基督教里的新教运动（Protestantism）——不看传统，只看圣经；或者更贴切一点，堪比伊斯兰教里的什叶派（the Shia）——只看《古兰经》，不看传统，也不看圣行（the Sunna）。迈蒙尼德在此提出了惟圣经运动和那些犹太人——在那个时代，他们人数很多——的问题，他们说：只有圣经文本是权威的，《塔木德》则毫无权威。然而，在这个部分（section）迈蒙尼德也指出，他解决了——〈或更确切说〉他如何解决——惟圣经运动提出的问题。他自然而然地向着拉比运动（Rabbinitism）——拉比运动是与惟圣经运动相对立的词，指接受拉比传统的犹太人——的方向解决了这个问题。可是，如诸位即将看到的，这造成了某些问题。

我刚才说过，[《迷途指津》] 头七章是基于我所指出的托拉中的两、三节经文。现在，我们可以在第二子部辨识出对托拉中另两节经文的一种相应的运用。这一次的两节经文出自《出埃及记》33 章。我为在座懂点儿希伯来语的人读一下：

> …hinne maqom 'itti v-niẓẓavta 'al-ha-ẕur. Ve-haya ba-'avor…[看哪，有个地方在我旁边，你〈摩西〉要站在那磐石上。当〈我的荣耀〉经过时，就要有这事]。⑪

---

⑩　我没有改变施特劳斯对该词的拼法，尽管当代英语学界一般用 Karaism 而非 Karaitism 来指称这种宗教运动。不过，该运动的支持者通常被称为 Kara-ites[惟圣经派]。"唯圣经运动"是一场中世纪犹太教的宗教运动，公元 8 世纪时兴起于伊拉克（犹太人仍将那里称为巴比伦），该运动的雄壮势力持续数世纪之久，一度在犹太人中非常流行，对后世犹太教亦产生持久影响。"惟圣经运动"的准则是，犹太教单单由[犹太]宗教、各种教导（teachings）和希伯来圣经的律法构成。Karaites 作为习语可译成 biblicists[唯圣经派]。该运动拒斥犹太人在公元 70 年以后对《塔木德》和各种《米德拉什》（Midrashim）亦即"口传律法"以及随后展开的拉比传统的依赖，视其为败坏和背离。他们的反对者通常被称为拉比派（Rabbinites），即圣经传统之外的拉比传统的支持者。

⑪　见《出埃及记》33 章 21 - 22 节。对勘《迷途指津》卷一 8 章（页 34）、15 章（页 41）与卷一 21 章（页 50）。

在这些词中，maqom［场所，地方］⑥在这个子部得到讨论，还有 naẓav［站立］、⑥ ẕur［磐石］、⑥以及' avar［经过］⑥。不过我们也看到这里还使用了某些完全不同的圣经措辞，不是来自托拉，⑥而是来自《以赛亚书》第 6 章，有关［先知］以赛亚使命的名章。⑥这些措辞，如 kise'［宝座］⑱，yashav［坐］⑲，' amad［站］⑳，naga'［触碰］㉑，male'［充满］㉒，ram ve-nisa'［高高举起］㉓，regel［脚］㉔，都出现在［《以赛亚书》］第 6 章以赛亚的讲辞中，都在这个子部得到了讨论。那么，这意味着什么？以赛亚在第 6 章说："我的眼睛看到了王（the King），the Lord ẕibaot［万军之主］。"㉕以赛亚没有像摩西那样说，或者像摩西据称的

㉒ 见《迷途指津》卷一 8 章，页 33 - 34。

㉓ 见《迷途指津》卷一 15 章，页 40 - 41。

㉔ 见《迷途指津》卷一 16 章，页 42。

㉕ 见《迷途指津》卷一 21 章，页 47 - 51。

㉖ ［中译按］从这里可以看到，施特劳斯仅仅视五经或曰律法书为托拉，而没有在作为犹太教圣经整体的意义上使用托拉这个概念。

㉗ "有关以赛亚使命的名章"指以赛亚受"呼召"成为先知的那章。

㉘ 《以赛亚书》6:1;《迷途指津》卷一 9 章，页 34 - 35。迈蒙尼德在该章没有引用《以赛亚书》第 6 章，但该章集中讨论的主题是"宝座"。

㉙ 《以赛亚书》6:1;《迷途指津》卷一 11 章，页 37 - 38。迈蒙尼德在该章没有引用《以赛亚书》第 6 章，但该章集中讨论的主题是"坐"。

㉚ 《以赛亚书》6:1;《迷途指津》卷一 13 章，页 39 - 40。迈蒙尼德在该章没有引用《以赛亚书》第 6 章，但该章集中讨论的主题是"站"。

㉑ 《以赛亚书》6:7;《迷途指津》卷一 18 章，页 43 - 45。

㉒ 《以赛亚书》6:3;《迷途指津》卷一 19 章，页 45 - 46。

㉓ 《以赛亚书》6:1;《迷途指津》卷一 20 章，页 46 - 47。迈蒙尼德在该章没有引用《以赛亚书》第 6 章，但该章集中讨论的主题是"高"和"举起"。

㉔ 《以赛亚书》6:2;《迷途指津》卷一 28 章，页 59 - 61。迈蒙尼德在该章没有引用《以赛亚书》第 6 章，但该章集中讨论的主题是"脚"。

㉕ 《以赛亚书》6:5。

那样说：“我的眼睛看到了主的外形（*figure*）。”㊱他更没有像托拉那样说：“人不能看到我并且活着［ve-lo yir'ani ha-'adam va-hai］。”㊲现在，要是我们相信托拉，相信圣经，基于经文我们似乎就不得不说，在关于上帝的知识方面，以赛亚比摩西达到了更高的阶段——“我的眼睛看到了王（the King）”，㊳而非王的“外形”；换言之，从摩西到以赛亚有一种进步（a *progress*）。乍看起来，这种暗示必定会被任何了解一些迈蒙尼德的人正当地斥为荒谬，［迈蒙尼德说过，］摩西的至尊地位是托拉的根基之一，等等等等。但是，［进步］这种说法并不完全错，我可以引述 15 世纪早期阿尔博（Yosef Albo）在《根荄之书》（the *Roots*）里对该主题的讨论，来向诸位表明这一点。㊴ 阿尔博是位非常可敬的

㊱　《民数记》12：8。该节原文使用的是第三人称而非第一人称：上帝说摩西看到了主的形象，并不是摩西自己声称“我看到了主的形象”。

㊲　《出埃及记》33：20。

㊳　《以赛亚书》6：5。

㊴　阿尔博（Joseph Albo，约 1380—1444）是 15 世纪基督教治下西班牙境内的一位犹太思想大家，施特劳斯对他极为敬重。阿尔博在《根荄之书》（*Sefer ha-Ikkarim*［*Book of Roots*］）卷三 17 章提及以赛亚的预言（Husik 英译本，页 151 - 154），下面这段话是他关于摩西之后的先知们的一般论述：

> 综上所述，清楚的是，一个次要的先知肯定不会反对比他重要的先知的言辞，相反，他的言辞要这样来阐释，即它们不应当与更重要的先知的言辞相冲突……然而，任何先知是否可以阐释摩西的言辞，并且，尽管这些言辞的表述不受任何限定，但它们的涵义是有条件的，或者说，这些言辞有时间限制，尽管这种限制没有得到明确的表述——这一点将靠着上帝的帮助在后文得到讨论。

关于阿尔博的晚近研究，可参 Ralph Lerner，《阿尔博〈根荄之书〉中的自然法》（“Natural Law in Albo's ' Book of Roots ' ”），收入《古人与今人：敬贺施特劳斯文集——论政治哲学的传统》（*Ancients and Moderns：Essays on the Tradition of Political Philosophy in Honor of Leo Strauss*），Joseph Cropsey 编，New York：Bacis

人,并不因为他是……

〈录音在此明显中断〉

……不是在托拉里。他在那里给出三个[例子]。[80]我们的祖先是在萨比人(the Sabians)亦即异教徒(pagans)的信仰中受到养育的,因此,他们拒绝神迹的可能性。因此,他们需要极为漫长的教育,需要慢慢养成习惯,直到可以把他们引向对最大的神迹——复活——的信仰。不过,这并不意味着摩西不知道这个根基——这个原则,即复活,而是意味着,他显然没有教导这个根基。与此相似,解决神意问题(the

---

Books,1964,页 132 - 147;《阿尔博的政治技艺》("The Political Art of Joseph Albo"),收入《中世纪与文艺复兴时期的阿威罗伊传统》(*Averroismus im Mittelalter und in der Renaissance*),Friedrich Niewöhner 及 Loris Sturlese 编,Zurich:Spur,1994,页 251 - 268;《后记:生存训练——阿尔博的〈根荄之书〉》("Postsript:Survival Training-Albo's 'Book of Roots'"),收入《迈蒙尼德的光启帝国》,前揭,页 89 - 95;David Novak,《阿尔博的挪亚律法理论》("Albo's Theory of Noahide Law"),收入《犹太教中的非犹太人形象:挪亚律法的理念》(*The Image of the Non-Jew in Judaism:The Idea of Noahide Laws*),Matthew LaGrone 编,第 2 版,Oxford:Littman Library of Jewish Civilization,2011,页 176 - 194;Dror Ehrlich,《重评拉比阿尔博〈根荄之书〉中的自然法》("A Reassessment of Natural Law in Rabbi Joseph Albo's 'Book of Principles'"),刊《希伯来政治研究》(*Hebraic Political Studies*)卷 1,第 4 期,2006,页 413 - 439。

[80] 由于录音中断,有一部分讲演内容无疑丢失了,究竟丢失多少也不清楚。在这儿,请容我大胆提出对这个句子的假设性重构。我认为,"他"指迈蒙尼德,"在那里给出"指"在《论复活》(*Treatise on Resurrection*)和《迷途指津》里给出","三"指犹太教传统中似乎超过摩西在托拉中的教海的其他训导的范例:

(1)最早归于但以理的有关复活的根本教海;

(2)在《约伯记》中首次证实的有关神意(providence)的教海;

(3)以西结讲述且可能由以赛亚加以完善的关于神车的至尊故事。

见迈蒙尼德,《复活论》(*Treatise on Resurrection*),弗拉德金(Fradkin)英译,收入 Ralph Lerner,《迈蒙尼德的光启帝国:信仰时代的民众启蒙》,前揭,页 169 - 177;《迷途指津》卷三"导言",页 415 - 416;卷三 1 章,页 417 - 430;卷三 17 章,页 464 - 474;卷三 19 章,页 477 - 480;卷三 22 - 23 章,页 486 - 97。

problem of providence)的是《约伯记》,一部处理非犹太人先知(约伯是其中之一)的非先知书(nonprophetic book),而非《诗篇》和《先知书》。但最重要的是,按迈蒙尼德的说法,所有论题里最高的论题是 ma'aseh merkavah[神车论],是有关神车的故事。它是比创世故事更高的论题。创世故事由摩西讲述,但神车的故事由[先知]以西结讲述。不过迈蒙尼德清楚指出,以西结对神车的讲述(presentation)在尊贵程度上不如以赛亚的讲述,而以赛亚[对神车]的讲述恰恰出现在我刚刚提到的第6章。⑧ 因此,圣经里对最高教诲的最高程度的讲述出现在《以赛亚书》第6章,我想这证明了我的观点。

　　一旦承认圣经内进步(intrabiblical progress)——即在摩西的教诲之外的一种进步——的可能性,要承认后圣经时代的进步就不存在根本的困难了。我只提一点。先知与并非先知的智慧者(the nonprophetic wise men)之间的区别在于一个事实:先知对最高真理具有直觉式的(intuitive)知识,或者说,他们不必运用推理就能认识那些真理。先知们的确也教导门徒,但这种教诲很可能意在将门徒引向直觉式知识。严格而言的教诲——就教师和学生那方面来说并不预设先知式启迪(prophetic illumination)的一种教诲,是希腊智慧者的发现。因此,将希腊科学引入犹太教,令其恰当地附属于犹太教,可视为一种更大程度上的进步。它能使非先知们真正*知道*:上帝存在,祂是一,祂是无形体的。或许,[迈蒙尼德]把归宗犹太教者翁格洛斯(Onkelos the *Proselyte*)视为阿拉米语托拉的权威译者不是一个偶然——翁格洛斯做了无数努力来抵消经文的[上帝]有形体的倾向。⑧ 最后但绝非无关紧要的是,迈蒙尼德本人是第一个这样的犹太人:尝试从整个犹太人共同体中彻底根除作为偶像崇拜的隐匿前提的[上帝的]有形体性。若是在起初、在启示的黄金时代亦即圣经时代,迈蒙尼德的如此所为不仅多余,而且在那个时代也是不可能的。

---

　　⑧　迈蒙尼德在《迷途指津》卷三6章(页427)里提出,以赛亚预言的等级高于以西结预言的等级。

　　⑧　例如,参《迷途指津》卷一2章,页23;27章,页57;以及48章,页106。

在下面两者之间有某一种联结——我向那些对[《迷途指津》]文本有点兴趣的人指出这个论据,对其余的人,我则会忽略它:这么说吧,始于辅以阿拉伯语冠词的希伯来词语的两章,即卷一 23 和 24 章,跟一个极为不同的部分即卷三 36 至 49 章有某种类似之处,后者中每一章都始于这样一个表述——al-miẓvot[诸诫命],该词意为 the *miẓvot*,意即"诸诫命"(the commandments),又是阿拉伯语冠词[加]希伯来词语。因此,这两个部分之间有某种关联,对此我们可以说明如下。[卷三 36–49 章]这个部分的论题是圣经礼仪,尤其是种种献祭仪式。迈蒙尼德指出,这些献祭仪式有意消除异教徒的偶像崇拜式的献祭崇拜。这部著作的第一部分中,潜藏着一种类似的对于前圣经时代的异教崇拜的抨击式引述。在这两种情形下,迈蒙尼德都引出了某种对萨比教(Sabianism)的适应(*adaptation*),某种对萨比教的让步(concession)。这种让步,这种半有形论的语言,只有在当今、在异教信仰的最后残余已被消灭之后,才可能取消,这要归功于托拉对犹太人日益加深的直接影响,以及它通过基督教和伊斯兰教所发挥的间接影响。如今,在迈蒙尼德的时代,能够消除异教信仰的最后遗迹的时代到来了。

上述观察解决了迈蒙尼德讨论圣经中的[上帝]无形体论时的巨大内在困难。圣经〈以隐喻的方式〉教导上帝的无形体性,亦即,各种表述(例如"上帝的手")的字面含义均是比喻式的。换言之,圣经从不曾意指上帝有一只手,从一开始圣经就是在隐喻的意义上使用这一说法。可是,迈蒙尼德也在其他段落中说过,字面含义就是有形论的,因为托拉以人类的语言言说,也就是说,托拉用俗众的语言说话,而俗众并不能设想任何无形体的东西。圣经教导上帝的无形体性,但它不断以有形论的措辞说到上帝——在反对信仰有形诸神的同时,圣经助长了对〈上帝〉有形论的信仰。这被称为一个悖论式的事实。按迈蒙尼德的说法,这一点可以解释如下。圣经首先诉诸的是俗众,而只有诱使俗众相信上帝是一个身体,才能把他们引向对上帝的信仰。因为,在俗众的心里,存在(to be)就等于是一个身体(to be a body)或在一个身体里存在(to be in a body)。把俗众——尤其是在异教崇拜中养育长大的一个俗人——引向信仰圣主亦即独一上帝的惟一方式,是赋予上主一个身体。而对俗众来说,上帝是完善的。最强有力的存在者的居所在天上,但祂用最快的速度从天上下降又上升到天上,祂的居所也在圣殿,那是俗众唯一可以理解上帝的方式。

现在,请容我再度使用一个表达(它可能无法让每个人都理解):如果"我们的导师摩西"(rabbenu Moshe[中译按]指迈蒙尼德)以某种方式标志着超逾"摩西我们的导师"(Moshe rabbenu[中译按]指先知摩西)的一种进步,⑧或者说一句,如果"迷途者的托拉"(Torah of the perplexed)即"迷途者的指津"——顺便说一句,〈moreh[指导、指津]〉就等于 torah[教导]⑧——标志着超逾"非迷途者的托拉"亦即托拉本身的一种进步,那么,迈蒙尼德就有必要在其论证的一个相当早的阶段,将其读者的注意力引向圣经中的犹太教教诲与后圣经时代的犹太教教诲之间的差异,由此希伯来语的"场所"(maqom)以及"居所"(shekhinah)等词就奇奇怪怪地不断出现。在早期阶段,那种差异是仅有的重要差异,仅有的重要区分。因此,迈蒙尼德起初就在前四十八章里把圣经作为一个统一体来处理,并把后圣经时代的文献,即最广泛意义上的《塔木德》也作为一个统一体来处理。当他引述圣经时,他一般说:"祂说"、"祂说";而当他引述《塔木德》时,他说:"他们说"——他并不对个别人物作出任何区分。只是在后来,他才逐渐对个别人物作出区分,用称呼其名字的方式——比如以赛亚以及可能还有撒加利亚——引述个别先知的话语,或者用称呼其名字的方式引述《塔木德》教师的话语。这是他缓慢展开的论证的一个部分。

请容我对这一点作个概述:迈蒙尼德与托拉的联结起初是一根铁

---

⑧　Moshe rabbenu 这个短语可直译为"摩西我们的导师",即带来托拉的先知摩西,他以此教导以色列人。对摩西的这个传统称呼不仅强调了他的教师身份,而且还突出了把他视为"我们的导师"的尊崇和热爱。rabbenu Moshe 这个短语可直译为"我们的导师摩西"(它还指"我们的拉比摩西")——这是传统上对迈蒙尼德的称呼,《迷途指津》的注疏家们尤其这样称呼他。

⑧　在希伯来语中,这两个词(Moreh 和 Torah)来自同一个词根 yod-resh-he(*yrh*)。

条(an iron bond),但它逐步转变成一根细线(a fine thread)。可是,无论对托拉的有意识的灵性化(spiritualization)走得多远,它仍然总是对托拉的灵性化。

这么说吧,第二个子部(要是可以的话,我们将尽力讲得快一点)重点处理的各种措辞可归结为上帝所占据的场所、场所的变换等等。占据的场所和变换的场所属于严格意义上的有形体(bodies),无论是有生命的(animate)还是无生命的。第29章开启了一个新的子部,迈蒙尼德在其中转向归于上帝的各种措辞,这个上帝具有有生命的存在者的特征。他在那儿讨论了希伯来词'aẓav,即"遭受痛苦",在后面一章亦即第30章,他讨论了'akhal,即表示"吃"的希伯来词。接下来的六章是思辨式而非解经式的。那是一个新的统一体,一个新的子部:[卷一]29至36〈章〉。31章和35章是[《迷途指津》全书中]没有引述任何犹太文献的头两章,这种现象后来开始变得越来越频繁。在37章,迈蒙尼德又转向讨论圣经措辞,首先是意指生物(living beings)各部分的措辞,其次就是意指感官知觉的措辞——那[个转折]始于这儿,在37〈章〉。但我们得先试着理解这个子部——我称之为第三子部。

那么,这些〈措辞〉之间的关联是什么?这里只有两个词典式或解经式的章节。这么说吧,[这两章分别讨论]意指"痛苦"和"食物"的措辞。在神的科学的语境里,迈蒙尼德清楚表明,"知识"意味着,或不如说,"吃"首先意味着[上帝的愤怒]——"吃"被用在这类表述中,诸如"上帝吞灭一切的怒火"(God's consuming fire)。在希伯来语中,'esh 'okhelet〈字面上来说即〉"吞食火焰"(eating fire)、"怒火",亦即上帝的愤怒,这种愤怒主要或专门指向偶像崇拜。[85]其次,"吃"意味着吸收精神食物,即吸收最高的知识,有关上帝的知识。然后,这个叫'aẓav[遭受痛苦]的词也指愤怒和背叛,而偶像崇拜是对上帝最严重的背叛。[86]因此,这个子部处理两个论题:一是有关上帝的知识,另一个是偶像崇拜。更准确地说——要是诸位读一下这两章就会清楚——这个子部一

---

[85] 对勘《迷途指津》卷一29章(页62–63)与卷一36章(页82–85)。

[86] 见《迷途指津》卷一30章(页63–64)及32章(页69)。

方面处理阻碍人获取知识的种种困难，或者说伴随知识的种种危险，另一方面处理偶像崇拜。在整个子部里，对"愤怒"亦即对偶像崇拜的讨论围绕着对伴随知识的危险的讨论。那么，这就是第三个子部。我们顺便还要指出，尽管有两章致力于上帝的愤怒，但却没有哪章致力于上帝的喜悦和笑，这些也是圣经里用于上帝的措辞。

第四个子部，37 至 49〈章〉，处理的首先是身体的各部分，随后是归于上帝的感官知觉。这个子部的最后一个涉及上帝的主题再度回到"看"，正如此书第 4 章讨论的上帝的第一个行动是"看"那样。第 49章自成一类，它处理的不是上帝而是诸天使，其着眼的事实是：天使们也是无形体的。

第四子部与第三子部截然对立，解经在其中再度占有主导地位；而后面的第五子部又由思辨占据主导地位。所以，诸位可以看到：一个几乎全部是解经的〈第二子部〉；〈继而，〉这是思辨占主导地位的〈第三子部〉；〈随后是〉解经〈即第四子部〉；〈随后是〉思辨〈即第五子部〉。迈蒙尼德不想让著作的前面部分太密集地出现思辨章节。

好，第四子部终结于这个论题：诸天使的无形体性；也就是说，某种以复数形式——有许多〈亦即〉许多天使——存在的东西的无形体性。迄此整个部分的论题并非单一性而是无形体性。（上帝的）单一性仅仅是个预设。随后，迈蒙尼德在 50 章转向这个预设。（请容我在这儿排个序——所以，第五子部从 50 章到 60 章）我马上会对此作出解释。

到此为止，[上帝的]单一性是被预设的，在信仰上帝单一性的基础上，可以教导[上帝的]无形体性。而现在，迈蒙尼德转向单一性。正如他打算表明的，对单一性的信仰必须从严格意义上来理解，不能像基督徒那样，把上帝的单一性理解为可与其三位一体相容。在[卷一50–60 章的]十一章里面，迈蒙尼德按思辨或证明的要求，对有关上帝单一性的普通的，甚至可以说是传统的概念实施了一种激进的转化。但单一性并没有在这儿得到证明，也就是说，证明依然被推迟了。[上帝单一性的]论证基于"上帝在每个方面是一"这个前提。迈蒙尼德在致力于讨论上帝单一性的整个语境里，一次也没有引用涉及上帝一体性的最重要的圣经段落,即大诫命(the *shema*),以此提示(indicates)他对通常所理解的上帝的单一性实施改变具有极大的重要性。⑧[大诫命里的]著名话语〈是〉:"听呵,以色列,圣主(the Lord)是我们的上帝,圣主是一。"⑧迈蒙尼德只是指出,在这节里,"一"意味着上帝无与伦比,这跟绝对的单一性和绝对的独一性(simplicity)并不相同。此处不再有词典式章节。在〈前面所讨论的〉这整个很长的部分或者说一系列子部里,只有一章没有任何犹太教式的表述,更不消说也没有任何〈与犹太教相关的〉引述。⑧而在[第五子部即卷一50至60章]这十一章里,有五章是这样的。⑨换言之,哲学的异在因素在一个高得多的程度上到来。并且,在这几章关于单一性的思辨式讨论与下一个子部——[卷一]61至67章——的解经式讨论之间,还有一个相对明显的区分。我将对此作个简要的解释。

按迈蒙尼德的说法,上帝的单一性意味着上帝在每一方面的绝对的独一性。严格来说,上帝并不拥有属性的多样性:[诸如]永活的、智慧的、存在的,等等。我们知道的仅仅在于上帝是[即上帝存在],而非祂是什么(*that* God is,but not *what* He is)。可是,当我们将"存在"(being)归于上帝和受造物时,"存在"只在名相(name)上是共同的。当我们把任何属性归于上帝时,我们并不知道我们意指什么。可以说,我们知道的仅仅是名相。61至67〈章〉处理上帝的各种名字,[其]希伯来语名字。⑨这个子部完全是解经的,尽管不再是词典式的(lexicograph-

---

⑧ 奇怪的是,《迷途指津》只在一个地方提到"大诫命",并且是在全书最后,几乎是顺带提及,或者说,至少其目似乎本质上并不涉及上帝的一体性,亦即其目的是为了建立"'肯定天使的存在'这种意见的有效性",不过该目的并不与上帝的单一性相矛盾。见《迷途指津》卷三45章,页577。

⑧ 《申命记》6:4。人们通常认为,"大诫命"的最简洁形式是犹太人最古老的信仰宣告或荣耀颂(doxology)。

⑧ 见《迷途指津》卷一31章,页65-67。

⑨ 见《迷途指津》卷一51章,52章,56章,58章,60章。

⑨ 按施特劳斯的构想,《迷途指津》卷一61-67章构成第一部分的第六子部。

ic)——请原谅我使用[词典式的]这个词,不过我希望诸位可以理解;[我的意思是,接下来的子部]它不再像一部词典那样。我们又一次注意到某种显著的沉默。关于上帝名字的最关键的段落,《出埃及记》6章2-3节,在整部《迷途指津》里都没有被提到。[92]我说的这个段落是:

> 上帝对摩西说:我是圣主。我曾以全能的上帝(El-Shaddai)为名,向亚伯拉罕、以撒、雅各显现,但我的这个名字(*Ha-Shem*)[——主],我未曾向他们晓谕。[93]

我指的是,这个名字,〈这个〉圣洁的名字(Sacred Name)。〈迈蒙尼德〉从未引用这个词〈即这一节〉。这显然是托拉的最大的秘密之一。名字,上帝的名字,与上帝的荣耀相关:shem ha-Shem kevod ha-Shem[圣名的名即圣名的荣耀]。可听的东西,即神圣的名(holy names),取代了可见的东西即神圣的形象或外观(holy images or shapes)的位置。命名上帝的并非祂自身,而是人。这就带来了上帝的言说这个问题。这里的整个子部差不多处理的是,上帝并非一个说话的存在者,并非一个在 logikon[言说的,理性的][94]这个词的字面意义上的理性存在者,正如

---

[92] 我不太确定施特劳斯这句话有什么含义,或者说,他这么说的时候心里是怎么想的。在我看来,这么说显然并不确切,见《迷途指津》卷二35章,页367。

[93] [中译按]中译文"圣主"的原文为 the Lord,其所指代的是以希伯来字母חוה表示的圣名,中译本通常译作"耶和华",为尊重犹太人不称呼这个独一无二的上帝名字的习惯,酌译为"主"。Ha-Shem[这个名字]是犹太人传统上对上帝圣名的一种表达。

[94] 亚里士多德关于人的定义 zoon logikon,通常译作"理性动物"或"理性生物"(rational living being),但这个词组也可直译为"讲话的动物"(speaking animal)或"讲话的生物"。见《迷途指津》卷一1章,页21-23。另见迈蒙尼德,《逻辑》("Logic"),收入《迈蒙尼德伦理文集》(*Ethical Writings of Maimonises*),Raymond L. Weiss 及 Charles E. Butterworth 英译,New York:New York University Press,1975,页158。与亚里士多德一样,迈蒙尼德用来指人的(逻辑意义上的)"理性能力"的阿拉伯语,也可译为"讲话能力"。

这整个子部——或者〈更确切地〉说这一系列子部——处理的是这样的事实：上帝既非一个物体（a body），亦非一个严格意义上的生命存在者、一个动物（an animal），等等。

现在，随着卷一68章，一个新的〈即第七〉子部开启了，这个子部理所当然延续到［卷一］70章。非常清楚，这个子部再度基于哲学，或许这一点比任何前面的子部更清楚。我们能不能看到它的主题是什么？68章采纳了50至60章的教海，在那儿，上帝的生命（God's life）等同于祂的自我理解（self-apprehension）。此章处理作为心智（mind），即作为 nous［心智、理智］或曰理智（intellect）的上帝。这么说吧，"理智"这个词在用于上帝和人时是单义的（univocal），不像所有其他措辞那样仅仅是同名异义（homonymous）。这意味着，上帝集理智（the intellect）、理智的行动（the act of intellect）以及被理知的事物（the intellected thing）于一体。这是迈蒙尼德在这儿提出的论点。下章有一个类似的三合一的主题：上帝是世界的目的因、形式因和动力因。祂尤其作为第一推动者而是［世界的］动力因。……⑨

〈录音在此明显中断〉

……乍看上去，亚伯拉罕、以撒、雅各的上帝，这个上帝的存在由幸存的神迹得以证实（proven）。现在，如迈蒙尼德所说，人们已认识到事情不像他们起初想象的那样，而那些人是不完善的，他们的信仰被败坏了。现在开始有必要去证明（to demonstrate）上帝的存在、单一性和无形体性了。这是第二个部分（section）的论题，这个部分始于这儿，它有一个清楚的整体规划，其种种细节亦能得到理解。［这个部分从］第一卷的71章直到第二卷的31章。顺便说一句，这个部分的第一章，［即卷一］71〈章〉，是《迷途指津》中最具可读性的一章。就迈蒙尼德所知且跟他的讨论相关的领域而言，此章是一份极为清晰的神学史概述，它异常清晰地陈述了诸多问题。因此，任何人若是想要一个能以纯粹史学的方式消化的迈蒙尼德［著作］的样本，我建议他读一下此章。

好吧，我现在不得不着手解释某些极重要的问题。迈蒙尼德在此

---

⑨　见《迷途指津》卷一69章，页166–170。

面对的问题是,他现在不得不证实这些基本的原则:上帝的存在、单一性和无形体性。这么做有一种著名的方式:思辨神学(*kalam*)的方式。这起初是一种伊斯兰教的思维方式(way of thinking),后来也为犹太教所采纳,但迈蒙尼德拒斥这种方式。思辨神学通过假定(*assuming*)创造亦即世界的创造来证明上帝的存在,并从创造的事实中推断一位创世者的存在——这听上去几乎就是一种分析(an analytical thing)。可是,出于更大的公平,我不得不说,他们首先试图证实创造的事实。但在迈蒙尼德看来,这些证明(these proofs)完全是虚假的(spurious)证明。思辨神学家们从想象的前提——诸如原子论,他们采纳了希腊原子论的某个变种——出发,在此基础上,他们试图证明世界是被造的,那么,当然必定有一位创世者。迈蒙尼德的第一个难题(problem)是驳倒思辨神学,这出现在[卷一]73 至 76 章里。随后,他着手于真正的前提,由如其所是的世界(the world as it is)所提供的种种前提⑨——我们要说,迈蒙尼德像哲人们那样着手[进行证明]。因而,第二卷始于 26 个前提,它们都来自亚里士多德。从而,在[下]一个子部,大致——不,准确地——从[卷二]2 章至 12 章,他有了一个哲学的论证(a philosophic argument),一种哲学式宇宙论。随后,他有了下一个……我马上会就此作出解释。即便是此刻,有一点也已经很清楚。〈要理解〉这新的一卷即第二卷,现在让我们来看一下第一卷:我们看到第一卷讨论的首先是无形体性、随后是单一性,即一般而言的基于权威性的传统宗教的解经式讨论。在那儿,迈蒙尼德驳斥了一种虚假的神学,真正的原

---

⑨　见《迷途指津》卷一71 章,页 178－179:

　　所有来自接纳了基督教的希腊人,及来自穆斯林的第一代穆泰齐勒派(Mutakallimun),都未能使自己的[证明]前提符合现存事物的外观(the appearance of that which exists),而是考虑存在者应当如何有条理,从而可使之充任对某个特定意见的正确性的证明,或至少不致驳斥那种特定意见。……我要对你说,事实正如泰米斯提乌斯(Themistius)所言:现存事物并不符合各种意见,相反,正确的意见符合现存事物。

则、真正的基础仅在第二卷的开头才进入视野。

这里有这么个难题：亚里士多德给出的关于神的存在、单一性和无形体性的证明所立足的前提是，可见的宇宙是恒在的（eternal），而任何犹太人当然都不会接受这一点。因此，在亚里士多德的基础上证明了上帝的存在、单一性和无形体性之后，迈蒙尼德随即必须就亚里士多德的前提即世界是恒在的对亚里士多德提出异议，确立世界的创造——那［个论题］他在［卷二］13 至 31 章讨论了。因此，我要说，这里大致有一个三重的论证（tripartite argument）：对思辨神学的批评；哲学式论证；对哲学即亚里士多德哲学的批评。我们可以稍带夸张地说，第一卷根本而言是非哲学的，如果诸位愿意的话，也可以说是前哲学的。基于哲学的部分始于第二卷。

现在，我无论如何必须就余下部分的谋篇说几句。是的，我在想，这几乎是对你们的同情，因为我开了头的事我必须了结。〈听众笑〉第二部分（section）就到这里。现在我们进入第三部分，这很容易，没人怀疑过这是个清楚的部分，很明显：卷二 32 至 48 章——这是第二卷的结尾——处理预言。同样清楚的是，第三卷开头是一个整体〈即形成第四部分的卷三 1－7 章〉，［是］致力于对 maʿaseh merkavah［神车论］亦即《以西结书》1 章和 10 章的秘密阐释的七章。在［卷三］第 7 章结尾，有一段到那里为止涉及此书谋篇的最重要的评议。迈蒙尼德在这里说，自此以后，关于"神车"、关于严格意义上的神的科学，他不会再说任何一个词。一切在此之前的内容对神的科学都是必需的，因此，现在一个统一体彻底完成了。此前一切都是必需的，此后任何内容都与它〈即与"神车论"〉无关。所以，诸位可以说，在这本书中，这是个最大的［分割］切口（incision）。

下一个部分［即第五部分］、下一章［即卷三第 8 章］，始于这样的话语："具有生成与灭亡的种种物体（bodies）。"⑰前两卷处理上帝和天使，处理无身体的各种存在者（nonbodily beings），这些存在者并不生

---

　　⑰　参《迷途指津》卷三 8 章，页 430。

成。[这]给我们一个小小的结论:有一个部分缺失了,那就是对没有生成和灭亡的种种物体的讨论;也就是说,没有对天体(celestial bodies)的讨论。这〈种缺失〉与我前面提及的对自然学的省略有关。

那么,这[第五部分]就是卷三8至24章,这个部分处理神意(providence)的问题。神意另一方面涉及人类,亦即涉及有生成和灭亡的、具有身体的生命存在者。迈蒙尼德对灵魂不朽保持绝对沉默,因此,对神意的讨论变得跟对某些具有生灭的物体的讨论一样。卷三25至50章[即第六部分]处理更严格意义上的托拉,处理托拉中的诫命以及托拉中讲述的故事。而卷三51至54章[即第七部分]是整部作品的结论。因此,诸位看到了所有七个部分。中间部分[即第四部分]是卷三1至7章:致力于最圣洁、最隐秘密事物的七章。有人可能会说,这就是它应该是的样子。我在此无法详尽表明这一点,即除了最后那个部分以外,所有这些部分都可以被分为七个子部,以致在某种程度上——尽管不是彻底地——七是这部奥秘著作的关键数。

我相信——尽管我还有更多的材料——一切皆有限度。感谢诸位的耐心[聆听]。

〈演讲在听众热烈的掌声中结束〉

第二节　之后的讨论

施特劳斯[以下简称"施"]:〈静静地说〉现在开始讨论。

主持人克罗波西[以下简称"克"]:我们衷心感谢施特劳斯博士。通常在这个时候会有一个茶歇,但我想摄取食物可能会不当地令人想起肉身性(corporeality[或"有形体性"])〈听众笑〉,不该让它来侵扰有关这个论点的意图。因此,我提议改变一下规则,施特劳斯博士亦已同意直接接受提问。

施:是的,[问题]或者异议(objections)。很好。或许我们可以这么做:我们[再]来一个子部(subsection),在茶点之前(priori to the food)……

听众:因为我们在……期间长大成人……

施:……在食物与水之前(prior to the food and water)……不,有三样:[其]一,当我们在吃东西,[另]一,不是……〈听众笑〉。现在,好吧,诸位有什么问题么? ……应该有很多可能的异议! 比如说:为什么我只是说了那么多关于此书的经验(mere *experience*),而非此书的实质(substance)?

提问者:那不是个问题。

施:是个异议。但我说的正是"异议"。那是妥当的。

提问者:那么,您能不能解释一下,为什么您〈大部分时间都在谈《迷途指津》的谋篇? 实际上谋篇并没有出现在《迷途指津》里。〉

〈听众笑〉

施:因为它[谋篇]也是此书的部分。如果有作者说,这本书以极度的细心写成,[98]那人们也要考虑其外部特征(the externals)。进而,若有人进入实质性问题,他就进入了巨大的难题中,这些难题无法解决,除非考虑那些外部特征。不过,我可以给你一个类似的问题。当我还很年轻时,在差不多你们的年纪或稍微大一点儿时,我试着理解迈蒙尼德的神意学说(doctrine of providence)。我那时对这个问题不是〈那么〉懵懂(innocent);〈我此前通过一些途径知道他的这部作品〉。似乎再清楚不过的是,当我多读几行,我不得不对我已经写下的笔记作出修正,于是我对笔记作出修正。然后,再多读几行后,我再次开始修正笔记。所以,关于这个问题有这种奇怪的晦涩。随后,我留意到,迈蒙尼德用了两个不同的措辞来表示神意:即希伯来语的 hashgahah 和 hanhagah,对此,我们可以分别译作 providence[神意]和 governance[统驭]。我发现,他以同义词的方式使用这两个词。但有时候,似乎并非〈如此〉;〈经反复阅读,〉它们开始显得完全不同。因此,我被迫对[如何理解]整部作品作出修正。然后,我看到在很长的部分中只出现了"统驭",继而,在其他部分只出现了"神意",然后还有另外的部分两个词

---

[98] 施特劳斯指的是《迷途指津》卷一"导言",页15。

同时交替出现。进而(这一点开始变得关键),我看到,在大概是卷一40章那里,有一次提到论及 hanhagah 亦即"统驭"的那几章。⑨按通常的理解,这个地方提到的是论神意的部分,即第五部分。那么,如诸位所见,如果 ma'aseh merkavah[神车论]是最重要的事,如果那意味着[它可以]被诠译成"统驭",那么,诸位知道,这具有异乎寻常的重要性。我的意思是,毕竟,诸位可以无需任何理解,仅从言辞表述就作出推论:如果最重大的事是 merkavah 即"神车"——诸位可以发现,有个专业术语(我指的是表示"统驭"的专业术语)能作为"神车"的诠译,如果这样,那么,这[个诠译]必定对理解文本有极端的重要性。所以说,我看到了诸如这样的东西,例如词语的各种特指(specificities)是有意的,且必定是有意的。那么,〈若是〉诸位〈起初〉不知道哪个〈词〉有特别含义,这可能不〈那么〉重要。我的意思是,这样的话人们就只要〈继续思考它〉。我认为,谋篇〈居于核心地位,不过〉我相信,我从未在任何著作中发现这种谋篇。并且我认为它是……我相信,若是诸位读一下〈我的〉这些研究,你们将发现它〈即这个谋篇〉〈对理解《迷途指津》〉很有帮助。依我看,它对于理解各种实质性问题是一个绝对条件。

　　提问者:我能初步了解您在"隐秘"教诲与"非隐秘"教诲之间作出的区分。那么,"隐秘"的依据是某些观念或知识领域吗? 抑或,"隐秘"是代表所有知识的一个维度?〈当然,〉我不知道〈,即便迈蒙尼德确实将"秘密"赋予一个观念或知识领域,这一点是否在他的著作里得到清楚的区分〉。

　　施:不,不是这样的,关于题旨(subject matter)有一个清楚的划分(division)。可以说,原则上很清楚。但是,[此书中]有许许多多重叠的主题(subjects),这会让你陷入真正的困境。我建议你读一下《迷途指津》卷一 35 章,如果我没搞错的话——我几乎可以肯定,在那儿,迈蒙尼德试图划出一条界线。但你可以这样说:上帝的存

---

　　⑨　见《迷途指津》卷一 40 章,页 90。该章讨论"气"(air[ruah])。

在、单一性和无形体性不可能是隐秘的教诲。可是,比如说神意的确切涵义,它就属于隐秘教诲。你也可以说,摩西——最高等级的先知——的特殊地位是个秘密,这一点可由大量的如下这类矛盾所指明:一方面,迈蒙尼德说,摩西是惟一不使用其想象力的先知——想象力被认为是一种较低的官能;⑩然后,人们却可以从《迷途指津》中的无数页证明,摩西的确使用他的想象力。这种矛盾从未消除。请容我这么说:在任何主题里,当事关该主题出现了一种矛盾说法,就可以安全地假定,那儿有秘密存在。

提问者:您如何使"上帝的形象"与形体性相协调,并且如何使祂对人类身体的使用与我们的〈可见〉外形相协调?

施:不是这样的。好吧,我的意思是,迈蒙尼德说的是,上帝是无形体的,而经文〈"人以上帝的形象被造"〉一定不能从字面上来理解。但尽管如此,若是你没有知识,突然面对这个句子,你可能会想,上帝是个有形体的存在者。若是上帝以祂的形象或样子造人,那似乎会有一种反向关系,从而上帝就会以人的形象或样子存在,因此看上去像人。毕竟,世界上有不少民族的人们相信,诸神具有人的外形,我指的是异教徒们。因此,迈蒙尼德迫不得已深入到这一有关形体性的整个问题中。不过,在犹太教里也有某种神秘主义的学说(mystical doctrines),该学说以一种神秘主义的方式论及"上帝的身体"(the body of God)。他们某种程度上并不完全拒绝上帝是有形体的这个概念,尽管他们并非以一种朴素的方式意指这个概念。

提问者:我有两个问题,其中之一涉及您对一个问题所作的评议,即用于人和用于上帝时,有一个概念不仅仅以同名异义的(homonymously)方式来使用……

施:是的,它就是那样被使用的。是的,这就是那个教诲。

---

⑩ 见《迷途指津》卷二 35 章,页 367 – 368;卷二 36 章,页 373;以及卷二 45 章,页 403。

提问者:有一个〈被这样使用的〉词,我想那是心智、理智?

施:是的。

提问者:我希望您能对这个问题作个澄清。我的意思是,在何种意义上不使用[同名异义]这样的方式,在何种意义上使用其他方式?

施:是呵,好吧,我只能说,这是个事实。

提问者:那么,迈蒙尼德有没有解释过这一点?

施:不,不,[他]没有。

提问者:他看到这一点了么?

施:不。迈蒙尼德说……看,在公认讨论属性学说的十一章里,即《迷途指津》卷一50至60章,提出了这个最终的说法,即所有用于上帝的词,仅仅在名相上跟相应的用于人或其他兽类的词有共同之处。实际上,当你随后读到这一章,即处理理智的卷一68章,你可以看到,这里[讨论的理智]不是同名异义(homonymity),他没再那么说。尤其是,若是有人不怕费点事,就去查阅一下迈蒙尼德的这个主张,即理智、理智的行动(要是人们可以那样说的话,即从事理智活动[intelligizing])以及intellectum即被理知的事物是同一的,来源何处。这显然是亚里士多德的观点——他在论及人的时候这样说,用以表明人开始被noumena[种种被理知的事物]所充满。[⑩]因此就是这样。我的意思是,那一点导致了巨大的问题。人们想要通过一再阅读来理解它。

提问者:那是一个问题。第二个问题涉及您所说的一段引文:迈蒙尼德说,被给予托拉的人们此前是——(我想他用了这个词)——Sabians[萨比人]或是S'bians[斯比人]?

施:萨比人,是的。我不知道你怎么就把它读得恰到好处。我可以把它写出来。

提问者:好吧,在我看来,那个词无疑具有伊斯兰教的起源……

---

⑩ 施特劳斯所指的亚里士多德的观点(即迈蒙尼德立论的基础)出自《形而上学》,卷Λ,1072b14–31。另参Pines,"译者导言",《迷途指津》,页xcvii–xcviii。

施:对,它来自《古兰经》。

提问者:……我指的是对这个词的使用。可以的话请您简单说几句,我现在想知道,这仅仅是一个附带的暗示,抑或伊斯兰神学在其中占很大比重?

施:我想,我不那么相信。[《迷途指津》中]有某些伊斯兰语汇,比如,迈蒙尼德用来指"单一性"的词:tawhid——distinct[独一]——你知道那个词。他也用其他[伊斯兰]语汇,du'a[祈愿],诸如此类。但我想……当然,他用到伊斯兰哲人们的词汇,但伊斯兰哲人们是否穆斯林们的这类典范,你知道,是个颇悬而未决的问题。因此,那个问题不能归入这一背景中。不过我要说,不是。我的意思是,可以确定的惟有一点,即迈蒙尼德有一些表述〈借自伊斯兰语汇〉。例如,这是我不久前刚刚了解到的:他称摩西 said il-alimun,这个阿拉伯短语意为"那些有学识者的导师"(the master of those who know)——就像但丁,只有但丁这么称呼亚里士多德。[102]但随后我询问我的朋友马迪(Mahdi)[103]——诸位都认识他,他是这里的阿拉伯学教授,他告诉我一件我以前不知道的事情:〈迈蒙尼德的短语是对某个伊斯兰措辞的〉一种改编(modification),《古兰经》里的这个短语不是写作 alimun,而是写作 alamun;那个词用来说穆罕

---

[102] 《迷途指津》在下面四章里提及作为"那些有学识者的导师"的摩西:卷一54章(页123),卷二28章(页336),卷三12章(页448)和卷三54章(页637)。另见 Pines,"译者导言",页 lxi,注8,并参但丁《神曲·地狱》IV,131。[中译按]中译见但丁,《神曲·地狱篇》,田德望译,人民文学出版社,2007,页22,页25注38。

[103] 马迪(Muhsin Mahdi,1926—2007)是当代中世纪伊斯兰哲学领域的权威学者。他对法拉比有细致深入的研究,其巅峰之作为《阿尔法拉比与伊斯兰政治哲学的奠基》(*Alfarabi and the Foundation of Islamic Political Philosophy*),Chicago:University of Chicago Press,2001。马迪还编订了几部极为重要的法拉比著作并将其译入英文。马迪曾是施特劳斯的学生,在施特劳斯指导下于1954年在芝加哥大学获得博士学位。

默德,它意指诸世界——人的世界和天使的世界——的导师。唔,我敢肯定,那一点[即]这个表述无法得到阐释,但可以考虑〈这个事实〉,即它是对《古兰经》表述的改编。这些事情的确会发生。但我想,一个人……而且,甚至当你再去读他的"犹太教"著作《法典》(the Code)〈即《重述托拉》〉时——其最后部分〈第14卷〉处理的是"君王及其战争"——对"战争法"(law of war)的描述会让你想起"圣战"(holy war)。我的意思是,那[种因素]多多少少显然出自《革马拉》(the Gemara),但其中有某种尚武的因素(warlike element),并非在《革马拉》或任何其他地方那么明显,除非是在圣经里,而伊斯兰教自然也精于此道。因此,[从]这些事情[可以看到],这类的某种影响出现在《迷途指津》里。但我相信它们不会影响到根本要点。

　　提问者:我的问题尤其出于下述理由。如果我记得没错,这个问题在伊斯兰教里被提出:萨比人——尤其是萨比人,也就是说,[他们]是不是相信众行星乃诸神的民族……

　　施:是,的确如此。

　　提问者:……那他们是否属于"书本的民族"(peoples of the book),也就是说,他们是否像犹太人或基督徒那样被对待?在〈迈蒙尼德〉对这个词的特定使用与特定种类的异教徒们或者说《古兰经》对萨比人的看待之间,是否存在某种关联?

　　施:我可以回答这个问题。对迈蒙尼德来说,萨比人当然并不属于 Ahl al-Kitab〈书本的民族〉;我的意思是,他们并不承认任何启示。这一点迈蒙尼德强调过。萨比人是异教徒。唔,迈蒙尼德依赖的是……这么说吧,迈蒙尼德所做的实在超乎寻常:迈蒙尼德声称,他理解了所有的圣经律法——差不多这样……而出于这种理解产生了一部出色的法典,如你所知。那么,他如何……而那导致了一个非常严重的问题,因为萨比人最后消失了,这些律法如今要怎样使用?我〈此刻〉不想深入这一点,那是个大问题,一年前,皮纳斯博士(Dr. Pines)举办讲座时,我们曾讨论过这问题。可是,迈蒙尼德怎么知道〈萨比人〉的？当然，从《古兰经》里的说法，但这些说法对他绝无权威可言。不过，有某些文献声称出于萨比人。那是用阿拉伯语写作的民族〈所书写的〉，迈蒙尼德引述过它们，他说他读过这些书。[104]迈蒙尼德还以某种方式声称——不过这有点不清楚——他理所当然视之为一种古老的文献，比方说，可以回溯到最古老的〈时代〉。可是，在《塔木德》的讨论中当然也还有关于"偶像崇拜"的知识的某种资料来源，顺及，圣经文本里也有很多[这类东西]。

不过，我们一定不要忘了，还有另一资料来源，迈蒙尼德曾研习亚里士多德。呃，亚里士多德没有对希腊的神话和祭仪提供很多细节，但足以给迈蒙尼德一个概念。至少有两个出自亚里士多德《伦理学》的段落，迈蒙尼德在讨论圣经诫命时引用过。[105]因此，有意思的问题不在于[你提到的]那一点，尽管那个问题也应当有把握以恰当的方式得到对待。有意思的问题是这个：迈蒙尼德有两个相互独立的关于异教信仰——或者说关于偶像崇拜（诸位可以用犹太术语 'avodah zarah[偶像崇拜]）——的资料来源，一个是犹太传统，即圣经和《塔木德》，另一个是希腊人的东西，这你们知道。迈蒙尼德仿佛是从两个角度同时得知异教信仰。而若是有人想要追究一下，那会导出非常有趣的研究。萨比人在两种完全不同的光源里显现。

---

[104]　迈蒙尼德告诉他的读者，他很熟悉这一"古老的"萨比教文献。不过，他引述最多的是伊本·瓦什亚（Abu Bakr Ahmad ibn Wahshiyya）所著的《纳巴泰人的农业》（The Nabatean Agriculture）。这本中世纪名著最初出现于公元904年。迈蒙尼德在《迷途指津》卷三29章（页518–519）及卷三30章（页322[中译按]此处原文为"卷三32章"，似有误。页码为中译者所补充）里特别提到这本书及其他相关著作。参 Pines，"译者导言"，页 cxxiii–cxxiv。

[105]　《迷途指津》在讨论律法时提到亚里士多德《伦理学》之处有：卷三43章（页571–572）；卷三49章（页601,608）。就《迷途指津》卷三49章（页608）所引述的亚里士多德《伦理学》（[中译按]论及"触觉"），对勘卷二36章（页371）与40章（页384），以及卷三8章（页432–433）与卷三51章（页620）。

在有些段落里,他们被呈现为七个迦南人的部族,就像圣经和《塔木德》所呈现的那样;在另一些段落里,他们被呈现为哲人,我的意思是,至少是其领袖人物被呈现为哲人。而这当然在某种程度上对应着某种真相,因为诸位知道,有这样那样[不同种类]的异教徒。我的意思是,这有赖于各种定义的流行趋势(the currency of definitions):〈有〉伊什塔(Ishtar)和巴力(Baal)等等,那是跟希腊的流行趋势极为不同的[崇拜形式]。迈蒙尼德多少意识到了那种〈区别〉。我不知道自己是否回答了你的问题。这是个重要的主题,真的重要,因为很明显,每个人都知道,萨比信仰(Sabianism)作为一个靶子在托拉立法里有大段讨论,基督徒们称那个部分为"仪式法"(ceremonial law),迈蒙尼德称之为*huqqim*[律例],那是反萨比教的。[109]这事众所周

---

[109] 关于萨比人,见《迷途指津》卷一 63 章,页 153 – 154;卷一 70 章,页 172;卷三 29 章,页 514 – 516,520 – 522;卷三 30 章,页 522 – 523;卷三 37 章,页 540 – 550;卷三 47 章,页 594 – 595;卷三 48 章,页 599。关于"萨比人的谵语"(The Ravings of the Sabians),见《迷途指津》卷二 23 章,页 322;卷二 39 章,页 381;卷三 29 章,页 520。有关迈蒙尼德笔下的萨比人的讨论,见 Shlomo Pines 的"译者导言",《迷途指津》页 cxxiii – cxxiv;Mark R. Sunwall,《迈蒙尼德论萨比人:一个建构式反对的例证》("Maimonides on the Sabians:A Case of Constructive Disapproval"),收入《兵库护理技艺和科学学院院报》(*College of Nursing Art and Science Hyogo Bulletin*)卷 6,1999,63 – 83;Jonathan Elukin,《迈蒙尼德与萨比人的兴衰:对摩西律法的解释兼论学术的限度》("Maimonides and the Rise and Fall of the Sabians:Explaining Mosaic Laws and the Limits of Scholarship"),刊《思想史学刊》(*Journal of the History of Ideas*)卷 63,第 4 期,2002,619 – 637;Sarah Stroumsa,《长时段:作为宗教现象学家的迈蒙尼德》("La Longue Durée:Maimonides as a Phenomenologist of Religion"),收入《迈蒙尼德在其世界中:一位地中海思想家的肖像》(*Maimonides in His World:Portrait of a Mediterranean Thinker*),Princeton:Princeton University Press,2009,第 4 章,页 84 – 124。关于"萨比人的谵语",见 J. I. Gellman,《迈蒙尼德的"谵语"》("Maimonides' 'Ravings'"),刊《形而上学评论》(*Review of Metaphysics*)卷 45,1991,页 309 – 328;Sarah Stroumsa,《"谵语":迈蒙尼德的伪科学概念》("'Ravings':Maimonides' Concept of Pseudo-science"),刊《阿莱夫》(*Aleph*)卷 1,2001,页 141 – 163。

知。但一定不能忘记,迈蒙尼德〈在各种献祭等等中间〉也辨识出一种〈古代以色列人对萨比信仰的〉让步,因此圣经文本也有某种萨比信仰的前提(premise)。

提问者:我想说的是,要是在使用"萨比人"这个词之前,先使用"异教徒"(pagans)或"无信仰者"的话,这至少会是对那个问题的恰切回答。但是,我关注的是对〈"萨比人"〉这个词的特定用法,在《古兰经》里,该词当然并不指所有的异教徒,而只是指非常特定的〈那类人〉。

施:好吧,迈蒙尼德[用这个词]指的是异教徒。

提问者:哦,他用了那个词?

施:["萨比人"]那个词无疑有[异教徒]这个含义。迈蒙尼德也不时使用 *jahiliyya* 即"无知者"这个词,《古兰经》也这么用。不过,这没有任何问题。他当然也有异教徒的明细表。比如说,有迦士底人(Chasdeans)、迦勒底人(Chaldeans)以及埃及人和波斯人,还有印度人,还有希腊人。迈蒙尼德在更为开化的民族——希腊人、波斯人,还有……第三个是谁? 我不知道,波斯人〈之外〉? 或许又是埃及人? 我不知道——与其他民族,那些将其孩子用来作可怕的祭品的民族等等之间作出区分。因此,这很有意思。我们常常会做的最大蠢事之一,就是相信一种历史的视角和一种历史感(a historical sense),就是在这样的心智状态中认识每个世纪。迈蒙尼德对过去(the past)有一种惊人清晰的概念;人们理解得越多,就越能看出这一点。我的意思是,对许多事情,他没有我们当今的方式去通达,但在〈他所拥有的〉素材的基础上,他以惊人的细心和清醒研究过去。那是他的作品中一个极其切中肯綮的部分。

提问者:您提到对同名异义字(homonyms)的使用,也就是说,[它们是]〈为了阐释〉圣经〈如何〉指称上帝或祂的属性的名称,而这些名称并不指示上帝的任何性质,因为在被指称的事物与那些属性之间的共同之处只是名相。这似乎颇无意义,去运用……以一个已经有其含义的词去命名一种属性，它们之间却并不共有任何东西。

施：是呵，好吧，若是你给我大概五分钟时间，我可以回答那个问题，因为那是我需要的时间。唔，如果把迈蒙尼德的属性学说化约为最简单的公式，它是这样的：所有的属性要么是否定性的〈属性〉，要么是行动的属性。否定性属性：例如，如果我们说"上帝是智慧的"，我们就此所理解的仅仅是，祂不是无知的，祂的智慧的特征会是这样的情形，即它与我们对智慧的理解没有任何共同之处。行动的属性：例如，上帝是世界的创造者和统治者。唔，所以说，[有关上帝的]否定性属性其实只是否定了[祂的]不完善，仅此而已。这里的隐含意味和预设前提在于，上帝的完善是深不可测的(unfathomable)；我们对此所说的任何东西实际上只是言词。上帝是绝对完善的存在者，绝对善的(good)存在者。作为绝对的善，作为至善(the good)，没什么可能的理由去创造，因为[上帝的]善的数量并不因创造而增长。唔，可是，上帝这个绝对完善的存在者、绝对善的存在者，创造了世界。"〈祂〉创造了世界"对所有的行动〈属性〉而言是那个无所不包的公式(the comprehensive formula)。绝对善的存在者是为种种否定性属性而[提供的]公式，因为我们并不理解〈祂的绝对善或完善〉，它是深不可测的。一个无根据的行动，一个深渊，可以说那就是出现在这里的一个深渊，按祂的绝对的善来说，[创造是]一个深渊。而那当然意味着，属性学说的关键的隐含意味在于，若是你想把各种属性用于上帝，在我们无法避免的程度上这么用，"意志"多少比"属性"好一点，因为"意志"更直接地指向纯粹事实，源自〈如创造这样的〉生成的事实。因此，从这个观点我们可以说，迈蒙尼德的属性学说绝非源自一种所谓新柏拉图主义或他们所说的随便什么，而是对圣经可能意指的某种东西的极为精微的(sophisticated)表述。因此，他有时候可以用这样的句子：上帝 lema 'anehu 亦即"为祂自己的缘故"创造万物。[100] 我们无法理解,我们只能看到那一点——观看万物,试图理解它们——除了善的这种不可理解的深渊,我们无法发现能让我们理解的任何其他根据。我想,那就是这整个[属性]学说意指的东西。

提问者:可是,尤其在……例如……

施:但迈蒙尼德说过,你知道,这么说吧,〈这些东西是〉知名的难题,当你说到神意问题和未来的种种偶性(the future contingents)时,[有]一个著名的故事,对不对?——上帝预先知道一切。因而,他预先知道甲会犯这个罪,那么甲是不是由这种预先的知识所决定? 你知道,它是某个问题的深渊。你要怎么做呢? 我的意思是,没有什么区分(distinctions)能帮到你。因为我认为,种种区分只不过是承认[这是]一个不可解决的问题的相当差的手段。

提问者:好吧,尤其在,比如说,上帝是善的[这个问题上]——您如何按否定性属性来理解这一点。

施:我的意思是,"善"意味着祂是绝对的完善(perfection),绝对的完善。我的意思是,那么这是……迈蒙尼德并没去论证这一点,除了偶尔在驳斥伊壁鸠鲁派(the Epicureans)时,让他们从另一端来论证,比如得出世界的绝大部分是恶的——但随后你会得到绝对的荒谬,因为,恰恰是你能认识到那一点这个事实,就证实你能使自己从中解脱出来。认识到某种恶的存在已然是初始的善。所以没谁能摆脱这一点,摆脱这类事情。不过,让你卷入我们正在讨论的这个问题的要点,我相信并不是属性学说。当然,一个仅仅受圣

---

[100] 《箴言》16:4。实际上,迈蒙尼德只有一次用到这节经文,见《迷途指津》卷三 13 章,页 452–453。这节经文出现在他考虑所有存在事物的目的或终极因的地方。基于经文本身的模棱两可,迈蒙尼德认为,其中的 le ma'anehu[为他/它自己的缘故]带有双重涵义,既可指"为祂自己的缘故"(for His sake),亦可指"为它([中译按]指存在事物)自己的缘故"(for its own sake)——基于希伯来语原文,这种模棱两可是可能的。

经-《塔木德》传统养育的犹太人,会〈对迈蒙尼德的学说〉感到极大的震惊,这不用说。可这还不意味着,那种学说不可能在一种新的中介——当然是由希腊哲学的影响而使之可能的一种新中介——里,呈现出圣经从根本上意谓的东西。不过,那显然并非一种亚里士多德的教诲。甚至,迈蒙尼德呈现这种学说的方式,无论如何也不是有人会归于新柏拉图主义的东西。最终,我认为人们必定会认识到,把它与这些希腊式教诲区别开来极为重要。

〈克:让我们结束这次讲座吧,可以么?〉

施:好的,您指的是第二个子部?

克:我想是的。

施:好的。

〈讨论部分在听众热烈的掌声中结束,录音完。〉

如何着手研读《迷途指津》

（1963）

张缨　庄奇　译

[中译编者按] 中译依据 Leo Strauss, "How To Begin To Study *The Guide of the Perplexed*," *Liberalism Ancient and Modern* (New York: Basic Books, 1968), 140 – 184（以下简称 1968 年版）。此文最初作为"导读"出现于迈蒙尼德《迷途指津》的英译本: Moses Maimonides, *The Guide of the Perplexed*, translated with an Introduction and Notes by Shlomo Pines; Introductory Essay by Leo Strauss(Chicago and London: The University of Chicago Press, 1963), xi – lvi（以下简称 1963 年版）。这两个文本的段落划分有较大区别: 1963 年版的总段落数为 43, 1968 年版的总段落数为 58。中译每段前方括号中的阿拉伯数字表示此文在 1968 年版中的段落数, 方括号中的罗马数字表示此文在 1963 年版中的段落数。正文尖括号中的阿拉伯数字表示此文 1968 年版的页码。正文括号中的内容对应施特劳斯原文括号中的内容, 正文中的楷体表示原文的斜体部分（书名除外）; 正文方括号中的内容乃译者为顺通文意而酌加。本文无作者原注, 少量注释为中译者所加。

[1/I] 〈140〉我相信, 经过约二十五年频频中断却从未放弃的研究, 我对《迷途指津》的谋篇（plan）已经了然, 若我直接将其表述于此, 将并无不妥。在下文呈现的图示（scheme）中, 每一行起首的罗马（和阿拉伯）数字表示《迷途指津》的各部分（及子部）, 而括号中的数字则表示书中的卷目与章数。

A. 观点（I 1 – III 24）

A'. **关于上帝和诸天使的观点（I 1 – III 7）**

I. **用于上帝的圣经措辞（I 1 – 70）**

假设上帝（和诸天使）具有形体的措辞（I 1 – 49）

1. 托拉（the Torah）中似乎假设上帝有形体的最重要的两个段落（I 1 – 7）

2. 表示位置（place）、位置的改变、人类位移（locomotion）所用器官等等的措辞（I 8 – 28）

3. 表示愤怒和吞噬（或进食）的措辞，这些措辞若用于种种神的事物（divine things），一方面指偶像崇拜（idolatry），另一方面指人的知识（I 29 – 36）

4. 表示动物［身体］的各部分和各种行动的措辞（I 37 – 49）

假设上帝多数性（multiplicity）的措辞（I 50 – 70）

5. 鉴于上帝绝对地独一（God is absolutely one）且无可比拟，这些用于上帝的措辞在非比喻式言辞中（in nonfigurative speech）是什么意思？（I 50 – 60）

6. 上帝的种种名字和关于上帝的言说（utterance）（I 61 – 67）

7. 从祂的知识、祂的因果性和祂的统驭（governance）所推断出的上帝表面上的多数性（I 68 – 70）*

II. **对上帝的存在、单一性和无形体性的各种证明（demonstrations）（I 71 – II 31）**

1. ⟨141⟩引言（I 71 – 73）

2. 驳斥思辨神学（Kalām）的各种证明（I 74 – 76）

3. 各种哲学式证明（II 1）

---

* ［译按］1968 年版此处括号里为（I 67 – 70），应为印刷错误，据 1963 年版，改为（I 68 – 70）。

B. 行动(III 25 – 54)

VI. 上帝命令的行动和上帝所做的行动(III 25 – 50)

1. 一般而言上帝的行动的合理性(rationality),以及特别而言祂的立法的合理性(III 25 – 26)
2. 托拉种种诫命中明显合乎理性的部分(The manifestly rational part of the commandments of the Torah)(III 27 – 28)
3. 〈142〉托拉种种诫命中表面上非理性的部分的理由(III 29 – 33)
4. 托拉种种诫命在合理性上的不可避免的局限(III 34)
5. 对种种诫命的类别划分及对每类 [诫命] 的适用性的解释(III 35)
6. 对所有或几乎所有诫命的解释(III 36 – 49)
7. 托拉中的种种叙事(III 50)

VII. 人的完善(Man's perfection)和神意(III 51 – 54)

1. 关于上帝本身的真正知识是神意的必要前提(III 51 – 52)
2. 关于人类个体自身由何构成的真正知识是认识神意运行方式(the workings of providence)的必要前提(III 53 – 54)

[2/II]《迷途指津》因而包含七个部分,或三十八个子部(subsections)。* 但凡可行,每个部分都分为七个子部;惟一不容细分出子部的部分正好分为七章。

[3/III]对《迷途指津》谋篇的简要陈述(simple statement)足以表

---

* [译按]正文中出现的数字部分用英文单词表达,部分用阿拉伯数字表达,中译依循原文,分别用中文数字(对应原文英文单词)和阿拉伯数字(对应原文阿拉伯数字)表达。

明,该书可谓带着重重封印。在其"引言"（Introduction）*结尾处,迈蒙尼德将前面的段落描述为:"它是一把钥匙,容许人进入大门紧锁的种种地方（places）。当那些大门开启,那些地方得以进入,众灵魂（the souls）将在那里获得安宁,眼目将变得喜悦,身体（the bodies）将从其繁苦和劳作中得到休憩。"作为一个整体,《迷途指津》不仅是一把通往一片森林的钥匙,它本身就是一片森林,一片被施了魔法的（enchanted）森林,因而也是一片令人着魔的（enchanting）森林:它令眼目喜悦。因为生命树（the tree of life）令眼目喜悦。

[4/IV]《迷途指津》令人着魔的特征不会立刻显现。乍看起来,这本书简直显得奇怪,尤其显得缺乏有序和连贯性（lack order and consistency）。但对它的理解上的进步正是变得为它着魔的一种进步。令人着魔的理解或许就是最高形式的启迪（edification）。一旦发现《迷途指津》不是一部哲学书———一部由一位哲人写给其他哲人的书———而是一部犹太书（a Jewish book）,即一部由一位犹太人写给其他犹太人的书,那么人就开始理解它了。《迷途指津》的首要前提是那个古老的犹太教前提,即做一个犹太人与做一个哲人是不可兼容的两件事。哲人这类人从对人之为人而言总是可通达之物（always accessible）出发,试图给出对整全的一种解释（give an account of the whole）;迈蒙尼德则是从对托拉的接受出发。一个犹太人可以使用哲学,迈蒙尼德就最为充分地使用哲学;但是,在他作为一个犹太人给出他的同意的地方,作为一个哲人他会悬置他的同意（参 II 16）。

[5/V]与此相应,《迷途指津》致力于托拉,或更为确切地说,致力于关于托拉的真正科学、关于律法的真正科学（true science of Torah, of the Law）。《迷途指津》的首要目的是解释圣经中的〈143〉措辞,第二个目的是解释圣经中的比喻。《迷途指津》因而首先是致力于解经,尽管是致力于某个特殊种类的解经。这一类解经必不可少,因为圣经中许多字词和所有比喻都兼有一个表面的或外在的意思和一个隐藏的或内

---

*　[译按]此处及后文中的单引号乃译者酌加,一般用于首字母大写的英文词,不再一一注明。

在的意思；最严重的错误和最恼人的困惑（perplexity）都起于人们总是根据圣经表面或字面的意思去理解它。《迷途指津》因而致力于"律法的诸难题"或"律法的诸秘密"（the secrets of the Law）。那些秘密中最重要的就是开端论（the Account of the Beginning）（圣经的开端）和神车论（the Account of the Chariot）（《以西结书》1 章、10 章）。《迷途指津》因而首要地并主要是对开端论和神车论的解释（explanation）。

[6/Ⅵ]然而，迈蒙尼德意图解释律法的秘密，律法却禁止这些秘密公开得到解释或向公众解释；它们只可以在私下得到解释，并且只可以向那些兼具理论和政治智慧、又兼具理解和使用暗喻的能力的人解释；因为，即便是对那些天生的精英（natural elite），也只可以传授隐秘教海（secret teaching）的"章回标题"（chapter headings）。由于凡在著作中写下的解释无论如何都是公开的，迈蒙尼德似乎也就受其意图所驱，迫不得已（be compelled）违背了律法。他还在一些其他情形中处于这样迫不得已（compulsion）的境地。律法还禁止人研读偶像崇拜者所著的关于偶像崇拜的书，因为律法作为整体的首要意图（first intention）在于摧毁偶像崇拜的每一丝残余；而迈蒙尼德则公然承认甚至强调，他彻底研读过所有他能读到的偶像崇拜书籍。不但如此，他竟然还鼓励《迷途指津》的读者亲自去研读那些书（III 29 – 30,32,37;《重述托拉·关于偶像崇拜的律例》[*Mishneh Torah*, H. 'Abodah Zarah] II 2 和 III 2）。* 律法还禁止人推测弥赛亚来临的日期；可迈蒙尼德则表述了这样一种推测或至少其对应物（equivalent），用以安慰他同时代的人。（《致也门人书》62,16ff 和 80,17ff,Halkin[编订本];参 Halkin 的引言，xii – xiii;《重述托拉·关于君王的律例》[*M. T.* , H. Melakhim] XII 2）。最重要的是，律法禁止人探求种种诫命的理由；可迈蒙尼德将《迷途指津》中几乎（almost）二十六章的篇幅用于这样的探求（III 26;参 II 25）。所有这些不守常规之举都有同一个正当的理由（justification）。迈蒙尼德违背律法乃"为天之故"（for the sake of heaven）。也就是说，为了高

---

* ［译按］括号里（以及后面正文里）未注标题的迈蒙尼德著作指《迷途指津》，III 29 – 30 指《迷途指津》卷 III,29 – 30 章，以下不再一一注明。

举或履行律法([卷]I引言和[卷]III引言)。尽管如此,严格来说,在最重要的情形中他并没有违背律法,因为他对律法秘密的书面解释并非一种公开的而是一种隐秘的解释。三种[写作]技法造就了这种隐秘性(secrecy)。第一,《迷途指津》中的每一个词都是极细心地挑选过的,因为极少有人有能力或愿意同样极细心地去阅读[这本书],绝大多数人无法察觉其中的隐秘教诲。第二,迈蒙尼德故意自相矛盾,倘若有人同时声称"甲是乙"和"甲不是乙",那么[别人]就不能说他声称了什么。〈144〉最后,隐秘教诲的"章回标题"并没有按有序的方式呈现,而是散落书中各处。这就让我们得以理解,为什么《迷途指津》的谋篇是如此隐晦(obscure)。迈蒙尼德没有明确地将这本书分成各部分和各子部,而只是明确地将之分成了三卷,每一卷若干章,这些卷和章也没有标题来表明其中的题材(subject matter),他借此成功地直接使《迷途指津》的谋篇变得隐晦。

[7/VII]《迷途指津》的谋篇也非完全隐晦。例如,没人有理由怀疑[卷]II 32 – 48[章],[卷]II 1 – 7[章]和25 – 50[章]分别构成一个部分。[《迷途指津》的]谋篇在开头处最隐晦,逐渐读下去则会变得越来越清晰;总体而言,后半部分(II 13 – 结尾)要比前半部分更清晰。《迷途指津》因而并非全然致力于隐秘地传授隐秘教诲的章回标题。这并不意味着本书没有全部致力于真正的律法科学。这意味着真正的律法科学是部分公开的。这一点并不令人意外,因为律法本身的教诲必然是部分公开的。根据一处陈述,公开教诲的核心由下述断言构成:上帝是一(God is one),惟独祂可受崇拜,祂是无形体的,任何祂的造物都无法与祂比拟,并且祂免受缺陷和激情(passion)之累(I 35)。在其他一些陈述中,基于每个层面的领会(comprehension)去接受律法都显得像是预设了对上帝、天使和先知的信仰(III 45),或者说,基本的信仰就是信仰上帝的单一性(unity)和[世界的]创造(II 13)。简言之,人们可以说,在涉及信仰或涉及"观点"的范围内,律法的公开教诲可以归结为十三项"根本原则(roots)"(或教条),迈蒙尼德将其一并放在他的《密释纳义疏》(*Commentary on the Mishnah*)中。在真正的律法科学中,那些致力于律法的公开教诲或自身已然公开的部分有一个任务,即在

可能程度上证明那些根本原则,或通过思辨的方式(by means of specu-lation)确立那些根本原则(III 51 和 54)。由于那部分真正的律法科学是思辨性的(speculative),因此它就不是解经式的(exegetic);它也不必非要圣经或《塔木德》文本的支持(参 II 45 开头)。与此相应,《迷途指津》中约有 20% 的章节不包含圣经引文,9% 的章节不包含任何希伯来语或阿拉米语(Aramaic)的表达。不难看出(尤其基于 III 7 结尾,III 23 和 28),正如我们先前所划分的,《迷途指津》中致力于律法的根本原则的思辨或致力于公开教诲的地方,主要包括我们给出的图式(scheme)中的 II – III 和 V – VI 几个部分,这几个部分的次序是合乎理性的(ra-tional);但人们不能以这一样式去理解为什么本书要被分成三卷,或理解 I、IV 和 VII 几部分以及绝大多数——更不用说所有的——子部都是什么意思。《迷途指津》的教诲因而既非全然公开或思辨性的,又非全然隐秘或解经式的。出于这个理由,《迷途指津》的谋篇既非全然隐晦,亦非全然清晰。

　　[8/VIII]〈145〉然而《迷途指津》是个单一的整体。那么,是什么结合了其解经的成分与其思辨的成分(ingredients)? 人们可能会想象,若思辨证明了律法的根本原则,解经就证明,那些由思辨所证明的根本原则事实上就是律法所教诲的。但是,在那种情形下,《迷途指津》就会以致力于思辨的一章起首,可显然事实恰恰相反。此外,若思辨证明了最重要的公开教诲(the public teaching par excellence)即律法的诸根本原则,而解经处理与思辨相同的题材,那么解经就没有理由应当是隐秘的。迈蒙尼德确实说过,开端论跟自然科学相同,神车论跟神的科学(divine science)(即关于无形体存在者或曰上帝和诸天使的科学)相同。这可能会让人以为,公开教诲等同于哲人的教诲,而隐秘教诲则使人明白哲人的教诲与律法的隐秘教诲相等同。可以稳妥地说,在一个人领会《迷途指津》的几乎每一个层面上,上述想法都站不住脚:作为整体的哲人的教诲与作为整体的律法的十三项根本原则(the thirteen roots of the Law)绝不等同,这是迈蒙尼德由始至终所坚持的。而他把哲学的核心(自然科学与神的科学)等同于律法的最高秘密(开端论与神车论),随之在某种程度上把思辨的题材等同于解经的题材,这样做

究竟有何深意,可以说是《迷途指津》最重大的秘密(the secret par excellence of the *Guide*)。

[9/IX]让我们回溯一下我们的步伐。《迷途指津》包含一个公开的教诲和一个隐秘的教诲。公开的教诲对每一个犹太人包括俗众(vulgar)宣讲,而隐秘的教诲只向精英(the elite)宣讲。隐秘的教诲对俗众无用,而精英也无需《迷途指津》来获知公开的教诲。就《迷途指津》作为一个整体或一部作品而言,它既非向俗众宣讲,又非向精英宣讲。那么它究竟向谁宣讲?从迈蒙尼德的某个说法中可以看出,这个问题有多么正当且重要,他说《迷途指津》的主要目的(chief purpose)是尽可能地"着眼于向(本书)为之所作的人"(with a view to him for whom[the book] has been composed)解释开端论和神车论(III 开头)。迈蒙尼德既明确又隐晦地(both explicitly and implicitly)回答了我们的问题。他以两种方式明确地回答这个问题:一方面,他说《迷途指津》向有信仰的犹太人宣讲,这些人在宗教信仰和品格上都完善,研习过哲人们[传授]的各种科学,且为律法的字面意义感到困惑(perplexed);另一方面,他说本书是向那些律法研习者(Law students)及感到困惑的完善的人宣讲。迈蒙尼德把这本书献给他的学生约瑟夫(his disciple Joseph),称他是为了约瑟夫和那些与约瑟夫同类的人而写,这更直接地回答了我们的问题。约瑟夫"不远万里"(from the ends of the earth)来找他,跟着他学了一段时间,后来〈146〉"上帝裁定"(God had decreed)让约瑟夫离开,口头的教导(oral instruction)被中断,这促使迈蒙尼德为约瑟夫和与他同类的人写下这部《迷途指津》。在他写给约瑟夫的"献辞书"(Epistle Dedicatory)中,迈蒙尼德赞扬了约瑟夫的各种德性,也暗示了他的局限性。约瑟夫热烈渴求思辨事物,尤其是数学。当他跟随迈蒙尼德学习天象学(astronomy)、数学和逻辑学时,这位老师发现他有着卓越的头脑和敏锐的领悟力,因此,他认为适合用暗示方式向他启示先知书(the books of the prophets)的种种秘密,并随即开始此类启示(revelations)。这激发了约瑟夫对有关神的事物(things divine)和对评论思辨神学(Kalām)的兴趣;他太过渴求关于这些论题的知识,以至于迈蒙尼德只好不断警告他要循序渐进。看上去,约瑟夫在学习过

程中很容易不够耐心或不讲方法,直到他离开迈蒙尼德时这个缺陷也没有得到治愈。约瑟夫这个缺陷最重要的后果是由迈蒙尼德的沉默所提示的事实,即约瑟夫在跟迈蒙尼德学习及之前都未及学习自然科学便转向了神的科学,尽管在学习的次序上,自然科学必然先于神的科学。

[10/X]从"献辞书"中得到的印象也被此书本身所证实。迈蒙尼德频频用类似"要知道"或"你已经知道"的表达方式对读者讲话(addresses the reader)。* 后一类表达指出[《迷途指津》的]典型讲述对象(typical addressee)已知道的,而前一类表达则指出他所不知道的。于是人们了解到,约瑟夫对神的科学的内容及其特征有一些知识。例如他知道,神的科学与数学和医学截然不同,它需要极度的正直(rectitude)和道德上的完善,尤其需要谦卑,但他显然尚不知道,犹太教在性的问题上多么禁欲(ascetic)(I 34, III 52)。他从迈蒙尼德的"言辞"(speech)中学到,如果一个人不以相应的"行动"(actions)去确认正统的"观点"(views),那么[这些观点]在此人身上不会持久(II 31)。不消说,尽管约瑟夫广泛通晓犹太文献,但在广度和透彻程度上都无法与迈蒙尼德相比(II 26, 33)。在[《迷途指津》]书的开头,他不知道根据犹太教观点且根据证明,天使都是没有身体的(I 43, 49),他显然也不知道,严格来说上帝没有身体(I 9)。随着他研读《迷途指津》的深入,他在这个方面和其他方面的理解必然有所进步(参 I 65 开头)。至于自然科学,他学了天象学,但没有意识到天象学原理与自然科学的原理之间的冲突(II 24),因为他没有学自然科学。他知道自然科学中一些解释清楚了的事情,但这并不意味着他是通过不断学习自然科学而知道的(参 I 17, 28; III 10)。从第九十一章(II 15)来看,约瑟夫知道亚里士多德的《论题篇》(Topics)以及法拉比(Fārābī)对该〈147〉著作的注疏,但却不知道《自然学》(Physics[或译]物理学)和《论天》(On the

---

* [译按]考虑到《迷途指津》以迈蒙尼德的学生约瑟夫(Joseph Ibn Shim'on)为直接对象来写作,其文体带有书信体特征,施特劳斯用 addressee 表示《迷途指津》的写作对象,据其字面义酌译为"讲述对象"。

Heaven)(参 II 8)。随着他研读《迷途指津》的深入,他也没有像学到关于上帝和天使的学说那样学到关于自然的科学(the science of nature)。因为,《迷途指津》是向一个不谙熟自然科学的读者讲述(addressed to a reader),其本身并不传授自然科学(II 2)。接下来出现在第二十六章的一段话尤其富有启示性(revealing):"已经得到证明的是,所有运动的物体毫无疑问具有大小(magnitude),并且可分;将要证明的是,上帝没有大小,因而没有运动。"那些"已经得到证明的"(has been demonstrated)内容已由《自然学》所证明,这在《迷途指津》中直接被当作预设;"将要得到证明的"(will be demonstrated)内容都属于神的科学而非自然科学,但"将要证明的"内容建立在"已经得到证明"的内容基础上。《迷途指津》的研习者(student)会获得有关神的科学的知识,而非自然科学的知识。与《迷途指津》的讲述对象截然不同,其作者彻底通晓自然科学。尽管如此,为了有能力从整全上升至上帝,这位讲述对象需要对整全的某种意识,因为,除非通过这种上升,没有其他方法可以臻于对上帝的认识(I 71 至结尾);迈蒙尼德将一份类似报告的东西(a report of some kind)(I 70)塞入《迷途指津》中,使这位讲述对象可以借此获得那种意识。那份报告的典型特征在于,它对一般而言的哲学以及特别而言的自然科学只字未提。那位认真的研习者不会满足于那份报告,他一定会由此转向可以证明这份报告只是作出断言的自然科学本身。迈蒙尼德只能让他的读者(reader)自行选择,是转向真正的思辨,抑或就满足于在迈蒙尼德的权威下接受那份报告,满足于在那份报告之上构建种种神学结论。《迷途指津》的讲述对象是这样一个人:他尚未决定究竟要成为真正的思辨者(a genuine man of speculation),还是仍然做权威的追随者——即便追随的是迈蒙尼德的权威(参 I 72 结尾)。他站在思辨与接受权威的分岔路口。

[11/XI] 为什么迈蒙尼德要选择如[上文]所描述的一个讲述对象呢?没有经过自然科学训练的好处(virtue)是什么?我们从第十七章中获知,自然科学早已经被异教哲人们当作隐秘学说(a secret doctrine)来看待,"即便他们清晰地揭示自然科学,败坏青年的指控也落不到他们身上"——律法奉行者(Law-adherents)群体就更有义务将自然

科学当作隐秘学说来看待了。为什么自然科学有危险且"千方百计"(with all kinds of artifices)保持秘密,其中的理由并不在于它破坏律法的根基——只有无知者这么相信(I 33),而迈蒙尼德的整个一生及其继承者们的整个一生驳斥了(refutes)这种怀疑。不过,自然科学对所有不完善的人有败坏的效果,这也属实(参 I 62)。因为,自然科学的确影响了对律法意义的理解,对律法[之所以]该被遵守的根据(grounds)的理解,以及对〈148〉律法各个不同部分之重要性(weight)的理解。一言以蔽之,自然科学搅乱习性(upsets habits)。通过向一个不谙熟自然科学的读者宣讲,迈蒙尼德迫使自己以不搅乱习性或在尽可能小的程度上搅乱习性的方式进行宣讲。他行事如一个适度(moderate[或译"节制"])或保守的人。

[12/XII]但我们一定不能忘记,《迷途指津》也为非典型(atypical)的讲述对象而写。首先,[迈蒙尼德]明确说,《迷途指津》的某些章节对仅仅是初学者的人也有用。由于整本书以某种方式可以为俗众所理解(accessible to the vulgar),故而它必定以某种不危害俗众的方式写成(I 引言;III 29)。此外,本书也意在写给那些智力卓越的人,写给在所有哲学学科(philosophic sciences)上都受过充分训练且不习惯于向任何权威低头的人——换言之,写给那些在批判能力上不亚于迈蒙尼德的人。这类读者将无法向迈蒙尼德的权威低头;他们将以所有合理的严肃性来检审他所有的思辨性的或解经式的断言;他们将从《迷途指津》的所有篇章中获得巨大的愉悦(I 引言;I 55,68 结尾,73,第 10 个前提)。

[13/XIII]明断的读者一眼就能从我们的结构图(scheme)中看出,迈蒙尼德对于他的典型讲述对象的选择如何影响了这本书的谋篇。只提一点就足够了:《迷途指津》中没有一个部分或子部致力于不生不灭的有形体(the bodies)(参 III 8 开头,和 I 11),亦即致力于天体(heavenly bodies)——按迈蒙尼德的说法,天体拥有生命和知识,或者,用他在《法典》(《重述托拉·关于托拉之根基的律例》[*M. T.*, H. Yesodei ha-Torah]IV 12)中所大胆表述的,致力于"诸圣体"(the holy bodies)。换言之,《迷途指津》中没有一个部分或子部以致力于神车论的方式那样

致力于开端论。更重要的是,迈蒙尼德对于他的典型的讲述对象的选择,是[理解]《迷途指津》的整体谋篇、[理解]其表面上的无序或隐晦性的钥匙。仅当一个人不考虑这本书为之而写的读者类型时,或者说,仅当一个人寻求与[本书]题材的本质次序(essential order)所相符的次序时,《迷途指津》的谋篇才会显得隐晦。我们回想一下各种科学(sciences)的次序:逻辑学先于数学,数学先于自然科学,而自然科学先于神的科学;我们回想一下,当约瑟夫在逻辑学和数学上受到充分训练后,他本来要在没有受到适当自然科学训练的情况下就被引向神的科学。因此,迈蒙尼德必须寻找自然科学的一种替代物。他在传统犹太教信仰中并最终在得到正确解释的圣经文本中,找到了那种替代物:《迷途指津》中为神的科学所作的直接准备是解经式的而非思辨性的。进而,迈蒙尼德希望以在尽可能小的程度上改变习性的方式来推进[此书]。他自己告诉我们哪种习性尤其需要得到改变。在讲述完一位异教〈149〉哲人关于思辨的种种障碍的意见后,他附加地评论说,当下存在一种那位古代哲人未曾提及的障碍,因为该障碍在他的社会中不存在:[此障碍即]仰赖受到尊崇的"文本"(texts)亦即仰赖其字面意义的习性(I 31)。正是出于这个理由,他要以解释圣经措辞开启此书,也就是说,他以表明这些措辞的真正意义并非总是它们的字面意义来开启此书。通过诉诸他的讲述对象的另一种习性,他治愈了上述恶习(vicious habit)。这位讲述对象不仅惯于接受圣经文本的字面理解为真,在许多情况下,他也根据与字面意义大相径庭的传统阐释(traditional interpretations)来理解圣经文本。由于惯于听从对圣经文本的权威阐释,他也准备将迈蒙尼德的阐释作为权威来听取。在这种情况下,由迈蒙尼德权威式地给出的对圣经措辞的阐释就成了自然科学的自然替代物。

[14/XIV]但是,哪些圣经措辞值得首要的考量呢?换言之,《迷途指津》的起始论题(initial theme)是什么?对起始论题的选择听命于(dictated by)对这个问题的正确回答:对典型的讲述对象而言,什么是最紧迫同时又最不会令人不安的论题?《迷途指津》的第一个论题是上帝的无形体性。上帝的无形体性是三个最根本真理中的第三个,前

两个是上帝的存在和祂的单一性(the existence of God and His unity)。上帝的存在和祂的单一性为所有犹太人毫无疑问地承认;所有犹太人作为犹太人都知道,上帝存在且祂是一,他们通过圣经的启示或圣经的神迹知道这一点。人们可以说,因为对圣经启示的信仰先于思辨,而对启示的真正意义的发现是解经的任务,所以解经亦先于思辨。但是,关于上帝的无形体性(incorporeality)存在某种混淆。圣经文本表示(suggest)上帝是有形体的(corporeal),对这些文本的阐释不是那么容易的任务(II 25,31,III 28)。上帝的无形体性确实是可证明的真理,但是,且不论其他人(to say nothing of others),《迷途指津》的讲述对象直到进展至第二卷(Second Part)才开始拥有该证明(参 I 1,9,18)。拒斥"[上帝]有形体论"(corporealism,即相信上帝是有形体的)* 的必要性不仅在于[上帝]有形体论可被证伪这个事实;[上帝]有形体论之所以危险,是因为它危害到所有犹太人共有的对上帝的单一性(unity)的信仰(I 35)。另一方面,教导上帝是无形体的,不过表达出了《塔木德》先贤们(the talmudic Sages)所信仰的东西(I 46)。然而,对上帝无形体性的信仰给出最一致和最通俗有效表述的犹太权威,是外邦人翁格洛斯(Onqelos the Stranger),因为他将托拉译成阿拉米语,该译本——约瑟夫显然知晓[这译本]——的首要关注点就是精准地去除原文中有关[上帝]有形体论的种种假设(I 21,27,28,36 结尾)。迈蒙尼德的创新仅限于他背离了〈150〉翁格洛斯的手段:翁格洛斯悄悄做的事,迈蒙尼德明确地去做了;翁格洛斯暗暗地将出现在原文中的[表示][上帝]有形体论的措辞替换成[上帝]无形体论的措辞,而迈蒙尼德则明确地就每个相关措辞自身来讨论,他讨论这些措辞的次序也并不符合它们在圣经中出现的偶然顺序。结果就是,《迷途指津》中对[上帝]有形体论的讨论,主要由讨论种种假设[上帝]有形体论的圣经措辞所构成,

---

* corporealism 是施特劳斯所造的一个词,如他自己所言,该词指对"上帝乃是有形体的"这一点的信仰,酌译为"[上帝]有形体论",与此相应,noncorporealism 译作"[上帝]无形体论",此外,corporeality 译作"有形体(性)",incorporeality 译作"无形体性"。

并且,反之亦然,迈蒙尼德所宣称的《迷途指津》的首要目的的主要主题(chief subject),即对圣经措辞的解释,正是在解释那些假设[上帝]有形体论的圣经措辞。这一点并不令人意外。没有什么圣经措辞假设上帝不是一,却有许多圣经措辞假设上帝具有形体:Elohim[神]一词的复数形式所创造的表面上的难题只要用单独一个句子,或单独一次对翁格洛斯的征引便可解决(I 2)。

[15/XV]然而,信仰上帝之无形体性(God's incorporeality)对偶像崇拜是毁灭性的,该事实提供了要如此紧迫地确立那种信仰的主要理由。当然,众所周知,偶像崇拜是一种极其严重的罪(sin),不,毋宁说,除了摧毁偶像崇拜外,律法可以说别无其他目的(I 35;III 29 结尾)。但是,惟当每个人都受到引导从而知晓上帝无论如何不具有可见的外形(shape)或者说祂无形体时,这种恶(evil)才能完全根除。惟当上帝是无形体的,为上帝制造形象(make images of God)并崇拜这些形象才是荒谬的。惟有在这种条件下,下面这点才会对每个人都昭然若揭:上帝的惟一的形象是人、是活着并思考着的人(living and thinking man),惟有通过独独崇拜这不可见的、隐匿的上帝,人才能作为上帝的形象行事。根本的罪并非偶像崇拜,而是信仰上帝的有形体性。因而,偶像崇拜的罪不如信仰上帝有形体的罪那么严重(I 36)。既然如此,让每个人都信仰上帝的无形体性就变得不可或缺,不论这人是否通过证明知道上帝是无形体的。对于大多数人而言,基于权威或传统——也就是说,基于《迷途指津》第一个子部所意图提供的东西——信仰这个真理就已然充分而且必要(sufficient and necessary)。通过权威式的解经来教诲上帝的无形体性,亦即对上帝无形体性最公开的教诲,对于摧毁异教(paganism)最后的残余不可或缺:比起对上帝的单一性的无知,异教的直接文献来源(the immediate source)对上帝彻底的无形体性更加无知(对勘 I 36 与《重述托拉·关于偶像崇拜的律例》I 1)。

[16/XVI]我们有必要理解,当迈蒙尼德决定《迷途指津》的起始论题时,他所采用的推论有何特征。我们[在此]仅限于考虑要求教导上帝无形体性的第二个理由。对[上帝]单一性的信仰直接导向拒绝崇拜"别神"(other gods),但却不会让人拒绝崇拜独一神的各种形象(images of the one God），而对[上帝]无形体性的信仰只是直接使人拒绝崇拜各种形象和其他形体,〈151〉却不会使人拒绝崇拜别神——所有的神都可能是无形体的。正如迈蒙尼德的论证（argument）切实假定的,仅当对上帝无形体性的信仰基于对祂的单一性的信仰之上,对上帝无形体性的信仰才显得是必要且充分的根据,可用来拒绝形形色色的"受到禁止的崇拜"（forbidden worship）,亦即对别神的崇拜和对自然物及人造物（artificial things）的崇拜。这会意味着,在最宽泛的意义上,对偶像崇拜的禁令和对上帝的单一性与无形体性的信仰是同等理性的命令（dictate of reason）。不过,迈蒙尼德暗示,十诫中只有理论上的真理（上帝的存在和祂的单一性）是合乎理性的（rational）,这与十诫的其余部分截然不同。这一点同他否认存在合乎理性的诫命或禁令本身相一致（II 33;参 I 54,II 31 开头,III 28;《八章集》[*Eight Chapters*] VI）。鉴于如下事实,即亚里士多德相信神的单一性和无形体性（God's unity and incorporeality）,可却是个偶像崇拜者（I 71,III 29）,倘若拒绝偶像崇拜是那种相信的直接后果,迈蒙尼德对亚里士多德的崇敬就变得无法理解。据迈蒙尼德所言,律法赞同亚里士多德所见,即天体被赋予了生命和智能（Intelligence）,且它们在尊严上优于（superior）人;人们可以说,他赞同亚里士多德,这就暗示那些圣体（holy bodies）比人更配称作上帝的形象。但与哲人们不同,他并没有过分到称那些物体为"神体"（divine bodies）（II 4 – 6,参《致伊本・提邦书》[*Letter to Ibn Tibbon*]）。拒绝"受禁止的崇拜"（forbidden worship）的真正根据是信仰上帝从无中创造（creation out of nothing）,这暗示了创造乃上帝绝对自由的行为,或者说,惟上帝是完全的善,其善不因创造而有任何增益。但据迈蒙尼德所言,创造是不可证明的,而上帝的单一性和无形体性却可以证明。于是,决定《迷途指津》起始论题的深层推论可以描述如下:它隐藏了对上帝的单一性和无形体性的信仰（为一方）与对创造的信仰（为另一方）之间的认知状态（cognitive status）上的差异;它与思辨神学的意见相符。与这一点相符的是,直到结束关于上帝无形体性的论题式讨论之后,迈蒙尼德才公开自己与思辨神学的分歧,他在那段讨论中甚至没有提到思辨神学。

[17/XVII]我们有必要尽可能清楚地理解迈蒙尼德本人和他的讲述对象在本书开端——若非通篇——所处的情形(situation)。迈蒙尼德知道上帝无形体;他经由证明知道这一点,其证明至少部分基于自然科学。那位讲述对象不知道上帝无形体;他也尚未从迈蒙尼德那里学得这一点,但基于迈蒙尼德的权威,他接受了上帝无形体已被证明的事实。迈蒙尼德和[他的]讲述对象都知道,律法是关于上帝的知识的一个来源;只有律法可以以不依赖迈蒙尼德权威的方式,〈152〉为这位讲述对象确立上帝的无形体性。但两人都知道,律法的字面意义并非总是它真正的意义,并且当字面意义与理性相矛盾时,字面意义当然就不是[律法的]真正意义了,因为不然的话,律法就不会是"你们在万民眼前的智慧和聪明"(your wisdom and your understanding in the sight of the nations)(《申命记》4:6)。换言之,两人都知道,解经并不单纯先于思辨。不过,只有迈蒙尼德知道,律法中关于[上帝]有形体的表述有悖于理性,故而那些表述必须当作比喻(figurative)来理解。那位讲述对象不知道也不会知道,迈蒙尼德对那些表述的比喻性阐释是真的——迈蒙尼德并没有基于语法来引出论据(arguments)。那位讲述对象接受迈蒙尼德的阐释,正如他习惯于(in the habit of)将阿拉米语译文接受为正确的译文或阐释。迈蒙尼德进入了传统犹太权威的位级(ranks),他只是告诉讲述对象关于圣经措辞的意义要相信什么。迈蒙尼德权威的装扮下引入理性。他披上权威的外衣。他告诉讲述对象要相信上帝的无形体性,因为,如他告诉他的,与表面相反,律法并未教导[上帝]有形体(corporeality),因为,如他告诉他的,[上帝]有形体是一项可被证明的错误信仰。

[18/XVIII]但是,我们一定不能忘记[《迷途指津》]最重要的非典型讲述对象(atypical addressee)——那位富于批判性且有才能的(critical and competent)读者。他与迈蒙尼德一样知道上帝无形体性的证明和与此相关的种种问题。故而,仅就典型的讲述对象而言,出现在《迷途指津》前四十九章中关于上帝的无形体性的解经式讨论,是前思辨性的,(prespeculative)从而是完全公开的,但从富于批判性且有才能的读者的角度来看,[那些解经式讨论]却是后思辨性的(postspeculative),从而是隐秘的。后者会根据如下原则来检审迈蒙尼德对圣经措辞的解释:一个人若不考虑某个措辞出现的语境,就不能够确立该措辞的意义(II 29;参《致也门人书》46,7 及以下),或者说,语法尽管不是阐释的充分条件,却无疑是阐释的必要条件。因为,尽管对于有关[上帝无形体性]的圣经措辞,有才能的读者会欣赏与圣经的某个译本有别的连贯(coherent)讨论所带来的优点,但他将认识到,这类讨论会使人遗忘那些措辞出现的语境。他还将注意到《迷途指津》中出现的种种自相矛盾(contradictions),他将始终记得这些矛盾是有意为之,并反复思考它们。

[19/XIX]《迷途指津》的读者们在开篇(at the beginning)就被告知,此书的第一个目的(the first purpose)是解释种种圣经措辞。因而,当他们发现此书以如此方式开启对圣经措辞的解释,粗略地说,即每一章都致力于解释一个或几个圣经措辞时,他们绝不会感到意外。他们将很快就变得习惯这套程序(procedure):他们变得专注于题材(the subject matter),[专注于]'什么'(the What),却不会去留意'如何'(the How)。然而,那个富于批判性的读者⟨153⟩将发现有许多理由让他感到惊异。且不论其他的考量,他将疑惑为什么得到解释的几乎只是那些假设[上帝]有形体的措辞。有一章致力于解释"位置"(place)而另一章致力于解释"居住"(to dwell),这或许不是件令人意外的事。但为什么没有一章致力于"一"(one),没有一章致力于"仁慈的"(merciful),没有一章致力于"善"(good),没有一章致力于"智能"(intelligence),没有一章致力于"永恒"(eternity)? 为什么有一章致力于"悲痛"(grief),却没有一章致力于"笑"(laughter)? 为什么有一章致力于"脚"(foot),有一章致力于"翼"(wing),但却没有一章致力于"手"(hand)或者"臂"(arm)呢? 假设一个人理解了迈蒙尼德对这些措辞的挑选[理由],他还必须理解迈蒙尼德讨论这些措辞的次序。若尤其考虑那些最显而易见地致力于解释[圣经]措辞的章回,即那些词典释义式的章回(lexicographic chapters),这些措辞的解释在多大程度上只是局限于假设[上帝]有形体的措辞,就显得特别清晰了。以我的理解,一个词典释义式的章回是由该章所解释的一个或数个希伯来语措辞开

启的一章,不论这些措辞是先于第一个句子还是形成第一个句子的起首,也不论这些措辞是否带有阿拉伯语冠词 al-。在讨论上帝的无形体性的章回中,词典式释义章可以说是正常的(normal)或典型的章回(I 1–49);在上述四十九个章回中,有三十个是词典式释义章,而在书中整个余下的部分中,只出现最多(at most)两个此类的章回(I 66 和 70)。所有这三十章都出现在[卷] I 1–45[章]中,即,在[卷] I 1–45[章]中,有三分之二是词典式释义章。由此就出现了这个问题:为什么讨论上帝无形体性的[章回里]有十九章——且正好是既有题材又有位置的十九个章回——不是词典式释义章?为什么在这三十章中有十章始于先于第一个句子的希伯来语措辞,而另二十章始于形成第一个句子一部分的希伯来语措辞?上述措辞中,有十三个是名词,十二个是动词,五个是动名词(verbal nouns)——为什么迈蒙尼德在有些情形下使用动词,有些情形下却使用动名词呢?在这些章回内部,一般而言,他讨论的措辞是该章讨论的主题(subject),首先是关于它在不用于上帝时具有的多重含义(various meanings),随后是关于它用于上帝时具有的多重含义;在大部分情况下,他通过引用一段或几段圣经段落,来证明这些含义中每一种的存在;那些引文有时明显地不完整(以"等等"结尾),更多时候则并非如此;被用来例证某个特定措辞的特定含义的引文,并不总是按照圣经文本的次序;它们[那些引文]频频以"他说"(he said)引出,但有时它们被归于个别的圣经作者或讲述者(speakers);在大多数情况下,他没有在圣经作者或讲述者的名字前面冠以"愿他安息"(may he rest in peace)这样的套话,但在某些情形下,他却这样做了;有时候,他会提及"希伯来语"或"这种语言"。在一本迈蒙尼德强调此乃他是字斟句酌〈154〉写成的(carefully worded)书中,所有的这些多样性(varieties),包括其他那些我们未提及的,都值得细心思考。不消说,每个多样性所隐含的诸多问题,未必每个都只有一个答案;同样的布局(device)——例如,词典式释义章与非词典式释义章之间的区别,或是将一句圣经引文追溯至一位个别的的圣经作者——在不同的语境中可以履行不同的功用(function)。为了理解《迷途指津》,一个人必须充分清醒,并仿佛(as it were)对什么都不能想当然。

为了变得有能力提出合适的问题,一个人最好考虑到存在典型章回的可能性,要不然最好去建构出典型的章回,也就是说,去发现前文所示的哪些多样性(varieties indicated)最符合那些致力于解释圣经措辞的章回的首要功用:只有其他的多样性才需要特别的理由。

[20/XX]《迷途指津》第一章致力于[解释]"形象与样式"(image and likeness)。选择这些措辞因一个圣经段落(biblical passage)而成为必要:"上帝说:让我们照着我们的形象、按着我们的样式(likeness)制造人(make man)……于是上帝就照着祂自己的形象创造人(created man),照着上帝的形象祂创造他(in the image of God created he him),男人和女人他创造他们"(《创世记》1:26-27)。选择这些措辞在第一章作解释是出于上引段落独一无二的重要性。在最原始的意义上,这段话比起其他圣经段落都更为强烈地向俗众的心智(the vulgar mind)假设上帝有形体:上帝具有一个人的外形,有一张脸、嘴唇和双手,但比人更高大显赫,因为祂的身体不是由血肉之躯构成,故而他不需要食物和饮水,而只需香气(odors);祂的位置(places)在天上,祂从那里下降到地上,尤其下降到高山上,为的是引导人们,看看他们做什么,然后祂再以惊人的迅捷上升,回到天上;祂像人一样会被激情驱动,尤其是被愤怒、嫉妒和憎恨驱动,于是[祂]也使人恐惧和哀恸;祂的本质是'意志'而非'理智'(Will rather than Intellect)(参Ⅰ10、20、36-37、39、43、46、47、68)。迈蒙尼德告诉他的讲述对象,ṣelem(诠译为"形象"的希伯来语)并非意味着一种可见的外形——或许不是在任何情况下,但必定在当前的情况下;它意味着自然的形式(the natural form),一个存在者的特定的形式,一个存在者的本质:"上帝照着他自己的形象创造人"意味着上帝把人创造为被赋予了理智的存在者,或者说,神性的理智(the divine intellect)将它自身与人联结起来。

[21]类似的考量也适用于被诠译为"样式"(likeness)的希伯来语措辞。在可见外形的意义上表示形式的希伯来语措辞是to'ar,它从来不会用于上帝。在消除了关于"形象"一词的混淆之后,迈蒙尼德说:"我们已经向你解释了ṣelem和to'ar间的差异,并且我们已经解释

了 ṣelem 的含义。"他由此在这里并在其他地方暗示了（alludes to）他的解释的双重特征：一重解释给"你"（thee），也即给典型的讲述对象；另一重解释给不确定的读者（indeterminate readers）——只有当一个人除了别的事情也考虑［迈蒙尼德］引用的〈155〉所有圣经段落的语境时，后一种解释才会显露出来（comes to sight）。仅举一例，三条例解 to'ar 含义的引文中，第二条是"他是怎样的形状（form）？"（《撒母耳记上》28:14）。这句话取自扫罗王和隐多珥的女巫（witch of Endor）之间的对话，王请她为他召来死去的先知撒母耳，当时这个女人见到撒母耳并深感恐惧，王问她看到了什么，她说："我看见诸神（elohim）从地里升起。"故事继续讲述道："他对她说，他是怎样的形式？她说：有一个老人上来；他身覆一件长衣。"在下一章中，迈蒙尼德自己告诉我们，elohim 是一个有歧义的词（equivocal term），可以指诸天使和诸城邦的统治者（rulers of cities），也可以指上帝；但这并没有解释为什么这个措辞也可以用于已逝尊者的幽灵（shades），而没有血肉之躯的存在者，而它使人们感到恐惧，要么因为那些幽灵不愿"被搅扰"（disquieted）亦即他们希望得到安息，要么是因为其他的理由。且不论其他的理由，居住在最底下深处（the lowest depth）的理性存在者事实上不是已经死去的人，而是所有活着的人们，人类（the Adamites），亦即亚当的后裔，他们缺乏亚当的原初的理智能力（pristine intellectuality）（对勘 I 2 和 I 10）。看上去，迈蒙尼德似乎希望把我们的注意力引向一个事实，即圣经中含有偶像崇拜的、异教的或"萨比式的"（Sabian）的残余。倘若这个怀疑经证明是正当的（justified），我们就不得不假定，迈蒙尼德比他人所倾向相信的更加激进地反对"受禁止的崇拜"（forbidden worship），从而反对［上帝］有形体论；或者说，通过萨比文献的帮助来重新发现（recovery）圣经中的萨比残余正是他的隐秘教诲的任务之一。

［22］但无论如何，他［迈蒙尼德］对《创世记》1 章 26 节的阐释似乎与一个事实相矛盾，即托拉在不准吃知识树果实这一神的禁令传达给人后不久所说的：如果人受造为理智性的存在者从而注定要过理智的生活（the life of the intellect），那么，他的创造者就不太能禁止他追求（strive for）知识。换言之，圣经叙事的隐含意味是，人的理智能力（intellectuality)并不等同于人照着上帝的形象被创造,而是他不服从上帝或因那种罪受上帝惩罚的后果。正如我们在[《迷途指津》]第二章被告知,这一异议并非由《迷途指津》的讲述对象提出,而是由迈蒙尼德的另一位熟人所提出,这人是位不知名的科学家,我们甚至不知道他是否有犹太血统,但他显然在酒色方面不太节制(temperate)(比较 III 19对应段落)。迈蒙尼德告诉他的讲述对象,他对异议者回答如下:禁止给予人的知识乃是关于"善与恶"(good and evil)的知识,亦即关于高贵与卑贱(the noble and base)的知识,而高贵与卑贱并非理智的对象,而是意见的对象;严格来说,它们根本不是知识的对象。只提一个最重要的例子:人在其完善状态下——在其中他意识不到高贵与卑贱,尽管他意识得到自然的好与坏(good and bad),也就是说,他意识得到愉悦与痛〈156〉苦——不会认为一个人赤身裸体是可羞耻的。

[23]在由此消除了对自己的《创世记》1 章 26 节的阐释最有力的异议之后,或者说,在由此教导完理智生活超越高贵与卑贱之后,迈蒙尼德转向托拉中似乎假设上帝有形体的第二重要的段落。更准确地说,他同时转向那个段落中用于上帝的措辞以及同类的措辞(kindred terms)。这个段落出现在《民数记》12 章 8 节:"他(摩西)[得以]观看圣主的身形。"(beholds the figure of the Lord)他[迈蒙尼德]花了三章的篇幅(I 3 – 5)致力于这个主题;在 I 3,他明确地讨论了"身形"(figure)的三种含义,在 I 4,他明确讨论了三个表示"观看"(beholding)或"看见"(seeing)的措辞的三种含义;在他节引的一个圣经段落中,圣主被呈现为乔装成三个人(in the guise of three men)出现在亚伯拉罕面前,可[祂]原本是一(who yet were one)。迈蒙尼德告诉那位讲述对象,在用于上帝时,表示"身形"和"观看"的希伯来措辞(或它们的对等[措辞][their equivalents])意指理智性的真理与理智上的把握(intellectual grasp)。I 5 和 I 3 – 4 的关系类似于 I 2 与 I 1 的关系。人为理智的生活(the life of the intellect)而被创造的观点,与反对获取知识的明显的禁令(apparent prohibition)相矛盾。与此相似,"哲人中的君主"(the prince of the philosophers)(亚里士多德)为自己从事对极为晦涩的事物的探究(investigation)而致歉,他由此在表面上(apparently)与他自己的

观点——人为理智的生活而存在——相矛盾:亚里士多德为自己表面上的大胆(apparent temerity)向他的读者致歉;事实上,他只不过是受他认识真理的渴望所激励。对一段亚里士多德言辞的这种重新讲述(restatement)能提供向某种犹太教观点的轻松过渡,按照那种犹太教观点,摩西受到奖赏得以观看圣主的身形,因为他之前已经"蒙上脸;因为他怕见到上帝"(《出埃及记》3:6)。追求关于上帝的知识必须先畏惧见到上帝,或者用亚里士多德在前文提及的段落所用却没有出现在迈蒙尼德的概述里的表述(《论天》[On the Heaven]291B 21 以降),必须先有羞耻感:道德的完善必然先于理智的完善——通过养成处事高贵、避免卑贱的习性(habit),以及通过其他种种准备。迈蒙尼德在此强调道德的完善,尤其强调节制(temperance),并将之作为理智完善的必要条件,这与他在此对自然科学作为这样一种必要条件的沉默相匹配(matched)。扫除[上帝]有形体论的进程同步于(pari passu)对禁欲主义的灌输。

[24]行文至此,迈蒙尼德做了件奇怪的事:他突兀地转向对"男人和女人"(man and woman)(I 6)以及"生育"(to generate)(I 7)等措辞的解释。然而,这种奇怪感立刻就会消失———一旦有人观察到,I 6 - 7 是自 I 1 之后首个词典式释义章,并且,[一旦]有人记得,I 2 仅是 I 1 的必然推论,因为对"男人和女人"以及"生育"的解释构成了对《创世记》1 章 26 - 27 节的解释的一部分。那其中的说法是(There it is said):"照着上帝的形象(上帝)创造(人)(in the image of God created [God man]*);男人和女人他创造他们。"按字面意思理解,这种说法〈157〉可以认为意指人是上帝的形象,因为上帝是双性的(bisexual),或者说,神格(Godhead)中包含了生育出"上帝的孩子们"(children of God)和类似事物的男性和女性要素(a male and a female element)。与此相应,I 7 的最后一个词与 I 1 的第一个词相同:"形象"(image)。迈蒙尼德并未讨论上述[布局]的隐含意味(implication),因为它是托拉

---

    * [译按]这里方括号中的内容为原文所有。

的秘密之一,而我们还处在我们的训练的开端。对出现在《创世记》1章26－27节中的关键措辞(key terms)(或其对等[措辞])的解释,因而包围着对出现在《民数记》12章8节的关键措辞(或其对等[措辞])的解释。对托拉中关于无形体性的最重要段落的讨论,形成了《迷途指津》第一个子部的适当的主题。该子部似乎致力于五组不相关联的措辞;进一步的检视(closer inspection)显示出它致力于解释两个圣经段落——迈蒙尼德似乎踌躇于切断连接他的解经与翁格洛斯的解经的那条脐带。

[25/XXI]初看起来,第二个子部的论题要比第一个子部的论题更容易辨识。这似乎是由于如下事实,即那个论题不再是两个或更多的圣经段落,而是表示(designating)本质上全都彼此相属的现象的圣经措辞:位置(place)以及某些显著的位置、占用位置、改变位置,以及用于改变位置的器官。第二个子部共二十一章,其中有十九章明显地致力于此论题。讨论开始于"位置"(I 8),[随即]转向"宝座"(throne)(I 9)——一个最尊贵的位置,如果归于上帝,它不仅表示圣殿,同样并且首先表示天(the heaven);然后转向"下降与上升"(descending and ascending)(I 10)。尽管此顺序非常清晰,我们却惊异地发现,I 8－9两章是词典式释义章,而I 10则不是词典式释义章。这种不规则(irregularity)可以暂且作如下解释:当迈蒙尼德在一个词典式释义章内论题式地处理几个动词时,那些动词被明确地说成具有相同或近乎相同的含义(I 16,18);当他论题式地处理原初表示对立(opposites)、但若用于上帝时并不表示对立的动词时,他就分几章处理它们(I 11,12,22,23);但是,无论是就其原初含义还是用于上帝时[的含义]而言,"下降"与"上升"都表示对立:上帝的下降同时意味着祂启示祂自身和祂的惩罚性行动,而祂的上升则意味着祂中止启示或惩罚性行动(参I 23开头对"回归"[returning]的沉默)。通过在一面有四个另一面有三个词典式释义章包夹的一个非词典式释义章中处理"下降与上升",迈蒙尼德暗示了(indicates)这个主题的独一无二的特征。基于"俗众的想象力"(the vulgar imagination),上帝的自然状态应是坐于祂的宝座之上,而坐的对立面是起。"坐"(sitting)和"起"(rising)(I 11和12)表示

对立,但在用于上帝时,[它们]却不表示对立:虽然上帝的"坐"指祂的不变性,可祂的"起"则指祂保守祂的应许或威胁,它被理解为祂对以色列的应许〈158〉很可能就是对以色列的敌人的威胁。《塔木德》上的一段文字证实了迈蒙尼德的公开解释,在其中,"坐"不是和"起"一并提及,而是和"起立"(standing up)[一并提及],这自然地引向对"起立"的讨论(I 13);根据迈蒙尼德的观点,该措辞若用于上帝,意指祂的不变性——如迈蒙尼德所提示(indicate)的,这种不变性并不与上帝威胁毁灭以色列相矛盾。

[26/XXII]行文至此,迈蒙尼德中断了他对指涉位置的动词或其他措辞的讨论,转向对"人"(man)的解释(I 14)。不久之后又出现了类似的中断——他从[解释]"站"(standing)和"岩石"(rock)(I 15 和 16),转向解释对公开教授自然科学的禁令(I 17)。虽然这些章回与其前后的章回微妙地交织在一起,但初看起来,它们令人震惊地(strikingly)中断了论证(argument)的连续性。借助这种不规则,我们的注意力被某种有助于《迷途指津》的严肃读者的数字象征(numerical symbolism)所吸引:14 代表人或人事(human things)而 17 代表自然。"自然"(nature)与"位置的改变"(或更一般而言,位移[motion])之间的关联,以及随之 I 17 的论题与该章所属子部之间的关联,都已在前文指出(indicated)。在我们企及对自然与习俗(convention)之间的关系的更好理解前,还无法弄清数字"14"与其语境之间的关联;眼下,说 I 7 处理"生育"(to generate)肯定已足够。尽管 I 26 显然处理的是指涉位置的措辞,但它也满足数秘的(numerological)功能:该章的直接论题是统驭托拉阐释的普遍原则("托拉按人类的语言说话"[the Torah speaks according to the language of human beings]);26 是圣主——以色列的上帝——的隐秘名字的数字对应(numerical equivalent);26 因此也可以代表祂的托拉。顺便一提,可以留意到,14 是希伯来语"手"的数字对应;I 28 致力于"脚":《迷途指津》中没有一章致力于人所特有的器官"手",而迈蒙尼德却用一章即第四个子部居于中间的那章致力于"翼",这是用来迅捷下降和上升的器官。在所有这些事物上,研习约瑟夫·阿尔博(Joseph Albo)的《根荄之书》(*Roots*)可以令人获益匪浅。

阿尔博生活在一位伟大君王的宫廷中,是伟大君王最喜爱的友伴(favorite companion)。

[27/XXIII]第二个子部的二十一章中,十六个是词典式释义章,五个(I 10,14,17,26,27)不是。在这十六章中,有两章以带有阿拉伯语冠词的希伯来语措辞起首(I 23 和 24)。因此,在这二十一章中,只有七章可以说不同寻常(vary from the norm)。在以一个纯粹的希伯来语措辞起首的十四章中,有七章,那个措辞先于第一个句子,另外七章中,希伯来语措辞形成第一个句子的部分。这些章回中,有七章以动词起首,有七章以名词或动名词起首。观察到这些规则(regularities)是一码事,去理解它们又是另一码事。这些〈159〉动词与动名词之间的区别(distinction)尤其令人震惊,因为以动名词起首的词典式释义章只出现在一个子部中。进而,在第一个子部的三个词典式释义章中,有一章以先于第一个句子的名词起首;一章以形成第一个句子部分的名词起首;一章以先于第一个句子的动词起首;有序性(orderliness)似乎会要求有一章以形成第一个句子部分的动词起首。第二个子部中有一章(1 22)以先于第一个句子的动词起首,但第一个句子却以同一个动词的(附阿拉伯语冠词的)动名词起首;整本书中再没出现过这类情况。如果把这模棱两可的一章算在以形成第一个句子部分的动名词起首的章回里,我们就可以得出如下结论:第二个子部包含以先于第一个句子的动词或动名词起首的四章,以及以形成第一个句子部分的动词或动名词起首的八章。进而,第二个子部中包含以动词起首的六章和以动名词起首的六章;后六章中,三章以纯粹的动名词起首,三章以附有阿拉伯语冠词的动名词起首。第二个子部在规则性上胜过第一个子部,尤其是倘若把 I 22 适当归类的话。所有这些引导我们认为,I 22 某种程度上持有解开第二个子部的奥秘(mystery)的钥匙。

[28/XXIV]第二个子部的第一章(I 8)致力于"位置",在后圣经时代的(postbiblical)希伯来语中,该措辞用以表示上帝本身。让我们甚为惊异的是,迈蒙尼德对"位置"的这一含义完全保持沉默。他的沉默更可谓意味深长(eloquent),因为就在这一章中,他还引用了包含"位置"的后圣经希伯来语的表达,因为他就在这一章中告诫读者,关于他

对任何措辞的解释,不只要参考"预言书"(the books of prophecy),也要参考"科学人的编著"(compilations of men of science)——《塔木德》(Talmud)和《米德拉什》(Midrash)即此类编著——还因为他已用一句《米德拉什》的引文来总结前面那章。在仅有的另外一个致力于解释一个用来表示上帝本身的措辞的词典式释义章中——在解释"岩石"(rock)的 I 16——迈蒙尼德毫不犹豫地说,那个措辞也用来表示上帝,因为"岩石"的该含义出自圣经。我们因而看到,当他宣称《迷途指津》的第一个意图是解释出现在"预言书"亦即首要地(primarily)出现在圣经中的措辞时,他多么着意字面:他首要地(primarily)关注的是与后圣经时代的犹太神学(postbiblical Jewish theology)截然不同的圣经神学(theology of the Bible)。他敏锐地意识到了"唯圣经派"(Karaites)所提出的问题。如他所言,对《塔木德》先贤的批评不仅无法伤害他们,甚至也不会伤害到批评者或信仰的根基([卷]I 引言,5 结尾,19 结尾,46 结尾;参《复活论》[Resurrection]29,10 – 30,15 Finkel[编订本])。这一观察使我们能够解决由 I 22 所呈现的难题。

　　[29/XXV]〈160〉I 18 – 21 以动词起首;I 22 则标志着从以动词起首的章回到以附有阿拉伯语冠词的动名词起首的章回的过渡;I 23 – 24 以带阿拉伯语冠词的动名词起首。I 25 重又以动词起首。那个动词是"居住"(to dwell)。I 22 的过渡以及 I 23 – 24 的跟进使我们期待 I 25 应该以动名词"居住"(the dwelling)即[希伯来语]Shekhinah 起首,这个后圣经时代的措辞尤其用于上帝在地上的居住(God's indwelling on earth),但这个期待让人失望了。迈蒙尼德做了所有的准备工作,为了使我们看到,他焦急地避免让措辞 Shekhinah 成为一个章回标题(chapter heading)——该措辞在任何意义上都没有在圣经中出现过,并且他焦急地避免在最适合的那章本身出现 Shekhinah 这个希伯来语措辞在神学上的含义:当在那里从神学上谈及 Shekhinah 时,迈蒙尼德使用 Shekhinah 的阿拉伯语译文,而从来不用那个希伯来语措辞本身。他的确在其他一些章回中在神学含义上用到希伯来语措辞 Shekhinah,但它从未成为《迷途指津》的论题:[在《迷途指津》中]有"论神意的章回"(chapters on providence)或"论统驭的章回"(chapters on governance)(I

40 和 44），但没有"论 Shekhinah 的一章"。值得指出的是，致力于"翼"
（wing）的那章只字未提 Shekhinah（尤请对勘迈蒙尼德和 Ibn Janāḥ 对
《以赛亚书》30：20 的解释与此节的塔古姆[Targum][译文]）。在隐晦
地（implicitly）致力于 Shekhinah 的那章——该章是致力于上帝的无形
体性的那个部分（I 1 - 49）的正中间的一章，迈蒙尼德同时提到 Shekhi-
nah 和神意，但 Shekhinah 和神意当然并不等同（参 I 10 和 23）。在明显
致力于被严格理解为神意的章回中（III 17 - 18 和 22 - 23），人们应该
特别留意对 Shekhinah 一词的处理。夸张一点，可以说，Shekhinah 跟随
以色列，而神意则跟随理智。换言之，《迷途指津》的典型特征在于，在
书中，作为神学论题的 Shekhinah 为"神意"所取代，而"神意"某种程度
上又为"统驭"所取代，而如 I 70 所示，"统驭"本身又仿佛是 Merkabah
（"神车"[Chariot]）的转译。不用说，迈蒙尼德在 I 23 和 24 的起首使
用阿拉伯语冠词并非徒然无用。他由此把 I 23 和 24 两章以及这些章
回的语境，同仅有的另外一组全部以附有阿拉伯语冠词的希伯来语措
辞起首的章回联结起来：III 36 - 49。那组章回处理个别的圣经诫命，
亦即处理它们的字面意义而非其在圣经外的（extrabiblical）阐释，就如
其中论刑法的那章（III 41）所示，该章出于不止一种理由在这组章回中
尤为突出。那章尤为突出的理由之一是，独有这一章的概要——在 III
35——由一句圣经引文所修饰，III 35 充当了 III 36 - 39 的直接引言。
重复一下，《迷途指津》的第二个子部把我们把注意力吸引到圣经时代
与后圣经时代的〈161〉犹太教诲之间的差异上，或者说，把我们吸引到
由唯圣经派提出的问题上。几乎不必说，迈蒙尼德以偏向拉比派（Rab-
banites）的方式回答了这个问题，尽管在他们心目中这没有必要。只需
记得，不只 Shekhinah，"神意"和"统驭"也都不是圣经措辞。

　　[30/XXVI]像第一个子部那样，第二个子部也基于两个圣经段落，
尽管这一点不如第一个子部那么可见和清晰。这两个段落是《出埃及
记》33 章 20-23 节和《以赛亚书》6 章。在前一个段落中，圣主（the
Lord）对摩西说："你不能看见我的面（face），因为没人见我的面而存
活……你将得见我的背部：可我的面你却不得见。"与此相应，摩西只
见到圣主的"荣耀经过"（glory pass by）。在后一个段落中，以赛亚说：

"我见圣主坐在高高的宝座上……我的眼看见大君王——万军之圣主（the Lord of hosts）。"以赛亚没有像摩西那样，说"上帝的身形（figure）"或"上帝的形象（image）"。以赛亚也没有像摩西、亚伦、拿答（Nadab）、亚比户（Abihu）和以色列的七十长老那样，说"他们看见以色列的上帝，在他脚下有，等等……以色列的尊者……看见神；[他们]又吃又喝"[《出埃及记》24：10－11]，由此假设这个视像（vision）并不完善（对勘 I 5 与阿尔博的《根荄之书》[Albo's *Roots*] III 17）。我们于是受引导去相信，以赛亚在对上帝的认识上比摩西更高一筹，或者说，以赛亚的视像标志着一种超越摩西[视像]的进步（progress beyond Moses'）。乍听起来，这种信仰会被公正地拒斥为荒谬（preposterous），甚至可谓亵渎：否认摩西预言的至尊性（supremacy）似乎将导致否认摩西律法的终极性，故而迈蒙尼德不厌其烦地断言摩西预言的至尊性。但是，相信摩西律法的终极性甚至相信摩西预言的至尊性，都绝不会与相信以赛亚的言辞比摩西的言辞更优越相矛盾——更不用说事实上迈蒙尼德从未否认他故意地自相矛盾。下述事例经证明可能有助于[理解这一点]。在他的《复活论》（*Treatise on Resurrection*）中，迈蒙尼德教导说，作为律法的十三项根本原则之一，在圣经内部，复活只在《但以理书》——但显然没有在托拉里——得到清晰的教导。对这表面看来奇怪的事实，他如此解释：在托拉被授予的时代，所有人——从而也包括我们的祖先——都是萨比人（Sabians），[他们]相信世界之恒在（eternity of the world），因为他们相信上帝是天球之灵（the spirit of the sphere），并且他们拒绝启示和神迹的可能性（possibility）；于是，需要很长一段时间的教育与习养（habituation），我们的祖先才能勉强考虑去相信那所有神迹中最伟大的神迹——死者的复活（26，18－27，15 和 31，1－33，14 Finkel[编订本]）。这未必意味着摩西本人不知道这项律法的根本原则，但他显然没有教导它。至少在这一方面，作为《但以理书》的[作者]，那位晚期且等级很低的先知但以理（II 45）标志着超越摩西之托拉的巨大进步。由此，以赛亚本该有某些超越摩西的进步就更容易理解了。

[31/XXVII]〈162〉超越托拉教诲的进步是可能的，或甚至是必要的，其理由具有双重性。首先，托拉是最独特的法（the law par excellence)。摩西预言的至尊性——摩西的知识甚至胜过先祖(Patriarchs)的知识的优越性——与它是惟一的立法性预言有关(I 63,II 13,39)。但正是因为他的预言臻于法的顶峰,它反映了法的限度。律法更关注行动而非思想(III 27 - 28;I 引言)。摩西的神学(Mosaic theology)反映了这种定向。根据我们同时代许多人的意见,迈蒙尼德的神学学说本身是他关于神的属性的学说(doctrine of the divine attributes)(I 50 - 60)。在该子部,他只在其中一章(I 54)引用了托拉的段落,该章讨论启示给摩西的十三种神的属性(《出埃及记》34:5 - 7);那些属性均属于道德品质(moral qualities),它们构成了摩西的神学;它们以肯定形式表达出了同一语境中以否定形式所称的"上帝的背部"(God's back parts)。尽管上帝的善(God's goodness)已完整启示给摩西,这十三种属性却只明确强调了上帝的善的一个部分,该部分与作为先知的城邦统治者相关。这样一个统治者必须模仿神的愤怒与仁慈的属性,不是作为激情——因为无形体的上帝超逾所有激情——而是因为仁慈或愤怒的行动与[进行统治的各种]情境相宜,并且他必须以应有的比例(in due proportion)模仿上帝的仁慈与愤怒。另一方面,城邦统治者必须更具仁慈而非满腔愤怒,因为极端的惩罚性(punitiveness)——基于"人的意见"——只因用火与剑消灭偶像崇拜者的必要性(necessity)才被需要(I 54)。根据迈蒙尼德的另一处假设(suggestion)(I 61 - 63),可以说,摩西神学的恰当表述包涵在神名 YHVH[圣主]之中——上帝首次以此名向摩西启示自身,令他区别于先祖:"我从前向亚伯拉罕、以撒、雅各显现为全能的神(God Almighty);至于我名 YHVH[圣主],他们未曾知道。"(《出埃及记》6:3)迈蒙尼德辨认出,这一节经文断言并确立了摩西预言较之先祖预言的优越性(II 35),但他没有解释那节经文;他没有解释,至少没清楚解释,除十三种[神的]属性外,还有哪些神学真理(theological verities)是先祖未知却启示给摩西的。浮现出来的可以说只有这么些:亚伯拉罕(Abraham)是一位教导他的臣民或追随者的思辨者(man of speculation),而非一位用神迹来说服人、用应许和威胁来统治的先知,这与他"以圣主,世界的上帝之名"求告这个事实多少有所关联(创 21:33)(I 63,II 13),也就是说,[亚伯拉罕求告的乃是]那超道德的整全之上帝(God of the transmoral whole)而非赐予律法的上帝(law-giving God)。正是这种亚伯拉罕式的表述开启了《迷途指津》的每一卷以及迈蒙尼德的其他著作。思考所有这些事,一个人将发现,使自己只限于说最重要的摩西神学(the Mosaic theology par excellence)是关于十三种道德属性的学说是有智慧的[做法]。

[32/XXVIII]〈163〉其次,摩西立法与萨比主义(Sabianism)*尚未破除并普遍统治人处于同时代。因此,摩西时代的情况与亚伯拉罕时代并无不同,亚伯拉罕不赞同所有人——所有有着同样的萨比宗教(Sabian religion)的人,或者说所有属于同一个宗教共同体的人。创新(innovation)自然遭到抵抗,甚至以暴力[抵抗],尽管灭绝不信者并非萨比主义的原则。然而托拉只有一个目的:摧毁萨比主义或曰偶像崇拜。但是,萨比人本身的抵抗比起托拉早期信奉者中内在的萨比主义(inner Sabianism),就不那么重要了。主要出于这个理由,萨比主义只能被逐渐克服:人的本性(human nature)不允许从一极直接转向另一极。就举一个最明显的例子,我们的祖先曾习惯于向自然的或人造的造物(natural or artificial creatures)献祭。托拉中关于献祭的律法就是对那种习性的让步。因为对我们的祖先来说,单纯禁止或中断献祭是不可理喻(unintelligible)且遭人反感的,这就好比如今禁止或中断祈祷会是[不可理喻且遭人反感的]一样,上帝规定自此以后所有的祭品进献给祂,而不再给任何假神或偶像。在从萨比主义到对上帝的纯粹崇拜(pure worship)——亦即对上帝的纯粹知识——的进步中,献祭的律法构成其逐渐转化的一个步骤(参 I 54,64);献祭的律法只有"在当时"(at that time)才必要。萨比人相信,农业的丰收取决于对诸天体(heavenly bodies)的崇拜。为了根除那种信仰,上帝在托拉中教导说,崇拜天体会导向农业上的灾祸,而崇拜上帝则会导向昌盛(prosperity)。出于上述理由,对献祭本身的公开贬低尚未出现在托拉中,但它出现在先知书和《诗篇》中。反过来说,在关于祈祷的义务上,托拉不如之后

---

* [译按]Sabianism 是本文的关键词之一,含义暧昧,姑且在最宽泛意义上译作"萨比主义"。

的文献那样明确(III 29,30,32,35 – 37)。

[33]就适应种种萨比习性(Sabian habits)来说,同样重要的还有圣经中的[上帝]有形体论。萨比主义是一种有形体论;根据萨比主义,诸神是诸天体,又或,诸天体是形体,上帝是此形体的灵(the body of which God is the spirit)(III 29)。至于圣经,迈蒙尼德对这一主题的教诲有些模棱两可。从他的教诲中,我们得到的最初印象是,按此教诲,对圣经作有形体论的理解不过是一种误解。例如,在《创世记》1 章26 – 27 节中,ṣelem[形象]绝不意味着可见的外形(shape),而只[意味着]自然的形式(natural form),即便它有时应该意味着可见的外形,这个词也必须被看作同名异义词(homonymous),而在《创世记》1 章 26 – 27 节,其意义当然不意味着可见的外形,而是自然的形式(I 1;参 I 49)。在其他情形,或许是绝大部分情形中,某个措辞的首要意义——比如“坐”(sitting)——是有形体论的,但当它用于上帝时,它是在引申的或隐喻的意义上(a derivative or metaphoric sense)使用的;在那些情形中,文本的意义——字面意义——是隐喻式的。一般而言,圣经的字面意义并不是有形体论的。但也有些情形,字面意义是有形体论的,例如,圣经〈164〉中多次谈及上帝的愤怒(参 I 29)。有人必定会进一步说,一般而言圣经的字面意义是有形体论的,因为“托拉依照人的后裔的语言说话”(the Torah speaks in accordance with the language of the children of Man),也就是说,依照“俗众的想象”[说话],而俗众的心智不承认,或至少一开始不承认,有任何存在者的实存是非形体性的;因此,托拉为了表示祂存在(He is)而用了有形体论的措辞来描述祂(I 26,47,51 结尾)。圣经确实包含无数直接反对偶像崇拜的段落(I 36),但是,如我们所见,偶像崇拜是一码事,而有形体论又是另一码事。[某个圣经措辞的]有形体论的含义并非惟一的意义,它并非最深层的含义,也并非真正的含义,但却同样意在被当作真正的含义;之所以它意在被[当作该措辞真正的含义,]是因为需要教育和引导俗众,而我们还可以补充说,[需要教育和引导的是]最初完全处于萨比主义魔咒下的俗众。对圣经的明喻(similes)成立的[原则],对圣经的隐喻式措辞(the metaphoric biblical terms)亦成立。按照《塔木德》先贤的说法,

明喻的外部(the outer)一文不值,而内部(the inner)则是一颗珍珠;按照"智慧胜过所有人"(《列王纪上》5:11[译按:和合本《列王纪上》4:31])的所罗门王的说法,[一个措辞的]外部如银,亦即它对于使人类社会井然有序是有用的,而内部则如金:它传达真正的信仰(true beliefs)([卷] I 引言)。因而,一个人[向俗众]解释这些明喻或指出这些表述的隐喻特征,对于俗众并非没有危险(I 33)。因为,这类圣经教诲——诸如断言上帝是愤怒的、是怜悯的,或是在其他方面可变的——虽然不是真的,但却满足了一种政治目的或者是必要的信仰(III 28)。

[34]第三种可能性出现在迈蒙尼德对神意的论题式讨论中。在那里,他区分了关于神意的律法观点与真正的观点(III 17,23)。他本可以说,真正的观点是律法的隐秘教诲。相反,他说真正的观点由《约伯记》传达出来,由此他暗示(implying),《约伯记》——由一位未知作者所著、其主角又非犹太人的一部非先知书(II 45;《致也门人书》[Epistle to Yemen]50,19 – 52,1 Halkin[编订本]),标志着超越托拉甚至超越先知书(the prophets)的进步(参 III 19)。我们回想起,托拉将对圣主的崇拜与农业上或其他方面的昌盛完全协调起来的教导,只不过是对相应的萨比学说(Sabian doctrine)的重述。正如迈蒙尼德在解释有关西奈山启示的叙事时所指出的,对文本的美的考量是对它们外在含义的考量(II 32 末,33)。* 这一评论出现在论预言的那个部分(section),在其中,他第一次对同一主题的律法式(legal)(或解经式)讨论与思辨式讨论作出明确区分(参 II 45 开头)。与此相应,在他对"神车论"的解释中,至少在表面上,他只谈及这一最隐秘的文本的字面意义(III 引言)。或者,就如迈蒙尼德在最后一章中那样简练地说,律法的〈165〉科学是本质上不同的东西,不仅不同于后圣经时代——或无论如何任何圣经外的——对律法的律法式阐释,而且也不同于智慧,即不同于对

---

* [译按]这里的文本出处原为"II 36 末,37",根据施特劳斯关于《迷途指津》的笔记,酌改为"II 32 末,33"。这份笔记收藏于芝加哥大学图书馆,Svetozar Minkov 及 Yonathan Shemesh 两位学者正在对这份逐章评注《迷途指津》的笔记进行誊录整理,译者感谢两位慨允使用他们尚未发表的工作成果。

律法所传递的诸多观点的证明。

[35/XXIX]毫无疑问，迈蒙尼德关于摩西预言[的论述]自相矛盾。他声称他不会在《迷途指津》中明确地或暗示性地谈及摩西预言的典型特征（characteristics），因为——或尽管（because or although）——他已经在自己更广为流传的著作中最明确地讨论过摩西预言与其他先知预言的区别。可他还是在《迷途指津》中明确地教导说，摩西的预言与其他先知的预言截然不同，它完全不依赖于想象力，或者说它是纯粹理智性的（II 35,36,45 结尾）。他拒绝谈及摩西预言，这确实有一定的正当性。至少在论预言的部分有一整个子部（II 41 - 44）致力于除摩西外的先知的预言，而正如那个子部中频频被引的一段经文所指出的，"你们中间若有先知，我——圣主——必在异象（in a vision）中为他所知，在梦中（in a dream）与他说话"；因为圣经接着说："我的仆人摩西不是这样；他是在我全家（in all my house）尽忠的。"（《民数记》12:6 - 7）尽管如此，如果考虑到迈蒙尼德在同一语境中所指出的事实（II 36;参 II 47 开头），即正是想象力产生了明喻和——我们还可以加上——隐喻，以及[如果考虑到]托拉即便没有充满明喻，无论如何也充满着隐喻，那么，断言摩西预言完全不依赖于想象力就会导致一个巨大的难题。只举一个例子，摩西说夏娃从亚当的一根肋骨中被取出，或者说，女人是从男人中被取出（《创世记》2:21 - 23）或源于男人，这反映了一个事实，即 ishah（女人）这个词源自 ish（男人）这个词，而诸如此类词语之间的关系来替代事物之间的关系正是想象力的工作（对勘 II 30 和 43;I 28;以及《重述托拉·关于托拉之根基的律例》[M. T.，H. Yesodei ha-torah] I）。

[36]为了理解[迈蒙尼德]关于摩西预言的自相矛盾，我们必须再次回到开端。迈蒙尼德始于接受传统犹太教阐释所理解的律法。如此理解的律法在本质上不同于"证明"（demonstration）（II 3），也就是说，律法的种种观点本身并非基于证明。它们也并非通过"宗教经验"（religious experience）或通过信仰而变得明白（evident）。因为，按迈蒙尼德的说法，并不存在宗教经验，亦即并不存在特定意义上的宗教认知（specifically religious cognition）；所有的认知或真正的信仰都根源于人

的理智、感官式感知(sense perception)、意见或传统;甚至对十诫的认知状况也不受西奈山启示的影响或者说在西奈山启示过程中不受影响:这些[十诫]言说中的某些是且仍总是事关"人的思辨"(matters of "human speculation"),而另一些则是且仍总是事关意见或事关传统(I 51开头和II 33;《论占星术书简》[Letter on Astrology] §§ 4 – 5 [Alexander] Marx[编订本];和《逻辑技艺论》[Logic]第8章)。至于信仰,按迈蒙尼德的说法它只是道德德性(moral virtues)之一,道德德性本身⟨166⟩不属于人的终级完善即他的理智的完善(the perfection of his intellect)(III 53 – 54)。律法的诸观点基于某一类人的思辨所没能力理解的"思辨式感知"(speculative perception),它无需使用思辨的前提或无需推理便可把握真理;通过这类先知们所独有的感知,先知看到的和听到的只有上帝和天使(II 38,36,34)。先知们感知到的某些事情也可以通过证明而被确定地知晓。虽然非先知的人(nonprophetic men)并非绝对需要先知来获得这些事情上的教导,但他们在人的思辨或证明所无法企及的那些属神的事物(divine things)上,却完全依赖于先知。然而,先知言论中的无理性元素(nonrational element)在某种程度上是想象式的(imaginary),也就是说,是次于理性的(infrarational)。因此问题就在于,非先知的人如何才能确信先知们超理性(suprarational)的教诲,亦即如何才能[确信]其真理性。一般的答案是,先知言论的超理性特征由种种神迹的超自然(supernatural)见证所证实(II 25, III 29)。以此方式,全然独立于思辨的律法的权威就以全然独立于思辨的方式确立起来。与此相应,对律法的理解或解经就能够全然独立于思辨,尤其是独立于自然科学;并且,考虑到启示的更高尊严(higher dignity),解经也将处于尤其比自然科学更高的等级;上帝本身给出的解释无限优于仅仅是人的解释或者诸传统。这种观点很容易导向最严苛的圣经至上论(Biblicism)。"律法的难题"可以说起于这样的事实,即神迹不仅仅证实了启示信仰(belief in revelation)的真理,它还预设了那种信仰的真理;只有当一个人预先持有"可见世界并非恒在"这一不可证明的(indemonstrable)信仰时,他才会相信某件既定的超乎寻常的事件(a given extraordinary event)是一个神迹(II 25)。通过假设摩西预言是独一无二的——因其全然独立于想象力,迈蒙尼德暂时解决的正是这个难题,因为,如果这一假设被接受,就不会发生由先知讲辞中出现的某种次于理性的元素所导致的难题。然而,如果惟独摩西的预言是全然独立于想象力的,那么惟独托拉就将完全是真的,亦即字面意义上是真的,而这必然会导向极端的有形体论。由于有形体论可被证明为错误,我们迫不得已承认,托拉在字面意义上并不总是为真,从而,既然[上述]这些事实都成立,其他先知的教诲在某些点上就可能优越于(superior)摩西的预言。

[37]一个人如何能够区分必须被信仰的超理性者与不应该被信仰的次于理性者(the infrarational),这个根本难题无法诉诸下述事实来解决,即我们通过圣经尤其通过托拉——最重要的"上帝之书"(God's book par excellence)——所听到的(III 12),不是人类而是上帝本身。某种程度上,的确,上帝的言语为祂的存在提供了最大的确定性,而祂对祂属性的宣称也使得这些属性不容置疑(参I 9 和 11,II 〈167〉11);但是,上帝自身也无法向血肉之躯清楚解释托拉最深的秘密(I 引言,31 开头):祂"依照人的后裔的语言说话"(He "speaks in accordance with the language of the children of man)(I 26);托拉中本可以说清的事情却没有被说清(I 29);上帝运用狡计(ruses)和沉默,因为只有"愚人才会揭示(reveal)他所有的目的和意愿"(I 40;对勘III 32,45 与 54);最后但并非最不重要的一点是,如迈蒙尼德在《迷途指津》中所解释的,上帝在任何意义上都不使用言语(I 23),这个事实蕴含无限的后果(infinite consequences)。有人因此会忍不住说(tempted to say),圣经中次于理性的部分与超理性部分的区别在于,前者是不可能的,而后者是可能的:各种圣经言说(biblical utterances)若与经自然科学或任何其他形式的理性所证明的[结果]相矛盾的话,就不可能在字面上为真,而是必然另有一个内在的意义;另一方面,一个人必定不会拒绝其相反观点没有得到证明的亦即可能的观点——例如,从无中创造[这个观点]——以免自己变得彻底不像话(thoroughly indecent)(I 32,II 25)。

[38]然而,这个解决方案没有让迈蒙尼德满意。由于他最初曾声称,人区分可能事物与不可能事物的官能(faculty)是理智而非想象力,

他就只得——尤其是在他论神意的章回中——质疑这个裁决，并对是不是想象力才应当具有[区分可能事物与不可能事物的]决定权持开放态度（I 49，73，III 15）。有感于此，他说，信仰的确定性在于一个人意识到其对立选项（the alternative）的不可能性，或者说，上帝的实存本身（the very existence of God）如果未经证明即是可疑的；又或者说，人的理智能够理解任何智能存在者（intelligent being）所理解的东西（I 50 和 51 开头，71，III 17）。如果开端论和神车论确实[分别]等同于自然科学和神的科学，并且，如果这些科学是证明式的（demonstrative），那么上述说法便是可接受的。但是，这个谜一样的等式却使得上帝从无中自由创造这个事实的位置（place）或状况变得隐晦：究竟这个事实属于开端论、神车论，还是同时属于两者，抑或不属于两者中的任一方（参《密释纳义疏·节仪》[Commentary on Mishnah, Ḥagigah] II 1)？按照《迷途指津》的说法，神车论处理的是上帝对世界的统驭（God's governance of the world)，[上帝的统驭]不仅与祂的神意截然不同（对勘[一方为]I 44 与[另一方为]I 40，在其中，迈蒙尼德指涉的是 III 2，而不是如多数注疏者认为的那样指涉了论神意的那些章回，正如在 III 2 中他指涉了 I 40)，也与祂的创造截然不同。通过考虑开端论与神车论之间的关系，一个人同样有能力完全回答这个将我们带入目前困境的问题：关于摩西式神显（Mosaic theophany）与以赛亚式神显（Isaian theophany）之间的等级次序的问题。开端论出现在摩西的托拉中，但等同于神的科学或等同于对上帝的领会（I 34）的神车论却出现在《以西结书》，并且，其最〈168〉高级形式恰恰出现在《以赛亚书》第 6 章（III 6；亦参 III 54 中对托拉与其他圣经书卷的引用）。

　　[39/XXX]一旦认同了存在着一种超越摩西教诲的圣经内部进程（an intrabiblical process)，*人就不必被迫否认这种类型的后圣经的进

---

　　* [译按]这句里的 process，在此文的 1963 年版（即迈蒙尼德《迷途指津》Shlomo Pines 英译本）中为 progress。从句子本身的对仗看，process 有可能是打印错误，但不排除施特劳斯出于某种原因改用该词的可能性，姑且译作"进程"。

步(a postbiblical progress)的可能性。仅当圣经与后圣经的权威书籍之间存在各种典型的差异,这样一种进步的事实才能得到证明。例如,我们不禁要提迈蒙尼德暗中对抗的《塔木德》的某个观点,按照这个观点,明喻的外部"一文不值";他还暗中对抗所罗门的观点,按照这个观点,明喻的外部是"银"亦即它是在政治上有用的;就其本身来看,这种对抗表明所罗门比《塔木德》先贤更重视政治。上述种种差异某种程度上遭到隐匿,因为后圣经的观点通常乔装为对圣经文本的一种解释。迈蒙尼德以有关讲道式(homiletic)而非律法式的解释来讨论这一难题;他既拒绝将这些解释当作对圣经文本的真正解释的意见,同样也拒绝另一种意见,即它们既然不是真正的解释,就不该受到认真对待;事实上,《塔木德》先贤用一种诗意的或一种迷人的笔法(a poetic or a charming device),为了引入圣经中所没有的道德教训,仿佛篡改了圣经的文本(III 43)。他指出,他不会强调(stress)他对《塔木德》先贤的批评(III 14 结尾)。因为,强调(the emphasis on)圣经与《塔木德》之间的严重差异在俗众眼里就会显得是对《塔木德》诸先贤的批评,所以他以相当的——即使不算超乎寻常的——克制来谈论这个主题。任何时候当他将一个观点表述为律法的观点时,人都必须考虑一下,他究竟是否用圣经的段落来支持他的论点(thesis),并且,如果他是这么做的,那么根据有别于传统犹太标准的他自己的标准,这种支持又是否充分。换言之,在研读给定的某章或一组章回时,人必须观察,他在其中究竟有没有用到后圣经的犹太引文,以及,圣经引文与后圣经引文各占多大的数量和分量。

[40]在第一个明确处理神意的章回中(III 17),他谈到出现在"先贤的论述中"(in the discourse of the Sages)的对托拉的文本的一个"增补"(an "addition");正如有人会期待的,他不赞同这个特殊的"增补"。这个主张(statement)由紧贴其前的一长串《塔木德》引文所铺垫,这些引文明显与托拉的教诲一致,并且,由于自 III 10 结尾之后就几乎不再有《塔木德》引文,这些引文带着特殊的威力(with particular force)令我们震惊。以这种双重的方式,他为自己在表述托拉关于神意的观点中对来世(future life)的沉默做了铺垫:诉诸来世作为对神意问题的解决,

与其说是圣经教海的典型特征,不如说更多是后圣经的教海的典型特征。按照《塔木德》先贤的说法,"在来世,既没有吃也没有喝",这意味着,来世是〈169〉无形体的(《重述托拉·关于悔改的律例》[*M. T.*,H. Teshubah] VII 3)。由此可见,《塔木德》比圣经更多地摆脱了(freer from)有形体论(I 46,47,49,70,II 3)。与此相应,某些《塔木德》思想类似于柏拉图思想(Platonic thoughts),并借助一些源自希腊语的措辞来表述(II 6)。与此类似,外邦人翁格洛斯比其他任何人都更[有力地]使得有形体论在犹太教内部变得不可辩解(inexcusable),并且他很可能想到,用与希伯来语相区别的叙利亚语(即阿拉米语[Aramaic])来谈上帝对一种非理性动物的感知会是不妥的(I 21,27,28,36,48;参II 33)。非形体论的进步伴随着禁欲主义(asceticism)的进步。只提一个例子,《塔木德》至少在这个事实上比圣经[说得]更清楚,即亚伯拉罕从不曾观看她美丽的妻子,直到纯粹自保迫使他这么做(III 8,47,49)。在举止有礼(gentleness)方面有一种相应的进步(I 30 和 54)。最后,关于理智生活和学习对一般而言的人以及尤其对先知的价值,《塔木德》比圣经说得更明确(II 32,33,41,III 14,25,37,54)。

[41]但是,正如迈蒙尼德在许多评议中所指出的,即使是《塔木德》和翁格洛斯那里也没有包括关于那些[信仰]根基的定论(I 21,41,II 8 - 9,26,47,III 4 - 5,14,23)。对两者各举一例肯定就足够了。《塔木德》先贤至少部分地遵循一个意见,即除了[上帝的]'意志'(Will)律法没有其他的根据(ground),而迈蒙尼德说,"我们"(We)遵循相反的意见(III 48)。"我们"是一个模棱两可的词。迈蒙尼德仅仅在两个章回以"我们"开篇(I 62、63),这仿佛指出,["我们"]最重要的含义是"我们犹太人"和"迈蒙尼德"。至于翁格洛斯,他通过他的翻译消除了原文中的种种有形体论假设,但他却没有说清楚,先知们感知到了何种无形体的事物,或一个特定明喻的意义是什么——这符合他为俗众翻译这个事实;但迈蒙尼德解释了这些明喻,而他之所以有能力这么做,是因为他具有自然科学的知识(I 28)。超越翁格洛斯和《塔木德》的进步变得可能,主要在于两点理由。首先,托拉对犹太民族的影响日益加深,而基督教和伊斯兰教的兴起及其在政治上的胜利导致萨比式痼疾

(the Sabian disease)已经彻底消失(III 49,29)。其次,有关上帝的根本真理(fundamental verities)只有在证明的基础上为非先知的人们信仰时,才算真正地为他们所信仰,但为了其完善,就要求人拥有证明的技艺(the art of demonstration),这种证明的技艺是由希腊的智慧者们或曰哲人们——或更确切地说是由亚里士多德——发现的(II 15)。就连直接源自基督教的思辨神学(Kalām),亦即人们可以称为神学的东西,或更准确地说,可以称为证明的科学或为律法的根基辩护的科学的东西,其起源也要间接地归功于哲学对律法的影响。尽管有其缺陷,思辨神学绝非一无是处;适当地理解的话——在迈蒙尼德之前,它并〈170〉未得到适当的理解——它甚至对于为律法辩护必不可少。思辨神学在《塔木德》时期很久之后的犹太学院时期(Gaonic period)才进入犹太教(I 71,73)。把哲学引入犹太教必定更会被视为一项巨大进步,若是它在应有的从属于律法的[条件下]或是以恰当的样式(亦即如迈蒙尼德在其律法著作中开始引入它的样式)得到引入。还必须考虑到,在亚里士多德时代之后,希腊人和穆斯林都取得了相当大的科学进步(II 4,19)。然而,所有这些并不意味着迈蒙尼德视他的时代为智慧的巅峰。他从未忘记可称为"颠倒的萨比主义"(the inverted Sabianism)的力量,它无条件服从于圣经的字面意义,从而使有形体论持存,由此它甚至胜过(outdoes)严格意义上的萨比主义(Sabianism proper)(I 31);他也没有忘记流亡的灾难性后果(I 71,II 11):"如果对上帝存在的信仰没有像如今那样在各个宗教中(即犹太教、基督教和伊斯兰教)被广泛接受,那么我们的时代甚至会比巴比伦先贤的时代更加黑暗。"(III 29)更不用说,事实上严格意义上的萨比主义也尚未完全根除,它还可能被指望有一番未来(参I 36)。不必说,迈蒙尼德也从未忘记弥赛亚式的未来,这一未来可能会也可能不会伴随世界的终结(参I 61及II 27)。尽管如此,人可以正当地说,迈蒙尼德认为他在《迷途指津》跨出的一步在决定性的方面,亦即在克服萨比主义方面,是终极的那步(the ultimate step)。正如他的谦语所说,在"流亡的这些岁月里",关于律法的秘密,没有犹太人写过至今尚存的著作(I 引言)。起初,通过血腥的战争和对萨比习性的让步,萨比主义的力量只在世界的局部地区被打破;

然而,经由后摩西时代的先知、经由[圣经的]阿拉米语的译者们,经由《塔木德》,更不用说通过暴力终止献祭仪式,以及在军事胜利的协助下许多异教徒对基督教或伊斯兰教的皈依,这些让步几乎完全被收复了。如今时候到了,即使对俗众也必须最明确地教导[他们]上帝是无形体的。由于圣经假设了有形体论,俗众将由此变得困惑。对这种困惑的救治便是以寓意方式解释有形体论的言说或措辞,从而恢复对圣经真理的信仰(faith in the truth of the Bible)(I 35),也就是说,[这种救治]恰恰是迈蒙尼德在《迷途指津》中正在做的。但是,克服萨比主义的进步伴随着对萨比主义的一种不断增长的遗忘,因而也伴随着一种不断增长的无能(inability):[无能]消除对萨比主义或萨比主义的残迹的最后的、仿佛成了化石般的种种让步。迈蒙尼德将对献祭的公开贬损与为托拉中的献祭律法提供合法辩护相结合,就此而言,他标志着甚至超越后摩西的先知们的进步,因为他对献祭的贬损并不意味着他否认献祭律法的义务特征。通过他重新发现的关于萨比主义的知识,他正是那个最终〈171〉根除了萨比主义,亦即[最终根除了]作为偶像崇拜之隐藏前提的有形体论的人。他重新发现那种知识也是通过他对亚里士多德的研究,而亚里士多德毕竟属于一个萨比式社会(a Sabian society)(II 23)。

[42/XXXI]如果说迷途者的托拉(*Torah for the Perplexed*)由此标志着超越未迷途者的托拉(Torah for the Unperplexed)的进步,那么,迈蒙尼德就得在一个较早阶段将读者的注意力吸引到圣经教诲与后圣经教诲的差异上。在那个阶段,惟有那个差异是重要的。于是刚开始,他一方面将圣经、另一方面将后圣经的著述处理为整体。一般而言,他用"他说"(he says)(或"他的说法是"[his saying is])引入圣经段落,用"他们说"(they say)(或者"他们的说法是"[their saying is])引入《塔木德》的段落。他由此假设,在圣经中,我们只听到一个单一的讲述者,而在《塔木德》中,我们事实上听到了很多讲述者,但他们至少在重要的方面全都一致。可是,在《迷途指津》第一章,说话的"他"事实上首先是上帝,接着是叙述者(narrator),接着是上帝,再接着是"可怜的人"(the poor one);第二章中,说话的"他"[依次]是叙述者、蛇(serpent)、上帝等等；上帝"说"（says）了些什么，而叙述者"澄清说"（makes clear and says）。但是，《迷途指津》作为一个整体构成了一种上升，从普通的观点（the common view）或对普通观点的模仿，［上升］到具有洞察力的观点（a discerning view）。相应地，迈蒙尼德逐渐揭示了那些被刻板的、更不用说是程式化的表述所隐匿的差异。例如，在 I 32 中，他以"他的话指出"（he indicated by his speech）这一表述逐一引出四句圣经引文，且只在最后一次他给出了讲述者的名字，即大卫；大卫说的话比起之前（所罗门的）三段话，在精神上有点更加亲近紧随其后引用的一句《塔木德》先贤的话；《塔木德》先贤注意到所罗门与他父亲大卫相矛盾（I 引言接近结尾处）。在 I 34 中，迈蒙尼德用"他们说"引入了一位《塔木德》先贤的话，他告诉［读者］"我看到的"（I have seen）东西。根据 I 44，说到耶利米的神意（Jeremiah's providence）的那位不知名的"他"乃是尼布甲尼撒（Nebuchadnezzar）。在 I 49 中，迈蒙尼德引用了五个圣经段落；其中有两段话他给出了圣经作者的名字，他为两者中的一个人的名字加上了"愿他安息"（may he rest in peace）。在 I 70 中，他以"他们说"引入了一段《塔木德》的段落，而在引文结束后他说，"这是他说的原话"（This is literally what he said）。在某些章回，圣经教师（biblical teachers）的名字出现得异乎寻常地频繁，最初是在 II 19，最后是在 III 32。在 II 29 接近开头的地方，迈蒙尼德指出，每个先知都有其独特的一种措词（a diction），这种独特性（peculiarity）保留在上帝对个别先知所讲的话或通过他所讲的话中。为此观点而被挑选出来详细讨论的先知是以赛亚；之后，迈蒙尼德又陆续简短地讨论了其他六位先知，其顺序与正典中他们作品的顺序一致；只有占据中间位置的那个先知（约珥）的名字前加上了他父亲的名字。人们必定也不会忽略对严格意义上的托拉与重述托拉（Mishneh Torah）亦即〈172〉《申命记》（Deuteronomy）〈172〉之间的差异的种种指涉（对勘 II 34－35 与 III 24）。迈蒙尼德与托拉之间的联结最初是一个铁镣（an iron bond）；渐渐地它就变成了一根细线。但是，无论人们所谓的他的理智化（his in-tellectualization）可以走多远，它仍总是对托拉的理智化。

　　［43/XXXII］我们渴望给读者一些暗示（hints）以便更好地理解第

二个子部,[这种渴望]迫使我们超越直接的语境去看[问题]。回到那个语境中,我们观察到,在迈蒙尼德总结完第二个子部之后,他再次做了某种让人困惑的事(something perplexing)。第二个子部的最后一章处理"脚"(foot);支撑第二个子部的那个托拉段落以强调的方式说到了上帝的"面"(face)和祂的"背"(back);对迈蒙尼德而言,最简单的做法莫过于在第三个子部处理表示生命体(the animate body)或动物各部分的措辞。然而,他却在第四个子部致力于这个主题,第四个子部的头两章致力的恰恰是"面"和"背"(Ⅰ37 和 38)。处理一个完全不同主题的第三个子部由此似乎不得其所,或像一个不协调的插入(insertion)。此外,在致力于无形体性的各子部中,第三个子部解经性最少或者说思辨性最多;总共八章中有六章不是词典式释义章;有五章明显不是致力于对圣经措辞的解释,且没包括一句托拉引文;其中一章(Ⅰ31)是《迷途指津》中首个没包括一句犹太式(希伯来语或阿拉米语)表述的章回,另一章(Ⅰ35)则没有一个犹太(圣经的或《塔木德》的)段落的引文。人们不由得(tempted)相信,若是把致力于无形体性的各子部中最具思辨性的内容放在致力于该主题的最后部分,原本会更加符合这本书的旨趣。

[44]为了理解这些表面上的不规则,最好从这样的考量开始:出于[前文]指出的一般理由,迈蒙尼德渴望将《迷途指津》的七个部分分别分成七个子部,又出于一个更特殊的理由,他决定用三个子部来处理[上帝的]单一性;因此,[上帝的]无形体性必须(had to)用四个子部来处理。进而,[他]必然将几乎所有的词典式释义章放在处理无形体性的部分里,或反过来说,大部分处理无形体性的章回必然应是词典释义式的。出于那些在必须被给出的地方已给出的理由,[这样的安排]经证明较方便,即第一个子部的大部分章回都应是非词典式释义章(nonlexicographic),而第二个子部的大部分章回都应是词典式释义章。前两个子部的这种分配比例,正是迈蒙尼德决定在致力于无形体性的后两个子部摹仿的:第三个子部的大部分章回成为非词典释义式的,而第四个子部的大部分章节则成为词典释义式的,但是——出于一个很快会被指出的理由——这样〈173〉一来,第三个子部中的非词典式释义

章比第一个子部［数量上］更占优势，而第四个子部中的词典式释义章也比第二个子部在［数量上］更占优势。有理由期待，四个子部中词典式释义章和非词典式释义章的分配与那些子部的题材（subject matter）有某种对应。如果参考各子部的词典式释义章的题材来定义各子部的题材，就会得出这样的结论：第一个子部处理特定的形式、性别和生育，而第三个子部处理悲痛和吃（sorrow and eating）；第二个子部主要处理的是有关局部位移或静止的行为，而第四个子部则主要处理动物身体的各部分和感官知觉。为了理解这种安排，做到以下两点就足够了：观察一下有关悲痛的第一段引文是"你将在悲痛中生产儿女"（in sorrow shou shalt bring forth children）（《创世记》3：16），并且阅读一下迈蒙尼德如何解释动物各部分及其行为与存续的目的（the ends of preservation）之间的关系（I 46）。进而，［若是］相信对悲痛和吃的强调遭到削弱，是因为这两个论题是所在子部中仅有的词典释义式论题，那就大错特错了。最终，迈蒙尼德以最适当的方式，将致力于悲痛和吃的词典式释义章，用作《迷途指津》中出现的首个思辨性章回系列的导言，由此使得（与第一个和第二个子部截然不同的）第三个子部结束于非词典式释义章（I 31 – 36）；他由此也为第四个子部预备了一个相似的结尾（I 46 – 49）；这使他能够通过下一个词典式释义章（I 70）即最后一个词典式释义章的位置，来尽可能清晰地指出第一部分的结尾，或者说，［尽可能清晰地指出］第一部分由 I 1 – 70 构成这一事实。

[45/XXXIII] 'asab 这个措辞——我们认为在当下的语境中将其诠译为"悲痛"较为方便——以及"吃"（eating）这个措辞可以指上帝愤怒于那些反叛祂的人，或指祂对他们的敌意。由于祂的愤怒无例外地针对偶像崇拜，且由于祂的敌人无例外地都是偶像崇拜者（I 36），因此这两个措辞间接指向偶像崇拜。但"吃"也可用于知识的获取。着眼于"吃"的这后一个隐喻式含义，迈蒙尼德在解释完"吃"之后（I 30），紧接着就用五个思辨性章回致力于人类知识这个主题。在这个子部的最后一章（I 36），他基于这五个思辨性章回之所得，重新思考了对偶像崇拜的禁令。第三个子部从而一并处理了偶像崇拜与知识，其处理方式是以对偶像崇拜的讨论包围对知识的讨论。这种安排影响了对知识的

讨论:迈蒙尼德讨论知识时着眼于其种种限度,着眼于可能从中出现的危害,并且着眼于伴随着它的危险。人们能够说,《迷途指津》中出现的首个思辨性章回系列处理被禁止(特别参见 I 32)——向所有或大多数人禁止——的知识,乃是在[处理]被禁止的崇拜的语境中。

[46/XXXIV]第三个子部提示了圣经和《塔木德》之间的关系。由于我们之前已经处理过这个主题,所以我们只限于作以下评论。在处理"吃"的那章中,迈蒙尼德明确拒绝为该词在其首要含义上的使用举例:"吃"的引申义指取用无形体的食物(taking of noncorporeal food),此含义已得到广泛传播,以至于仿佛成为其首要含义(对勘取自《以赛亚书》1:20 的引文与《以赛亚书》1:19)。至于"吃"作为吞噬或摧毁的含义(the meaning of consuming or destroying),迈蒙尼德用来自托拉的四句引文和来自先知书的两句引文为例证,他称[该含义]在圣经中频频出现;至于"吃"作为获取知识的含义,迈蒙尼德则用《以赛亚书》的两句引文和《箴言》的两句引文为例证,他称[该含义]在《塔木德》先贤的话语中也频频出现,并用两句引文证明了这一点。没有《塔木德》的引文例证 'asab[原义"悲痛"]的含义。《塔木德》先贤们把获取关于属神事物(divine things)的知识比作吃蜜,并将其应用于所罗门话语中所说的那种知识:"你得了蜜吗?只可吃够而已,免得过饱,呕吐出来。"[《箴言》25:16]他们由此教导人在寻求知识时不可逾越某些界限:不可反思何者为上,何者为下,何者为前,何者为后——迈蒙尼德称之为"徒然的想象"(vain imaginings)(I 32);迈蒙尼德解释了人具有对知识的自然渴望这个事实意味着什么(I 34),他的警告针对的不是对全面的知识(comprehensive knowledge)的渴望,他针对的乃似是而非的知识(seeming knowledge)。

[47/XXXV]关于第四个子部,我们只限于[提出]这个观察:它是首个不见有对哲学和哲人的任何指涉的子部。另一方面,"以我之见"(in my opinion)('indī)这个表述——它指出迈蒙尼德的意见与传统意见之间的差异——在第四个子部出现的次数,大约是前三个子部中出现次数之总和的两倍;另一个[对哲人的]替代是在 I 41 和 43 中对文法学家(grammarians)的指涉——应该将其与 I 8 和 10 中的相应指涉加

以对比——以及对阿拉伯语的更频繁的指涉。有一位文法学家被指名道姓地提及，即伊本·贾纳（Ibn Janāḥ），[此名的含义]即"翼之子"（the Son of Wing），此人借助阿拉伯语，将表示"翼"的希伯来措辞正确地解释为有时意指"遮盖物"（veil），此人因此可以被称为揭开了"翼"（Wing）。另一个替代指涉的（I 42）是一个安达露西亚解释者（Andalusian interpreter），此人认同希腊医学，他把某个寡妇的儿子经先知以利亚（Elijah）[救治而得的]表面上的复活（the apparent resurrection）解释为一个自然事件。在同一章中，通过取自圣经的各种引文，迈蒙尼德首先提及由成人割礼所导致的一种严重疾病，以及对麻风病的圣经式疗法。刚刚提到的这〈174〉章处理希伯来语措辞"有生命的"（living）；在这个子部的词典式释义章中，惟独该措辞没被说成是同名异义词，这种沉默蕴涵着关于"有生命的上帝"（the living God）（对勘 I 30 与 41）的重大隐含意味。

[48/XXXVI]第四个子部的最后一章是《迷途指津》中惟一以"诸天使"（The angels）起首的章节。这章断言诸天使是无形体的，也就是说，这章处理具有复数性的某物的无形体性。迈蒙尼德由此表明，自开篇至此的论题依然是无形体性而非一体性。下一章开始讨论一体性。无形体性已展现为一体性的一个结果；一体性一直是预设，一个未遭质疑的预设。如今一体性成为论题。起初我们被告知，一体性必须清晰地得到理解，不可像基督徒理解它那样，将其与上帝的三位一体（God's trinity）相兼容，或者，更一般地说，将其与上帝的多数性（multiplicity）相兼容（I 50）。在第五个子部，迈蒙尼德引发了这样的转化：他将对单一性的普通的、更不用说是传统的理解——这种理解许可将肯定属性（positive attributes）的多数性用于描述上帝本身——转化为一种符合思辨的种种要求的理解。第五个子部可以说是《迷途指津》中首个完全思辨性的子部。因而，与对无形体性的讨论截然不同，对单一性的讨论的特点在于，该主题的思辨式讨论和解经式讨论之间有一个清晰的——即便又是隐晦的——区分。前四个子部中只有一章不包含任何犹太式表述，而第五个子部中则出现了五个这样的章回。在前四十九章中，只有九章未包含任何来自托拉的引文；而第五个子部的十一章

中,出现了十个这样的章回。尽管第五个子部具有思辨性特征,它并没有证明上帝是一;它沿袭先前各子部的做法,预设上帝是一(I 53,58,68)。然而,从这个预设中得出的不只是上帝乃无形体的这个结论,而是能得出所有结论:如果上帝是一,在每个可能的方面是一,绝对单一(absolutely simple),那么,除了描述祂的行动的属性之外,上帝不可能有任何肯定属性。

[49/XXXVII]迈蒙尼德通过证明得知上帝是一。而[《迷途指津》的]讲述对象由于自然科学训练的不足(对勘 I 55 与 I 52),不是通过证明得知这种单一性,而是通过犹太传统以及最终通过圣经得知的。[关于上帝是一的]最重要的圣经文本是:"听啊,以色列,圣主是我们的上帝,圣主是一。"(申命记 6:4;对勘《重述托拉·关于托拉之根基的律例》I 7)但让我们极为惊异的是,在讨论单一性的任何章回中,迈蒙尼德一次也没有引用过这节经文。在《迷途指津》中他只有一次引用了它。他在摹仿托拉,正如他所说,托拉提及单一性原则即这节经文,也就一次而已(《复活论》20,1-2)。他引用这节经文是在 III 45,即第169 章,〈176〉由此或许暗示上帝向摩西宣告的十三种神的属性("仁慈,恩宥……"[merciful, gracious])。不管那种沉默还可能意味着什么,它无疑指出了在对单一性的理解上由迈蒙尼德造成的重大转变。上帝的肯定属性是不可能的,这个经过证明的教诲源自哲人们(I 59,III 20);鉴于律法不仅限于教导对上帝惟一真正的赞美是沉默,它也规定我们在祈祷时可以称上帝为"伟大的、大能的,以及骇人的"(great,mighty,and terrible),这[源自哲人的教诲]明显与律法的教诲相悖。因而,关于属性的完整学说可能没有向俗众启示(I 59),或者说,它是一个隐秘的教诲。但是,既然那个学说(该学说包括规定某些在《迷途指津》中得到充分阐明的要点不能被泄露)以极致的明确性和有序性在那本书中得到陈述,它也是一个显白的教诲(an exoteric teaching)(I 35),即便只是一个哲学上的显白教诲。

[50/XXXVIII]正如迈蒙尼德所指出的,"上帝是一"的首要意义在于,没有任何人或物可与祂类似或等同,而其惟一的引申意义则在于,祂是绝对单一的(对勘 I 57 结尾和 I 58)。基于不同于托拉的《以赛亚

书》和《耶利米书》中的引文,迈蒙尼德发展出上帝的无可比拟性(God's incomparability)这个概念,即在祂与任何其他存在者之间无论如何没有相像性(likeness)(对勘 I 55 与 I 54)。他在这里对《申命记》4 章 35节("圣主——祂是上帝,除祂以外,再无别[神]")保持沉默,这节经文他曾在其《法典》*(《关于托拉之根基的律例》I 4)的一个同类的语境(a kindred context)中引用过,他也在《迷途指津》的不同语境中引用过它(II 33,III 32 和 51)。然而,对所有别的事物都具有绝对的不相似性(dissimilarity)或无可比拟性,这既是无(nothing)的典型特征也是上帝的典型特征。上帝的绝对不相似性和无可比拟性意指的是祂的完善(His perfection);正因为祂具有无可比拟的完善,所以祂是无可比拟的;正因为祂具有无法言说的完善,所以严格来说,没有肯定性的[描述]能言及祂,并且,所有言及祂的肯定性[描述]事实上(如果那是指祂自身而非祂的行动的话)只能是对祂的某种非完善性的否认。[关于上帝]属性的学说(the doctrine of attributes)的意义在于,上帝是绝对完善的存在者、是完全的且完满地自足的善(the complete and perfectly self-sufficient good)、是绝对的美或高贵的存在者(I 35,53,58,59,60 结尾,II 22)。若非如此,迈蒙尼德的属性学说就将完全是否定性的甚至是颠覆性的。因为,那种学说在如下断言中臻于巅峰:我们对上帝的把握只是'祂是'(He is)而非'祂是什么'(what He is),我们凭的是这样一种样式:每种造就祂的肯定性谓词——包括祂"是"(that He "is")——只在名字上跟我们将这类谓词用于任何[其他]存在者时的意思有共同处(I 56,58,59,60)。若非我们先知道上帝是绝对完善的,那么在将"存在"(being)归于祂时,我们就会将我们不知其为何者(we know not what)归于我们所不知者(what we do not know),或者说,我们会把'无'归于'无';于是我们当然就不会知道我们在谈论的是什么。适用于"存在"的也适用于"一"(one),亦即适用于《迷途指津》第一部分整个论证(the whole argument)的直接预设。但愿没有人说(Let no

---

　*　迈蒙尼德的《重述托拉》也被称为《法典》(*The Code*)。

one say)〈177〉迈蒙尼德承认了区分于否定性属性的［上帝的］行动属性（attributes of action），因为，就算不讨论这种区分是否最终站得住脚这个问题（参 I 59），通过行动属性，上帝仍被理解为某些结果的原因，而很难看出"原因"（cause）［一词］——若用于上帝的话——何以不只在名字上与作为可理解的表述的"原因"具有共同处。但是，既然我们将上帝理解为绝对完善的存在者，当我们说祂是某事的"原因"时，我们指的是祂的创造或统驭的善（参 I 46）。通过他的属性学说，迈蒙尼德不仅克服了所有可能的人神同形论（anthropomorphisms），也回答了一个问题，即在最高程度上，上帝据说拥有的不同的完善相互之间是否兼容，或者说，某些如我们所知的人类的完善——例如，正义——可以被理解为其绝对形式构成了神的完善——上帝的完善是一个深不可测的深渊（an unfathomable abyss）。由此，我们理解了为什么讨论中的这个学说——尽管有其哲学上的起源——能被认为是对圣经原则确实非圣经的但无论如何适当的表述，该圣经原则即关于隐匿的上帝（the hidden God）的圣经教诲：这位上帝从无中创造，不是为了增加善——因为祂既然是完全的善，善就不可能因祂的行动而增长——而是没有任何根据，处于绝对的自由，其本质故而由"意志"（Will）而非"智慧"（Wisdom）所表明（III 13）。

[51/XXXIX] 从对神的属性——其作为关于上帝自身的肯定性谓词经证明不过是名字而已——的思辨性讨论，迈蒙尼德在三个处理单一性的子部的第二个转向对神的种种名称（divine names）的纯粹解经式讨论；该解经式讨论处理的依然是"对属性的否认"（the denial of attributes）（I 62 和 65 开头）。可听的圣名（the audible holy names）似乎已经替代了可见的圣像（the visible holy images），而且，可以确定，"名"（name）与"荣誉"（honor）以及所有和荣誉相关的事物相连。与其说困难由神的名字的多数性造成——因为如先知所言，在圣主的日子"圣主必为一，他的名必为一"（撒迦利亚书 14:9）——不如说它由如下事实造成：这个最神圣的名字，惟一先于创造的神的名字（I 61），是由上帝向人传达的（《出埃及记》6:2 - 3），而非由人类杜撰（coin）或创造的。由于上帝并不说话，迈蒙尼德因此必须澄清上帝说话、书写以及停

止说话或行动的整个问题(I 65 – 67)。此外,由于今天我们只懂非常少的希伯来语,因此最神圣的名字,即惟一表明上帝的本质并由此被认为可能引领我们超越人类思辨界限的名字,无疑不再是可理解的(I 61 – 62)。因此,在最后一个讨论一体性的子部(I 68 – 70)亦即第一部分最后一个子部中,迈蒙尼德回归思辨。这么说或许更准确:他如今转向了哲学。我相信,在我们正在讨论的三个章回中,他提到哲学比在整个〈178〉讨论无形体性的部分(I 1 – 49)更频繁,当然也比对属性的思辨式讨论的这个部分(I 50 – 60)更频繁;在对神的名字的解经式讨论中(I 61 – 67),如果我没有搞错,他根本没有提过哲学。如今他在哲人的支持下接手这个主题,我们忍不住要称之为有别于尤其是神的言说属性的神的理智属性(the divine attribute of intellect)(参 I 65 开头)。我们得悉在上帝之中,"理智、理知、所理知者"("intellect, intellecting, the intellected")的三者组合(the triad)是一并且是同一事物(are one and the same thing),在其中没有多数性,就如当我们实际上思考时它们是一那样(I 68)。迈蒙尼德在这里甚至没有暗示,用于上帝的"理智"和用于我们的"理智"可能只具有名字上的共同处。有一点可能为真,即上帝思考的只是祂自身,以至于祂的智思(His intellection)仅仅是自我智思(self-intellection)从而是一和单一(one and simple),而在此意义上,我们的智思不可能是一和单一,但这并不与"理智"用于上帝和用于我们时的单义性(univocity)相矛盾。当我们说上帝"活着"时,我们意指的正是自我智思(参 I 53)。随之,当用于上帝和用于我们时,甚至"生命"(life)也不只是同名异义词了。同样随之而来的是,对'理智'来说为真的对'意志'并不为真:意志行为(the act of willing)与作为意志对象的所意愿的事物(the thing willed as willed)并不相同,就如思的行为(the act of thinking)与作为思的对象的且作为思想被思考的事物(the thing thought as thought)是相同的。读者在下一章(I 69)可能会发现,这个观察有助于理解迈蒙尼德对某个哲学观点的接受,按此观点,上帝不仅是世界的动力因或推动因和目的因(the efficient or moving and final cause),也是世界的形式,或者用犹太传统的表述来说,是"诸世界的生命"(the life of the worlds)——他说其意思是"这个世界的生命"

(the life of the world)。

[52/XL]这必定足以帮助我们走向并搞清楚迈蒙尼德关于单一性的教诲那令人困惑和令人苦恼的(upsetting)特征。事情的真正状态，让所有时代都想来会有的某些《迷途指津》的读者所拥有的某种学识(a certain kind of learning)——更不用说其他事务——搞得多少有些隐晦:关于属性的学说重申了新柏拉图主义的教诲，而新柏拉图主义远在迈蒙尼德之前就影响了犹太思想家们;那些思想家某种程度上已经成功地调和了新柏拉图主义和犹太教。但是，当不同的人做同样的事，[他们所做]并不必然是同样的事，迈蒙尼德肯定并没有跟他之前异教的、伊斯兰教的或犹太新的新柏拉图主义者做正好同样的事。每个头脑开放且有辨识力的读者，必然会震惊于迈蒙尼德属性学说中的隐匿的上帝(the hidden God)与向先祖(the Patriarchs)和摩西讲话的隐匿的上帝之间的差异，或者用迈蒙尼德的表述方式来说，震惊于先祖和摩西所拥有的对上帝的真正理解与部分未入门的犹太人(the uninitiated Jews)对上帝的理解之间的差异。迈蒙尼德关于神的属性学说的结论是，赐给普通信徒生命和光的上帝这个概念不仅是不恰〈179〉当的或具有误导性，而且是关于某种完全不存在的东西的概念——它是关于一个仅仅想象出来的存在者(a merely imaginary being)的概念，这种存在者是受骗者和欺骗者的论题(I 60)。对普通信徒为真的情形，至少在某种程度上对《迷途指津》的讲述对象也为真。对古老根基的摧毁迫使他去寻求一个新的根基:他如今迫不得已充满激情地关注证明，不仅是关于上帝的单一性的证明，还有关于祂的存在本身(His very being)的证明——在"存在"不能作为彻底同名异义词的意义上。因为如今他知道，只要没有得到证明的确立，上帝的存在就是可疑的(I 71)。如今他被带到这样一个点上，他必须在此下定决心，是否彻底转向证明的道路。迈蒙尼德向他展示了证明上帝的存在、单一性和无形体性的三种方式:思辨神学(the Kalām)的方式，哲人们的方式，以及迈蒙尼德本人的方式(I 71 结尾，76 结尾，II 1 结尾)。尽管迈蒙尼德不能直接接受哲人的方法，但比起思辨神学的方法他更偏爱哲人的方法，原因如下。思辨神学的起点不是我们通过自己的感官所认识的世界，也不是

各种事物都有确定的本性(determinate natures)这个事实,而是断言哲人称之为本性——比如说空气的本性——的东西只是习惯(custom),因而不具有内在必然性(inherent necessity):所有事物都可能彻底不同于其所是(what it is)。不参考我们通过自己感官所得的认识,思辨神学就无法成立,因为,与朴素信仰——其第一前提是上帝的绝对意志——截然相反,思辨神学试图证明"上帝是"(that God is),因而它必须以既定者(the given)为起点,与此同时,它又必须否定既定者的权威性特征。另一方面,哲人则以对感官来说既定的昭彰之物(what is given or manifest to the senses)作为起点(I 71,73)。

[53]迈蒙尼德首先转向对思辨神学证明的分析和批评。他呈现了思辨神学的各种前提(I 73),然后是思辨神学基于那些前提的各种证明(I 74 – 76)。迈蒙尼德的批评并不只限于技术上思辨神学的推理。例如,关于世界的被造性(createdness)及随之关于造物者的存在的第一个证明,此证明假定,我们周遭所见物体是通过一位工匠(an artificer[或译]造作者)而得以生成的,从中可以推导出作为整体的世界是一位工匠的作品。这个证明没有用到任何思辨神学所独有的前提,它基于不能——或无论如何没能——区分造作之物与自然之物(the artificial and the natural)。第二个证明基于"无论如何没有任何无限是可能的"(no infinite whatever is possible)这个前提;故而它首先将人追溯到第一个人——亚当,他出于尘土,尘土则出于水,然后它将水本身追溯到绝对的无,水不可能从无中生成,除非通过造物主(the Creator)的行为(I 74;对勘《逻辑[技艺论]》7,8,11 章)。在此证明中不难识别出具有圣经起源的元素。由于迈蒙尼德所陈述的思辨神学的诸前提对思辨神学的证明是必要的(I 73 开头和近结尾处),并且〈180〉思辨神学的证明并不在所有情形中都遵循那些前提,因此,那些前提尽管必要,但不充分。毕竟,思辨神学是着眼于证明律法的根本原则(the roots of the Law)来挑选其诸前提的——其诸前提的前提正是那些根本原则。[《迷途指津》]第一卷(the First Part)结束于对思辨神学的批评,第二卷开始于"为确立上帝的存在,为证明祂既非一个有形体亦非一个有形体中的一种力(a force in a body)以及'祂是一'所需要的诸前

提"，也就是说，开始于哲人所确立的诸前提。迈蒙尼德由此暗示（indicate），第一卷的七十六章通过批评关于上帝和神学的流行概念引向哲学，因而[整卷]是否定性且前哲学的，而第二卷、第三卷的一百零二章则是肯定性的或启迪性的（edifying）。换言之，第一卷主要致力于圣经式解经和思辨神学，亦即致力于两个甚至在献辞书中就已被提及的超逻辑且超数学的主题。

[54/XLI]思辨神学先证明世界是被造的，以此证明作为造物主的上帝存在、是一且无形体；但它仅仅通过辩证式的或诡辩式的论证（dialectical or sophistical arguments）来证明那个前提。哲人通过假定世界是恒在的来证明上帝存在、是一且无形体，可他们无法证明那个假定。因而两种证明方式都有缺陷。迈蒙尼德的方式在于结合了这两种有缺陷的方式。因为，他辩称，"世界是恒在的 – 世界是被造的"是彻底的选言（disjunction）；由于上帝的存在、单一性和无形体性必然推断自仅有的两种可能假定中的一个，所以基本的真理（basic verities）已经由这个事实所证明（I 71，II 2）。然而，出自对立前提的结论不可能就这么相等同。例如，有人可能在第二次世界大战前说，无论德国战胜或是战败，她都会繁荣，若是她胜了，她的繁荣立刻就会到来，若是她败了，美利坚合众国会确保她的繁荣，因其需要她作为对抗苏联的盟友；但是，作为最强大国以僭政的方式统治并以僭政方式被统治的德国，与作为二流国家以民主方式统治的德国之间的差异，被这位预言者抽掉了。基于[世界]恒在的假定而得以证明其存在的上帝是不动的推动者，是仅思考它自身的思想，就此是世界的形式或生命。基于[世界的]创造的假定而得以证明其存在的上帝是圣经的上帝，其典型特征是"意志"（Will），其知识与我们的知识只在名字上有共同处。如果考虑一下迈蒙尼德所勾勒的情形，我们就会看到，通过他的方式所证明的只是对两种不同上帝概念来说共同的东西，或只是中立于作为纯粹"理智"的上帝与作为"意志"的上帝间的差异的东西，又或只是超越了那种差异的东西，抑或只是其名字里要么与"理智"要么与"意志"有共同处的东西。但如此理解的上帝恰恰是在属性学说中呈现的上帝：迈蒙〈181〉尼德对上帝存在的证明反过来照亮了他的仅仅断言式（assertoric）的属

性学说。可以说,如此理解的上帝不仅比哲人的上帝,甚至比圣经中的上帝都更超逾现世(extramundane);对上帝的这种理解为最激进的禁欲主义同时在理论上和实践上奠定了根基(III 51)。换言之,两种相反的假定都确实导向作为最完善存在者的上帝,然而,即使萨比人也把他们的神即天球和其中星辰当作最完善的存在者(III 45);一般来说,每个人都在这样的意义上理解上帝是最完善的存在者,即上帝是最完善的可能的存在者(the most perfect possible);按其后续证明所理解的属性学说所导向的作为最完善存在者的上帝,其完善的典型特征在于,事实上在祂那里"智能"与"意志"(Intelligence and Will)不可区分,因为两者都等同于祂的本质(参 I 69)。然而,由于这个世界必然要么被造,要么永恒,所以必然要恢复对"理智"与"意志"(Intellect and Will)的区分。一般而言,《迷途指津》在两种观点间游移,[一种观点认为]"理智"与"意志"不可区分,[另一种观点认为]它们必须加以区分(从而人们必定将上帝理解为"智能"而非"意志")——取决于所讨论的不同主题的要求(对勘 II 25 与 III 25)。例如,在他对全知(Omniscience)的讨论中——在同一语境中他再次提出关于想象力与理智的等级问题——迈蒙尼德通过诉诸"理智"与"意志"的同一性,解决了全知与人类自由两者表面上不兼容的难题(III 17),而在他对各种圣经诫命的理由的讨论中,他则倾向于种种诫命根源于上帝的理智(God's intellect)的观点而非根源于祂的意志(His will)的观点。

[55/XLII]《迷途指津》的读者必须带着恰如其分的悉心,不仅考虑对迈蒙尼德的方式的勾勒,也要考虑书中所有拐弯抹角的地方。同时他必须牢记,对基本真理(basic verities)的证明与对那种证明的讨论紧随对单一性的讨论,或者说,对单一性的讨论构成了从解经到思辨的过渡。如果世界——或更准确地说,天球——是被造的,那么它是由某个施动者(some agent)所造,这一点的确是自明的;但这并不必然推出造物者(the creator)是一,更不用说并不必然推出他是绝对的单一并且他是无形体的。另一方面,如果天球是恒在的,则可推出——如亚里士多德所言上帝存在且是无形体的;但基于这个假定,诸天使或者说诸分离智能(separate intelligences)——其每一个都是诸多天球之一的推动

者——也就如上帝一样是恒在的（对勘Ⅰ71,Ⅱ2与Ⅱ6）。因此问题就
在于严格意义上的一神论究竟是否可证明。迈蒙尼德确实说过，从某
种哲学证明推出的单一性以及无形体性既无需预设世界恒在亦无需预
设其创造，但至少并不清楚的是，相关的证明是否实际上无需预设世界
的恒在（对勘Ⅱ2〈182〉与Ⅱ1）。此外，如果真有这类证明，有人会忍不
住说，无论如何，那也无需为了证明上帝的存在、单一性和无形体性而
暂时地认同世界恒在；可是，迈蒙尼德以最强调的方式断言，有这样一
种需要。然而，这些或类似的难题中没有一个在任何意义上是最严重
的难题。因为，尽管信仰上帝的单一性、存在和无形体性是律法的要
求，那种信仰——它与世界恒在的信仰相容——与对律法的无条件的
拒绝是相容的：律法的成与败在于信仰世界的创造。因此，迈蒙尼德义
不容辞要去表明，亚里士多德或亚里士多德主义认为世界的恒在已经
得到证明是错误的：作为证明上帝的存在、单一性和无形体性的基础的
世界的恒在，乃是一个可疑的假定。不过，为了确立创造——作为律法
所理解的创造——的可能性，拒斥亚里士多德主义的主张还不够，因
为，如果这个世界并不必然恒在，它还是有可能从恒在的质料中被造。
迈蒙尼德于是迫不得已要放弃或无论如何要推敲他最初的论证（origi-
nal argument）所立足的选言（disjunction）。最初的选言（这世界要么永
恒，要么被造）是不完整的，至少在此程度上——它模糊了从质料中创
造与从无中创造的差异。它引发了亚里士多德与律法之间的对立，但
它又隐匿了在柏拉图《蒂迈欧》（*Timaeus*）中呈现出的中间可能性。柏
拉图版的［世界］恒在学说并不有害于律法，因为，亚里士多德的版本
排除了任何神迹的可能性，而柏拉图的版本则没有排除所有神迹，视之
为必然不可能。

［56］迈蒙尼德没有说柏拉图的教诲排除了哪些神迹。两个可能
的答案立刻浮现出来。依据自然，生成之物将会消亡，但依据律法，以
色列和有德者的灵魂（the souls of the virtuous）生成而不会消亡，因而，
他们的向后恒在（eternity *a parte post*）是一个神迹——一个更符合从无
中创造而非从恒在的质料中创造的神迹。其次，根据上帝对以色列的
特殊神意，以色列若服从它，就繁荣，若不服从它，就不幸，这种神意是

一个不太可能被柏拉图承认的神迹,柏拉图关于神意的教诲似乎与《约伯记》(the Book of Job)呈现的[关于神意的教诲]相同:神意自然地依循人类个体的智能(intelligence)。迈蒙尼德用大量论据证明亚里士多德的学说没有得到证明,此外也不太可能[成立](not probable),这符合他对亚里士多德学说与律法学说之间关系的判断。至于柏拉图的学说,他基于额外的根据即它尚未得到证明而拒绝予以任何关注(II 13,25 – 27,29,III 18;《致也门人书》24,7 – 10;《复活论》33,16 – 36,17;《论占星术书简》§19 以降,Marx[编订本])。那个根据稍微有些奇怪,因为按照迈蒙尼德的说法,亚里士多德的与圣经的选〈183〉项(alternatives)也都尚未得到证明。在他对亚里士多德学说的批评中,迈蒙尼德利用了思辨神学的某个论证(argument),其立足的前提这样定义可能的事物(the possible),即它要么是可想象的,要么是非自相矛盾的,又或者,因为我们缺乏知识而无法对它作出任何确定的断言;讨论中的这个前提排除了[关于可能事物的]某个观点,按照该观点,可能的事物是有能力存在的事物,或者说,可能的事物是与讨论中的事物的自然本性一致的事物,或是与拥有一种可得的特定基质(an available specific substratum)的事物相一致的事物(参 I 75,II 14,III 15)。读者必须弄清这个优选前提的诸多前提(the premises of the preferred premise)是什么,迈蒙尼德如何判断那些前提,以及以讨论中的前提为基础的论证(argument)是否不仅使可见宇宙的恒在性,也使质料的恒在性变得不太可能。

　　[57]无论如何,由于迈蒙尼德迫不得已去质疑亚里士多德的学说,他也迫不得已去质疑亚里士多德对天的解释(Aristotle's account of heaven)的恰切性。使那种质疑臻于巅峰的是如下断言(the assertions):亚里士多德的确具有对月下事物的完善知识,但却几乎没有对天上事物的知识,并且最终,人作为人不具有这类知识:人只具有对地和地上事物的知识,亦即只具有关于有形体或在有形体内的存在者的知识。用《诗篇》作者的话说(115:16):"诸天,甚至诸天,都是圣主的。而地,他却给了世人。"相应地,迈蒙尼德假设,关于神意的真理(truth),亦即对人类生活至关重要的神学真理,惟能通过对月下世界现

象的观察得见。即便是对天的第一推动者的证明,即对上帝的存在、单一性和无形体性的哲学式证明——更不用说对其他分离智能(separate intelligences)的存在的哲学式证明——也成了困惑(perplexity)的一个主题(II 22,24;参 II 3,9,III 23)。然而,正是关于天的知识据说可以提供上帝存在的最好证明,甚至是惟一证明(II 18)。迈蒙尼德之前说过,关于神的事物(divine matters)只有极少的证明是可能的,而关于自然的事物则有许多证明是可能的(I 31)。如今他似乎在提出,关于存在者的惟一真正的科学是自然科学或其一部分。很显然,一个人不能只停留于这个表面的提法(apparent suggestion)。至少必须再加上一点,此处所提的那个奇怪的评论出现在迈蒙尼德以天文学的名义质疑亚里士多德对天的解释的语境中,或更准确地说,在其中他呈现了哲学式宇宙论与数学式天文学之间的冲突——他称那个冲突为"真正的迷津"(true perplexity[或译]真正的困惑):天文学所依赖的诸假说(hypotheses)不可能为真,可惟有这些假说能使人根据圆周运动和匀速运动说明天上的现象。出于计算和预测的目的,天文学显示了[天球]复返的必然性(the necessity of recurring),但其可能性在哲学上是不可接受的(II 24)。

[58/XLIII]我们不得不更多地强调迈蒙尼德困惑的事(Maimonides' perplexities),胜过强调他确定的事(his certainties),尤其是胜过强调他有力度(vigorous)、⟨184⟩有技巧地对律法的辩护,因为后者比起前者更加容易企及。此外,乍看似乎仅仅是否定的东西,只在此意义上是否定的——每一种解放,不论是去解放什么还是从什么中得到解放,都包含了一种否定的成分。所以,我们可以用我们以之开篇的迈蒙尼德的话来作结:《迷途指津》是"一把钥匙,容许人进入大门紧锁的地方。当那些大门开启,那些地方得以进入,灵魂将在那里获得安宁,身体将从其繁苦中得到休憩,眼目将变得喜悦"。

皮纳斯谈施特劳斯与《迷途指津》的英译[*]

1936

克雷默(Joel Kraemer)　斯忞恩(Josef Stern)　著

刘妮　译　庄奇　校

[中译编者按] 此文原题"Shlomo Pines on the Translation of Maimonides' *Guide of the Perplexed*",刊《犹太思想与哲学期刊》(*The Journal of Jewish Thought and Philosophy*),卷 8,1998,页 12 – 24。

引言

下面这封皮纳斯(Shlomo Pines)致施特劳斯(Leo Strauss)的信写于 1956 年 9 月 10 日,是芝加哥大学图书馆特藏部施特劳斯档案馆收藏的三封皮纳斯信件之一。第二封信写成的时间不明,但根据信中提到的一篇已经写就但未付出版的题为"哈列维对哲人们的驳斥"(Jehuda Hallevi's polemics against the philosophers)①的文章,我们可以推测,这封

---

* 此信获皮纳斯(Shlomo Pines)遗产执行人 Uri Pines 和芝加哥大学图书馆特藏品部施特劳斯档案馆慨允发表。特别感谢 Uri Pines,Rémi Brague,Zev Harvey,Tzvi Langermann 及 Ralph Lerner 对本文初稿的讨论和评议。[校按]如无特别说明,此文方括号(以及施特劳斯信件里尖括号)中内容乃译校者为顺通文意而酌加。

① 《先知教义注释及〈哈扎尔人书〉中的素材复原》("Notes sur la doctrine de la prophétie et réhaibilitation de la matière dans le *Kuzari*"),刊《哲学与犹太文学的融合》(*Mélanges de philosophie et de littératurejuives*)1,1957,页 253 – 260。由于此文的一处引文涉及 1954 年发表的一篇较早的文章,因而这篇文章不可能在此之前写成。

信写于 1955—1956 年。在那封信中,皮纳斯同样提到,他发现了"一个湮没无闻的阿拉伯文亚里士多德文本"(an unknown Aristotelian text in Arabic),也就是他后来以"一个湮没无闻的阿拉伯文亚里士多德译本"(Un texte inconnu d'Aristoteen version arabe)为题发表的文本。②第三封信写于罗马,标注日期为 1956 年 8 月 23 日,下面所附皮纳斯信件[校按:指 1956 年 9 月 10 日皮纳斯致施特劳斯的信]的第一段和倒数第三段均提及此信。遗憾的是,施特劳斯档案中没有施特劳斯给皮纳斯回信的复本。尽管如此,从皮纳斯的遗物中,我们得到施特劳斯 1959 年 7 月 15 日写给皮纳斯的一封信。我们将在后面提到这封信。③

皮纳斯和施特劳斯都是德国移民,其友谊可以追溯到他们在柏林的大学求学时期,④但这三封信都用英文而非德文书写。尽管皮纳斯和施特劳斯之间关系密切,但这封信却明显反映出写信人和收信人之

---

② 刊《中世纪文学和教义史文献》(*Archives d'histoire doctrinale et littéraire du Moyen Age*,23 [année 31]1956),页 5 – 43;另见"附录及勘误"(Addenda et corrigenda),前揭,26[année 34],页 295 – 299。这些内容重刊于《皮纳斯文集》(*The Collected Works of Shlomo Pines*),卷 II:《古希腊文献的阿拉伯译本及中世纪科学研究》(*Studies in Arabic Versions of Greek Texts and in Medieval Science*,Jerusalem,Magnes Press,1986),页 157 – 195,196 – 200。

③ 我们也无法找到皮纳斯在信中提到的施特劳斯对[迈蒙尼德]致约瑟夫(Joseph ben Judah)的书信的译文。据皮纳斯说,他的父亲不保存信件,特别是那些在耶路撒冷他家里之外其他地方收到的信,此信就是一例。施特劳斯 1959 年 7 月 15 日写给皮纳斯的信的确是皮纳斯——偶然留下而非特意保存的——没有丢弃或销毁的为数不多的信件之一。我们推想施特劳斯和皮纳斯就《迷途指津》的翻译问题还有其他通信。如果芝加哥大学的施特劳斯档案馆可以对公众开放,还可能会发现[他们之间的]其他通信。

④ 这里我们依据的是 Warren Zev Harvey,《皮纳斯教授及其犹太思想研究路径》("Professor Shlomo Pines and his Approach to Jewish Thought")(希伯来文)一文中所附的皮纳斯小传,此文刊《皮纳斯八十寿辰庆贺文集》(*Shlomo Pines Jubilee Volume on the Occasion of his Eightieth Birthday*),两卷本,卷 I,《犹太思想中的耶路撒冷研究》(*Jerusalem Studies in Jewish Thought* VII,1988),页 1 – 16,尤其见页 2。

间的紧张(tension)。因为我们没有施特劳斯8月23日给皮纳斯的回信,所以我们只能猜测回信中的批评内容。但为了想象施特劳斯对待别人给予他的批评应该会有的坦率语气,我们只需对比皮纳斯9月10日的信与他早前8月23日那封信中对他的翻译进展所做的自信描述。下面是我们对较早那封信的引述:

> 我希望在12月或1月结束《迷途指津》⑤第二部分的翻译。到时这部分的翻译将最终定稿并只需交付打印。

皮纳斯致施特劳斯的后一封信[校按:指1956年9月10日信]表面上恭顺但暗地里却并不顺从(exoterically deferential but esoterically defiant)。皮纳斯对施特劳斯指责他所犯的错表示歉意,他含沙射影地说(insinuates),他陷入这些错误乃是试图遵循施特劳斯指示的结果。皮纳斯带着些许挫折感和颇多反讽,求助于这位隐微和暗示写作的大师(the master of esoteric, allusive writing),要对方给他一种"可采纳的翻译方法的清楚规则"。皮纳斯对施特劳斯说,您告诉我要紧扣字面含义,但我错在"太字面地"接受您的"指令"。⑥ 与此同时,毫无疑问皮纳斯按自己的喜好和意图遵循他自己明确的"应该如何翻译(《迷途指津》)的理念"。皮纳斯声称,他的每一个个人翻译决定都是根据一种方法"并且希望始终如一地保持这种遮遮掩掩[暗示性]的(adumbrated)方法(adumbrated)"而精心选定的。尽管我们不知道特定的争议点,这封信无疑印证了我们拥有的翻译属于(可能会有少许例外,下面

---

⑤ 最终,皮纳斯将[《迷途指津》的]书名确定为 Guide of the Perplexed 而非[Guide]for the Perplexed。参 Moses Maimonides, *The Guide of the Perplexed*,皮纳斯英译,附施特劳斯写的一篇导言(Chicago,1963)。

⑥ 参施特劳斯《斯宾诺莎的宗教批判》(*Spinoza's Critique of Religion*, New York,1965)英译本"序言"的结语:"我对斯宾诺莎的理解曾太过字面,恰因我没有足够字面地去阅读他。"(I understood Spinoza too literally because I did not read him literally enough,页31)。

会提到一处）皮纳斯而非施特劳斯。

在施特劳斯 1959 年 7 月 15 日写给皮纳斯的信中,有相当确实的证据表明二人之间存在某种紧张。在那里,他们的争议集中在对一些特定措辞的翻译上。施特劳斯指导皮纳斯恰当地翻译特定的阿拉伯语词:

> 难道一个人不应该总是用 view[观点]来翻译 *ra'y* 吗？至于 *maani*,应该尽可能多地将其译为 subject[主题／事]、thing[物]等等,而尽可能少译为 notion[概念]——不要译为 matter[物质],因为我们需要那个词〈matter〉来翻译 *mada* 和 *amr*。至于说 *tazawur*,⑦〈应译为〉conception[构想]或 conceiving[构思]而不是 mental representation[智性再现]。*Sharia*〈是〉law[法]而不是 religious law[宗教法]……就 *qala* 和 *qalu* 来说,如果有人在所有或大多数情况下将其分别译为 he says[他说]或 they say[他们说],我会非常高兴。我相信,这种一致性非常符合作者的意图。我愿意考虑如下折衷的翻译——Scripture says[经书说]和 the Sages say[先贤们说]（不是 our Sages[我们的圣贤们]）。然后,你得在你的词汇表中就此作一说明。⑧

对比皮纳斯实际的翻译和词汇表,可以确认他并没有遵循施特劳斯的指示。*Ra'y* 经常被译为 opinion[意见],*ma 'na* 则被译为 notion[概念]（尽管该词也被译作 thing[物],meaning[含义／意义]和 characterisitic[特征]）,*tasawwur* 被译为 representation[再现]或是 mental representa-

---

⑦　原信中施特劳斯自己对该词的拼写不清楚,看上去字母 z 在字母 c 的基础上改写而成。

⑧　毕竟这是封非正式的私人信件,因而,我们在转录中没有试图改正其中的拼写错误。[校按]施特劳斯这里提到的折衷,指《迷途指津》在引述圣经和拉比文献时,往往用"他说""他们说"这样的表述,要使译文显得明确,可以将此两者折衷译为"经书说""先贤们说"。

tion[智性再现]。因而,尽管结果毫无疑问是皮纳斯的作品,施特劳斯的信证明他在何种程度上试图在翻译中起到积极作用,并且——容我们斗胆说——施特劳斯将此[翻译]计划视为一项共同成果(a joint effort)。上述引文之后,在下面这句透露实情的话中,施特劳斯写道:

> 我如今感觉到,如果你、勒纳(Lerner)⑨和我能在接下来的六个月或最多一年时间里住在岛上,我们就能造就最完美的译文。

我们只能想象皮纳斯会如何描述翻译的理想条件。

就翻译的更一般水平的方法和构想,皮纳斯区分了两种“翻译”《迷途指津》“的方式”。他说的第一种翻译方式是撒母耳·伊本·提邦(Samuel ibn Tibbon)——迈蒙尼德作品的伟大的中世纪译者⑩——所“自发地(spontaneously)采用的”。其目的是尽可能在翻译中保留原著的隐微特征,以便提供给[译文]读者同样的阅读体验。第二种翻译方式包括澄清、消除歧义和对原文进行阐释,这种方式并不“始终如一地保持隐微的翻译方法”。令人惊奇的是,皮纳斯强调,他认为第二种

---

⑨　拉尔夫·勒纳(Ralph Lerner)现为芝加哥大学社会思想委员会教授,他编辑的皮纳斯译本特别留意译文的风格问题(stylistic questions)。在皮纳斯和施特劳斯共同署名的致谢辞中(《迷途指津》英译本,页 vi)——这绝非无关紧要,他们为勒纳“投入的辛劳、技巧、耐心和对问题的明智理解”而向他致谢。在皮纳斯保存的其父的书信中,我们还发现了勒纳写给皮纳斯的两封信:一封写于 1960 年 5 月 6 日,一封写于 1962 年 5 月 5 日。较早那封信涉及[对皮纳斯的]具体翻译的七个疑问,并提出了建议,我们已经证实皮纳斯在终稿中完全采纳了这些建议。不过,这些问题中的大多数事关风格而非实义(stylistic rather than substantive)。

⑩　无论如何,那些阿拉伯和犹太思想家们及翻译家们都写过相当数量的东西论及翻译技术和方法,毫无疑问,提邦和迈蒙尼德对这些文献相当熟悉。例如,参见 Franz Rosenthal 编,Emile 和 Jenny Marmorstein 英译,《伊斯兰教的古典遗产》(*The Classical Heritage in Islam*,London,1965)一书选辑的 As-Safadi、Hunain ibn Ishaq 和 Moshe ibn Ezra[的相关讨论],页 17-23。

方式"和第一种同样正当(legitimate)",并且实际上第二种方式"对译者来说当然比第一种有趣得多"。施特劳斯是不会写出这样的话的。然而,第二种翻译方法比第一种翻译方法更接近迈蒙尼德自己在一封致提邦的信中所倡导的方法——提邦将《迷途指津》一书从从阿拉伯文译为希伯来文,迈蒙尼德在此信中回答了提邦向他提出的翻译上的疑问。⑪ 迈蒙尼德建议提邦不要严格按字面(ad litteram)、词对词、死扣原文来翻译。迈蒙尼德警告说,这样做的结果将使译文难以理解。相反,译者应尽力理解原文的意味(the sense of the original),尽力理解作者有意传达的意义,然后尝试在翻译中尽可能清晰、明确地传递那内容,即使这样做意味着在相当程度上偏离原文的用词、语序和句法。按皮纳斯的说法,提邦则"自发地采用了"隐微的翻译方法,不顾迈蒙尼德明确的(或显白的)(explicit [or exoteric])教导。而皮纳斯在自己的翻译方法中遵循的是提邦而非迈蒙尼德。

皮纳斯称,他试图在翻译中保留的原文的两个特点值得特别提及。第一个特点是原文的句法(syntax):[保留]《迷途指津》中"许多句子在构造上的松散性"。由于一些学者批评皮纳斯的恰恰是他翻译中的这个特征[校按:指句型结构松散],因而,知道这一点是皮纳斯刻意所

---

⑪ 整封信部分用希伯来文写成,部分(以希伯来字母形式)用阿拉伯文写成,其内容(以希伯来〈译〉文形式)现在见于 2 卷本《迈蒙尼德书信和文集》(*The Letters and Essays of Moses Maimonides*,第三次印刷版[Third Printing],Itzhak Shailat 编译并注释,Jerusalem 5755[1994]),见卷 2,页 511 - 554。关于翻译的相关部分见页 532 - 533。这封信的希伯来文部分早前由 Alexander Marx 编辑并发表,见《迈蒙尼德作品及相关研究》("Texts by and about Maimonides"),刊 *Jewish Quarterly Review*(N. S. XXV[1934 - 5]),页 371 - 428,尤见页 374 - 381。有关提邦和迈蒙尼德的关系,见 ZviDiesendruck,《撒母耳·伊本·提邦和摩西·伊本·提邦论迈蒙尼德的神意理论》("Samuel and Moses Ibn Tibbon on Maimonides' Theory of Providence"),刊 Hebrew Union College Annual 11(1936):页 341 - 366;及 Aviezer Ravitzky,"撒母耳·伊本·提邦与《迷途指津》的隐微特征"(Samuel ibn Tibbon and the Esoteric Character of the *Guide of the Perplexed*),刊 *AJS Review* 6(1981):87 - 123。

为很重要,而且事实上,在皮纳斯心目中,这样做反映了在迈蒙尼德那儿存在类似的刻意冗拙(analogous deliberate awkwardness)。⑫第二个特点是皮纳斯决定"以同一个英文措辞来翻译每一个阿拉伯文术语(Arabic technical term)"。《迷途指津》的读者知道,这一点极为重要,原因正是迈蒙尼德经常使用一些意思相近而存在细微区别的阿拉伯文术语,有意将眼光犀利的读者从术语的转换带入相关的哲学上的分别。大多数之前翻译《迷途指津》的译者,要么对迈蒙尼德极端谨慎地选择措辞这个方面不敏感,要么没有自始至终努力保留迈蒙尼德对词汇的改变。⑬尽管即便皮纳斯也并不总能在实践中成功实现这目标,但他的译本是首个至少试着贯彻一种首尾一致、精心刻意的方式的译本。⑭

信中所涉证据表明,施特劳斯和皮纳斯在一处翻译上意见分歧,他们对迈蒙尼德《迷途指津》三部分中每部分起首的希伯来经文中的短语——בשם ה' אל עולם(Be-shem Adonai 'El 'Olam[凭圣主——永生上帝〈或:此世的上帝〉——之名])(《创世纪》21:33)——最后两个词的译

----

⑫　参 Herbert Davidson,《迈蒙尼德论形而上学知识》("Maimonides on Metaphysical Knowledge"),刊《迈蒙尼德研究》(*Maimonidean Studies*)卷3(1992－3):页49－103,Davidson 对"《指津》的松散和不连贯风格(the loose and choppy style)这个特性"反复加以强调(尽管出于不同理由),前揭,页103;亦见页74、83。

⑬　这篇介绍性文章不是讨论此问题的合适场合,但是我们相信,对勘皮纳斯的译本与中世纪以及某些现代译本——尤其是影响深远的蒙克(Solomon Munk)法译本(*Le Guide des Égarés*,Paris,1856－66),值得引起学界的注意。

⑭　皮纳斯翻译中的这个特点已经被先前的一些学者注意到了,比如说,Avraham Nuriel,《迈蒙尼德知识论评注》("Remarks on Maimonides' Epistemology"),刊《迈蒙尼德与哲学》(*Maimonides and Philosophy*,Shlomo Pines 和 Yirmiyahu Yovel 编,Dordrecht,1986),页36－51、37;然而,就我们所知,皮纳斯自己惟在这封信中才明确指出,对他的翻译来说这是一种必需(a desideratum)。这一点也是施特劳斯和皮纳斯都会完全赞同的。在1959年7月15日的信中,施特劳斯写道:"当然,我知道完全的一致(逐字对应来翻译)是不可能的,但是,我们必须寻求最大程度的一致,特别是在那些实现一致不存在困难的地方(比如,*sharia*[律法/教法])"。

法各执己见。⑮ 由于信中这一段相当含糊，而且该分歧意义重大，让我们更贴近地来看一看。皮纳斯（在他的翻译草稿中）写道，他将希伯来短语אל עולם（'El 'Olam）译作 God of eternity［恒在的上帝］——而不是他认为"显然迈蒙尼德暗地里（in petto）想要传达的"含义，即 God of the world［此世的上帝］）。皮纳斯接着写道，这个决定"归因于他想要始终如一地保持这种遮遮掩掩［暗示性］的方法"，也就是那种最大程度地保留原文的模棱两可之处和隐微特征的翻译方法。皮纳斯解释道，迈蒙尼德知道，具备"一些希伯来文和圣经知识"但"未入门的读者"（the uninitiated reader）会将该希伯来短语理解为"恒在的上帝"（God of eternity）。但即便我们理解皮纳斯的论据，God of eternity 这样的译法本身还是模棱两可。它既可以指（看上去是其正确的圣经含义）"恒在的（或永在的）上帝"（eternal ［or everlasting］God），也可以指"恒在之物的上帝"（God of that which is eternal），当然，这一模棱两可恢复了《迷途指津》核心的两难——"恒在"对立于"世界的创造"这个问题（the problem of eternity vs. creation of the world），而这两种教义又需要相互对立的关于神的构想（opposing conceptions of the deity）。皮纳斯自己偏爱的译法寻求尽可能多地保留他认为包含在希伯来原文中的模棱两可。

在实际出版的译本中，希伯来文短语אל עולם（'El 'Olam）的译文不是皮纳斯的 God of Eternity［恒在的上帝］，而是我们假定属于施特劳斯的备选：God of the world［此世的上帝］。按皮纳斯的意见，这种译读正是迈蒙尼德自己有意传达的隐微含义。但是同样可以论证——就如皮

---

⑮ 这个短语的头两个词译为"凭圣主之名"（In the name of the Lord）。迈蒙尼德几乎所有其他著作——无论律法著作还是通俗著作——都以同样的短语起首，就像他的父亲拉比迈蒙（R. Maimon）和他的儿子拉比亚伯拉罕（R. Abraham）一样。该短语和阿拉伯文 basmalah［诵真主之名］对应："奉至仁至慈的真主之名"（In the name of Allah, the merciful, the compassionate = bismi'llah al-rahman al-rahim）。对此的简短评注（虽然引文并不完整），参见 Saul Lieberman 为其所编《拉比摩西·本·迈蒙的〈巴勒斯坦塔木德律法〉》（Hilkhoth Ha-Yerushalmi［The Laws of Palestinian Talmud］of Rabbi Moses ben Maimon［希伯来文］，New York/ Jerusalem, 1947）撰写的"导言"，页 5，注 7。

纳斯似乎所做的——"此世的上帝"这种译法也是模棱两可的。《创世纪》21 章 33 节除了出现在《迷途指津》每一部分的开头之外,还在该书中出现了三次:卷二 13 章(页 282),卷二 30 章(页 358)和卷三 29 章(页 516)。由于篇幅所限,我们不能对这些段落详加考察,[尽管]这对决定其确切含义乃属必要。这样说就足够了:[该短语]每次出现都显得模棱两可——既涉及恒在/创造问题,也涉及对神的恰切的构想:[究竟是]一个有意志的上帝,还是一个作为第一必要因的神(a voluntaristic God or a deity who is first necessitating cause)。同样有意思的是,我们留意到,皮纳斯在这三个段落的每一处都加上了注脚——尽管"恒在的上帝"(God of Eternity)(即永恒的上帝[eternal God])的译法是正确的圣经希伯来文的含义,但"在现代希伯来语中,'olam 一词通常意指'世界'(world)",而且很清楚,这就是迈蒙尼德心目中的含义(页282,注 4)。由此,迈蒙尼德的隐微含义"在当前的希伯来文中"就成了该词显白的或流行的含义! 皮纳斯可能在该短语的最后译法上打了败仗,但是他的注释表明,他坚定地继续尝试按自己的方法原则(the principles of his method)证明译文的正当性。

在此语境中,值得提及施特劳斯与皮纳斯的一个决定性的意见差别。众所周知,施特劳斯致力对各种文本进行广泛的数秘学的(numerological)分析。在 1959 年 7 月 15 日致皮纳斯的信中,施特劳斯以下报告结尾:

我目前在卷二 12 章附近,[迄此]发现了许多不可思议的东西。现在我相当清楚卷一 1 章至卷二 31 章的谋篇(plan)。我相信,卷一 71 章结尾的参考提示指向卷二 2 章。同样有意思的是,[迈蒙尼德]仅有的严格意义上的自传性评议出现在卷二 9 章,也就是全书的第 85 章。17 确实是所有数字中最重要的。我从贝尔([Pierre] Bayle⟨1647—1706⟩)那儿得知,19[⟨作者引按⟩原文如此乎?]这个数字指示哲学式的神学(philosophical theology)。我现在知道,迈蒙尼德已经使用过这个数字,而且,他相当清楚地表明,这种哲学式的神学是哲学与 kalam[伊斯兰思辨神学]的混杂(a hybrid）。

皮纳斯并不分有施特劳斯对数秘学（numerology）的热忱。在后来的一篇文章，《迈蒙尼德律法著作的哲学意图与〈迷途指津〉的意图》（"The Purport of Maimonides'——Halachic Works and the Purport of the *Guide of the Perplexed*"）的脚注中，⑯皮纳斯将[《迷途指津》]卷一 54 章和卷三 54 章之间的一处对应作为例外加以评述："通常来说，试图表明迈蒙尼德使用了数秘学在我看来难以令人信服。"

［皮纳斯］信件原文

[页1]1956 年 9 月 10 日

皮纳斯（S. Pines）

伊斯特利亚宾馆（Istria-Hotel）

首乡街 23 号（23, rue Campagne Premiere）

巴黎（14°）

法国

亲爱的施特劳斯：

 我刚刚收到我妻子从以色列转来的您的信。我在罗马写给您的信中提到，对您的病我感到震惊。我希望您的健康情况现在已经令人满意。

 您为[我的]翻译以及与此相关的工作而烦恼，对此我确实感到非

---

 ⑯ 这篇文章最早发表在《迈蒙尼德与哲学》（*Maimonides and Philosophy*, Sixth Jerusalem Philosophical Encounter, 1985, Y. Yovel 和 S. Pines 编, Dordrecht, 1986），页 1 – 14；重刊于 Shlomo Pines,《犹太思想史研究：皮纳斯文集》（*Studies in the History of Jewish Thought*, *The Collected Works of Shlomo Pines*, Warren Zev Harvey 和 Moshe Idel 编, Jerusalem, 1997），卷 V, 页 463 – 476；见页 476 注 16。

常抱歉。我并不想尽量减轻我可能犯下的判断错误的程度——如您信中所说,我太字面地采纳您的指令以至[译文]不够字面。您曾告诉过我不要担心英语,而我可能对英语担心得太少了,这对任何文字工作(literary enterprise)来说都是一个错误。

不过,这并不能归咎于一种对方便的[页2]渴望(a hankering after facility),而是紧密关系到我对该译本应该如何的理念。

在我看来,翻译《迷途指津》(Moreh)有两种正当的(legitimate)方式。⑰ 其中之一(这是伊本·提邦⑱自发地采用的方式)是尽力提供和原文一样模棱两可和隐微的译文。换句话说,未入门的读者会在理解译著的含义时遇到极大困难,就像他们在阅读原著时一样。另一方面,由于这种方法成功地成为原著全面准确的反映,这样一种译文会使读者有可能欣赏到迈蒙尼德的阐述方法(method of exposition)和涉及其中的所有[页3]内涵。这种翻译方式甚至必然会影响句法结构。我确实感到,在某些情况下,⑲《迷途指津》中许多句子结构的松散是相当精心刻意的(deliberate)。我认为,翻译《迷途指津》应该采用这种方法,(在真实含义能得到确定的范围内,)读者可以通过脚注工具来得到关于真实含义的指示(pointers to the true meaning)。⑳ 正如我在前信中向您提到的,我认为应该有两套脚注(two sets of footnotes):在寄给您的部分译文中可以看到的纯粹语文学的那些脚注(the purely philological

---

⑰　此即 *Moreh Nevukhim*,《迷途指津》的希伯来文标题[音译],[其阿拉伯原文标题为]:*Dalalat al-ha'irin*。

⑱　撒母耳·伊本·提邦(Samuel ibn Tibbon)是犹大·伊本·提邦(Judah ibn Tibbon)的儿子,他在公元1200年前后将《迷途指津》从阿拉伯文译为希伯来文。要了解更多内容,见前文注7。[校按]原文如此,疑为原注10[=原注10]。

⑲　皮纳斯在此处删掉了 many(许多)。

⑳　皮纳斯在此处删掉了一个左括号和紧随其后的 Incidentally[顺便提一下]。

ones）以及其他脚注。㉑

我对אל עולם的翻译是在经过一些犹豫后选定的，这样译是希望始终如一地保持遮遮掩掩［暗示性］的（adumbrated）方法。尽管很明显［页4］，迈蒙尼德暗地里（*in petto*）㉒想说"此世的上帝"（God of the World），但更可能的是，他意识到，具备一些希伯来文和圣经知识的未入门读者会将这些词的意思理解为"恒在的上帝"（God of Eternity）。然而，正如前面说过的，这可能是我犯的判断错误中的一个。

第二种翻译方式是帮助读者在某种程度上㉓消除文本的模棱两可之处，不去始终如一地保持隐微的阐述方法。正如我说过的，我认为这种方式（this way）㉔和第一种同样正当。在某种意义上，这种方式对译者来说当然有趣得多。

［页5］您能告诉我可采纳的翻译方法的清楚规则么？您是否认为，在某些或是大多数有疑问的情况下，应该采用第二种方法而不是第一种呢？

这个问题关系到另一个次要的问题。我已经尝试过——只要可能，甚或超越这些限制——在所有段落中用同一个英语词汇翻译每一个阿拉伯文术语（every Arabic technical term）。如果我对您的《献辞

㉑ "纯粹语文学的"注释可以在已经出版的《迷途指津》的脚注中找到。第二套"阐释性的"（interpretive）注释从未曾出版，在皮纳斯未出版的著作中也无法找到任何这类注释的手稿。尽管皮纳斯在许多年后提及，他曾有意将［《迷途指津》的］"注疏"（commentary）和他的译文一起发表（据 Alfred Ivry 与 Josef Stern 的私人交流），这可能就是他所指的"阐释性的"注释，然而，没有证据表明他曾将这一计划付诸笔端。也可能，皮纳斯将"阐释性的"注释或注疏的一些素材结合到他为《迷途指津》的译文所写的权威性引言《迷途指津》的哲学根源"（*The Philosophic Sources of the Guide of the Perplexed*）中了。

㉒ 此为 up his sleeve［藏而待用的、隐秘的］的意大利文。

㉓ 皮纳斯在此处删掉了 text［文本］一词。

㉔ 皮纳斯在此处删掉了 method［方法］一词。

书》(Epistle Dedicatory)译文(注释3)＊理解正确的话,每当术语在文本中的使用引发风格上的困难(stylistic difficulties)时,就应将其交付脚注? 这样阐释[您的建议]对吗?

我发现您的《[献辞]书》译文非常有意思。遗憾的是我来欧洲时没有带我的第一卷译稿。

[页6]回到以色列后我将比较两者[**中译按**:指施特劳斯的译文和皮纳斯自己的译文],如果我有任何看法的话会写信给您。(我没能寄给您《[献辞]书》前的希伯来文诗句(the Hebrew verses preceding the Epistle)是因为我忘了。我对自己翻译那些诗句的方式感到有些疑虑,就把译文放在一边准备再加斟酌,所以忘了将它和那批资料一起寄给您。

还有一个问题。如果我的理解没错,您认为不该有两套脚注——一套是纯粹语文学性质的(of purely philological nature),另一套意图阐释[原文的]意义(purporting to interpret the sense)——而是只有一种。是这样么?

毫无疑问,您收到了我在1956年8月23日从罗马寄出的信,在信中我还特别(inter alia)提到我应该收到的第二笔稿费的数额。您可能认为,由于您在信中提出的那些困难,翻译可能将延迟完成,因此第二笔稿费应该晚点支付。如果这确实是您的意见(your sentiment),那我不应该[页7]再对在今年拿到第二笔稿费的全部款项提出异议。但是,我已经开始了旅行,部分原因是去年就已经约定在这个时候我应该拿到第二笔稿费。如果不能拿到至少700美元的款项的话,我确实将会陷入非常困窘的境地。

如果可能的话,这笔钱能否以美元通过联邦快递(American Express)寄给我(Shlomo Pines,rue Scribe,Paris)。最迟得在10月18日前

＊ [校按]根据前注3,此《献辞书》应指迈蒙尼德在《迷途指津》中致其学生约瑟夫(Joseph ben Judah)的献辞信,迈蒙尼德称《迷途指津》是为约瑟夫和像他那样的人所写。

寄达这里,因为那个时间过后我不确定自己是不是还留在巴黎……㉕

希望能尽快收到您对我上面所提的各种问题的回复。

我很乐意告诉(tell)㉖您,我并没有因为您在信中所说的任何内容而受到伤害。

向您的家人致以问候
您的诚挚的

皮纳斯(S. Pines)

㉕　此处省略了一项私人内容。

㉖　皮纳斯在此处删掉了 assure[向……保证]一词。

译校后记

在 20 世纪，施特劳斯的法拉比研究和迈蒙尼德研究独树一帜：他率先认识到法拉比和迈蒙尼德精微高妙的隐微－显白写作艺术，并将他们归入"柏拉图式政治哲人"的行列。同样，对法拉比和迈蒙尼德的研究在施特劳斯本人的哲人生涯里亦具有特殊的重要性：经由法拉比的柏拉图，施特劳斯洞察到隐身为注疏家的哲人所传递的真正"匿名的真理"或曰哲学教诲，经由迈蒙尼德的《迷途指津》《重述托拉》和《复活论》等，施特劳斯辨识出律法与哲学间不可调和的冲突。

尽管收入此卷的绝大多数文章没有归入施特劳斯本人出版的各部自选文集，但其中不乏对理解施特劳斯思想极为重要的作品。施特劳斯一生关于法拉比写了四篇文章，其中三篇收入本卷（另外一篇《法拉比如何阅读柏拉图的〈法义〉》收入其文集《什么是政治哲学?》）。这三篇里，《法拉比的〈柏拉图的哲学〉》1945 年发表于《金斯伯格七秩贺寿文集》（*Louis Ginzberg Jubilee Volume*），之后从无再版，施特劳斯在《迫害与写作艺术》（1952）的"前言"中称，他"自由地使用了《法拉比的〈柏拉图的哲学〉》一文作为本书的'导言'"，然而，原文真正犀利的、自抒胸臆的部分并未出现在该"导言"中。

正如诸多施特劳斯研究者所指出，施特劳斯本人（尤其 1937 年之后）像柏拉图、法拉比和迈蒙尼德那样写作，是一位隐微－显白写作艺术的大师。因而，阅读施特劳斯需特别留意他本人在著述时对不同场合的区分（文章，还是讲演? 如果是后者，讲述对象是谁?），以及他精心的谋篇和笔法。幸运的是，施特劳斯在解析哲人们的修辞时，为他的读者留下了出入他的作品迷宫的线头：文本的中心部分和中心段落、特定的数字（比如 7、17、26 等及其倍数）、离题的部分、重复中的省略或增补、注释中的交叉引述等等，皆值得予以特别关注。为此，本卷各译文尽可能保留施特劳斯作品——尤其是他亲自发表的作品——的原貌。

施特劳斯的法拉比－迈蒙尼德研究伴随着施特劳斯本人思想的成长和转折。在《哲学与律法》(1935)中，施特劳斯称"中世纪启蒙本质上是隐微的，而现代启蒙本质上是显白的"(黄瑞成中译本，华夏版，页84)。在此，"显白"指现代启蒙对哲学教诲的"公开化"，明显带有贬义。然而，在写于1938年的《〈迷途指津〉的文学特征》里，施特劳斯一方面将迈蒙尼德的《迷途指津》描述为"对一个隐微文本[指圣经]的隐微解释"，另一方面又肯定《迷途指津》正是一部"显白著作"(《迫害与写作艺术》，刘锋译，华夏版，页53、63)。这句话表明，施特劳斯改变了起初对"隐微/显白"的两分式理解，开始将两者视为同一种哲学写作艺术的正反两面。本卷的各章某种程度上见证了施特劳斯思想的成长和转变。在写于1960年的《如何着手研读迈蒙尼德的〈迷途指津〉》(此篇与《走向迈蒙尼德的〈迷途指津〉》对照会很有意思)里，施特劳斯非但不再提及《哲学与律法》里尤其强调的"哲人王"意义上的"先知－立法者"，反而指出《迷途指津》论及"超越摩西的进步"，且《迷途指津》本身意味着超越整个犹太传统的"进步"。

施特劳斯尝谓《迷途指津》是一部"令人着魔的作品"，且它"令眼目喜悦——因为生命树令眼目喜悦"，这话也可用于他本人的著作。

此卷译文的增补和修订历时多年，有部分新译文2010年即已初成，却迟至今时才告完稿，笔者为此对编者和读者深感抱愧。惟一可欣慰的是，由于这些年来在阅读和理解施特劳斯著作上的些许进步，加上各方的鼎力襄助，这部迟到的译文集较之可能更早面试的版本，更多地照顾到施特劳斯的特殊笔法，也更高程度地还原了施特劳斯作品的"文学特征"。在本卷付梓之际，笔者要深深感谢本卷主编刘小枫教授的信任和包容。感谢海内外友人村冈崇光(Takamitsu Muraoka)教授、孟振华教授(在希伯来语方面)、迈尔(Heinrich Meier)教授(在拉丁语、德语及施特劳斯诸文眉批方面)、徐卫翔教授(在拉丁语、法语方面)、董修元教授及张泓玮博士(在阿拉伯语方面)对笔者的帮助。同样感谢初校(除头两篇以外)所有文章并统一各篇译名的庄奇。译文舛误之责,由笔者承担,期待读者指正。

张缨

2023 年 7 月

图书在版编目（CIP）数据

论法拉比与迈蒙尼德：施特劳斯讲演与论文集. 卷三/（美）列奥·施特劳斯（Leo Strauss）著；刘小枫编；张缨等译. -- 北京：华夏出版社有限公司，2024.7
（西方传统：经典与解释）
ISBN 978 - 7 - 5222 - 0607 - 3

Ⅰ.①论…　Ⅱ.①列…②刘…③张…　Ⅲ.①法拉比（al - Farabi 870 - 950）- 哲学思想 - 思想评论②迈蒙尼德 - 哲学思想 - 思想评论　Ⅳ.①B371②B551

中国国家版本馆 CIP 数据核字（2023）第 229274 号

论法拉比与迈蒙尼德：施特劳斯讲演与论文集. 卷三

著　　者	［美］列奥·施特劳斯
编　　者	刘小枫
译　　者	张　缨 等
责任编辑	李安琴
美术编辑	赵萌萌
责任印制	刘　洋
出版发行	华夏出版社有限公司
经　　销	新华书店
印　　装	北京汇林印务有限公司
版　　次	2024 年 7 月北京第 1 版
	2024 年 7 月北京第 1 次印刷
开　　本	880×1230　1/32
印　　张	12.25
字　　数	343 千字
定　　价	95.00 元

华夏出版社有限公司　地址：北京市东直门外香河园北里 4 号　　邮编：100028
网址：www. hxph. com. cn　　电话：(010)64663331(转)
若发现本版图书有印装质量问题，请与我社营销中心联系调换。

西方传统：经典与解释
Classici et Commentarii
HERMES
刘小枫◎主编